Coleção: *Perspectivas*
Direção: *J. Guinsburg*
Assessoria Editorial: *Plínio Martins Filho*
Revisão de Texto: *Nanci Fernandes*
Revisão de Provas: *Maria Amélia F. Ribeiro e Marilena Vizentin*
Índice Onomástico: *Marilena Vizentin*
Projeto Gráfico e Capa: *Sergio Kon*
Produção: *Ricardo W. Neves e Heda Maria Lopes*

NINGUÉM
SE LIVRA
DE SEUS
FANTASMAS

Nydia Licia, por

NYDIA LICIA

NINGUÉM SE LIVRA DE SEUS FANTASMAS

Editora Perspectiva

Dados Internacionais de Catalogação na Publicação (CIP)
(Câmara Brasileira do Livro)

Licia, Nydia
Ninguém se livra de seus fantasmas / Nydia Licia. -- São Paulo : Perspectiva, 2002.

ISBN 85-273-0305-1

1. Licia, Nydia 2. Memórias autobiográficas 3. Teatro – Brasil – História I. Título

02-4875   CDD-927.92

Índices para catálogo sistemático:
1. Atrizes de teatro : Memórias : Biografia   927.92

Direitos reservados à
EDITORA PERSPECTIVA S.A.
Av. Brigadeiro Luís Antônio, 3025
01401-000 – São Paulo – SP – Brasil
Telefax: (0--11) 3885-8388
www.editoraperspectiva.com.br
2002

Sumário

Prefácio – *Sábato Magaldi*.. 9

Parte 1 16
Parte 2 60
Parte 3 96
Parte 4 140
Parte 5 192
Parte 6 296
Parte 7 360

Índice Onomástico 431

Prefácio

Não vou negar que me surpreendi, quando Nydia Licia me enviou um livro com encadernação azul, tendo na capa o seu nome e na lombada o título *Ninguém se Livra de seus Fantasmas*. Esclareceu ela que fizera uma edição pequena, destinada apenas à leitura de poucos amigos. Mas o faro certeiro do editor Jacó Guinsburg para as obras de qualidade permitiu que ele transformasse em prazer de muitos, pelo selo da Perspectiva, o que poderia se circunscrever ao deleite de privilegiados.

Justificava-se a surpresa, porque Nydia era, para mim, até então, a atriz sensível de *Chá e Simpatia* e a mulher resoluta, que assumiu sozinha a responsabilidade pelo Teatro Bela Vista, construído por ela e por Sérgio Cardoso, na época seu marido, a partir do abandonado Cine-Teatro Espéria. Eu não poderia supor, embora ela se exprimisse mais tarde no repertório infanto-juvenil, que estava diante de uma memorialista com a vocação inquestionável de escritora.

Porque Nydia sabe, como um raro elenco de eleitos, cultivar os seus fantasmas. Desde que, na tenra infância, fixou na memória o mais frio inverno do século XX, na Trieste italiana em que nasceu. Não demorou muito para que, na estúpida perseguição aos judeus do fascismo de Mussolini, copiando as pegadas do nazista Hitler, ela e sua família se vissem coagidas a sair da Itália, até aportar finalmente, para felicidade nossa, no Brasil. A criminosa violência da fuga não impediu que Nydia, já adulta, revisse com dolorida ternura a terra natal.

O livro retrata com elogiável objetividade o cotidiano numa Trieste e numa Itália anterior à sanha fascista, quando as diferenças religiosas não significavam ainda uma suposta divergência racial e o convívio não importava em nenhum gênero de barreira. A vida pautava-se, antes, pelos valores espirituais, em que a arte e sobretudo a música tinham um papel de relevo. Nydia explica até como judeus puderam ser fascistas, já que "não havia diferença entre católicos e não-católicos; todos eram italianos e gozavam dos mesmos direitos". As contradições persistiram no tempo, contudo. Se, na Itália de Mussolini, os judeus não puderam mais freqüentar as escolas, houve uma ordem expressa do *Duce* "para que os colégios italianos no estrangeiro acolhessem os alunos judeus exilados". Nova e absurda contradição: "Em 1942, o Brasil declarou guerra ao Eixo e, de repente, nossa situação inverteu-se. Passamos a ser inimigos, não por sermos israelitas, mas sim por sermos italianos."

Nydia conta que entrou para o teatro, numa grande mudança em sua vida, pelas mãos de Caio Caiuby, um bom intérprete amador, que não quis se profissionalizar. Nesse ponto, ela narra com desenvoltura todo o movimento teatral em São Paulo, no fim dos anos de 1940. Com o Grupo de Teatro Experimental, dirigido por Alfredo Mesquita, interpretou *A Mulher do Próximo* e *Pif-Paf*, de Abílio Ferreira de Almeida, que estiveram também no programa inicial do Teatro Brasileiro de Comédia, fundado pelo empresário Franco Zampari, em 1948 – o começo do moderno teatro profissional paulista.

O noivado com Sérgio Cardoso, descoberto pela extraordinária criação de *Hamlet* no Teatro do Estudante do Brasil, obra do diplomata e animador Paschoal Carlos Magno, deu-se no TBC, durante os ensaios de *Os Filhos de Eduardo*, comédia de Sauvajon. E a cerimônia civil do casamento ocorreu no próprio saguão da casa de espetáculos. A propósito, Nydia evoca a reação da colônia israelita: Sérgio foi adotado sem restrições por ter se casado com uma judia, enquanto ela não desfrutou da mesma benevolência, por ser católico o marido.

Um episódio que certamente é desconhecido para muita gente: Jean-Louis Barrault, em 1950, na sua primeira visita ao Brasil, junto com Madeleine Renaud, impressionou-se com o talento de Sérgio ao representar a famosa "cena das medalhas" da tragédia de Shakespeare, convidando-o para estudar em Paris, ao lado de Nydia. O empresário Zampari, entretanto, não concedeu a licença pedida pelo casal, provocando uma dolorosa decepção.

Nydia é mais uma pessoa que exalta o diretor e intelectual italiano Ruggero Jacobbi, cuja trajetória no teatro brasileiro está a merecer uma ampla divulgação. *O Mentiroso*, de Goldoni, que ele encenou, muitos consideram a obra-prima do TBC. E, depois da polêmica de *A Ópera dos Três Vinténs*, de Brecht, retirada de cartaz ao fim de duas semanas, só lhe restou deixar a companhia, indo dirigir o curso de teatro da Universidade do Rio Grande do Sul, em Porto Alegre. Com a saída de Ruggero, o conjunto da rua Major Diogo contratou Ziembinski, e Nydia o considera um grande homem de teatro, "talvez o maior de todos".

Os episódios relativos ao antigo Espéria, depois denominado Bela Vista e finalmente Sérgio Cardoso, hoje desapropriado pelo governo estadual, são narrados sem mágoa ou nenhuma paixão aparente. É que não se mostrou pacífico todo o processo de posse do imóvel. Entretanto, como um testemunho a mais da ponderação da atriz, o livro evita um possível desejo de vingança e mudança malévola dos fatos.

Além dos problemas para a reforma total do prédio – e Nydia assinala em caixa alta: "Tudo isso sem termos um tostão furado!!!" – o Bela Vista seria reaberto com um espetáculo difícil e dispendiosíssimo: nada menos que *Hamlet*, a peça que revelara Sérgio, agora também sob sua direção. As dificuldades do empreendimento eram tamanhas que o intérprete-encenador-empresário cogitou abandoná-lo, em momento de desespero. E, melancolicamente, não obstante o aplauso da crítica, mais do que merecedor por consagrar um jovem de 31 anos, a temporada não funcionou, sob o prisma financeiro.

Desde as vicissitudes dos ensaios no TBC, Nydia esmera-se em rememorar o dia-a-dia dos elencos. E a ele acrescenta-se a experiência tanto no cinema como na televisão. Não esquece, ainda, a primeira ida do grupo paulista ao Rio de Janeiro, cheia de mal-entendidos. Os cariocas esperavam que o TBC se apresentasse com *Seis Personagens à Procura de um Autor*, que oferecia idênticas oportunidades a Sérgio Cardoso e a Cacilda Becker. Franco Zampari optou por *A Dama das Camélias*, centrada em Cacilda, a protagonista. Paschoal Carlos Magno, que assinava a coluna do *Correio da Manhã*, não poupou a montagem do italiano Luciano Salce. Este, orgulhoso, revidou na revista *Anhembi*. Veio a tréplica infeliz de Paschoal, respondida pelo pessoal de São Paulo. Paschoal rompeu com Sérgio e Cacilda, que, a seu ver, por terem pertencido ao Teatro do Estudante, não poderiam apoiar Salce.

Para o leitor, fica subentendido que o móvel da separação de Sérgio e Nydia se liga ao desempenho de *Henrique IV*, de Pirandello. A personagem não vê fronteiras entre a fantasia e a realidade, ficção que Sérgio assumiu totalmente. O relacionamento deteriorou-se, mas Nydia não se atribui um papel de vítima. Admite até, com humildade, ter sido uma "chata insuportável". Faltou o "senso de humor", que permitiria superar a crise.

Há um juízo crítico sutil nesta observação de Nydia:

Sérgio, ator clássico por excelência, brilhava em papéis onde pudesse expandir seu temperamento dramático. Os personagens de paletó e gravata não eram para ele, assim como os papéis altamente dramáticos e violentos não eram para mim. Os textos modernos, humanos, eram meu grande trunfo. Tornava-se, pois, cada vez mais difícil encontrar textos para contracenarmos.

A permanência no Teatro Bela Vista nunca foi pacífica para Nydia. Durante várias temporadas, ela lutou para acertar o seu repertório. E, em virtude de questões jurídicas, por pouco ela deveria abandonar a casa de espetáculos. Pessoalmente, admirei a fibra com a qual ela conseguiu superar todas as adversidades. Até que, em 1970, expirou, após três renovações, o contrato com os proprietários do imóvel.

Nydia atuou, a seguir, na TV Cultura. E despediu-se do teatro de forma altamente honrosa: levando, no Teatro Anchieta, *João Guimarães: Veredas*, texto que Renata Pallottini adaptou de *Grande Sertão: Veredas*, a obra-prima absoluta de Guimarães Rosa. Despediu-se, em verdade, do teatro adulto, porque a Companhia Nydia Licia prosseguiu, concentrando-se no teatro infantil.

Ninguém se Livra dos seus Fantasmas alia, a suas incontáveis virtudes de leitura, um mérito imprescindível num livro dessa natureza: a extrema elegância com a qual toda a história é narrada, não fosse a elegância um atributo congênito na personalidade de Nydia Licia.

Para Sylvinha, Chico, Pedro e João,
minha pequena família tão querida.

A Alceu Nunes, Cesário Palma Travassos e
aos parentes e amigos que torceram para
que esta obra "encantada" finalmente
saísse, meu muito obrigada de todo o
coração.

PARTE 1

O CARRO PERCORRIA velozmente os últimos quilômetros que faltavam para chegarmos a Trieste. Era o verão de 1970. Sérgio guiava, com aquele seu jeito distraído que o fazia engatar a terceira para dar a partida ou, então, percorrer centenas de metros com o motor implorando por uma mudança de marcha.

Eu olhava ao meu redor com ansiedade. Chegava a sentir as batidas do coração – coisa que, até então, achava ser apenas uma frase de romance. Sylvinha, nossa filha, sentada no banco traseiro, olhava para tudo curiosa. Era a sua primeira visita à cidade onde eu tinha nascido e ela iria, finalmente, conhecer a casa da família, de que tanto me ouvira falar desde pequena.

A auto-estrada que leva a Trieste é de uma beleza incrível. Cortada na rocha, por várias vezes perfurada por túneis, acompanha o desenho do litoral, proporcionando aos que chegam uma surpresa inesperada: em lugar dos subúrbios pobres e feios, através dos quais se entra na maioria das cidades, Trieste dá-se ao luxo de oferecer a todos os que chegam a sua face mais bonita. O cartão de visita é o Castelo de Miramare, todo de mármore branco, visível a quilômetros de distância, destacando-se do verde das árvores que o circundam e do azul do mar Adriático a seus pés.

Passando Miramare, é a riviera de Bárcola que se estende por mais alguns quilômetros, revelando o golfo que se abre à sua frente tão logo se transpõe o Faro della Vittoria, um imenso farol todo branco, cuja luz pode ser vista à distância de trinta e duas milhas marítimas. À noite, sua cruz de raios é a primeira saudação a alcançar os navegantes que chegam através do Adriático.

A cidade pouco mudara desde 1939, quando saí de lá rumo ao Brasil. Reconhecia cada pedra, cada rua por que passávamos. Até o velho Hotel

de La Ville continuava idêntico: salões com lustres de cristal, quartos imensos com janelas dando para a baía e serviço impecável.

Deixadas as malas, atravessamos o centro da cidade e subimos até o Castelo de San Giusto, a antiga fortaleza de onde se desfruta uma vista panorâmica do golfo e das colinas que o circundam. Até onde a vista alcança, é Itália. Mais adiante, hoje em dia, é Iugoslávia; toda a Península da Ístria, tão minha conhecida, deixou de ser italiana após a Segunda Guerra.

Jantamos no restaurante do castelo. Foi o primeiro reencontro com o *radicchio*, uma alface minúscula, típica do lugar. É estranho até que ponto o gosto das comidas e o cheiro dos lugares permanecem guardados em algum cantinho da nossa memória, prontos a pular para fora ao mais leve toque...

Após o jantar, descemos até a Piazza Oberdan, onde está o mausoléu do mártir da independência triestina, quando Trieste ainda pertencia à Áustria. Sérgio, ao se deparar com a estátua gigantesca, não pôde deixar de dizer:

— Ah! Então esse é o Tiradentes de vocês!

Logo em seguida, percebeu que tinha esquecido a carteira com os *traveler's checks* e todo o dinheiro, no restaurante. Voltamos correndo para lá, onde, felizmente, a carteira estava guardada intacta.

Na manhã seguinte, fui com Sylvinha visitar minha antiga casa. A Via Scorcola é uma ladeira íngreme, ladeada por muros de pedra recobertos de hera. Por todo lado brotam flores, enfeitando terraços e jardins. São rosas, dálias, cravos, jasmins e gerânios das mais variadas tonalidades. E, sempre presente, o aroma dos pinheiros, bêbados de sol.

Ela continuava lá, fincada no chão, com as grossas paredes de pedra desafiando o tempo: uma casa quadrada, sólida, de três andares, bem ao gosto dos arquitetos vênetos do começo do século. As janelas do térreo ainda ostentavam as venezianas de ferro que, quando fechadas, não deixavam filtrar nem uma réstia de luz – daí seu nome, *scuri* (escuros). No chão, junto à parede, duas pequenas aberturas gradeadas, por onde antigamente era despejado o carvão que alimentava as estufas de majólica que aqueciam os quartos. Chegava-se ao depósito por uma escada inter-

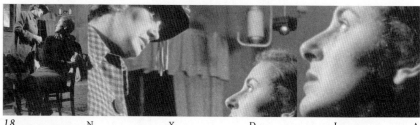

na, fracamente iluminada, e todas as paredes eram enegrecidas pelo contato com o combustível.

Senti falta da varanda com telhado de ardósia, que antigamente rodeava a casa até a altura do primeiro andar. Curiosamente, comparei-a a uma elegante senhora a quem tivessem tirado a estola que lhe cobria os ombros, para revelar a linha pura de seu colo nu. Eu mesma achei a comparação tola e comecei a rir. Isso serviu para dissipar a emoção que senti ao voltar à minha velha casa depois de tantos anos. Meu maior medo era de que ela, na realidade, não fosse tão sólida e grande quanto eu lembrava; que tivesse encolhido, como acontece com tantas lembranças infantis quando confrontadas com a realidade.

Descrevi-a tantas vezes para Sylvinha que, enquanto levava minha filha pela mão, rezava para que ela não ficasse decepcionada.

Meus receios, porém, revelaram-se infundados: minha filha encantou-se com o velho casarão, que possuía até um sótão, lugar perfeito para esconderijo durante as brincadeiras de criança.

Bati à porta principal, mas ninguém atendeu. Fiquei feliz com isso. Um vez que não havia ninguém, por algum tempo o jardim seria todo nosso e eu poderia mostrá-lo à Sylvinha sem a interferência de estranhos que me inibissem nesse reencontro. Vi, com pesar, que uma boa parte dele já não existia. Bem em frente à casa, erguia-se agora um prédio alto, que acabou com a vista para o mar.

Fiquei emocionada ao ver o velho poço, tampado pela mesma grade que meu pai mandara colocar para que nós, crianças, não caíssemos dentro. É que adorávamos nos debruçar na borda para ver nossa imagem refletida na água, a cinco metros de profundidade. Jogava-se uma pedrinha... e pronto! A imagem se transformava: era Frau Holle, a velhinha da lenda que minha mãe nos ensinou, que morava no fundo do poço e, durante o inverno, sacudia os acolchoados de plumas para que nevasse na terra.

Quantas vezes contei essa história à Sylvinha e quantas vezes, anos mais tarde, ela a contaria para seus meninos Pedro e João...

Ao lado do poço, ainda intacta, a pista de ladrilhos que meu pai mandara construir para eu patinar. Que loucas acrobacias ensaiei naqueles

L I C I A   19

poucos metros! Até mesmo com o pé quebrado e o patim amarrado na bota de gesso. E como dançamos nela em nossas reuniões de adolescentes, naquele último verão!

Enquanto Sylvinha colhia moranguinhos silvestres, que espontâneos brotaram entre as pedras, eu passeava pelas alamedas, repercorrendo caminhos antigos, cheios de recordações.

— Papai, onde está você?

A cada passo, uma lembrança:

— Papai, segure minha mão. Leve-me de volta. Quero ser pequena de novo. Ajude-me, papai!...

A roda do tempo começou a girar ao contrário e fui recuando, recuando, através dos anos, em busca de minhas mais antigas lembranças.

Foi só fechar os olhos e o jardim voltou a ser o mesmo de antigamente, muito maior, sem a feia parede cinzenta do prédio de dez andares que tirou a maravilhosa vista para o mar que eu descortinava da minha janela.

— Mamãe, o que acontece com os navios, quando eles chegam lá no fundo, naquela linha comprida? Eles caem?

No lugar do prédio, que usurpou parte do jardim, havia árvores de frutas e um laguinho minúsculo, onde meu irmão Lívio e eu brincávamos.

— Olha, Nydia, olha, meu submarino está afundando!

Deixei a roda do tempo girar ainda mais para trás, até chegar a uma noite de verão, quente e agradável, quando tinha menos de dois anos de idade. Estava excitadíssima, pois tinham permitido que Lívio e eu ficássemos acordados até mais tarde.

Nunca havia descido ao jardim depois do jantar e estava muito feliz com a novidade. Olhei ao meu redor, curiosa e um pouco assustada com as estranhas figuras criadas pela escuridão.

O instinto dizia-me que não devia demonstrar medo, pois, se percebessem que eu estava assustada, me mandariam de volta para o quarto. E eu queria ficar lá.

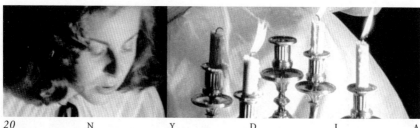

Respirei fundo, criei coragem e comecei a correr, procurando não me afastar da luz das lâmpadas. Mas de repente, estanquei, confusa. Alguma coisa seguia-me de perto, correndo comigo por todo lado.

Olhei apavorada para aquela mancha preta, grudada em meu calcanhar. Por mais que tentasse, não conseguia desvencilhar-me dela.

Desatei a chorar, chamando por mamãe e apontando com o dedo para aquela coisa preta e comprida que não me largava, nem levantando o pé do chão.

Ela veio em meu socorro, rindo (meu Deus, por que as mães sempre riem das bobagens dos filhos?) e tratou de me acalmar. Explicou-me que aquilo, aquele monstro que me parecia tão assustador, era apenas a minha sombra; que era minha amiga e me acompanharia sempre, para onde quer que eu fosse, a vida toda.

Não me lembro do resto, não sei se chegou a me convencer. É que as lembranças de infância são sempre fracionadas, como as pedras de um imenso mosaico. De repente, uma delas se solta e, num átimo, surge outra imagem, outra lembrança que julgávamos perdida.

Aquele jardim... como eu o amava! Percorria-o em todas as direções, sempre em busca de algo misterioso que, tinha certeza, ele encerrava. A cada ano, minha intimidade com ele aumentava. Já maiorzinha, conseguia explorá-lo em todos os seus cantos.

Era um jardim enorme, construído em platôs, cada um com mais de cinqüenta metros de comprimento, cortados por lances de escadas de pedra, que partiam do portão principal, na rua de baixo.

Havia hipocastanáceas, uma espécie de castanheiros selvagens, cobertos de flores brancas que, no outono, viravam ouriços e soltavam castanhas tão reluzentes que pareciam enceradas. Muitas árvores cheias de frutas: damascos, pêras, ameixas, amoras, figos, que sempre devorávamos ainda verdes, o que nos provocava tremendas dores de barriga.

Uma vez, com medo de ser castigada – pois era proibido comer frutas que não estivessem maduras – fingi estar com ataque de apendicite. Só confessei a verdade quando minha mãe já estava se dispondo a me levar

para o hospital, para ser operada. Se foi truque dela, não sei; mas deu resultado: passei a esperar que as frutas amadurecessem.

Adorava meu jardim. Havia umas tílias enormes, nas quais subia com a maior facilidade... mas depois não conseguia descer sem a ajuda do jardineiro e de uma escada comprida.

O lugar mais importante, para mim e para Lívio, era uma alameda ladeada de *ficus*, onde tínhamos o hábito de passear de triciclo e, mais tarde, de bicicleta. Lívio tinha ganho uma bicicleta de presente de aniversário. Eu não tinha nenhuma e, então, "escalava" literalmente a do jardineiro, pois, sem a ajuda de uma banqueta, não conseguia alcançar o selim. Quanto aos pedais, a coisa era ainda mais complicada: empurrava-os para baixo e recuperava-os quando davam a volta e chegavam novamente ao alcance dos meus pés.

Tudo ia bem até que, um dia, a empregada me levou ao cinema para assistir a um filme de Shirley Temple, a menina-prodígio de Hollywood. Só que a moça se enganou – ou talvez tenha fingido se enganar – e fomos ver *Frankenstein*. Eu só tinha cinco anos! Fiquei tão apavorada que, a partir desse filme, permanecer no jardim à noite era ter a certeza da presença física do monstro atrás de cada moita.

Os passeios noturnos de bicicleta pela alameda se transformaram em pesadelo. No final do percurso, de talvez trinta metros, a escuridão era total e era lá que eu devia saltar, virar a bicicleta e tentar subir nela novamente. Meu Deus! Eu rezava, rezava em voz alta, pedia para que ele não me atacasse e voltava correndo para a luz, onde estavam Lívio e meus pais, que não tinham medo de nada. Não receavam o escuro e caçoariam de mim se eu confessasse meu segredo. Ainda mais minha mãe, que à noite gostava de nos levar até um campo acima da nossa casa, onde reinava a maior escuridão e ela podia nos apontar a estrela polar e outras constelações...

Jamais souberam por que foi que, de repente, eu não quis mais dormir com a porta do terraço aberta. É que eu tinha certeza de que, se não trancasse tudo, o monstro de Frankenstein viria me raptar.

Mas, durante o dia, tudo voltava ao normal. Lá estavam os canteiros cheios de flores, que minha mãe plantava com mãos mágicas, e todos os

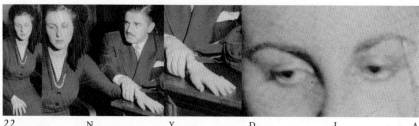

bichos com quem eu gostava de brincar: três cachorros, vários gatos, um porco espinho, um esquilo, patos, coelhos, galinhas e até um ratinho branco.

Os avós paternos tomavam café debaixo do caramanchão revestido de trepadeiras, as empregadas arrumavam a casa, o jardineiro varria as folhas do jardim e o sol varria o meu medo noturno.

No dia em que nasci, era primavera em Trieste. Abril é o mês em que as árvores florescem e os canteiros se enchem de tulipas.

Nasci de oito meses, feia e amarela. Minha mãe chorou de desgosto quando me viu: era tão diferente de Lívio, meu irmão mais velho, que viera ao mundo lindo, de cabelos cacheados e unhas compridas (só que ele levou quase dez meses para nascer!)... Curiosamente, mantivemos esse "desequilíbrio" até o fim da adolescência. Enquanto eu dava sempre a impressão de ser mais velha que a minha idade, Lívio demorava para deixar de ser criança.

Meus pais nos deram dois nomes greco-latinos: Nydia Licia e Lívio Tullio, por serem praticamente intraduzíveis. Quiseram com isso poupar-nos os transtornos por que eles passaram. Minha mãe, que se chamava Alice – em italiano soa como *Alitche* – viu seu nome ser pronunciado das mais diversas maneiras, nos outros países. Ora era *Alís*, ora era *Élis* ou *Alice*. Meu pai, então, que a vida inteira assinou Pino Pincherle (*Pino* é diminutivo de Giuseppe) e na realidade fora registrado como Giacomo Giuseppe (aqui também a consoante *G* tem som duro de *DG*), chegou a ser chamado *Jacomô Juseppê*, na França, *Yacob Yoseph*, na Áustria e, bem mais tarde, no Brasil, *Jácomo José*.

Apesar de todas essas precauções, não escapei, no Brasil, de ter o *Litchia* italiano transformado em *Licia*, bem mais doce, em português.

Algumas semanas após meu nascimento, a feia cor amarela desbotou e adquiri um aspecto mais normal.

Pelo que me contaram, ao longo dos primeiros dez anos de vida consegui contrair todas as doenças infantis disponíveis. Só faltou tosse comprida. Com dez meses, durante a ausência de meus pais, que participavam de um congresso médico em Nápoles, tive uma gastro-êntero-colite

gravíssima. Fui salva, milagrosamente, pela pronta intervenção do noivo de tia Anita – irmã de minha mãe – que estudava Medicina.

Penso que talvez tenha influenciado na escolha de sua carreira, ter visto as quatro irmãs mais velhas morrerem de tifo. Único sobrevivente, Alessandro Seppilli, o tio Dino, dedicou-se à Medicina higienista.

O fato de ter salvo minha vida criou um elo muito forte entre nós e ele sempre foi, para mim, um tio carinhoso e protetor.

Mas quem realmente deixa marcas profundas na infância de qualquer criança, são os avós.

Lembro de meus avós maternos como figuras meio distantes, pois nosso relacionamento era muito formal.

Nosso avô, Emílio Schwarzkopf era o único estrangeiro na família, toda de judeus italianos. Vinha da Boêmia. Homem cultíssimo e metódico, falava sete línguas e sabia sempre responder qualquer pergunta. Conhecia em profundidade História e Literatura e amava a Música. Nas reuniões familiares chegava a tocar violino, acompanhado ao piano pela mulher. Tinha uma figura imponente, com a barba grisalha e a corrente de ouro atravessada no colete, segurando o relógio de bolso.

Aquele relógio sempre foi o símbolo do meu pesadelo: a pontualidade. À uma em ponto, ele saía do escritório de importação e exportação de madeiras, perto da Estação Central, e tomava o bonde. À uma e quinze, chegava ao portão do prédio onde morava e tocava a campainha. À uma e dezenove, tinha subido os três lances de escadas e chegado à porta do apartamento. À uma e vinte e cinco, o almoço estava na mesa.

Lembro-me bem desses almoços obrigatórios de sábado! Íamos diretamente da escola para o apartamento dos avós, onde a *nonna* Luísa estava à nossa espera.

Vista através da minha ótica infantil, ela parecia uma mulher severíssima, sempre impecavelmente vestida, que dirigia a casa com disciplina férrea. Sorria pouco, e eu nem reparava que, quando o fazia, surgiam duas covinhas que lhe mudavam totalmente a fisionomia. Teria bastado isso para revelar que toda aquela severidade servia apenas para disfarçar a timidez.

Examinava-nos da cabeça aos pés. Olhava nossas unhas (sempre pretas), os joelhos (idem) e, principalmente, o penteado. Não se conformava com meus cabelos cacheados e soltos, com um enorme laço de tafetá preto, que minha mãe fazia questão que eu usasse no alto da cabeça. Eu odiava aquele laço. Várias vezes criou-me situações mais que embaraçosas. Uma vez – eu tinha três anos – um pelicano, à porta do Jardim Zoológico, o abocanhou e não queria devolvê-lo, apesar de eu, indignada, com o dedo em riste, reclamar:

— Devolva! É meu!

Outra vez, saí correndo pela rua com um cavalo trotando atrás de mim, igualmente interessado no que pensava ser algo comestível...

Pelo gosto de minha avó, eu estaria usando duas tranças bem apertadas – o que fazia sempre que passávamos férias com ela, sem meus pais.

Durante o almoço, não falávamos: criança não fala. E só sentávamos depois que o vovô estivesse acomodado à cabeceira da mesa. Talvez por isso eu tenha tão poucas lembranças dele.

Eu tinha muito medo de minha avó; medo mais do que justificado: um sábado, ao saber que eu dera uma resposta malcriada à minha avó paterna, *nonna* Luísa esperou-me sentada solenemente numa cadeira, segurando nas mãos uma grande tesoura.

— Aproxime-se. – disse. Lívio, atrás de mim, começou a chorar.

— Você está vendo esta tesoura? – Fiz que sim com a cabeça. Não conseguia falar. Estava gelada de pavor. – É para cortar a sua língua; assim, você não vai mais ser grosseira com ninguém.

Que medo senti! Achei que era para valer, como naqueles contos de terror dos livros infantis, em que João Felpudo, o menino que não gostava de cortar as unhas, tinha os dedos das mãos amputados. Pela minha cara, vovó deve ter achado que o corretivo fora suficiente:

— Por esta vez, passa. Mas, se repetir, corto-lhe a língua.

Saí correndo agarrada a meu irmão. Tremia da cabeça aos pés, mas não chorei uma lágrima, tamanha era a raiva que sentia de minha avó.

No entanto, todo sábado, depois do almoço, enquanto o avô Emílio dormia a sesta na grande *bergère* do escritório, era ela que, paciente-

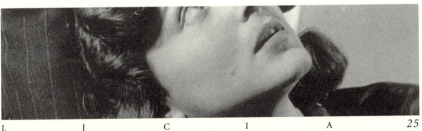

mente, com muito amor, brincava conosco e nos oferecia chocolates e brinquedos. Em diversas ocasiões, comprou-me lindos vestidos. Também foi ela quem me deu as primeiras aulas de francês e me ensinou a bordar toalhas de linho com um ponto complicadíssimo, chamado *gigliuccio*, típico dos bordados florentinos. Sua família, os Treves, era originária de Livorno, na Toscana, embora fossem de longínqua ascendência francesa.

Era a mais moça de quatro irmãos. Pequenina e morena, contrastava com as duas irmãs mais velhas, bonitas e vistosas. Talvez por isso, cresceu tímida e reservada.

Uma desgraça marcou-lhe a juventude. O pai, armador, perdeu toda a fortuna no naufrágio de dois navios carregados de mercadorias. A mãe, mulher corajosíssima, uma noite, ao acender o lampião de querosene pendurado em cima da mesa onde os quatro filhos estudavam, derrubou-o. Para proteger as crianças, atirou-se em cima delas, cobrindo-as com o próprio corpo, que recebeu todo o líquido incandescente.

A presença de espírito do filho mais velho, Gino, que a enrolou num cobertor, e uma banheira cheia de água para o banho, salvaram-na de morte certa. Mas ficou muito queimada e com as mãos cobertas de cicatrizes.

Durante meses, presa a uma cadeira, fazia trabalhos de crochê segurando a agulha com os dentes. Jamais se entregou ao desânimo ou fraquejou, e essa lição calou fundo no espírito das filhas mocinhas.

Nonna Luísa tinha verdadeira veneração pelo marido. Parecia-lhe um milagre que, das três irmãs, tivesse escolhido a ela, a menos bonita. Creio que não se deu conta de que foi justamente sua modéstia que o conquistou. O pedido de casamento foi feito durante a apresentação da *Bohème*, no teatro e, até o fim da vida, bastava-lhe ouvir poucas notas dessa ópera para ficar profundamente emocionada.

A primeira filha foi minha mãe, Alice, nascida em outubro de 1900. Por dois anos, a menina reinou absoluta no coração dos pais, mas viu-se destronada quando nasceu Anita. A irmã menor, obediente e doce, tor-

nou-se rapidamente a filha predileta, sempre elogiada pela mãe. Enciumada, minha mãe agarrou-se mais com o pai, que aceitava melhor seu gênio artístico e a sua originalidade.

Talvez como conseqüência desse desentendimento entre mãe e filha, meu relacionamento com vovó sempre foi muito difícil.

Quando o marido morreu de diabetes, *nonna* Luísa fechou-se para o mundo. Nunca mais tirou o luto. Não foi mais a um teatro, a um cinema, nunca mais ligou o rádio. Foi se tornando cada vez mais intransigente; desaprovava tudo o que eu fazia ou dizia e sua crítica era severa. Mas eu era jovem demais para entender como ela era infeliz e não pude – ou não soube – aproveitar tudo o que poderia me ensinar.

Já os avós paternos eram completamente diferentes. De origem muito mais simples, não eram formais nem tinham preocupações com etiqueta. E isso nos deixava muito à vontade.

Vovô Ermínio, quando jovem, trabalhou com café. Veio, numa viagem, até o Rio; mas, assustado com a mata virgem e as doenças tropicais, recusou o emprego oferecido e preferiu voltar para Trieste, onde o esperava o que eu penso ter sido o verdadeiro motivo da recusa: a namorada e futura mulher Emma Luzzatto.

Vovó Emma era uma mocinha morena, bonita, de origem humilde. Só freqüentou a escola até o quarto ano primário, pois teve de trabalhar muito cedo: foi ajudante de modista. Sempre que ganhava um dinheirinho a mais, adquiria um ingresso para a torrinha do teatro e ia assistir às óperas de Verdi. Conhecia a fundo as obras de seu compositor predileto.

Casou-se com o avô Ermínio e foram morar numa pensão muito modesta. Ainda assim, numa ocasião em que ele esteve desempregado, os dois tiveram que sair escondidos de noite, pela janela, pois não tinham dinheiro nem para pagar o aluguel. Mas, tão logo o marido conseguiu um novo emprego, vovó fez questão de ir pessoalmente saldar a dívida. Antes, porém, subiu a colina próxima à cidade e colheu um maço de flores silvestres para presentear a dona da pensão.

Tiveram dois filhos: Pino e Bruno. A família toda gostava de dar longos passeios, aos domingos, subindo até o Carso, o planalto áspero que

circunda Trieste e se apresenta cheio de pedras calcárias pontiagudas que rasgam a terra vermelha e onde brotam arbustos esverdeados e bosques de pinheiros.

Uma lenda muito antiga narra que Deus, após ter criado o mundo, verificou que havia sobrado grande quantidade de pedras. Não sabendo onde colocá-las, fechou-as em um saco para atirá-las ao mar. O diabo, descobrindo suas intenções, abriu um buraco no fundo do saco, o que fez com que as pedras viessem a cair no meio do caminho e formassem o Carso.

Quando penso em minha avó, acho extraordinário que, apesar de ter pouca instrução, tenha conseguido educar os filhos, fazendo-os estudar, acompanhando seus progressos e encorajando-os a lutar pela vida.

Todos nós a chamávamos *Tota Eppa*. Como surgiu esse apelido, não sei. Talvez tenha sido Manlio, o primo mais velho, a inventá-lo. Enfim, coisas de crianças.

Adorava os netos. Tinha um fraco por mim, por eu ser uma menina. Da mesma forma, *nonna* Luísa, que só tinha tido filhas, adorava os dois netos homens: Lívio e, principalmente, o primo caçula Tullio Seppilli, filho da tia Anita, irmã de minha mãe.

Os avós Pincherle moravam no andar térreo de nossa casa e nós, no primeiro andar. A Tota era meu porto, meu refúgio sempre que eu "aprontava alguma" e sabia que ia apanhar. Corria para ela e contava a minha desgraça. Sabia que meu pai, ao chegar, parava sempre para conversar um pouco com seus velhos. Assim, vovó podia prepará-lo a meu favor, antes que minha mãe relatasse o que eu tinha feito de errado.

A figura dela está de tal maneira presente em minha memória que, às vezes, até se sobrepõe à de minha mãe, cuja saúde frágil obrigava-a a permanecer de cama por longas temporadas. O quarto escuro, o lenço molhado na testa e os delírios causados pela febre alta eram uma constante em nossa infância.

Vovô Ermínio passava todas as tardes em casa. De manhã, meu pai o levava até o Café do qual fora proprietário e que tivera de vender quando foi acometido pelo glaucoma que o deixou cego. Quando sentiu os primeiros sintomas, meu pai estava estudando Medicina em Viena e vovô

quis esperar pela volta do filho, em lugar de procurar logo um oculista. Então, foi tarde demais...

Sua figura era ereta e ele se movimentava pela casa com muita segurança, apoiado apenas em uma bengala.

Eu, quando criança, achava que era tudo mentira, que ele não era cego coisa nenhuma. Um dia, resolvi tirar a prova; peguei uma tesourinha, decidida a cortar-lhe a barba. Naturalmente, seu ouvido apurado captou o barulho da minha aproximação e o da tesoura sendo manuseada, e interpelou-me:

— O que é que você está fazendo com essa tesoura na mão? Está querendo cortar minha barba?

Aí, a confusão aumentou em minha cabeça. Das duas, uma: ou ele não era cego, ou então era um bruxo!

Outras figuras povoam minhas recordações e se encaixam em meu mosaico de lembranças.

Houve um velho frade que me ensinou a jogar xadrez. Meu pai estava tratando-o de um eczema nos pés. Lembro-me de que o velhinho não era muito amante de água e sabão; a solução encontrada por meu pai foi aconselhá-lo a mergulhar diariamente os pés em uma bacia com chá de camomila, para "aliviar a coceira" (e o cheiro).

Outro dos seus pacientes foi primo Carnera, campeão mundial de boxe em 1933, homem gigantesco, parecidíssimo com o ator Fernandel. Ensinou-me a andar de bicicleta; punha-me sentada no selim enorme e pacientemente me empurrava pelo jardim do hospital.

Aos cinco anos, chegou a vez de aprender a tocar piano. A professora era Elsa Ravenna, filha do nosso pediatra, e eu a adorava. Ela estava apaixonada pelo primo de minha mãe, Gaddo Glass, desde os quinze anos, e acabou se casando com ele dez anos mais tarde, para alegria de todos os que torciam por ela.

Após o casamento, Elsa parou de lecionar. Meu novo professor foi um concertista muito em voga: Luciano Gante. Jovem demais, não tinha paciência nem jeito para lidar com uma menina teimosa. Além disso,

minha mãe trocou o piano de armário, que tinha um som bem melodioso, por um Förster *Crapaud* que mandara fabricar na Checoslováquia e que eu detestei à primeira vista. Idem, com relação ao professor.

Em lugar de estudar uma hora por dia, conforme ele mandava, eu adiantava os ponteiros do relógio da sala e escapulia para o jardim. Desesperado com o meu péssimo rendimento, o professor me quebrou vários lápis na cabeça, até que uma providencial convocação para o serviço militar livrou-o definitivamente de mim.

O ano de 1929 ficou gravado em minha memória por dois motivos: foi o inverno mais frio do século e a primeira vez que assisti a uma ópera.

A música foi sempre muito importante na vida da família, a ponto de minha mãe achar que aos três anos já podia iniciar minha educação musical.

A primeira apresentação a que assisti, no Teatro Giuseppe Verdi, foi a de uma ópera bufa: *I Quatro Rusteghi*, um texto de Goldoni, musicado por Wolf Ferrari. Ficou-me apenas a visão rápida de quatro velhos, trajados de modo esquisito, sentados ao redor de uma mesa.

Da segunda ópera, *Aida*, de Verdi, tenho lembranças maiores. Revejo a *Marcha Triunfal* do segundo ato, com o exército egípcio, de saiote, marchando em frente à escadaria do templo e os elefantes atravessando o palco com pisadas majestosas.

Até perguntei – em voz bem alta – por que era que os elefantes tinham um esparadrapo tão largo tapando-lhes o traseiro.

Mas o compositor que realmente marcou nossa infância foi Richard Wagner, por ser o preferido de mamãe. Antes de cada espetáculo, ela nos fazia um resumo do enredo e, às vezes, até ilustrava-o com desenhos. Assim, desde cedo habituamo-nos a curtir suas longas óperas como se fossem peças infantis, encantados com as figuras de Parsifal, Lohengrin e, principalmente, das sereias e deuses da tetralogia do *Anel do Nibelungo*.

Há uma certa lógica nisso, pois a mitologia wagneriana é muito mais adequada às crianças do que as tenebrosas histórias de amor e ciúme do repertório verdiano.

Nossa fantasia galopava solta entre dragões que cuspiam fogo, como Fafner, anões guardiões de tesouros e guerreiras chamadas Valquírias, montadas em corcéis alados. Eram elas que carregavam os guerreiros mortos em combate para o Walhalla, o paraíso dos heróis.

Eu gostava muito de representar o papel da chefe das Valquírias, Brunilda, a filha predileta do deus Wotan, usando como escudo a tampa da cesta de roupas sujas e, como elmo, a panela de cobre de cozinhar polenta...

Influenciada por todas essas figuras mitológicas, cada vez que minha mãe se zangava e gritava comigo, eu a chamava "Fafner". Mais tarde, "Fafner" tornou-se um apelido carinhoso.

Uma das maiores cantoras wagnerianas da década de 1930 era Lotte Burck, uma volumosa loira alemã, de cabelos longos e olhos azuis, que sempre se hospedava lá em casa. Todo mundo, então, passava a falar alemão, o que eu, pessoalmente, considerava alta traição. Afinal, na Primeira Guerra Mundial não tínhamos lutado contra os alemães? Então, que traição era essa? Falar a língua do inimigo!

Graças a essas patrióticas fantasias, enquanto a família toda falava alemão correntemente, eu, até hoje, falo mal e mal uma centena de palavras.

A ópera, naquele ano, era *Siegfried*, e Lotte interpretava Brunilda que, tendo desobedecido às ordens do pai, o deus Wotan, foi por ele adormecida no topo de uma montanha, rodeada por um fogo eterno. Só um herói muito especial seria capaz de libertá-la e se casaria com ela. O guerreiro que a despertava era Siegfried, interpretado pelo jovem tenor Ettore Parmiggiani. E eu, com menos de seis anos de idade, apaixonei-me pelo loiro Siegfried.

Aí começaram meus dramas de consciência: se um dos dez mandamentos determinava: "Não desejarás a mulher do próximo", isso devia valer também para o homem da... próxima. E Siegfried pertencia a Brunilda; eles até juravam amor eterno no final do terceiro ato! Na minha cabeça, isso gerou uma grande confusão!

Lembro que – como quem não quer nada – perguntei à minha mãe se os dois se casavam de verdade. Ela que, naturalmente, tinha entendido

tudo, tranqüilizou-me, afirmando que, em absoluto, não se casariam. E acrescentou que eu poderia confirmar isso na próxima temporada, quando seria apresentado *O Crepúsculo dos Deuses*, a última ópera da tetralogia do Nibelungo.

Então, sosseguei.

Graças ao conceito moderno de educação dos meus pais, pude assistir a mais de sessenta óperas entre três e treze anos de idade. E não foi só em Trieste. Nas viagens que fazíamos à Áustria durante as férias, sempre que havia uma ópera, uma opereta ou um concerto, eles nos levavam. No princípio, os concertos me pareceram muito monótonos. Sentia falta dos cenários e das roupas de época. Vi espetáculos em Viena, Salzburg, Semmering, Innsbruck.

Em Viena vimos uma apresentação dos célebres cavalos brancos de Lipizza – os cavalos do Imperador – treinados na Spanische Reitschule, a Escola Espanhola de Equitação. Ao vê-los, tão brancos e majestosos, era quase impossível acreditar que, ao nascer, fossem marrom ou cinza e só aos poucos se tornassem brancos. Eram capazes de realizar acrobacias admiráveis, obedecendo às ordens quase imperceptíveis de seus cavaleiros.

Há um fato marcante, acontecido com eles durante a Segunda Guerra: para evitar que caíssem em mãos do exército alemão, o diretor da Escola, coronel Alois Podhjasky, contrabandeou-os para fora da Áustria, enrolando-lhes tiras de pano ao redor dos cascos. Eram tão bem treinados, que obedeceram às suas ordens de não fazer o menor ruído e as sentinelas alemãs sequer se aperceberam da fuga.

O fato, verídico, foi descrito por ele no livro *The Dancing White Horses of Viena* e mais tarde transformado em filme, com Robert Taylor e Lilly Palmer nos papéis principais.[1]

Mas do que eu gostava mesmo, era de quando anunciavam alguma apresentação interessante, com cantores famosos, em Veneza. Íamos para lá de carro, percorrendo uma distância de aproximadamente cento e cinqüenta quilômetros.

Chegando à entrada da cidade, era preciso largar o automóvel e prosseguir de gôndola, através dos canais que recortam essa cidade única no mundo, que mais parece um cenário de peça de época.

Inicialmente, seguíamos pelo Canal Grande, ladeado por palácios que já pertenceram a antigas famílias venezianas de nomes altissonantes: Palácio Vendramin, Grimani, Mocenigo, Rezzonico, Foscari...

Passávamos por baixo da Ponte de Rialto, uma construção maciça cujo arco foi concebido para dar passagem até a uma galera armada. Em seguida, penetrávamos por canais menores e cheios de curvas, até chegarmos ao Teatro Fenice, uma jóia de teatro, onde assistíamos à ópera.

Terminado o espetáculo, outra gôndola nos aguardava e levava-nos de volta. Eu ficava maravilhada com a habilidade dos gondoleiros que, manejando um único remo comprido, esquivavam-se das outras embarcações com extrema elegância.

Jamais esquecerei o fascínio do luar de Veneza, refletido nas águas da Laguna. Numa outra vez, fomos até lá admirar as fantásticas mostras de Tiziano e Tintoretto. Essas exposições de desenhos e pinturas, realizadas em Cá Pesaro, eram uma homenagem prestada por Veneza a dois de seus mais famosos filhos, solicitando, para sua realização, o empréstimo de quadros a vários países europeus. Foi nessa ocasião que, observando as lindas mulheres ruivas retratadas nas telas, compreendi porque todos diziam que os cabelos de minha mãe eram "vermelho-Tiziano".

Houve também um verão em que viajamos até Portorose, no meio da península da Ístria, próxima a Trieste, para ouvir o tenor Richard Tauber, grande intérprete de Franz Lehar, cantar, ao ar livre, seu maior sucesso: *O País dos Sorrisos*.

Na viagem de volta, no meio da noite, sob um céu estrelado, o ar perfumado de flores, meu pai guiava, cantando com voz bonita e afinada as árias românticas da opereta. Eu ouvia deitada no banco de trás, olhando as estrelas. Nunca mais esqueci nem a música, nem a letra em alemão:

— *Meine Liebe, deine Liebe, die sind beide gleich...*

Engraçado... Nunca me perguntei se meu pai guiava bem ou mal. Tinha plena confiança nele, embora hoje suspeite de que tenha sido um motorista bem distraído. Afinal, por mais de uma vez chegou em casa carregando uma lebre ensangüentada que tinha atropelado no caminho. Minha mãe, que tinha sido uma das primeiras mulheres a dirigir carro em Trieste, era ótima no volante; no entanto, eu tinha pavor de viajar com ela. Talvez tivesse ficado impressionada pelo fato dela ter sido reprovada por quatro vezes no exame de motorista. O que eu não sabia, na época, é que a banca era constituída por três velhos preconceituosos que achavam o cúmulo uma mulher guiar.

Anos mais tarde, minha mãe, que era crítica de música, ao ser nomeada correspondente de vários jornais italianos para cobrir o Festival de Salzburg, atravessou os Alpes sozinha, guiando um carro Bianchi conversível, aplaudida com entusiasmo pelos habitantes das aldeias que atravessou.

Em nossa casa, freqüentemente havia jantares e reuniões. Às vezes, os convidados eram médicos, colegas de meu pai; outras vezes, eram compositores, músicos e cantores.

Minha mãe era constantemente procurada para ensaiar, preparar e acompanhar ao piano cantores e concertistas, alguns até de renome internacional, como Mariano Stabile, Lotte Lehmann e Ezio Pinza. Todos elogiavam a leveza de seu toque e sua profunda cultura musical.

Vinham a Trieste para a temporada lírica, no inverno, e freqüentavam nossa casa, em companhia de maestros e compositores. O frio e a Bora, o vento gelado de Trieste, eram inimigos ferrenhos dos cantores e era meu pai que tratava deles quando adoeciam e perdiam a voz.

Lívio e eu conhecíamos todos e, sempre que íamos ao teatro, corríamos até os camarins, onde eles permitiam que ficássemos para vê-los se maquiarem. Eu olhava, fascinada, Mariano Stabile colocar o nariz postiço, de massa, para a sua caracterização em *Os Mestres Cantores*, de Richard Wagner, ópera que interpretou, pela primeira vez, em nossa cidade.

Foi uma estréia de gala e, para a ocasião, eu tinha ganho um vestido de voal bordado de lantejoulas e um casaco de plumas de cisne branco, que parecia uma esponja de pó de arroz. O teatro, todo iluminado, esta-

va deslumbrante. Os camarotes dourados, repletos de mulheres de vestidos longos e homens de casaca.

Eu me achava elegantíssima e queria que todos me admirassem. Comecei a passear, para cima e para baixo, pelo corredor da platéia, admirando-me no espelho de minha bolsinha de miçangas. Meu pai, morto de vergonha com a exibição, foi me buscar no meio do teatro e me levou de volta à poltrona.

Minha mãe, chegando à conclusão de que eu estava me tornando muito vaidosa, na primeira oportunidade em que me encontrou pavoneando-me diante de um espelho, fulminou-me com a seguinte frase:

— Coitadinha! Que pena que suas pernas sejam tortas!

Foi o fim de minha vaidade incipiente. Durante anos carreguei o complexo das "pernas tortas", sem jamais desconfiar que tudo não passara de um truque.

Eu gostava muito das tardes em que os artistas ensaiavam em nossa casa alguma música nova. Passava horas na sala, bem quietinha, decorando a letra e a melodia. Mais tarde, a sós com Lívio, cantava, a plenos pulmões, as árias de que tinha gostado mais.

Deve ter sido bem engraçado ouvir uma menina de sete ou oito anos pronunciar as frases ardentes do terceiro ato da *Tosca*:

— *Si, alla sua brama mi promisi!*[3]

E Lívio, contracenando comigo:

— *O dolci mani...*[4]

Sentia-me tremendamente importante nas tardes em que, ao lado do piano, virava as páginas das partituras nas passagens mais complicadas.

Naturalmente, todos me achavam "uma gracinha" e surgiu a idéia de me fazer participar oficialmente do concerto que estavam preparando. Na hora, fiquei entusiasmada e orgulhosa. Os amigos e parentes não me regateavam elogios, assegurando que eu tinha talento, que puxara à mãe, que ia ser um sucesso; enfim, todas as coisas inúteis que é costume dizer nessas ocasiões...

Quanto mais me elogiavam, querendo me encorajar, mais me sentia insegura e despreparada. Como era meu hábito, não comentei nada com ninguém e, desse modo, dei margem a que esses sentimentos se avolumassem dentro de mim.

Chegou a noite do concerto. As músicas ensaiadas, a cantora afinadíssima, a mãe linda em seu vestido longo de renda violeta... E a "gracinha"? Simplesmente adoeceu.

O que foi que tive? Provavelmente, nada. Só medo.

Foi a primeira de uma série de fugas que me acometeriam, ao longo da vida, na hora de aparecer no palco. A menininha exibida que se pavoneava pela platéia do Teatro Giuseppe Verdi, na hora de se exibir a sério, por obrigação... "fugiu da raia"!

Medo de enfrentar o público? De não virar as páginas no momento certo? De não poder sair do lugar à hora que quisesse?... Não sei.

Houve um segundo incidente, alguns anos mais tarde. Eu ia me apresentar em um espetáculo alusivo à entrada da primavera. Tratava-se de um texto infanto-juvenil, no qual cantaria a canção principal. Fui vestida de "Primavera", com uma coroa de flores na cabeça e um vestido esvoaçante.

Mal deu o primeiro sinal, comecei a ficar gelada e a tremer. O maestro, assustadíssimo, decidiu suspender a música, mas minha mãe assegurou-lhe que eu cantaria, que se tratava apenas de nervosismo passageiro.

De fato, quando chegou a hora, entrei em cena e, tranqüila, preparei-me para cantar. Só que não havia música! O maestro tinha avisado à pianista para não tocar, porque eu estava doente. No maior desespero, limitei-me a falar as palavras da canção.

O desapontamento foi geral. Até vovó Emma estava na platéia, com um buquê de violetas e mimosas, para festejar minha atuação. Voltei para casa tão arrasada que, no dia seguinte, adoeci de verdade. Tive 39 graus de febre.

Acho que foi a única maneira que encontrei para justificar, perante mim mesma e os outros, o meu fracasso da véspera.

Talvez esses incidentes, que à distância parecem insignificantes, tenham me marcado para a vida toda.

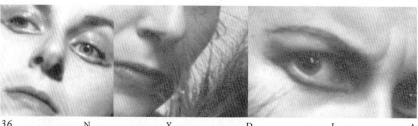

Com o passar dos anos aprendi a superar o medo, somatizando-o em enxaquecas, dores de estômago ou aftas em dias de estréia.

Enfim, ninguém se livra totalmente de seus fantasmas!

Seis de dezembro, dia de São Nicolau, era uma data muito importante para as crianças triestinas.

— *San Nicoló di Bari*
la festa dei somari...[5], cantávamos em coro pelas ruas da cidade.

Era quando se realizava a Feira de São Nicolau, no Viale XX Settembre. Barracas de todos os tamanhos, repletas de brinquedos artesanais, roupas e guloseimas, se estendiam por toda a alameda, iluminadas por lampiões de querosene. Havia carrinhos que fabricavam algodão doce, outros que vendiam castanhas assadas na hora – que aqueciam as mãos enregeladas – e, mais adiante, alguém oferecia frutas carameladas.

Era uma festa para os olhos... e para o estômago.

Todos os anos, íamos à feira. Era uma delícia passear, de noite, no meio da multidão que se acotovelava para admirar e escolher presentes para o Natal. Era tudo muito barato; os vendedores traziam suas mercadorias do sul da Itália e vinham, todos os anos, enfrentar o frio e a Bora de Trieste.

Uma noite, vi minha mãe cochichar discretamente com um daqueles homens e apontar uma casa de brinquedo, de mais de meio metro de altura, toda pintada de verde.

Não sei por que, achei que não devia demonstrar que tinha notado as negociações. Foi puro instinto. Afinal, só tinha sete anos; não era idade suficiente para um raciocínio mais complicado.

Misteriosamente, esse brinquedo reapareceu na noite seguinte... e em nossa casa. Veio trazido pelo Velho Babá.

Era ele um personagem muito importante de minha infância, materializado pela imaginação fértil de minha mãe. Saíra de um conto infantil, onde convivia com gnomos, tartarugas e duendes.

Passou a representar, para mim e para Lívio, o que Papai Noel significa para as crianças católicas no mundo todo: aquele velhinho simpático, aguardado com tanta ansiedade, que traz doces e presentes.

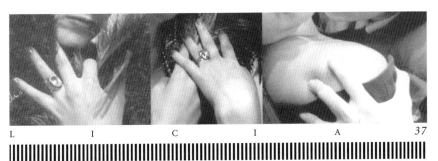

Personificado por papai – vestido todo de preto, com um chapéu de abas largas, óculos escuros e uma imensa barba de algodão colada no rosto – chegava às oito horas da noite, carregando um saco cheio de presentes.

As luzes eram reduzidas ao mínimo. Na sala ficavam os avós, as empregadas, o jardineiro e nós, crianças, trêmulas e excitadas.

Quando o Velho Babá chegava, tínhamos que recitar o conto do qual ele se originara.

Sei de cor, até hoje, as primeiras estrofes:

> *Quá Quá, guardate Nena*
> *La tartaruga acquatica*
> *Con Frullin sulla schiena.*
> *Sapete, quel folletto*
> *É un pessimo soggetto*
> *Che gioca, spende e sperpera.*
> *Mal gliene incoglierá.* [6]

Só depois dessa pequena cerimônia é que tinha início a distribuição dos brinquedos. O único pesar meu e de Lívio era que nosso pai nunca estivesse presente quando o Velho Babá vinha nos visitar. Chegava sempre atrasado.

Jamais desconfiei de coisa alguma. Acreditava piamente na autenticidade do bom velhinho, embora algo me intrigasse. Aquela casa de brinquedo, por exemplo. Eu tinha visto minha mãe falar com o homem da barraca! E umas almofadas bordadas por uma velha amiga de meus pais que morava na Sardenha! O Velho Babá disse-nos que tinha passado pela casa dela e pegado o presente. Curioso...

Um dia, Lívio, rindo, contou-me que o Velho não existia, que era nosso pai disfarçado, por isso os dois nunca se encontravam. Olhei desesperada para minha mãe, esperando que ela o desmentisse, que dissesse que aquilo não era verdade. Ela, porém, confirmou tudo.

Comecei a chorar. Senti-me como se meu mundo tivesse desabado. Eu acreditava com uma facilidade imensa em tudo o que era estranho e

sobrenatural: gnomos, duendes, anões, árvores que falavam... Se o Velho Babá – que a família tinha levado a sério durante todos aqueles anos – era uma farsa, será que todas as outras personagens que povoavam minha cabeça também não existiriam?

Profundamente magoada, fui para o jardim, galguei minha árvore predileta e contei-lhe minha decepção.

Um passarinho, pousado num galho bem alto, chilreou, como se quisesse consolar-me, suavizar a dor profunda que estava sentindo.

Nunca mais o mês de Dezembro foi igual para mim. Nem voltei mais à feira. Para quê? O encanto tinha sido quebrado.

Foi então que Bianca, a filha da nossa costureira, pediu permissão para que eu passasse uma tarde na casa dela. Como era cinco anos mais velha do que eu e muito ajuizada, me deixaram ir.

Bianca naquele dia iria montar o presépio e ornamentar a casa para o Natal. Fui com ela até a Piazza Ponterosso, onde as *venderigole*, como eram chamadas as vendedoras da feira, exibiam em suas barracas montanhas de musgo, galhos de visgo e azevinho, além de pinheiros de todos os tamanhos.

Eu nunca tinha visto nada semelhante. Festões vermelhos, lampiões e bolas coloridas emprestavam um aspecto fantasmagórico às velhas barracas cujos trapos a muito custo defendiam as vendedoras da Bora gelada. Compramos tudo de que Bianca precisava e subimos até o apartamento dela, no quinto andar de um prédio sem elevador.

Com cuidado e carinho, ela desembrulhou as figuras do presépio que estavam guardadas dentro de uma caixa de papelão, envoltas em papel de seda. Forramos com o musgo a tampa da cômoda e Bianca, com um espelhinho redondo, improvisou um lago. Umas poucas pedras, com certeza colhidas durante alguma excursão pelo Carso, formaram a gruta. Em pouco tempo, o Presépio estava pronto. E era lindo.

Ela me ensinou a amarrar galhos de pinheiro para ornamentar a porta de entrada e eu a ajudei a colocar as poucas bolas coloridas, na árvore minúscula.

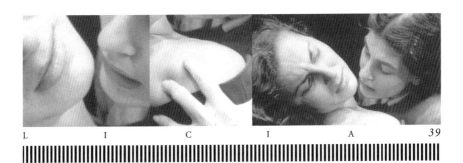

Ao encantamento que eu sentia, misturava-se um sentimento de culpa, quase de sacrilégio, por estar participando de um ritual de outra religião, que me fascinava e comovia.

A partir desse ano, a decepção pelo desaparecimento do Velho Babá foi sendo esquecida e comecei a pedir para que nos deixassem ter uma árvore de Natal. Mas havia um risco muito grande: o dos avós Schwarzkopf descobrirem. Eles jamais teriam admitido que na casa da filha deles se acendessem as velas de um pinheiro natalino.

Lívio e eu, então, cortamos um galho de abeto do jardim e fizemos uma arvorezinha no sótão.

No ano seguinte, meu pai resolveu nos levar até o apartamento de duas enfermeiras alemãs, Frieda e Lotte, para vermos a árvore enorme que elas tinham decorado.

Chegava até o teto, toda iluminada por dezenas de velas coloridas e cheia de enfeites, doces e frutas. Nossa grande diversão, naquela noite, foi espremer as cascas das mexericas de encontro às chamas e vê-las crepitarem.

Desde então, sempre associo o perfume das mexericas à lembrança de um dos primeiros Natais da minha infância.

Lívio era um ano e meio mais velho do que eu. Assim que completou seis anos de idade, começou a freqüentar a escola primária Regina Elena.

Eu morria de inveja. Estava louca para ir também, mas as escolas, nessa época, não tinham pré-primário e, por isso, a única solução era completar a idade exigida por lei.

Quando Lívio voltava das aulas e fazia a lição de casa, eu não saía de perto dele. Ficava olhando tudo que ele fazia, muito interessada.

Uma tarde, minha mãe entrou no quarto e me viu com um livro aberto nas mãos. Perguntou o que era que eu estava fazendo.

— Estou lendo – respondi.

Ela, naturalmente, não acreditou. Achou que era mais uma mentira, pois eu costumava misturar muito realidade com fantasia. Por isso vivia sendo chamada de mentirosa, o que me magoava muito. (Lembrando disso, nunca demonstrei duvidar de uma afirmação de minha filha, por mais estapafúrdia que fosse.)

Para espanto geral, comecei a soletrar o que estava escrito. Eu havia realmente aprendido a ler e também a escrever algumas palavras, sozinha.

Meus pais levaram-me à escola, solicitando uma licença especial para que eu pudesse ser aceita, aos cinco anos, uma vez que já tinha aprendido as primeiras noções.

Freqüentei as aulas durante três dias, após os quais chegou a resposta – negativa – da instância superior: eu deveria aguardar até completar seis anos de idade. Uma vez que o ano letivo se iniciava em outubro e eu nascera em abril, teria que aguardar mais seis meses após meu aniversário.

Então meus pais contrataram uma professora particular que me preparasse para prestar exame para a segunda série, já que a lei italiana facultava aos estudantes o direito de pular um ano, se aprovados num exame oficial.

Fui aprovada e entrei na escola, diretamente na segunda série

Adorei a escola desde o primeiro dia. Gostava de aprender, interessava-me por tudo, menos por trabalhos manuais. Por isso, eram sempre as avós que, às pressas, tinham que bordar uma toalhinha ou um porta-guardanapos para a exposição do fim do ano letivo.

Gostava de ter colegas com quem brincar e trocar segredinhos. Nossa classe era só feminina; não havia classes mistas e isso tornava os meninos bem mais interessantes.

Ninguém namorava. Nem pensar! Mas todas nós estávamos sempre apaixonadas por algum coleguinha de outra turma. Só nos relacionávamos com os meninos durante os espetáculos teatrais nos finais de ano, quando cantávamos juntos ou representávamos pequenas peças.

Todas as alunas da escola usavam uniforme preto com gola e punhos brancos; menos eu! Minha mãe achava o cúmulo uma menina andar de preto e por isso eu era a única a usar uniforme azul-marinho. O estranho é que não ocorresse, a uma pessoa tão inteligente e sensível como ela, a idéia de que criança detesta ser diferente das outras. Eu teria dado tudo para trocar a elegantíssima roupa de seda azul pela preta, meio desbotada, que as outras usavam.

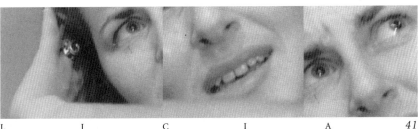

Tínhamos também uma farda de *Piccola Italiana*, que consistia numa saia pregueada e uma blusa branca, de mangas compridas, com um distintivo do *Fascio* no bolso esquerdo. Ali minha mãe não podia interferir, mas bem que teria gostado. Limitou-se a argumentar que saias com suspensórios largos seriam mais apropriadas para meninas que ainda não tinham a cintura marcada. Só que não havia nada que ela pudesse fazer pois se tratava do uniforme oficial do partido fascista, ao qual todos nós éramos obrigatoriamente filiados. Era com esse uniforme que desfilávamos pelas ruas da cidade ou nos reuníamos na Piazza Unitá – a praça principal, de frente para o mar – para ouvir, durante horas, discursos inflamados de algum *Gerarca* fascista.

Na minha ingenuidade infantil, o simples fato de estar usando uma roupa igual à de todas as outras colegas proporcionava-me uma sensação de segurança. Eu estava fazendo parte de uma coletividade; sentia-me protegida e segura, a ponto de conseguir contornar até o medo intrínseco que nutria por multidões.

Nem de longe percebia como estávamos sendo iludidos! Tontearam-nos com fanfarras, bandeiras, muito esporte, hinos patrióticos e sonhos de glória. Nós vibrávamos de orgulho assistindo a filmes que só enalteciam o regime e, candidamente, acreditávamos nas frases bombásticas do *Duce*. A voz de Mussolini enfeitiçava-nos e nos impedia de enxergar o que havia de medonho por trás daquilo tudo. Por ser o fascismo a única forma de governo que conhecíamos, nunca duvidamos de que fosse a forma certa.

E assim fomos crescendo à sombra de um regime de força, sem perceber que estávamos sendo manipulados e sem a menor possibilidade de vislumbrar a terrível farsa da qual estávamos participando.

Com respeito aos adultos, nem hoje eu saberia dizer quantos acreditavam realmente nesse tipo de regime e quantos se calavam para sobreviver. Para trabalhar era preciso ser inscrito no *Fascio*. Sem a carteirinha e o distintivo, as portas se fechavam, principalmente as de qualquer entidade ligada ao governo.

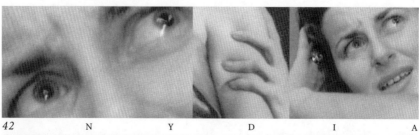

Nos anos que se seguiram à Segunda Guerra, muitas pessoas me perguntaram como fora que judeus puderam ser fascistas. É preciso lembrar que, antes da aliança com Hitler, não existia discriminação racial oficializada na Itália. Aparentemente, não havia diferença entre católicos e não-católicos; todos eram italianos e gozavam dos mesmos direitos.

Os judeus italianos pertenciam à burguesia; eram professores, comerciantes, escritores, médicos, advogados, militares, e se consideravam totalmente integrados na vida do país. Não falavam *ídiche*, não usavam roupas diferentes e não receavam perseguições como os *pogroms*, sofridos pelos correligionários russos e poloneses. Acima de tudo, não eram obrigados a viver em guetos, principalmente no norte da Itália, onde essa exigência tinha sido abolida desde os tempos da República de Veneza. No entanto, em Roma, parte da Comunidade Israelita optou por continuar a morar no *Ghetto* antigo, onde à noite os portões de ferro eram trancados por dentro. Ali, rodeados de parentes e amigos, sentiam-se mais à vontade e a salvo de qualquer agressão ou brincadeira de mau gosto.

Foi nos primeiros anos de escola que comecei a me distanciar de meu irmão; nossos interesses já não eram os mesmos. Enquanto eu amadurecia e assumia ares de mulherzinha, Lívio continuava interessado apenas em brincadeiras de menino. Automaticamente, eu o excluía das minhas confabulações com as outras meninas e ele se vingava contando à mamãe tudo o que eu fazia ou dizia. As brigas conseqüentes faziam com que nos afastássemos cada vez mais.

Lívio era o primogênito e era homem; por isso acabava gozando de certas regalias: podia participar de acampamentos, tanto no verão quanto no inverno. Eu não podia. Por duas vezes foi passar férias com os primos, enquanto eu ficava em Trieste; conheceu Florença antes de mim e também Milão.

Em contrapartida, eu tinha aulas particulares, para me tornar uma menina "prendada". Estudava desenho e pintura com um casal de artis-

tas velhinhos que pareciam ter saído de alguma gravura de época. Moravam no alto de uma ladeira estreita, numa casa imensa, cheia de móveis, quadros e bibelôs. Tinham dois ateliês, um para cada um, onde recebiam os alunos. Com ela aprendi a desenhar coisinhas delicadas, tipo cartões de Natal, e dele recebi as primeiras noções de pintura a óleo.

O outro curso era de dança rítmica, com Britta Schellander, uma das campeãs das Olimpíadas de Berlim. Chegamos a nos apresentar em público em Trieste e também na estância balneária da moda: Portorose, para onde fomos de *vaporetto*, um pequeno navio todo branco que descia a costa da península da Ístria. Participaram dessa aventura divertidíssima dez alunas, entre as quais Ewy Wilheim, que reencontrei, anos mais tarde, em São Paulo e Zita Lana, irmã de um dos músicos do Trio de Trieste que, por várias vezes, se apresentou no Brasil.

Um capítulo à parte foram as *Fräuleins*.

Nossos pais queriam que Lívio e eu aprendêssemos a falar alemão corretamente; por isso as governantas quase sempre eram alemãs.

De todas as que passaram por nossa casa – e não foram poucas – só gostei de uma: Nerina, que, excepcionalmente, era italiana. Ela gostava muito de mim, brincava comigo, compreendia minhas fantasias e defendia-me dos meus medos.

Foi ela quem me tirou de cima de um carro alegórico na Festa da Uva, em que Lívio e eu, fantasiados de camponeses dálmatas, desfilávamos pelas ruas principais. Lívio, alegre, atirando cachos de uva para o público e eu, apavorada, pálida e enjoada, querendo descer de lá a todo custo.

Meu pai, que assistiu ao desfile, recriminou-me pelo fato de ter permanecido toda hirta, sem um sorriso, enquanto Lívio se mostrava alegre e desinibido.

Mas como é que queriam que eu sorrisse, se tinha os dentes da frente todos pretos?

Com três anos de idade, caí de um degrau da varanda e quebrei os dentes de cima. Os pedaços que sobraram escureceram, por falta de cálcio. O último dente preto só caiu quando eu tinha onze anos.

Lívio vivia caçoando de mim: dizia que eu ria feito índio, de boca fechada. Acho que ninguém percebia que eu morria de vergonha dessa imperfeição, embora disfarçasse muito bem meus sentimentos. Só me abria com Nerina, que era a minha confidente.

Mas um dia Nerina desapareceu. Eu perguntava por ela e só recebia respostas evasivas; as empregadas até cochichavam pelos cantos.

Minha mãe, então, explicou-me que Nerina não podia mais continuar a tomar conta de mim, porque estava esperando um bebê.

— Mamãe! Como, um bebê? Não é casada!

Com muito tato, ela me explicou "como" isso podia acontecer, mesmo sem ser casada.

Não sabia se devia ficar chocada ou se – lá no fundo, bem intuitivamente – já não tinha chegado sozinha à conclusão de que coisas estranhas aconteciam entre homens e mulheres. Algumas vezes, sem uma razão lógica, sentia-me incomodada pelos olhares que o jardineiro, um rapazote rústico, me lançava. Era meu instinto feminino – já alerta – que me dizia para não atender a seus convites insistentes para acompanhá-lo ao sótão ou à adega.

Por timidez ou vergonha, nunca cheguei a comentar isso com alguém, mas meu pai, de súbito, despediu o moço sem nenhuma explicação. O substituto recebeu ordens para não se aproximar de mim.

A partir da saída de Nerina, teve início um verdadeiro carrossel: saía uma governanta, entrava outra. Algumas duravam apenas um mês; era difícil nos aturar. Eu não obedecia e recusava-me a falar alemão (era a língua do inimigo da Primeira Grande Guerra!). Lívio era teimoso; quando metia uma idéia na cabeça, ninguém conseguia demovê-lo. Nós dois éramos levados e vivíamos inventando travessuras. Fugíamos pela janela do quarto, no primeiro andar, e chegávamos até o jardim escorregando pelo tronco das amoreiras. Uma vez chegamos até a subir no telhado da casa, passando pela clarabóia do sótão!

Uma tarde de inverno estávamos brincando no laguinho do jardim. Era bem pequeno: tinha uns dois metros de diâmetro e uns trinta centímetros de profundidade. Fazíamos mergulhar dois submarinos de brin-

quedo que nosso pai nos trouxera ao voltar de Milão, onde lecionava Radiologia na universidade.

Lívio não fechou direito a escotilha e o submarino afundou bem no meio do lago. Como não dava para alcançá-lo da margem, tive uma idéia que considerei brilhante: joguei um graveto na água e disse a meu irmão que subisse nele. Lívio não queria, mas eu, com a mais absoluta lógica infantil, insisti:

— Se o galho fica à tona, você também vai ficar.

Ele concordou. Subiu no graveto e caiu sentado na água gelada.

A *Fräulein* de plantão foi correndo contar à mamãe que eu tinha feito de propósito para machucar meu irmão. E como havia o precedente de um prato de espinafre que eu havia atirado pela janela, a moça resolveu pedir a conta.

Foi então que meu pai, compadecido com a situação de uma dentista judia fugida da Alemanha nazista, contratou-a, tentando proporcionar-lhe um lar até que pudesse seguir para o Estados Unidos, onde tinha família. (A partir de então, passou a ser o contato de um grupo de salvamento alemão que ajudava a esconder e expatriar judeus perseguidos. Os infelizes chegavam às vezes apenas com a roupa do corpo e uma carta com o endereço do consultório dele.)

A pobre senhora era feia, triste e apavorada. Lívio, que sempre teve bom coração, tratava-a gentilmente; mas eu tinha acabado de ler um romance para mocinhas: *Testolina Dura*, em que a protagonista não obedecia a ninguém, fugia de noite pela janela do quarto para subir nas árvores e estava sempre inventando mil traquinagens.

Alicerçada nas afirmações de minha avó Luísa de que a leitura corrobora a educação e plasma nossa personalidade, eu "encarnei" a mocinha malcriada.

Só me dei por satisfeita quando, durante um concerto, consegui perturbar todas as pessoas sentadas perto de mim. Incomodei-as a tal ponto, que uma senhora não resistiu e falou bem alto:

— Que menina insuportável!

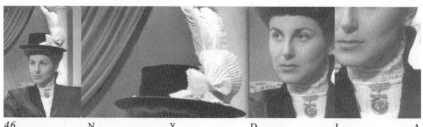

Senti-me realizada!

Em seguida, comecei a ler *Pimpinela Escarlate* e meu repertório de personagens literárias sofreu uma mudança radical: eu era uma dama inglesa salvando nobres franceses da guilhotina. E cantava, a plenos pulmões, a ária do terceiro ato do *Andrea Chénier*, de Giordano.

Sucessivamente fui Yolanda, a filha do *Corsário Negro*, de Emilio Salgari; D'Artagnan, dos *Três Mosqueteiros*, de Dumas; pertenci ao bando de Robin Hood na floresta de Sherwood; revivi Mata Hari, a célebre espiã da Primeira Guerra Mundial. Mas minha personagem preferida era Colomba Bianca, uma menina branca que se tornara rainha dos índios Navajos.

Tratava-se da protagonista de uma história em quadrinhos, publicada em *L'Avventuroso*, uma revista semanal de aventuras.

A primeira imagem que vi impressionou-me de tal maneira que hoje, passados mais de sessenta anos, continua nítida em minha mente. Consigo até mesmo reviver a sensação de angústia que senti, ao ver a reprodução de um acampamento de índios americanos e a figura assustadora do chefe dos guerreiros.

Várias vezes, nos anos que se seguiram, perguntei-me o porquê daquela reação inexplicável.

Até que ponto teria sido fantasia de criança e até que ponto recordação de alguma vida passada?

O que sei é que na época fiquei tão entusiasmada que até pedi à Tota que me costurasse um traje de índia. O vovô Ermínio me deu de presente um arco e flechas.

A essa altura, nem preciso dizer que jamais brinquei com bonecas. Jogava futebol com os amigos de Lívio e gostava muito de escalar as árvores do jardim e construir, lá no alto, uma cabana onde passava horas imaginando ser Jane, a mulher de Tarzan, e tentando imitar os gritos que celebrizaram Johnny Weissmüller em seus filmes.

Aos sete anos ganhei meu primeiro diário. Minha mãe começou a escrever a dedicatória: "Bambina mia"... e ficou por isso mesmo. Nunca escreveu o resto.

Ganhei o diário quando estive de cama com difteria. Como era uma doença contagiosa, a escola teve que fechar por uma semana. Desinfetaram a sala de aula e todas as alunas ficaram em observação.

Eu recebia cartões postais das colegas, com frases carinhosas, e isso me animava e ajudava a passar o tempo.

O pediatra era um velho, com uma grande barba hirsuta, que fazia cócegas incríveis quando me auscultava o pulmão. Ele precisava tirar as manchas brancas que se formavam na minha garganta, aspirando-as com um canudinho de vidro. (Como será que fazia para não apanhar as doenças de todos os seus pacientes?)

Eu tinha-lhe pavor. Fazia um verdadeiro escândalo, mal ele aparecia no portão. Para conseguir que eu não fechasse a boca e quebrasse a cânula de vidro, era preciso que duas pessoas me segurassem.

Um dia minha avó, a Tota Eppa, que estava sempre presente às visitas do médico, com jeitinho me explicou que era muito feio o que eu estava fazendo. Conversou comigo durante algum tempo e acho que prometeu me preparar um zabaione com marsala quando eu pudesse comer.

Relutei um pouco, antes de concordar. Gostava das cenas que fazia. Afinal, toda criança gosta de ser o centro das atenções dos adultos.

Em todo caso, no dia seguinte, quando o velho médico chegou, já conformado em ter que enfrentar mais um de meus costumeiros escândalos, ficou espantado: não dei um pio e, assim que me solicitou, obediente, abri a boca. O olhar carinhoso de Tota valeu mais que um elogio. Senti-me uma heroína.

Nessa mesma noite, meu pai me trouxe de presente uma caixa de balas Perugina e, dentro dela, encontrei *Il Feroce Saladino*.

Para entender quem era essa estranha figura, é preciso começar do começo: a grande moda, na época, era acompanhar pelo rádio o seriado patrocinado pelas fábricas Perugina e Buitoni. Era uma sátira a *Os Três Mosqueteiros* de Alexandre Dumas, intitulada *Os Quatro Mosqueteiros*, de autoria de Nizza e Morbelli.

Transmitida à uma hora da tarde de domingo pela EIAR (Ente Italiano Audizioni Radiofoniche), era ouvida por toda a Itália. Não se perdia um capítulo.

Nada na teatralização era levado a sério. Além das personagens originais, oriundas do romance, podiam surgir Cleópatra ou Hamlet ou Strauss ou o próprio Dumas – aliás, pai e filho – ou o que mais desse na cabeça dos autores.

As músicas em moda eram cantadas com letras completamente novas, irônicas e desrespeitosas. Misturava-se italiano com latim, fatos históricos com invencionices.

Como exemplo, bastaria esta ceninha entre Aramis, o mosqueteiro galante e Popea, matrona romana, esposa do imperador Nero:

— *O Poppeam, tu es la vita meam,*
Pulcherrima matrona
Tu es bona.
— *Aramissus, noli guardare fissus*
Et tene le manorum
In tascorum[7].

O sucesso foi retumbante. As figurinhas, retratando as personagens, eram encontradas nas caixas de chocolates e balas da Perugina e nos pacotes de macarrão Buitoni.

Quem completasse o álbum, ganharia o livro *I Quattro Moschettieri*. (Em 1936, a pedidos, foi transmitida e, posteriormente, publicada a continuação: *Due Anni Dopo*.)

Todos queriam ganhar os livros. Devido à procura, as figurinhas começaram a ser vendidas e acabaram sendo cotadas na Bolsa. Semanalmente, aparecia nos jornais o valor das mesmas, tentando inibir o câmbio negro que estava funcionando a todo vapor.

A mais cara era justamente *Il Feroce Saladino*, que chegou a alcançar trinta e seis pontos. Um recorde. A música que os autores lhe dedicaram satirizava o poema épico *A Jerusalém Libertada*, de autoria de Torquato Tasso, cuja leitura era obrigatória no ginásio:

Saladino, col fez e lo spadino
Gran saracino, sei stato tu
Provocate, hai tu quelle crociate,
Che abbiam studiate, in gioventú.
Vendicato il Musulmano
Si è ben bene sul Cristiano,
Che a studiare é – ahimé – obbligato
Il poema di Torquato[8].

Imaginem, portanto, minha alegria ao abrir a caixa de balas e encontrar justamente a mais cobiçada das personagens, a última de que precisava para completar o álbum!

Chamei toda a família para admirá-la. A figurinha passava de mão em mão.

Muito fatalista, achei que *Il Feroce Saladino* tinha sido a recompensa pelo meu bom comportamento...

Meu entusiasmo deve ter sido realmente muito grande, já que, folheando meu antigo diário, verifico que foi inaugurado naquele mesmo dia. Manuseio-o com o cuidado que sempre inspiram os objetos que pertenceram à nossa infância. Olho a data: 1º de dezembro de 1933 XII.

O "XII" queria dizer: décimo-segundo ano da era fascista.

Em qualquer escrito em que aparecesse a data, era também obrigatório colocar a quantos anos estávamos do dia 28 de outubro de 1922, dia da Marcha sobre Roma, a tomada do poder pelos fascistas.

No meu caderno de poesias, automaticamente, colocava as datas dessa maneira.

Estão ali: 13 de novembro de 1936 XV, 21 de dezembro de 1937 XVI... mas após o início da campanha anti-semita, esses algarismos romanos desapareceram do meu diário. Não os encontro mais a 30 de outubro de 1938 e, muito menos, a 15 de abril de 1939, doze dias antes de nosso embarque para o Brasil.

Naquele 1º de dezembro de 1933, aos sete anos de idade, escrevi minha primeira "obra prima". Sabem o que foi? Uma peça de teatro.

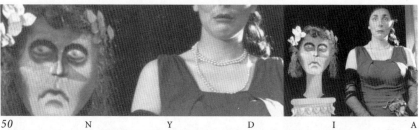

Um drama em um ato, com oito cenas, que conta a história de um bandido, que roubou o cofre de jóias da rainha, e de um cavaleiro, de nome Zafferino, que recobrou as jóias e devolveu-as a Sua Majestade. Como prêmio, pediu a mão da dama de companhia e "felizmente se casaram".

O curioso é que dividi a ação em cenas, com diálogos, rubricas e até um esboço de cenário. De onde será que tirei a idéia, com apenas sete anos?

1933 parece ter sido um ano fértil, pois também escrevi minha primeira poesia: *Sonho*.

A inspiração veio-me quando estava sentada na cozinha, vendo a Tota amassar a farinha e os ovos para o macarrão feito em casa. Era tão bom surrupiar um pouco da massa crua e fazer modelagem! De repente, vi-me plasmando um cavalinho, ao qual acrescentei umas asas. Estava criado o cavalo alado que entrava na poesia.

"Eu vi voar um cavalo alado
e dirigir-se ao jardim encantado..."

A poesia era esta:

La, sui fianchi rocciosi della montagna bruna,
al chiar di luna,
Vidi passar una bambina
Bionda, slanciata, carina.
In man teneva un lumicino blú.
Ma piú che saliva,
La sua testolina spariva
fino che a un certo punto
non la vidi piú.
Vidi volar un cavallo alato
e dirigersi al giardino incantato.
Di colpo mi svegliai
e la bambina non la vidi piú. Mai[9].

L I C I A 51

Contudo, a partir de *Tristeza*, poesia datada de abril de 1939, até a última que escrevi, em 1942, já em São Paulo, o tom é bem outro. São as poesias do exílio: tristes, amargas, revoltadas e sem fé.

O s'io potessi ancor come una volta
Invocare Colui che tutti vede,
O se potessi ancor, con tanta fede,
Rivolgermi a Colui che tutti ascolta...
Ma nol so fare. L'ho dimenticato?
O forse é il core mio che s'è fermato?[10]

Mas, como dizem, o tempo é o melhor remédio. Minha vida mudaria completamente e eu nunca mais escreveria poesias...

NOTAS:
1. *The Miracle of the White Stallions* (1963), direção de Arthur Hiller. Walt Disney Studios.
2. Meu amor, teu amor, ambos são iguais...
3. Sim, prometi entregar-me aos seus desejos!
4. Oh, doces mãos...
5. São Nicolau de Bari, a festa dos burros...
6. Quá-Quá, olhai para Nena, a tartaruga aquática que carrega Frullin nas costas. Sabei, aquele duende é um mau caráter. Ele joga, gasta e esbanja. Vai acabar mal.
7. Popea, tu és minha vida. Belíssima matrona, você é "boazuda". Aramis, não fique me olhando fixamente e fique com as mãos nos bolsos.
8. Saladino, de barrete e espadim, tu foste um grande sarraceno. O muçulmano vingou-se muito bem do cristão, que é obrigado – maldição – a estudar o poema de Torquato.
9. Numa tradução livre, seria mais ou menos assim: "Lá, nos vertentes rochosos da montanha escura, à luz do luar, vi passar uma menina loira, esbelta e graciosa. Segurava nas mãos uma lamparina azul. Mas, quanto mais ela subia, mais sua cabecinha sumia, até que de repente, não mais a vi. Vi voar um cavalo alado e dirigir-se ao jardim encantado. De repente, acordei. E a menina, não vi mais. Nunca mais."
10. Oh! Se eu pudesse ainda, como antigamente, invocar Aquele que a todos vê. Se ainda pudesse, com tamanha fé, dirigir-me Àquele que a todos ouve... mas não sei fazê-lo. Terei esquecido? Ou talvez seja meu coração que tenha parado?

O castelo de Miramare

Nossa casa em 1971

Nós e o poço

Eu e meu irmão, Lívio Tullio Pincherle

Minha mãe, Alice Schwarzkopf Pincherle

Meu pai, Giuseppe (Pino) Pincherle

O inverno mais frio do século

Lotte Burck

Na escola

Il Feroce Saladino

NA DÉCADA DE 1930, Trieste era uma cidade de pouco mais de duzentos e cinqüenta mil habitantes, e da minha casa, na colina, eu descortinava a maior parte dela. Meu quarto ficava no primeiro andar, com um amplo terraço coberto de glicínias, do qual se enxergava o mar. O mar Adriático, tão transparente que podíamos ver as algas agarradas às rochas, a vários metros de profundidade. Não havia praia; o mar já era fundo desde as margens, o que permitia que navios de grande porte pudessem atracar.

Várias vezes, nosso pai levou-nos a visitar os estaleiros "San Marco", onde vimos nascer e serem lançados ao mar os transatlânticos Neptunia e Oceania, que se revezariam na rota da América do Sul, e o Conte di Savoia, o mais moderno e luxuoso navio já construído na Itália. Maior até que o Rex, orgulho dos estaleiros de Gênova, que tinha ganho o *Nastro azzurro*, prêmio internacional, conferido ao navio mais veloz do mundo, o que atravessava o Atlântico em menor tempo. O Rex conseguia viajar a vinte e nove nós, um recorde na ocasião.

O Conte di Savoia me fascinava e eu procurava saber tudo a respeito dele. Ouvi falar que era tecnicamente perfeito, que possuía "giroscópios estabilizadores" que eu ignorava o que fossem, mas sabia que neutralizavam a oscilação do navio durante as tempestades. Já me via, em minha imaginação, sentada na ponte de comando, tomando chá no meio de um temporal, sem derramar uma gota sequer.

Era tão grande que a gente se perdia em seus vastos salões. Havia um jardim de inverno todo laqueado de branco, onde se destacavam móveis de vime e madrepérola e delicadas estatuetas de cristal, em forma de cactus, iluminadas por dentro.

Um dos salões reproduzia a Sala do Trono da Galeria Colonna, de Roma. Um inenarrável luxo seiscentista com mármores, estátuas, quadros, estuques dourados e o grandioso afresco da nave central. E pensar que toda essa riqueza acabou no fundo do mar durante a Segunda Guerra Mundial!

Na viagem inaugural, um primo, capitão da marinha, que estava a bordo, contou-nos que haviam descoberto uma pequena bomba na sala das máquinas. Não teria sido capaz de parar o motor, mas prejudicaria o lançamento do navio.

Como havia grande rivalidade entre os estaleiros das duas cidades, imediatamente achamos que fora sabotagem dos genoveses. Nós, triestinos, éramos muito bairristas.

Nas minhas lembranças repletas de carinho, Trieste era mais do que uma cidade: era um estado de espírito. Ser triestinos nos tornava diferentes de todos. Éramos uma ilha no meio do oceano. Tínhamos nossa maneira de ser e de viver. Éramos um povo alegre, que gostava de se divertir e que ainda guardava resquícios de séculos de tradição austríaca, apesar de se sentir profundamente italiano.

Nos longos passeios a pé pela riviera de Bárcola, ou nas tardes passadas no planalto do Carso, eu pedia a meu pai que falasse sobre as origens da nossa cidade, que se misturam com as mais antigas lendas. Seus fundadores teriam sido os netos de Noé, dois mil cento e dezoito anos antes do nascimento de Cristo, e por nossas bandas teriam passado Jasão e os Argonautas!

Que material farto para minha imaginação!

Houve um suceder-se contínuo de povos até que, trezentos anos antes de Cristo, Roma invadiu a região com suas legiões, encontrando uma resistência acirrada.

O escritor romano Tito Lívio nos dá seu testemunho, descrevendo as batalhas que culminaram, em 180 a.C., com o suicídio coletivo do derrotado rei Épulo e de todo seu povo, que preferiram a morte à submissão. Os romanos instalaram-se na região e, por considerá-la da mais alta importância estratégica para a defesa do Império, construíram muralhas, aquedutos, estradas, monumentos e – diziam – até um teatro.

Que fim teria levado esse teatro? Falava-se que ele ainda estava lá, soterrado sob dezenas de casas! Isso era complexo demais para minha cabeça de criança.

No entanto, anos depois, o bairro velho da cidade foi derrubado para dar lugar a uma grande avenida. De baixo dos escombros surgiu, quase intacto, o teatro romano.

Acompanhei as escavações da janela do consultório de meu pai, no centro da cidade, uma construção moderna em estilo fascista, projetada pelo arquiteto Piacentini – o mesmo que criou a mansão dos Matarazzo na avenida Paulista e o edifício que hoje pertence ao Banespa, na Praça do Patriarca, em São Paulo.

As obras estavam sendo realizadas a menos de cinqüenta metros de distância. Graças a isso, eu acompanhei os trabalhos de recuperação. Vi aparecerem ânforas, cabeças de estátuas e objetos variados, que eram examinados e catalogados pelos técnicos. Aproveitava para contar a meu pai a respeito do que tinha visto e pedir-lhe explicações.

Foi nessa época que começou a iniciar-me na poesia, transmitindo-me seu amor pela palavra, da mesma forma como minha mãe fizera com a música. Líamos juntos Carducci, Leopardi e principalmente Dante. Minha paixão nascida naqueles longínquos dias pelo V Canto do *Inferno* da *Divina Comédia* permanece intacta.

Ele sabia falar com emoção e sinceridade. A História Italiana, matéria tão aridamente ensinada na escola, transformava-se numa aventura, contada por ele.

Pedia-lhe que me falasse do período anterior à Primeira Guerra Mundial, quando Trieste ainda pertencia ao Império Austro-Húngaro.

Eu odiava os austríacos, que tinham dominado a região durante cinco séculos (o fato de terem sido os próprios triestinos, em 1382, a lhes pedir proteção contra Veneza – poderosíssima na época – não fazia a menor diferença para mim).

Tinha estudado na escola as guerras de independência italiana contra a Áustria, que permitiram unificar a colcha de retalhos em que tinha se transformado a península ao longo de séculos de dominação francesa, austríaca, espanhola e papalina. Quem lutou para tornar realidade o sonho do povo, que nunca deixara de se sentir uno, foi Giuseppe

Garibaldi, o grande artífice da criação de um Reino da Itália que uniu e irmanou os cidadãos, de Norte a Sul.

Garibaldi foi o mais simpático e o mais popular entre os heróis da História italiana. Numa rápida visita a Trieste, pernoitara em casa dos Treves, nossos antepassados, e isso fez com que Lívio e eu fôssemos objeto de admiração reverente por parte dos colegas da escola.

Duas cartas de sua autoria, agradecendo o convite e as contribuições recebidas, foram queimadas durante a guerra de 1914 por uma tia, receosa de uma perquisição por parte da polícia austríaca.

A Áustria já perdera a Lombardia e o Veneto e não estava disposta a perder também Trieste. Endureceu sua política. Centenas de pessoas foram presas e perseguidas, mas os austríacos não conseguiram dobrar o espírito de um povo que tinha preservado, inteira, sua latinidade. A língua falada por todos era o italiano, e o sonho maior: pertencer ao Reino da Itália.

Foi quando surgiu o jovem Guglielmo Oberdan, que passou para a História como o mártir da independência triestina.

Ele estava decidido a matar o Imperador Francisco José, da Áustria, que viria em visita à cidade, em 1882; mas, traído e delatado, foi preso e condenado a morrer na forca.

Antes que o nó da corda o estrangulasse, conseguiu gritar:

— "Viva a Itália ! Viva Trieste Livre! Fora o estrangeiro!"

O Imperador não realizou sua visita e, a partir desse dia, devotou à cidade um ódio feroz.

Durante o fascismo, foi construído, ao redor da cela onde Oberdan passou seus últimos dias, o mausoléu com a estátua imensa, que provocou a observação jocosa de Sérgio, comparando-o a Tiradentes, quando de nossa visita a Trieste em 1970.

Em 1900, quando meu pai tinha sete anos de idade, morreu o rei da Itália, Umberto I. Os triestinos, ignorando o fato de que pertenciam ao Império Austro-Húngaro, aderiram acintosamente ao luto nacional italiano. Todas as crianças usaram tarja preta no braço durante dez dias.

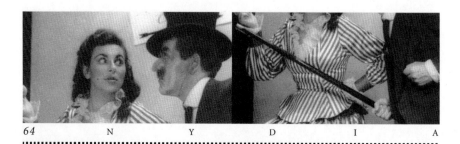

Tendo transcorrido os primeiros anos de vida nesse clima, é fácil adivinhar que meu pai se tornaria *irredentista*[1] e que participaria das lutas estudantis e populares contra o governo austríaco.

Esse amor pela Pátria, que minha mãe também partilhava, foi-me por eles transmitido desde a mais tenra infância. Amei a Itália com o mesmo fervor e, como eles, sofri profundamente com as perseguições do governo fascista.

Em 1914, a Itália declarou guerra à Áustria e à Alemanha.

Os fatos que vou relatar agora, ouvi-os inúmeras vezes, pois não me cansava de solicitar a meu pai e à vovó Emma que os repetissem.

Papai e tio Bruno estavam planejando fugir de Trieste e se alistar no exército italiano, quando meu pai, considerado pelos austríacos politicamente suspeito por suas atitudes abertamente *irredentistas*, foi convocado para o serviço militar. Ajudou então o irmão mais moço a atravessar a fronteira, à noite, e entregou-lhe as plantas da fortaleza austríaca de Pola, que tinha conseguido copiar, para passá-las às autoridades italianas.

Tio Bruno lutou no *front*, foi ferido em combate e condecorado. Quem cuidou dele, num hospital militar em Nápoles, foi uma enfermeira da Cruz Vermelha que, por coincidência, era prima de minha mãe, Marcella Ziffer, que mais tarde se casaria com o advogado Tullio Ascarelli, e, como nós, se refugiaria no Brasil.

Por ser estudante de Medicina, meu pai foi designado para trabalhar em hospitais militares austríacos. Aproveitou-se disso para ajudar os prisioneiros italianos feridos. Desconfiada, a polícia ordenou uma busca em sua casa, em Trieste, onde descobriu os antigos planos de fuga e outros documentos comprometedores da campanha *irredentista*.

Processado por crime de lesa-majestade e delito contra as forças armadas, só escapou do fuzilamento graças à anistia concedida pelo Imperador, justamente aquele que eu tanto odiava.

Mas meu pai não se acovardou. Em 1918, voltou clandestinamente para Trieste e ajudou a promover um levante popular contra a dominação austríaca. Desfraldou nas ruas da cidade uma das primeiras bandei-

ras italianas, por ele mesmo confeccionada com folhas de papel brancas, vermelhas e verdes. Ele e alguns companheiros renderam o comandante do Porto Militar e içaram a bandeira tricolor na torre da Catedral de San Giusto, o ponto mais alto da cidade. Ao alvorecer, a cidade já estava livre. Os austríacos, presos ou expulsos.

Uma descrição comovente do que se passou naqueles dias é a de Silvio Benco, autor de *Storia di Trieste*:

> O dia dois transcorreu numa longa e enervante espera. Toda a população acorrera à beira-mar esperando ver aparecerem no horizonte os tão desejados navios.
>
> Tendo transcorrido inutilmente o dia todo, o Comitê decidiu enviar até Veneza um torpedeiro, para avisar as autoridades italianas da situação em que se encontrava a cidade e pedir ajuda.
>
> Também o dia três foi para o povo uma espera longa e enervante, até o momento em que, da ponta da Lanterna foram transmitidos os sinais de "navio à vista". A partir desse instante a massa se recolheu em religioso silêncio.
>
> Quando no horizonte surgiu o perfil dos navios italianos, a multidão explodiu em um único, impetuoso, arrebatador grito: – "Viva a Itália libertadora!". A multidão, ao ver realizado aquele sonho tão longamente desejado, atingida quase por um sentimento místico, chorando de felicidade, se ajoelhou.

Terminada a guerra, era preciso começar vida nova, numa Trieste finalmente italiana. Se, do ponto de vista patriótico, tinha sido uma vitória, comercialmente foi um prejuízo. A Áustria, país continental sem saída para o mar, tinha em Trieste o seu porto mais importante.

Para a Itália, país peninsular, banhado por cinco mares, tratava-se apenas de uma cidade marítima a mais.

Minha mãe tinha passado os anos da guerra em Graz, no centro da Áustria, onde a família refugiou-se em 1916. Esta viagem está ligada a um fato comovente que, por várias vezes, ela contou a Lívio e a mim.

Numa noite de inverno, no ano de 1912, o vovô Emílio estava no cais esperando o embarque de um carregamento de madeira, quando a silhueta de um homem, perigosamente inclinado na ponta extrema do molhe, chamou sua atenção. Aproximou-se com cuidado, pôs a mão no

ombro do estranho e perguntou se estava precisando de alguma coisa. O homem rompeu em soluços. Confessou estar desesperado; sua falência iria ser decretada na manhã seguinte, caso ele não dispusesse do dinheiro necessário para evitar essa vergonha. Tinha um filho pequeno e achava que o suicídio seria a única saída, pois com sua morte a dívida cessaria de existir e o menino não teria que arcar com esse fardo.

O vovô perguntou-lhe a quanto montava a dívida. Em seguida, puxou a caneta e preencheu um cheque, que entregou ao desconhecido.

– A vida de um homem vale mais do que dinheiro. Tome. Se algum dia o senhor puder, tenho certeza de que saldará sua dívida. Caso contrário, não se preocupe. Cuide de seu filho.

Afastou-se, sem dar ao homem transtornado tempo de lhe agradecer.

Três anos se passaram. Um noite, enquanto a família estava jantando, alguém tocou, insistentemente, a campainha. À empregada que atendeu a porta, um homem muito nervoso disse:

— Preciso falar com urgência com o senhor Emílio Schwarzkopf!

Diante da insistência do estranho, o vovô levantou-se da mesa e foi atendê-lo. Era o coitado que estivera a ponto de se suicidar naquela noite de inverno, três anos antes.

— Senhor Emílio, vim saldar minha dívida da única maneira que posso fazê-lo, pois continuo não tendo dinheiro. O que o senhor me deu, usei para salvar minha honra. Agora trabalho como ajudante do Chefe de Polícia. Fiquei sabendo que amanhã cedo todos aqueles que, publicamente, já demonstraram sentimentos pró-Itália, serão detidos e suas casas vasculhadas. Sua família está na lista para interrogatório. Saia de Trieste esta noite, enquanto ainda há tempo. Leve sua mulher e suas filhas para alguma cidadezinha no centro da Áustria, onde ninguém pensará em procurá-los. Boa noite.

E esgueirou-se pela porta afora.

A polícia austríaca estava bem informada: toda nossa família era sócia da *Lega Nazionale*, associação patriótica que recolhia fundos para ajudar fugas clandestinas de jovens que passavam para o lado italiano. Em Livorno, onde residia, a bisavó Elvira Treves – já restabelecida das queimaduras

provocadas pelo lampião de querosene – acolhia os clandestinos e os amparava até que entrassem para o exército. Finda a guerra, foi condecorada pelo comandante-em-chefe das Forças Armadas Italianas.

Logo após a saída do ajudante do chefe de polícia de Trieste, os avós arrumaram as malas às pressas e embarcaram com as filhas no trem noturno para Viena. De lá seguiram para Graz, onde permaneceram até o fim da guerra.

Minha mãe chegou a Graz com dezesseis anos. Inscreveu-se logo na Academia de Música, para dar prosseguimento ao curso de piano iniciado no Conservatório de Trieste. Ao mesmo tempo, freqüentou, na universidade, dois anos de Ciências Musicais e, como ouvinte, cinco semestres de Medicina. Tomou também aulas de teatro e de balé.

Terminada a guerra, todos voltaram a Trieste, onde ela continuou seus estudos, acrescidos de aulas de escultura, pintura e canto.

Foi então que entrou em sua vida Mário Bassi, um jovem oficial triestino recém-saído do Hospital Militar, após longo tratamento, para curar-se de um ferimento de guerra.

Casaram-se e foram morar em Gorizia, cidade próxima. Meses mais tarde, Mário teve um abcesso pulmonar provocado por um estilhaço de granada que não pudera ser retirado. Internado com urgência num hospital, morreu pouco depois. Minha mãe estava sozinha com ele na hora da morte.

Viúva aos vinte e um anos, mudou-se para Viena, decidida a continuar os estudos e formar-se em Ciências Musicais.

Vovó Luísa, que a acompanhara, estava muito preocupada em deixá-la sozinha, tão jovem, bonita e, ainda por cima, viúva. Ficou felicíssima ao encontrar um jovem médico também de Trieste, que estava se especializando em Radiologia na Faculdade de Medicina e entregou a filha aos seus cuidados. O jovem médico chamava-se Pino Pincherle e cuidou dela tão bem que, dois anos depois se casaram.

Meu pai, após a guerra, havia se deparado com uma dificuldade inesperada. As grandes universidades italianas não reconheciam os estudos realizados em países estrangeiros e ele havia cursado a Faculdade de Me-

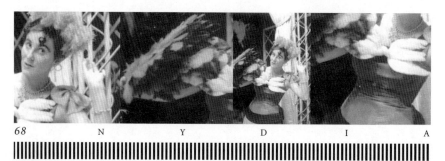

dicina da Universidade de Viena, na Áustria. A única que se dispôs a recebê-lo e fornecer-lhe o diploma foi a pequena Faculdade de Medicina de Siena, que se declarou honrada em poder atender ao primeiro universitário proveniente de Trieste, a cidade finalmente anexada ao Reino da Itália. E foi lá que ele se formou.

No mesmo ano recebeu convite para ser assistente da Clínica de Doenças Profissionais em Milão, onde ficou durante dois anos e onde começou a se interessar por Radiologia. Prevendo o papel importante que a Radiologia viria a desempenhar no futuro da medicina, voltou à Áustria para um curso de especialização. E lá ficou noivo de minha mãe.

Após o casamento, estabeleceram-se definitivamente em Trieste.

Meu pai, ao longo de sua carreira, publicou uma longa série de trabalhos técnicos que seriam reproduzidos, mais tarde, em revistas americanas e alemãs, tornando seu nome conhecido internacionalmente, o que mais tarde foi decisivo para obtenção do visto de entrada no Brasil. Ocupou cargos de chefia em hospitais e institutos radiológicos, inclusive no Hospital Psiquiátrico, e minha mãe o auxiliou em tudo. Foi idéia dela montar um espetáculo teatral com os loucos mais calmos e, declarando não haver perigo, levou-nos, ainda pequenos, para assisti-lo. Só que um dos atores "enlouqueceu" durante o espetáculo e saiu gritando, com os enfermeiros correndo atrás dele. Lívio e eu caímos no choro, o que deitou por terra todas as teorias de nossa mãe.

Eu ainda não tinha completado dois anos de idade, quando ela teve um abcesso pulmonar que a levou às portas da morte. Lembro-me de ter sido levada, no colo da babá, para um quarto onde ela jazia deitada, no escuro. Todos os médicos já a tinham desenganado. Foi então que meu pai resolveu arriscar um tratamento novo com Raios X e irradiou o abcesso, conseguindo o que parecia impossível: salvá-la.

Nos anos seguintes, já livre-docente, abriu seu próprio consultório e construiu um sanatório para tuberculosos em Aurisina, próximo a Trieste, que lhe custou muito esforço e enormes sacrifícios.

O Sanatório surgiu da reforma de um velho hotel abandonado. Atrás do prédio havia um pinheiral imenso, ideal para o descanso dos doentes.

Minha mãe cuidou da reforma do jardim. Uma noite, chegaram vários caminhões carregados de plantas e, na manhã seguinte, o jardim estava pronto. O espanto dos moradores do lugarejo foi imenso. Alguns chegaram até a ajoelhar-se e rezar, pensando ter acontecido um milagre.

Em pouco tempo, o Sanatório Pineta del Carso tornou-se um dos melhores e mais bem aparelhados da Itália.

Foi então, com uma dor imensa, que meu pai foi obrigado a vendê-lo, às pressas, quando, em 1938, as leis fascistas proibiram que cidadãos judeus possuíssem propriedades de qualquer espécie.

Vendeu-o durante um ataque de gota muito forte, que o manteve acamado durante um mês, e pela soma irrisória de duzentas mil liras. Desse dinheiro, recebeu somente a metade. Os outros cinqüenta por cento foram enviados a São Paulo dois anos depois da guerra, tão desvalorizados que serviram apenas para pagar um jantar para nós num restaurante modesto.

Nesses anos todos de minha infância, lembro-me de minha mãe interessada cada vez por um assunto diferente, de curta duração. Ora era um concurso de trabalhos em feltro para almofadas – e a casa inteira ficava cheia de retalhos coloridos –; ora era um concurso de fotografias – e Lívio e eu ficávamos, durante horas, posando para ela.

Era uma mulher original, sem que, para isso, precisasse se esforçar. Apesar do espírito independente e das mudanças de humor, era muito generosa, adorava presentear os amigos com objetos de muito bom gosto e extremamente caros. Mas não ligava a mínima para a opinião alheia. Uma vez resolveu mandar lustrar os sapatos, ao meio dia, sentada calmamente na cadeira do engraxate, na avenida principal de Trieste. Prato cheio para comentários de comadres.

Meu pai, pelo contrário, importava-se muito com a opinião dos outros, principalmente no que dizia respeito a mim. Sempre sabia por onde eu tinha andado e com quem. Não adiantava mentir; se, depois da escola, eu fosse passear com as colegas em lugar de ir diretamente para casa,

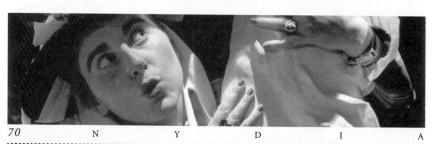

alguém contava logo para ele. Coisas de cidade pequena, onde todos se conheciam, todos sabiam tudo de todo mundo e contavam tudo para todo mundo.

Eu tinha quatro colegas de escola com as quais nadava, esquiava e freqüentava o rinque de patinação. Tínhamos criado uma sociedade secreta do tipo "um por todos e todos por um". Não havia segredos entre nós. Os assuntos preferidos eram os rapazes mais velhos que freqüentavam o Liceu, os "mistérios" do sexo e nossa vida futura. Nada era mais glorioso do que cantarmos cançõezinhas picantes, cujo significado nem sempre absorvíamos por completo. Esperávamos com impaciência pelo dia em que nos tornaríamos *signorine* (era a maneira delicada de se referir à primeira menstruação) como se, a partir dessa data, tudo fosse mudar em nossas vidas.

Em muitas manhãs de verão íamos todas, em companhia de Lívio e seus amigos, nadar no dique ao largo do Golfo de Trieste. É que nosso pai tinha aberto um pequeno Instituto Radiológico numa cidade próxima, ao longo da costa da Ístria, e aproveitava os dias quentes e ensolarados para ir até lá pilotando seu barco a motor. Como sempre gostou da companhia de gente jovem, levava-nos também. Enquanto trabalhava, nós mergulhávamos no mar e tomávamos sol deitados nas pedras escaldantes. Terminadas as consultas, arrebanhava todos e nos trazia de volta à cidade.

Já no inverno, a programação era outra. Nossa maior alegria era a chegada da neve. Lembro das horas passadas com o nariz grudado aos vidros das janelas, vendo os primeiros flocos pousarem lentamente nos galhos nus que em pouco tempo assumiam um aspecto fantasmagórico.

Se a Bora, o vento que sopra até a 200 km por hora, não carregasse as nuvens para longe, teríamos um lindo campo branco na manhã seguinte. Poderíamos construir bonecos de neve e deslizar pelas encostas na *slitta*, um pequeno trenó em que cabiam duas pessoas sentadas.

Quando os campos do Carso se transformavam em pistas para esquiadores, era chegada a hora de pegar os esquis e carregá-los até o carro. O motorista prendia correntes de ferro ao redor dos pneus para que

não patinassem nas superfícies geladas. Levávamos garrafas térmicas cheias de chocolate quente e muitos sanduíches, frutas e ovos cozidos.

Meu pai adorava esquiar; minha mãe, nem tanto. Preferia ficar no carro, debaixo da manta de lã escocesa, lendo um livro. Lívio e eu subíamos as encostas nevadas com esforço, ofegantes. Ao chegar ao topo, procurávamos matar a sede enchendo a boca com punhados de neve, mas nada conseguíamos: ao contrário do que se pensa, a neve não mata a sede. Descer, porém, era uma delícia! Tinha a impressão de estar desafiando o mundo. Meu rosto queimava com o vento provocado pela velocidade e com o sol da montanha.

Nossa vida transcorria calma. Foi uma infância alegre e protegida. De um lado, a família; do outro, a vida escolar. Não havia nuvens em nosso horizonte até que, em 2 de outubro de 1935, a Itália declarou guerra à Abissínia.

Sobre o início dessa guerra, nós, crianças, conhecíamos apenas a versão oficial, ensinada nas escolas, pois nenhum pai se arriscaria a conversar sobre política na presença dos filhos. A censura à imprensa fazia com que só recebêssemos as informações fornecidas pelas autoridades. Todas as estações de rádio pertenciam ao governo e só transmitiam boletins oficiais. As informações que vinham do exterior – que, portanto, não eram do interesse do regime –, sofriam a interferência de sinais de áudio que impossibilitavam a recepção.

Por isso, acreditávamos cegamente nas explicações oficiais: "A Itália era o país que estava sendo agredido! Grupos abissínios, comandados pelos *ras* (chefetes muito poderosos) realizavam *razzie* (incursões armadas) contra as colônias italianas próximas – a Eritréia e a Somália – trucidando famílias de colonos!"

Era o bastante para inflamar os ânimos e o coração até dos mais céticos e indiferentes: 500 mil homens, entre soldados e operários, partiram para a África. Iam cantando, vibrantes de patriotismo, acreditando no que Mussolini tinha afirmado: "estar mandando tropas colonizadoras com a nobre missão de libertar os escravos e construir um Império."

Nós acompanhávamos sua trajetória através dos mapas, cheios de bandeirinhas tricolores, afixados nas paredes da sala de aula.

Vibrávamos com as vitórias italianas. Nomes exóticos passaram a fazer parte de nosso vocabulário: Adua, Addis-Abeba, Gondar, Amba-Alagi.

As fotografias de artistas de cinema eram substituídas pela do novo ídolo da juventude: o general Graziani.

Tinha um perfil cesáreo, porte guerreiro, autoridade. Enfim, o físico do herói.

Só que era um ídolo com pés de barro.

Depois da Segunda Guerra, li numa revista italiana, em São Paulo, que em 1937, quando exercia o cargo de Vice-rei da Etiópia, Graziani sofreu um atentado do qual saiu levemente ferido.

A represália que ordenou foi descomunal: mais de mil negros foram chacinados e suas cabanas incendiadas. Não satisfeito, ordenou que fuzilassem os cento e dezessete padres do convento Debra Libanos, onde constava que os terroristas haviam se exercitado no lançamento de bombas. Mas o gesto mais terrível foi ter ordenado a execução do *abuna Petrus*, o "Papa etíope". A reação a esse delito foi nefasta para os italianos, pois gerou um ódio profundo entre os abissínios e provocou o recrudescimento das guerrilhas.

A repercussão foi tamanha que obrigou Mussolini a retirar Graziani do poder e substituí-lo, no cargo de Vice-rei, pelo jovem duque Amedeo D'Aosta.

Mas em 1935 ninguém imaginaria sequer um fato semelhante.

Todos doamos ouro à Pátria, desde a mais humilde operária até a Rainha Elena. Ninguém mais usava aliança ou correntes de ouro. Tudo tinha sido dado para pagar a passagem de nossos navios de tropas pelo Canal de Suez.

Pobres soldadinhos. Quantos voltaram, meses mais tarde, estraçalhados pelas balas *dum-dum* que, ao entrar em contato com o corpo, se estilhaçavam!

Alguém já disse que a Itália não é uma terra de soldados. É uma terra de poetas, mártires e heróis.

A Inglaterra, julgando que a presença de colonos italianos no Lago Tana e nos Altos do Nilo Azul poderia se transformar em perigo para o Sudão Anglo-Egípcio, pediu à Sociedade das Nações, em Genebra, sanções econômicas contra a Itália.

Cinqüenta e dois países aderiram e cortaram qualquer relacionamento financeiro ou comercial com a península.

A Alemanha, que há tempos já tinha se afastado da sociedade genebrina, não estava entre eles. Hitler percebeu imediatamente a vantagem futura que poderia advir desse gesto falso de amizade e o cobraria, exigindo a neutralidade da Itália diante do *Anschluss*, a anexação da Áustria à Alemanha.

O apoio da Itália era-lhe necessário. Quando, em 1934, em sua primeira tentativa de anexar a Áustria, Hitler mandara assassinar o Chanceler austríaco Engelbert Dollfuss, um socialista-cristão violentamente antinazista, Mussolini prontamente enviou tropas italianas até a fronteira nos Alpes, para garantir a independência do estado vizinho. O *Duce* não se mostrara nada satisfeito com as pretensões do chefe alemão.

Mas agora as coisas iam ser diferentes. A mudança no quadro político italiano permitia ao *Führer* plantar a semente que faria germinar o pacto entre Roma e Berlim.

A Itália não estava em condições de dispensar aliados; acossada pelo boicote de cinqüenta e duas nações, dava início às contra-sanções: não se importariam mais produtos originários dos países sancionadores. Diminuiu o consumo de petróleo, papel, metais... Faltava carne? Cantávamos alegres: – *Abbiam tre mari, abbiamo tanto pesce...*[2]

Era preciso fazer regime? Outra canção:— *Le pance tonde piú non le vedremo, sarem frugali, non moriremo...*[3]

Para nós, crianças, tudo era festa. Tudo nos entusiasmava.

Íamos à procura de peças de ferro e cobre para levar à escola (revivi tudo isso no Brasil, durante a II Guerra, ajudando a aumentar a pilha de ferro que ia crescendo dia a dia no pátio do Colégio Mackenzie).

Não havia mais lã importada da Escócia? Fabricou-se lã do leite. Era uma lã gostosa, macia. Tive um vestido xadrez verde e amarelo (prenún-

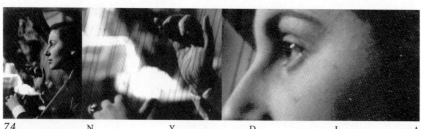

cio de vida futura?) que usei com muito orgulho, até que, ao ser lavado... encolheu.

Hoje em dia, sei que muitos dos "voluntários" que partiram para a guerra foram enviados para lá à traição. Ouvi o relato de Renato Cattani, um barítono que cantou no Teatro Municipal de São Paulo, de como, ao assinar um contrato para cantar na sede do Fascio em Florença, viu-se fardado e embarcado no navio de tropas que ia para a Abissínia. Da mesma maneira, ao voltar da África, foi enviado à Espanha, para lutar ao lado do General Franco.

No início de Maio de 1936, estávamos todos ansiosos, à espera do que ia acontecer.

Na escola tinham-nos avisado: "Quando ouvirem tocar as sirenes e dobrar os sinos de todas as igrejas, venham imediatamente à escola, de uniforme completo. Venham correndo para ouvir a palavra do *Duce*".

E foi o que aconteceu, ao entardecer do dia 5 de maio.

Já estava escuro. Subi correndo até o telhado de casa e vi fachos de luz cortando o céu, sirenes tocando, sinos badalando, gritos, cantos, risadas... Voei para o meu quarto para trocar de roupa.

Minha mãe não queria me deixar ir. Achava perigoso eu sair, com toda aquela multidão lotando as ruas. Mas quem conseguiria me prender em casa? Eu *tinha* de ir à minha escola participar daquele momento histórico. Era uma ordem. *Tinha* que obedecer!

Meu pai compreendeu minha aflição e mandou o jardineiro me acompanhar. Lá fui eu, no uniforme branco e preto de *Piccola Italiana*.

Encontrei todas as minhas colegas. Era uma noite linda. Sentadas no recreio, bem juntas, ouvimos pelo alto-falante da escola o discurso de Mussolini, em transmissão direta de Roma.

Ouvimos mesmo? Não sei! Chorávamos, gritávamos, aplaudíamos. A professora pediu silêncio para que pudéssemos ouvir ao menos a frase mais importante: "Anuncio ao povo italiano e ao mundo que a guerra da Abissínia acabou".

Foi a loucura. A embriaguez coletiva. O "uníssono". Aquela sensação fantástica e tão necessária de fazer parte de um todo. De participar e

vibrar com a mesma intensidade de todos os outros. De toda uma coletividade.

Dez anos mais tarde, tornaria a sentir a mesma sensação na Avenida São João, de uniforme branco, com o "M" do Mackenzie bordado no peito. Mas para mim esse uniforme era o símbolo da liberdade, não da opressão fascista. Foi quando os nossos pracinhas voltaram da guerra. O povo invadiu a pista para abraçá-los, chorando, emocionado. Eu chorei também e dessa vez o meu choro era maduro, consciente: a vitória dos aliados tinha sido a vitória da Humanidade.

Não fora uma guerrinha contra uns pobres africanos semi-selvagens. Foi a luta contra a mais poderosa potência da Europa.

E a Democracia tinha ganho.

O povo italiano pagou muito caro por sua credulidade e cega obediência a um homem que, em sua loucura crescente, o estava arrastando à ruína.

A partir da guerra da Abissínia alguma coisa começou a mudar. A aproximação com Hitler – violento anti-semita – não pressagiava nada de bom para os judeus italianos. Pairava algo no ar, embora ainda não definido. Algo que acabaria nos atingindo a todos.

Eu estava longe de imaginar que o inverno de 1937 fosse uma das últimas vezes em que a família estaria toda reunida.

Estávamos passando o fim do ano na neve, em Siusi, nos Alpes Dolomíticos, um trecho alpino de grande beleza. Os picos rochosos, pontiagudos, brotam da neve que cobre completamente as vertentes das montanhas, como dedos apontados para o céu. A cor que adquirem ao pôr-do-sol é avermelhada e contrasta violentamente com o azul do céu sem nuvens, o branco das encostas nevadas e o verde dos pinheiros.

Até hoje, se fechar os olhos, posso sentir o impressionante silêncio da neve. Não é acolhedor, nem amigo. É distante e majestoso. Só permite a passagem do vento, a silvar por entre os abetos. O manto branco que cobre os pinheirais não esconde totalmente o verde dos galhos, único resquício de cor na brancura sem fim.

Voltamos a Siusi no verão seguinte. Os Tios Dino e Anita com Tullio, vindo de Padova. Os Servadio: Tia Lídia e Tio Aldo, acompanhados pe-

los três filhos, Bruno, Ciro e Rachel, de Florença. Tia Mila e Tio Armin Mattei, de Fiume.

As pistas de esquis do inverno anterior tinham se transformado em gramados cheios de pequenas flores do campo e em trigais viçosos, entre os quais destacavam-se papoulas vermelhas. Dávamos longos passeios pelos atalhos que levavam até um lago de águas geladas, onde, de vez em quando, nos arriscávamos a nadar.

Foi lá, no Hotel Stella D'Oro, que conheci duas crianças triestinas: Ginny e Ricardo Renzo Brentani, ela com oito anos e ele com dois. Hoje, Renzo é médico oncologista no Brasil, conhecido internacionalmente por suas pesquisas sobre o câncer. Foi com ele que minha filha, Sylvia, trabalhou durante dois anos, preparando sua tese de mestrado.

Após algumas semanas em Siusi, cada um tomou seu rumo. Os tios Seppilli levaram Lívio com eles para o Lido de Veneza. Fiquei só eu, de todas as crianças da família.

Aí aconteceu um fato curioso: meu pai, que não pudera nos acompanhar nas férias, pois havia muitos doentes no Sanatório precisando de seus cuidados, telefonou nervosíssimo, dizendo que havia contraído tuberculose. Minha mãe, imediatamente, pegou o carro e desceu até Trieste, para tirá-lo do calor escaldante de agosto, e trazê-lo para a montanha.

Papai chegou, pálido e nervoso. Eu não entendi como ele podia ter ficado doente. Tomava tantas precauções! Lavava as mãos cinqüenta vezes por dia. Ao chegar em casa, trocava toda a roupa usada no Sanatório. Depois de ter se lavado, não tocava nem nas maçanetas das portas, sem um lenço na mão.

Naturalmente, a tuberculose foi um rebate falso. Uma mancha na radiografia enganara a todos.

Não serviu nem para ele tirar alguns dias de férias, pois foi justamente enquanto estávamos em Siusi que saiu publicado o primeiro decreto racista, proibindo aos judeus o acesso à universidade, às escolas e aos empregos públicos. Meu pai decidiu voltar a Trieste no mesmo dia. Acabara de perder a cátedra na Faculdade de Medicina em Milão, e a direção

do Hospital Municipal em Trieste. Logo depois, minha mãe seria despedida do jornal em que trabalhava: *Il Popolo di Trieste*.

Eu não entendia mais nada. O que estava acontecendo? Por que, de repente, não podia mais estudar no Dante Alighieri e nem ser *Piccola Italiana*?

Então, finalmente, meus pais conversaram comigo a respeito do outro lado do fascismo, aquele que os professores não tinham nos ensinado nas aulas de História. Falaram de como os fascistas tinham tomado o poder pela força e pela violência, criando em todo o país um clima de guerra civil. Das ruas das cidades infestadas pelos "camisas negras", que distribuíam cacetadas e obrigavam os adversários a engolirem litros de óleo de rícino (o que nos parecera tão engraçado, da maneira como era contado na escola). Do fascínio que exercem sobre a juventude, que se deixava iludir pela falsa capa de patriotismo por eles ostentada. Embora muitos desaprovassem, não tinham coragem de reagir, assustados com a impunidade de que os fascistas gozavam e com o apoio que recebiam por parte de muitos latifundiários, que viam neles uma defesa contra os grevistas e as reivindicações sociais.

Toda essa carga de informações novas não foi fácil de ser assimilada. Inúmeros fatos assumiam uma nova dimensão; eram diametralmente opostos a tudo o que eu tinha aprendido até então.

O pior foi perceber que a pátria, que eu tanto amava, não me queria mais. Não era igual aos outros, era uma estranha em minha própria terra.

Para cúmulo da ironia, a cidade estava se preparando para receber a visita de Mussolini e, da sede esportiva do *Fascio* de Trieste, telefonaram, me convocando para comandar o desfile da minha escola. Como eu tinha sido a *Capo-squadra* que ganhara a medalha de ouro naquele ano, não se lembraram de minha religião. Ficaram bastante encabulados quando expliquei por que não iria. Para minha maior tristeza, foi justamente na minha cidade que o *Duce* pronunciou seu primeiro discurso anti-semita.

O fato de ter uma religião diferente de quase todas as minhas amigas por várias vezes já me provocara uma sensação de mal-estar.

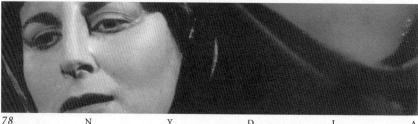

Lembro que um dia, aos oito anos de idade, estava voltando da escola primária em companhia de Luciana Deschmann, a colega que morava no prédio ao lado da nossa casa. Subíamos a ladeira íngreme da Via Scorcola, que nos deixava quase sem fôlego, quando, de repente, Luciana disse:

— Você não vai para o Paraíso quando morrer. – Parei, intrigada.

— Como é que você sabe?

— Você não é batizada. Então, vai pro inferno.

Voltei para casa chocadíssima. Perguntei à mamãe se era verdade. Lembro-me que respondeu qualquer coisa como:

— Judeu não se preocupa com a vida após a morte. Isso está nas mãos de Deus.

Mas *eu* me importava. Era muito ruim pensar que todas as minhas amigas estariam juntas, depois de mortas, no Paraíso, e eu sozinha no Inferno. Já era bastante embaraçoso sair da classe durante a aula de religião, uma vez que os alunos não-católicos eram dispensados. É preciso lembrar que a religião católica era oficial e seu ensino obrigatório nas escolas.

Esgueirava-me escada abaixo, procurando não encontrar colegas de outras séries que perguntassem por que estava saindo uma hora antes do fim do período. Se cruzava com alguém, assumia um ar superior e fingia estar cabulando aula.

Por que tinha de ser diferente das outras? Elas tinham um ar cúmplice quando combinavam, às minhas escondidas, encontrar-se na missa de domingo.

Lembro de uma tarde em Forni Avoltri, uma aldeia nos Alpes Dolomíticos, quando Luciana e outras três meninas cochicharam alguma coisa sem deixar que eu participasse da conversa. Senti-me tão infeliz! Achei que não gostavam mais de mim. E elas estavam apenas combinando levar flores a um crucifixo perto do riacho do fundo do vale e não queriam falar na minha frente!

Eu, em criança, acabei achando que ser judia era uma coisa que precisava ser ocultada.

Quando tinha de ir à Sinagoga, nas festas religiosas, ia meio encabulada, esperando não ser vista por nenhuma colega. Mas, uma vez lá dentro, o misticismo daquela maravilhosa Sinagoga – uma das mais lindas do mundo – tomava conta de mim e eu pedia perdão a Deus pela minha covardia.

Em nossa família não havia nenhum judeu ortodoxo, mas os avós eram religiosos e por isso as festas hebraicas eram respeitadas por todos. Durante a semana da Páscoa (Pessach) comia-se apenas pão ázimo, preparado só com farinha e água, sem levedura, para relembrar que o povo hebreu, conduzido por Moisés, saíra tão apressadamente do Egito que a massa do pão não teve tempo de fermentar.

O *Seder* – jantar que dava início às festividades – realizava-se na casa do vovô Emílio e reunia todos os tios e primos, vindos especialmente de Florença, Pádua, Fiume e Verona.

Lembro que, nessa noite, a porta da casa permanecia aberta, para que se algum peregrino solitário aparecesse, pudesse entrar e participar da celebração. Eu morria de medo que entrasse algum ladrão e – como Jean Valjan, de *Os Miseráveis*, de Victor Hugo – levasse embora os candelabros de prata de que gostava tanto. Não conseguia entender como era que a *nonna* Luísa, tão organizada e rigorosa, permitia "aquele absurdo"!

No final da ceia, cantávamos baladas antigas e canções alegres, baseadas em perguntas e respostas. Quem puxava o coro era o tio Dino, sempre o mais animado. Ao sair, todos se despediam com o voto: "O ano próximo em Jerusalém".

Depois que chegamos ao Brasil, nossa família, bem diminuta, não comemorou mais a Páscoa e, com o passar dos anos, acabei me esquecendo completamente desses ritos. Mas aconteceu um fato inesperado. Por volta de 1971, foi lançado nos cinemas o filme de Vittorio de Sica: *O Jardim dos Finzi Contini*. Nessa época, Sérgio e eu já estávamos separados. Ele morava no Rio e já tinha assistido à fita. Recomendou à Sylvinha que não me deixasse vê-la. Fiquei intrigada: não ver o filme, por quê? A história era verídica e retratava as perseguições sofridas pelas famílias judias na Itália, durante a guerra. Resolvemos ir.

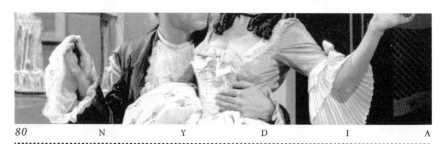

Numa das cenas estava reproduzido, com a maior fidelidade, um *Seder*, e todos os atores cantavam as mesmas canções que animavam as ceias da minha infância.

As lembranças atingiram-me de surpresa, com uma força brutal. Senti-me como uma pessoa que, na beira da praia, se vê repentinamente submergida por uma onda enorme. Durante alguns segundos, naquele redemoinho, não sabe mais o que é areia e o que é céu; só tem certeza da água salgada que lhe entra pela boca e pelo nariz e a sufoca.

Comecei a chorar, sem controle. Nunca um filme me tocou daquela maneira. Era o meu passado que voltava de um modo inesperado e violento. Eram os mesmos hábitos antigos, tantas pequenas coisas eram iguais, até o jardim lembrava o meu. Quando as luzes do cinema se acenderam, eu estava soluçando e não conseguia parar. Todo meu auto-controle tinha sido derrubado pelas emoções que a história, verídica, despertara.

Então compreendi o porquê do conselho de Sérgio. A sua sensibilidade tinha captado a emoção daquele ritual, desconhecido para ele, e, imediatamente, avaliou até que ponto a cena me atingiria.

Apesar de todas as dúvidas que me assaltavam em menina, aos doze anos eu quis fazer a Confirmação Religiosa. Não consigo lembrar quais foram os motivos que me fizeram tomar essa resolução. Teria sido o vestido branco, tão parecido com o que minhas amigas usavam para fazer a Primeira Comunhão? Não me parece razão suficiente! Talvez um pouco de inveja do *Bar Mitzva* de Lívio que, no ano anterior, reunira amigos e parentes numa grande festa? Também não podia ser, pois eu sabia que não se tratava, nem de longe, de uma cerimônia tão importante quanto aquela. Em seu décimo-terceiro aniversário, o menino torna-se adulto "responsável perante a lei" e passa a integrar o *minyan*, grupo de dez homens, número que a lei judaica requer como mínimo para a realização de qualquer ato religioso.

Na religião hebraica, as mulheres não detêm esse poder (aliás, acho eu, não detêm nenhum; só mandam no marido!). Por isso, a cerimônia feminina não se reveste da importância conferida à maioridade religiosa dos meninos; e eu sabia disso.

Houve apenas uma oração na Sinagoga, com discurso do Rabino, e um almoço no qual recebi alguns presentes. A única pessoa que veio especialmente para a reunião foi Lola Schwarzkopf, uma tia que morava em Praga.

A história de Lola é profundamente triste. Filha da irmã do vovô Emílio, nasceu deformada. É que na noite do noivado de sua mãe – que dizem ter sido muito bonita – caíra uma tempestade violenta. A jovem noiva, que estava com um vestido decotado, resfriou-se. O resfriado, rapidamente, degenerou em tuberculose. Na época, essa era uma doença de que não se falava e de cujas conseqüências pouco se sabia. O casamento foi realizado e um ano mais tarde nascia Lola, uma menina aleijada, e a mãe morria de parto.

O vovô Emílio tinha um carinho muito grande por essa única sobrinha, que era feia, mas inteligente e bondosa. Eu tinha-lhe um certo medo; seu andar claudicante impressionava-me.

Para minha Confirmação Religiosa, trouxe-me, da Tchecoslováquia, um colar de prata com uma miniatura das tábuas da Lei, nas quais havia algumas palavras gravadas em alfabeto hebraico.

Foi a última vez em que a vi. Três anos mais tarde, morreria em Auschwitz.

A minha preocupação infantil com o que os colegas de escola pensavam ou deixavam de pensar a meu respeito por eu sair durante a aula de religião, terminou tão logo a amarga onda de anti-semitismo varreu a Itália.

As escolas tinham nos fechado as portas!

Então os professores israelitas, que tinham perdido a cátedra, reuniram-se na escolinha hebraica da Via del Monte e abriram um curso ginasial.

De repente, éramos *todos* judeus. Não havia mais nada a esconder e um sentimento de orgulho apossou-se de mim. Afinal, o que era que "eles" – os fascistas – estavam pensando? Que podiam nos humilhar desse jeito?

Uma sensação nova estava despertando dentro de mim: de uma maneira dolorosa e cruel, minha infância tinha terminado. Tinha me tornado adulta.

Senti que precisava reagir, enfrentá-los. E a maneira que encontrei, para mostrar que não tinha medo "deles", foi freqüentar a Sinagoga todas as sextas-feiras, em companhia dos meus novos amigos.

O Rabino, que na primeira semana viu nosso comparecimento maciço com certo ceticismo, ao verificar que continuávamos a aparecer, dirigiu-se a nós, em seu sermão, com gratidão e carinho. Meu coração encheu-se de orgulho. Essas reuniões semanais, desafiando os guardas que rondavam o prédio como se em seu interior se realizasse uma conspiração de sabotadores – ou, quem sabe, uma missa negra – faziam-me sentir viva e atuante.

Dia após dia, aumentavam as pichações nas paredes de pedra da nossa Sinagoga. E apareceram as suásticas, ameaçadoras como aranhas pretas e venenosas.

Então percebi até que ponto o negro uniforme fascista transformara as pessoas. Tornara-as déspotas e agressivas. Tratei de evitar ao máximo aproximar-me de homens fardados.

Mas, se medo existia, a voz serena e pausada do Rabino Zolli dissipava-o.

Um ano depois, já em São Paulo, soube que ele tinha sido promovido a Rabino-Chefe da Itália e que lecionava História Hebraica no Vaticano.

A notícia seguinte foi de que ele, como muitos outros judeus, tinha se refugiado na Santa Sé para fugir à sanha dos nazistas... e que *tinha se convertido*!

O espanto foi imenso. A notícia correu o mundo. Não dava para acreditar; era como se o Papa tivesse se tornado muçulmano!

O que teria se passado em seu coração durante aquela permanência no Vaticano? Teria sido um ato de fé verdadeira ou um gesto de gratidão pela ajuda recebida? Chegou-se a pensar que – quem sabe ? – tivesse sido o preço combinado pela salvação de centenas de judeus escondidos em igrejas e mosteiros...

Nunca soube a resposta e nunca mais ouvi falar dele.

Contrariando todo o senso comum, naquele inverno de 1938, em plena campanha anti-semita, o Teatro Giuseppe Verdi programou a apre-

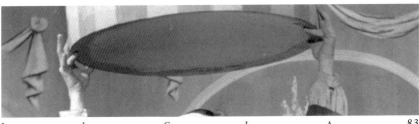

sentação da ópera *Dibuk*, de Lodovico Rocca, baseada na lenda dramática de Schalom-An-Ski.

A apresentação de um tema hebraico criou um clima conturbado na cidade que, graças ao veneno destilado pela propaganda fascista, já estava vendo os judeus como inimigos do regime e nocivos à pureza da raça ariana.

Durante os anos em que fora crítica musical do jornal *Il Popolo di Trieste,* minha mãe costumava realizar conferências antes da abertura das temporadas líricas. Nesse ano, foi aconselhada a não fazê-lo, ainda mais por se tratar de um tema tão melindroso.

Os argumentos usados pelos temerosos e prudentes surtiram o efeito contrário: ela animou-se ainda mais e não abriu mão da palestra.

Na data marcada, o auditório estava superlotado. Estavam presentes, além de todos os amigos, os jornalistas e músicos da cidade e um público pertencente a todas as classes sociais.

O prefeito, preocupadíssimo, pediu a presença de guardas uniformizados para prevenir qualquer manifestação extremada.

Mamãe estava calma e serena. Iniciou a palestra explicando detalhadamente o que era o *Dibuk*[4]. Falou sobre a Cabala e o Hassidismo. Foi ouvida no mais absoluto silêncio por essa platéia heterogênea e, no final, foi ovacionada por todos, inclusive pelos guardas, que a cumprimentaram efusivamente.

A estréia da ópera foi um sucesso. Fui à matinê com minha mãe e Lívio. Pela primeira vez assistia a um espetáculo da galeria do teatro, já que, devido às perseguições, meus pais acharam pouco oportuno aparecermos na platéia.

Aos doze anos de idade, fatos insignificantes como esse facilmente assumem proporções exageradas. Eu sentia humilhação e revolta. Era como se tivéssemos caído em desgraça por um motivo desconhecido e que ninguém nos explicava.

Quem já sofreu algum tipo de discriminação pode compreender até que ponto eu, ainda menina, sentia-me injustiçada.

Foi então que, no intervalo do primeiro ato, os velhos funcionários do teatro, nossos conhecidos de tantos anos, subiram até a galeria para nos buscar. Conduziram-nos a uma frisa que estava desocupada, fazendo questão de que assistíssemos de lá aos dois atos restantes.

Foi uma prova de respeito e admiração por meus pais e uma atitude de desagravo, face à situação política.

Quando me perguntam a respeito das perseguições raciais na Itália, ao lado de tudo de desagradável que nos aconteceu, cenas tocantes como essa me vêm à memória.

O tempo parecia voar. Era cada vez mais urgente tomar uma decisão. Ao contrário da maioria dos judeus italianos – que se recusava a acreditar que dentro de muito pouco tempo a Itália seguiria o exemplo alemão e intensificaria as perseguições – meu pai, desde o primeiro momento, enxergou o perigo. Decidiu partir o mais depressa possível e levar a família para bem longe do inferno em que a Europa se transformaria.

Durante meses percorreu consulados e embaixadas em Roma, à procura de um país que fornecesse vistos de emigração para nove pessoas da mesma família, pois ele não sairia da Itália sem levar os velhos pais e queria que o irmão também fosse, com a mulher e o filho. As tentativas foram muitas e duraram meses seguidos. Ora parecia que iríamos para o Quênia, ora para a Austrália ou Argentina.

Finalmente, o cônsul brasileiro em Trieste declarou que poderia conceder vistos "temporários", mas somente a judeus que demonstrassem ser cientistas – o que excluiu automaticamente o tio Bruno. Na mesma tarde, o cônsul, tendo lido (ao que parece pela primeira vez) o formulário do Ministério de Relações Exteriores, avisou meu pai que ao Brasil só interessavam cientistas de fama internacional e perguntou se ele se enquadraria nessa exigência.

Imediatamente, meu pai dirigiu-se ao consulado, carregando todos os tratados internacionais de que dispunha no momento e que tivessem publicado – ou ao menos citado – algum trabalho seu. A secretária copiou todos os dados para enviá-los ao Itamarati.

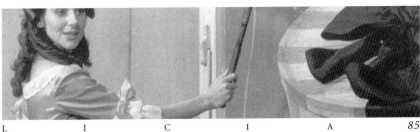

Os últimos meses na Itália foram uma farândola de festas, passeios, lágrimas e alegrias. A educação severa dos pais tinha se abrandado, como que por milagre. É que todos eles, com o coração apertado, preocupavam-se com o futuro de suas famílias. Para onde ir? O que os aguardaria em países distantes, de costumes tão diferentes?

Olhavam para os filhos com olhos marejados de lágrimas... Que se divertissem enquanto podiam! E nós, jovens, mergulhamos de cabeça nessa nova liberdade, procurando mascarar, com uma alegria meio forçada, a insegurança e o medo que estavam nos corroendo.

E nunca se dançou tanto, nem se passeou tanto. Todos os domingos saíamos em bando, alunos e professores irmanados, e subíamos as colinas que nos levavam até o Carso.

Ah! O aroma das flores que brotavam entre as rochas e o murmúrio do vento brincando entre os galhos dos pinheiros, naquela última primavera!

Outro passeio maravilhoso era à beira-mar, até o Castelo de Miramare, construído pelo arquiduque Maximiliano de Habsburgo em 1860, antes de se tornar Imperador do México. Como era doce o sussurro das grandes árvores que ele plantou para sua esposa Carlota, nas alamedas do parque que nós percorríamos alegres.

O castelo de mármore branco, fincado nos rochedos, parecia querer projetar-se nas ondas sempre mutáveis do mar Adriático! Era lá que residia, com a família, o Duque Amedeo d'Aosta. Imponente – tinha quase dois metros de altura – e corajoso, era querido por todos. Naquela época, ninguém poderia suspeitar que, poucos anos mais tarde, morreria, prisioneiro dos ingleses no Quênia, após ter sido por algum tempo Vice-rei da Etiópia.

Os dias voavam.

A cada saída de um transatlântico, o nosso grupo diminuía. Eram menos cinco, menos dez!... Cada família tomava seu rumo: África, Austrália, América.

Nos dias de embarque, o grupo todo acompanhava os viajantes até o cais. Quando o navio se afastava, uníamos as echarpes num só grande cordão e o abanávamos, para que os olhos tristes dos emigrantes pudes-

sem reconhecer as figuras amigas. Lá ficávamos, até o navio desaparecer no horizonte.

A volta para casa era triste. Quem seria o próximo?

Sentíamos, ao nosso redor, um clima cada vez mais pesado. Lojas pertencentes a israelitas tiveram as vitrines apedrejadas e saqueadas. Vários grupos de jovens fardados estavam sempre procurando pretextos para um confronto. Na escola, nos orientaram a evitar qualquer briga com eles. Nas portas de algumas lojas e restaurantes apareceram afixados cartazes com os seguintes dizeres: "Entrada proibida a mendigos, cães e judeus". E dessa vez o termo italiano usado era *giudei*, que tinha uma conotação pejorativa. Até então, nós sempre tínhamos sido chamados *ebrei*.

Alguns conhecidos, com quem cruzávamos na rua, não nos cumprimentavam mais. Outros, porém, foram maravilhosos, principalmente as pessoas mais humildes. Desafiando as leis que proibiam as famílias judias de manter empregados, a camponesa istriana, que trabalhava na casa da *nonna* Luísa há anos, enfrentou os carabineiros e recusou-se a sair de lá. Foi preciso que vovó, preocupada com o bem-estar da moça, insistisse reiteradamente com ela para que fosse embora.

Um gesto que nunca esqueci foi o de minha professora de ginástica do Dante: Anita Grassi, talvez a moça mais linda da cidade. Bonita por fora e por dentro. Eu tinha tirado o primeiro lugar no concurso nacional de ginástica, chefiando um grupo de *Piccole Italiane* da escola. Foi a única nota 100 com louvor.

Na hora de entregar o prêmio, no ano seguinte, já estávamos em plena vigência das leis raciais. As autoridades fascistas acharam, naturalmente, que uma judia não poderia mais recebê-lo e o diploma e a medalha foram entregues à professora.

Ela não teve dúvidas: deu-me a medalha de ouro e ainda disse com muito carinho:

— É sua. Você foi a melhor *capo-squadra* que este ginásio já teve.

Foi o mais belo presente que podia ter recebido naquele momento e guardo-o comigo até hoje, com profunda gratidão.

Afinal, chegou o dia de nossa partida.

A casa estava quase vazia. No jardim, grandes caixotes encerravam os móveis antigos que minha mãe, felizmente, insistira em trazer. Outros continham livros, partituras, o piano, a coleção de pedras, quadros e os aparelhos radiológicos de meu pai. Era um pouco da nossa vida européia que nos acompanharia no exílio.

Dei uma última volta pelo jardim. Chorando, despedi-me de cada árvore, de cada planta. Os três cachorros – uma dobermann e dois bassês – seguiam a meu lado, quietos, pressentindo que algo muito estranho estava acontecendo.

Quando entramos no carro para ir embora, os três, parados no portão, olharam para nós com uma tristeza quase humana.

Passamos a última noite dormindo em colchões, no chão do apartamento da *nonna* Luísa. A turma toda foi para lá, ficar um pouco mais conosco. Até Luciana, chorando, veio dizer adeus.

A dor maior foi despedir-me de meu primeiro namorado, Lívio Zeller, um dos rapazes mais bonitos e inteligentes da escola hebraica. Nosso namoro foi lindo, à moda antiga, feito de olhares e apertos de mão, um beijinho rápido no rosto – como "castigo" em algum jogo de prendas – e muita poesia.

Lembro tão bem da hora em que o navio começou a afastar-se do cais: fiquei presa ao seu olhar, como se algum fio invisível nos mantivesse amarrados.

Depois, o navio foi aumentando a velocidade, os amigos foram ficando pequeninos, os contornos da cidade foram se perdendo. Só vislumbrava o amarelo das giestas em flor, salpicando o verde das colinas.

Adeus, San Giusto, adeus Miramare, adeus Via Scorcola, de tantas subidas e descidas! As lágrimas jorravam, sem reserva.

De repente, uma voz atrás de meu ombro:

— *No la pianzi signorina*[5].

Era um montanhês do Friuli, calçando pantufas de veludo bordadas, sorrindo para mim com bondade.

Tinha toda razão. Não adiantava chorar...

Só quando Trieste desapareceu completamente da nossa vista, nos animamos a descer até os camarotes.

Vovô Ermínio, muito emocionado, já estava deitado no beliche e vovó Emma chorava silenciosamente para não angustiá-lo ainda mais. Foi necessária muita coragem para que um homem de setenta e dois anos, e ainda por cima cego, enfrentasse uma viagem até o outro lado do mundo. O Comissário de Polícia de Trieste tinha assinado um atestado de saúde, para que ele pudesse embarcar, e o fez subir a bordo antes dos outros passageiros, a fim de que nenhuma autoridade notasse seu estado.

Os carabineiros e os fiscais da alfândega não abriram sequer um pacote nosso e todos se despediram de meu pai com carinho e emoção, desejando-nos uma boa viagem e um breve regresso.

Mais uma vez pude avaliar como ele era querido e respeitado na cidade e quantas pessoas tinha atendido, como médico, sem jamais se preocupar com dinheiro.

Quando voltei a Trieste, trinta anos mais tarde, ainda encontrei pessoas humildes que falavam do "professor" como de um santo.

NOTAS:
1. O irredentismo era um movimento italiano de reivindicação dos territórios que haviam permanecido como possessões austríacas.
2. Temos três mares, temos muito peixe...
3. As barrigas redondas não veremos mais; seremos frugais, não morreremos...
4. Na Idade Média criaram-se dois conceitos sobre almas impuras: *Ibbur e Dibuk*
   Ibbur: é o homem que, em um determinado momento de sua vida, percebe estar sob a influência do encosto de outra alma sofredora, que o acompanha e o auxilia e que, deste modo, procura expiar alguma falta grave cometida em outra existência.
   Dibuk: é a alma sofredora, incapaz de conseguir descanso, que volta para participar da vida terrena de outra criatura, penetrando em seu corpo mortal e levando-a à exasperação. Somente um Bal-Aschem (nome santo), um rabino, poderá exorcizar a alma através de cerimônias e orações e libertar a vítima. (Alice Pincherle: texto da conferência)
5. Não chore, mocinha.

Vovô Emílio.

*Sanatório Pineta del Carso.
No Golfo de Trieste.*

O Dibuk.

O Bora a 200 km/h.
Desfile do Mackenzie na Av. São João.

Confirmação religiosa.

Sinagoga de Trieste.
O porto de Trieste.

A VIAGEM DE navio de Trieste até Santos durava, naquele tempo, dezesseis dias. É claro que havia escalas bastante longas em vários portos.

A primeira parada foi ainda no mar Adriático, ao largo de Spálato, na costa da Dalmácia. Lá o primo Gaddo Glass veio nos dar o seu último adeus, chegando de barco a motor até o navio.

Ele passava a maior parte do tempo em Turbe, na Iugoslávia, dirigindo a serraria que, durante anos, fora administrada pelo avô Emílio.

Relembrei a única vez em que estivemos lá, ainda crianças. Tivemos que atravessar aldeias estranhas e terras meio selvagens. Meu pai falava um pouco de croata, apenas o suficiente para pedir informações quanto ao caminho a seguir. Quando, finalmente, alcançamos Turbe, verificamos que o lugarejo se resumia na serraria, alguns casebres e a casa da administração, onde se hospedavam os avós Schwarzkopf.

Para alegria minha e de Lívio, havia um pequeno vagão com o qual subíamos e descíamos pelas colinas cobertas de bosques de pinheiros.

Permanecemos durante quinze dias nessa terra estranha, de cuja língua não entendíamos nada. Ficamos com os avós enquanto nossos pais continuavam a viagem e chegavam até a Dalmácia.

A viagem de volta para casa foi feita de trem, com os avós. Paramos em Sarajevo e também em Zágreb. Pela primeira vez visitávamos um mercado árabe e víamos mulheres muçulmanas de rosto coberto e longos trajes negros. Os homens usavam *kaftan* e se prostravam aos pés de um minarete – pequena torre de mesquita – do alto da qual o *Muezzin* anunciava aos fiéis a hora das orações.

Era um outro mundo!

Quem tinha tornado nossa estada em Turbe mais alegre fora justamente o tio Gaddo, sempre animado e brincalhão. Montava um cavalo imenso, no qual nos levava a dar voltas pela serraria. Eu o chamava tio

Detchko, que era o nome do cavalo e ele, aceitando a brincadeira, chamava o cavalo de Gaddo.

Foi no *Neptúnia*, ao largo de Spalato, que o vi pela última vez, pois morreria de enfarte, em Trieste, logo depois da guerra.

O navio levantou âncora e continuou a viagem, descendo a "Bota". O mar, que até então tinha estado calmo, mudou de repente e nosso encontro com o mar Jônico, no golfo de Taranto, bem ao sul da Itália, foi incrivelmente movimentado.

O navio rolava da esquerda para a direita e de trás para frente, tudo ao mesmo tempo – pelo menos era o que me parecia. A única coisa de que me lembro é do nome do remédio contra enjôo: *Nautisan*. Caí no beliche e dormi a tarde toda.

Quando acordei, à noite, o mar já estava calmo e nos preparávamos para passar pelo estreito de Messina, que separa a ilha da Sicília do continente. Subimos até a coberta, para presenciarmos a passagem, embora só fossem visíveis umas poucas luzes tremulantes na escuridão.

Lembrei-me logo de Scila e Caribdis, os dois monstros mitológicos, postados um do lado da Calábria e o outro da Sicília, obstruindo a passagem do navio de Ulisses, o mais astucioso entre os guerreiros gregos, o responsável pela destruição de Tróia, após um assédio que se prolongou por dez anos.

De manhã, chegamos a Nápoles, onde nos aguardava a tia Ina Ziffer, irmã mais velha da *nonna* Luísa e mãe de Marcella Ascarelli, a prima que dali a alguns meses também viria para o Brasil. Levou-nos em seu carro para uma volta pela cidade e uma rápida visita às ruínas de Pompéia. Naturalmente não chegamos a admirar as pinturas eróticas de que eu tinha ouvido falar na escola, pois nenhum guia levaria senhoras ou crianças para vê-las. Pouco me recordo dessa visita; só que comprei, como lembrança, um cinzeirinho feito com lava de vulcão solidificada ao redor de uma moeda de cinco centavos.

Sabia que meu nome, Nydia, fora inspirado na heroína do livro *Os Últimos Dias de Pompéia*, que minha mãe esteve lendo durante a gravidez, mas não senti nenhum ponto em comum com essa cidade morta.

Ao pôr-do-sol, o *Neptúnia* levantou âncoras. Majestoso, deslizou pelo mar Tirreno, proporcionando-nos uma visão maravilhosa: a ilha de Capri à direita, Ischia à esquerda e, ao fundo, Nápoles inteira, deitada aos pés do Vesúvio encimado por um penacho de fumaça branca. Foi uma visão inesquecível.

Papai e eu, debruçados na amurada da popa, queríamos sorver aquela imagem até o fim, fotografá-la em nossa mente. E foi então que ouvi papai dizer, com profunda tristeza:

— Adeus, Itália.

Acho que, naquele momento, apoiado na amurada do *Neptúnia*, teve certeza de que jamais voltaria e deu à pátria tão amada o seu último adeus.

A parada seguinte: Argélia. Fomos levados a um passeio pela parte velha e mais típica da cidade, a *Casbah*, onde nos deparamos com o clássico cadáver ensangüentado – para turista ver – e admiramos os lampiões coloridos do bairro das "mulheres da vida", como o guia se apressou a nos informar.

Nada chegava a me interessar muito. Olhava para tudo aquilo, mas meu pensamento estava longe, ainda preso ao que tinha deixado para trás.

O clima de bordo em nada se parecia com o de um cruzeiro de férias. Mais da metade dos passageiros só tinha passagem de ida. Havia austríacos e alemães, de famílias nobres, contrários ao regime de Hitler; havia judeus e muitos camponeses italianos indo para a Argentina, para lavrar a terra.

Na primeira classe, o ambiente era mais alegre, mas todos nós viajávamos de "Classe Turística" — uma espécie de segunda — e não tínhamos grandes diversões, a não ser o cinema, de tarde, e a piscina, a partir das proximidades do Equador.

No dia 30 de abril, em alto-mar, completei treze anos.

Entrando na cabine, tive uma surpresa: no beliche havia um pacotinho endereçado a mim. Era um livro, presente de Lívio Zeller.

Por um louco momento, pensei que ele estivesse no navio, mas em seguida, lembrei-me de que seus tios estavam a bordo, só que com desti-

no à Argentina. Por intermédio deles, enviou-me seu carinho, sabendo o quanto estava precisando dele e como as palavras escritas na dedicatória me confortariam.

Última parada européia: Gibraltar, uma rocha imensa, fazendo o navio parecer tão pequeno!

Imediatamente, dezenas de barcos aproximaram-se do *Neptúnia* e ouvimos, numa babélica mistura de línguas, ofertas de tecidos ingleses, perfumes franceses, licores, chocolates. Minha mãe não resistiu e comprou um corte de fazenda. E continuaria comprando, já que, nos anos seguintes, um sem-número de marinheiros, em rápidas passagens por São Paulo, acabava batendo à nossa porta trazendo cortes ingleses e seda italiana, que precisavam vender com urgência, porque seu navio sairia de Santos horas mais tarde. O último "corte inglês" que compramos tinha estampado na ourela: *Indústria Brasileira...*

Passadas as "Colunas de Hércules", onde os antigos julgavam que o mundo terminasse, entramos no Oceano Atlântico.

Água cinzenta, pesada, de ondas largas, mas alegradas pelos saltos dos peixes voadores e os mergulhos das aves marinhas. Dias bonitos, ensolarados, com banhos de piscina e jogos no convés. Havia alguns rapazes. Eu era a única moça.

Não houve festa à fantasia na passagem do equador, nem as brincadeiras de costume com Netuno e as sereias. Apenas dois bailes discretos, à noite. Acontece que o comandante estava reassumindo o comando do navio após uma punição. Numa viagem anterior, um oficial seu, Oreste Orchis, tinha se apaixonado por uma passageira: Mariazinha Matarazzo. O comandante, que gostava muito do rapaz, organizou várias festas a bordo, proporcionando o clima ideal para o romance dos dois jovens. O romance terminou em casamento. Oreste abandonou a Marinha e veio morar definitivamente em São Paulo.

O comandante, acusado de conivência, foi severamente repreendido.

A primeira escala em terras brasileiras foi em Recife. Devido ao atraso provocado pelo mau funcionamento de uma das máquinas, só chegamos à noite. O navio parou ao largo, mas um barco a motor conduziu-nos até o cais.

Alugamos um táxi que nos levou a um passeio pela cidade. Pelo avançado da hora, não havia muito para ver. Paramos numa praça para tomar o primeiro cafezinho nacional. O bar estava cheio de homens morenos, baixinhos, de terno branco e sapato preto, a maioria usando bigodinho e chapéu panamá.

Minha mãe começou a ficar preocupada:

— Será que os homens brasileiros seriam todos pequenos?... E a filhinha (eu) iria casar com um homem assim?

Pois não foi que casei mesmo? Sérgio era nortista, de Belém do Pará, não muito alto e só tinha abandonado o terno de linho branco ao se mudar definitivamente para São Paulo!

Não sei se o motorista percebeu a reação de minha mãe e foi vingança ou simplesmente gozação, mas o fato é que, ao sair de lá, levou-nos a dar uma volta pela zona do meretrício. E essa foi a visão que me ficou de minha primeira visita a Recife.

Na Bahia, nem descemos do navio. Para tirar o atraso, desembarcaram somente os passageiros que ficariam em Salvador.

Foi na Bahia que tivemos o primeiro contato com as frutas brasileiras. Não sei se na época já existia a tétrica figura do atravessador. A verdade é que as frutas adquiridas pelo *chef* do navio foram as piores que existiam no mercado: laranjas azedas, bananas verdes e mangas com gosto de terebintina. Que decepção! Onde estavam as frutas saborosas, descritas nos livros de aventuras?

Só fiz as pazes com as mangas anos mais tarde, durante umas férias na fazenda de Thomás Whately, onde fui a convite de sua enteada Tatiana Chagas. Havia mangueiras carregadas de frutas que tombavam no chão, levantando nuvens de mosquitos. O mormaço convidava ao sono e, deitada na rede do terraço, mordia a fruta sem me incomodar com a calda gostosa que escorria pelo rosto. Que delícia!

Entramos na baía de Guanabara de manhã bem cedo. A neblina encobria os morros, não permitindo que a cidade se exibisse em toda sua beleza.

Meu pai tinha uma carta de apresentação para um médico na Urca. Rumamos para lá em dois táxis, que imediatamente se desencontraram.

Aquele em que eu estava com vovó Emma foi parar na pedra do Leme. Quando reencontramos meu pai, ele estava bastante espantado: o médico era japonês.

A cidade causou uma excelente impressão, com suas avenidas largas, a areia branca das praias e a mata virgem tão próxima.

Comecei a ficar um pouco mais entusiasmada!

Só nos restava mais um dia de viagem.

Muitos passageiros já tinham desembarcado em Recife, Bahia e Rio, e seus lugares foram sendo preenchidos por turistas brasileiros que trouxeram uma nota de alegria e descontração. Só que eles não compreendiam Italiano e nós não falávamos português, o que tornava difícil qualquer tentativa de relacionamento.

Chegamos a Santos debaixo de uma chuvinha fina e persistente e um calor abafado. O entusiasmo começou a arrefecer. Que porto feio! E que tristeza assistir, do cais dessa cidade desconhecida, à partida do *Neptúnia*, o último elo que nos ligava ao passado, à pátria distante.

Lenços acenaram para nós da amurada do navio. Os marinheiros triestinos agitavam bandeirinhas vermelhas com a alabarda prateada, emblema da cidade, e eu apertava, escondida no bolso, a última maçã italiana, com que o capitão tinha me presenteado.

Meu pai, preocupado com a possibilidade de os fiscais da alfândega se aperceberem da cegueira do vovô, quis que fôssemos para um hotel, enquanto ele e minha mãe cuidavam das malas e caixotes. Pediu a um motorista de táxi que nos levasse e voltasse depois para buscá-los.

Eu não sei o que é que se passa na cabeça dos motoristas que atendem turistas. Esse levou-nos a um antro perto do porto, imundo e mal-cheiroso; a água que saía das torneiras dos quartos era amarela, quase marrom.

Quem veio nos esperar no cais foi Erna, uma judia alemã que tinha sido enfermeira em Trieste. Tendo um irmão que morava em São Paulo, conseguira um visto de entrada no Brasil. Foi ela que nos escreveu informando o que era que deveríamos, ou não, trazer na viagem. Por incrível que pareça, as informações eram todas erradas: recomendou que trouxéssemos eletrodomésticos e que deixássemos lá os móveis e

as obras de arte. Como minha mãe não confiava muito nela, decidiu seguir a própria cabeça e fez exatamente o contrário. Foi a nossa sorte. Graças a isso, estou aqui, escrevendo, sentada na *bergère* do vovô Emílio, olhando os quadros que enfeitavam as paredes da casa da Via Scorcola e vendo na biblioteca os livros de arte e as partituras de música da minha infância.

Há um objeto que me acompanhou na viagem e do qual ainda não falei: logo ao sair de Trieste, minha mãe encontrou em sua cabine uma hortênsia cor-de-rosa, plantada em um grande vaso de barro. Não havia nenhum cartão indicando quem fora o doador. Mamãe imediatamente decidiu que era eu que deveria tomar conta dela. Por isso, ao descer do navio em Santos, lá vinha eu abraçada ao pesadíssimo vaso.

A planta virou minha alma gêmea: levei-a para passear até o hotel em Santos, voltei com ela à estação marítima, foi comigo até o trem, subimos juntas a serra e ela desembarcou em meus braços na Estação da Luz, para juntas irmos de táxi até o Hotel Esplanada. Até mesmo quando deixamos o hotel para nos instalarmos numa casa na alameda Santos, mais uma vez a hortênsia foi comodamente instalada no meu colo. Moral da história: odeio hortênsias!!!

Ao desembarcar do trem, na Estação da Luz, eu estava meio entorpecida. O dia tinha sido longo e cansativo, mas o burburinho da estação me despertou. Gostei das luzes dos anúncios que brilhavam e mudavam de cor, no centro da cidade e, principalmente, gostei das palmeiras imperiais no Anhangabaú.

O hotel era bonito. Tinha vários salões, iluminados por lustres de cristal e uma imponente escadaria de mármore. Jantamos no quarto, já meio adormecidos e sonhando com uma cama. Lembro até hoje dos ovos cozidos recheados com maionese e do sorvete de laranja, servido dentro da casca.

De manhã, ao abrir a janela, travei conhecimento com o Vale do Anhangabaú, calmo e verdejante, onde às seis horas da tarde os rapazes convocados para o tiro-de-guerra iam, de uniforme cáqui, marchar em ordem unida.

Havia dois prédios iguais, muito bonitos, o Automóvel Club e a Câmara Municipal, que davam para o vale, do lado da Líbero Badaró. Do outro lado do Viaduto do Chá estava sendo construído o Edifício Matarazzo (hoje Banespa), tão parecido com o edifício onde meu pai tinha o consultório, em Trieste.

São Paulo fascinou-me. Tudo era diferente: a garoa, as carroças do lixo, puxadas por dois burros, o absurdo (para mim) corte das árvores no inverno, as maria-moles, os cinemas (como havia cinemas no centro da cidade!), os bondes abertos, com os passageiros pendurados no estribo, e o cobrador realizando verdadeiras acrobacias para receber o dinheiro das passagens...

Eu gostava de sentar no primeiro banco, de costas para o motorneiro, e olhar as pessoas sentadas nos outros bancos. Tentava adivinhar qual seria sua profissão e para onde estariam indo. Assim, inventando pequenas histórias para mim mesma, o tempo da viagem passava bem rápido.

Logo na primeira semana, meu pai levou-nos a um restaurante na rua Líbero Badaró. Devia ser nove horas da noite. Percebi, espantada, que eu era a única mulher na rua!

Uma das primeiras pessoas que visitamos foi justamente o ex-capitão Oreste Orchis. Morava num prédio da rua Piauí, em frente à praça Buenos Aires. Havia, no andar térreo, um pequeno apartamento que estava livre e que foi alugado para os avós. Orchis, radiante, ia lá todas as noites, matar saudades do dialeto triestino, enquanto vovô, apesar de cego, enrolava um cigarro com grande perícia.

Em seguida, conhecemos uma família fora do comum: os barões De Fiore. Ele era cientista, professor universitário; ela, uma mulher maravilhosa, de grande cultura, cheia de talentos, que bordava desenhos originalíssimos. Eu passava horas ao seu lado, vendo-a criar obras lindas e ouvindo-a contar histórias da cidade onde nascera, na Sicília. O filho Ottaviano, menino vivo e inteligente, ficava por perto e, de vez em quando, dava uns apartes muito engraçados.

Foram eles que apresentaram a meu pai um médico recém-formado que queria montar um consultório: o Dr. Miguel Centola. Papai associou-

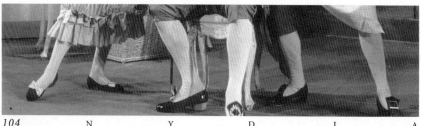

se a ele mas, pelas leis brasileiras, não lhe era permitido assinar como médico. Ele, livre-docente em Radiologia Médica, professor da Faculdade de Medicina de Milão, passou pela suprema humilhação de ver seu nome, na tabuleta da porta e no receituário, como "auxiliar técnico".

Mas, com coragem e humildade, começou uma vida nova.

Nos primeiros dias de nossa permanência em São Paulo, parece que flutuávamos no ar. Não era uma sensação concreta, palpável. Tudo parecia transitório. O próprio fato de morarmos em um hotel de primeira categoria como o Esplanada (hoje transformado em sede das Indústrias Votorantim) dava-me a sensação de estar em férias, como tantas vezes estivera em Viena, Salzburg ou Milão. Sentia-me anestesiada, como se estivesse olhando tudo de uma outra dimensão.

O hotel era muito movimentado. Aos sábados à noite havia bailes a rigor, que eu olhava com muita curiosidade da balaustrada do mezanino. O que me chamou a atenção foi a total falta de decotes nos vestidos das senhoras. Eram todos, sem exceção, fechados nas costas e com manguinhas. Que diferença dos modelos abertos até a cintura, em moda na Itália!

Estava hospedada no hotel uma célebre atriz italiana, Maria Melato, que se apresentava com sua companhia no Teatro Municipal. Viajava acompanhada pelo filho, um jovem de aproximadamente trinta anos, que tocava piano durante horas seguidas, numa das salas do hotel. Era do tipo "misterioso", o que logicamente exercia um enorme fascínio numa menina de treze anos.

Uma noite, desobedecendo às ordens de meu pai, fiquei sozinha, sentada na penumbra, ouvindo-o interpretar Chopin e sentindo-me muito adulta. Valeu-me a primeira surra brasileira! Acho que papai, quando jovem, deve ter "aprontado" um bocado, pois não tinha a menor confiança em mocinhas!

Logo nos primeiros dias, fomos até a escola italiana, o Dante Alighieri, na alameda Jaú – aliás, "Jahú", na época –, bem atrás do Parque Siqueira Campos, no Trianon. Logo me informaram que o parque era território proibido para os alunos. Quem fosse encontrado transitando por lá se-

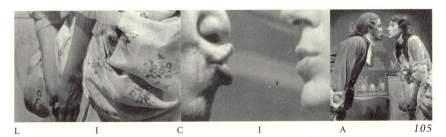

ria imediatamente suspenso. Fomos falar com o professor Venturi, diretor do Instituto, para indagar quais as possibilidades de terminarmos o ano letivo iniciado na Itália. Qual não foi nossa surpresa ao sermos informados de que havia uma ordem expressa de Mussolini para que os colégios italianos no estrangeiro acolhessem os alunos judeus exilados. Que figura contraditória! Aliás, não somente ele. Lembro-me que amigos meus, chegados a São Paulo depois da guerra, contaram que o filho do *Duce*, Vittório Mussolini, exibia-se no camarote oficial do teatro, em Roma, em companhia de amigos judeus.

O Dante Alighieri me pareceu meio soturno; a disciplina era elevada à enésima potência. Mas havia esporte. Muito esporte. Nas tardes de sábado, jogávamos bola ao cesto, hóquei sem patins – correndo como almas penadas pelo campo de futebol e levando pauladas nas canelas –, e praticávamos atletismo.

Meu treinador de basquete foi Ettore Fecarotta, que, anos mais tarde, usando o pseudônimo de Heitor de Andrade, tornar-se-ia um dos melhores apresentadores de programas na Televisão Tupi. Graças aos seus ensinamentos, tirei o primeiro lugar num campeonato, mas não cheguei a receber a medalha, pois, na época da premiação, já tinha saído da escola.

Na primeira aula de ginástica, compareci com o calção de cetim preto que usava em Trieste. Foi um escândalo. Juntou gente. Das janelas do Internato despencavam cachos de garotinhos embasbacados. Eu não entendia por quê... até que vi os calções usados pelas outras meninas.

Meu Deus! Pareciam balões estratosféricos! Eram enormes: largos e longos, até o joelho.

A educação puritana ministrada às moças ítalo-brasileiras não tinha nada a ver com a que eu tinha recebido na Itália. Elas tinham sido criadas como se estivessem na Itália do começo do século, quando seus pais emigraram para a América. A diferença era brutal. Exemplo disso foi terem ficado tão escandalizadas ao constatar que eu não usava combinação!

No Dante era proibido falar com os meninos. Nos intervalos, eles desciam para o pátio, onde ficavam jogando peteca e se exibindo, enquanto as moças, debruçadas nas janelas dos corredores, olhavam para eles, cochichando.

Na hora do almoço – eu era semi-interna – era proibido falar enquanto o vice-diretor, Professor Luzzi, não estivesse sentado em seu lugar à cabeceira da compridíssima mesa, com ares de *gerarca* fascista.

Cada país tem hábitos alimentares diferentes. Na Itália, nunca tinha comido arroz e feijão e, muito menos, chupado laranjas cortadas ao meio, a dentadas, à moda brasileira. Por isso, quando chegava a sobremesa, que invariavelmente era uma laranja descascada e partida, eu tentava desesperadamente tirar-lhe o bagaço para comê-la em gomos. Não conseguia e acabava não chupando a fruta.

Terminado o almoço, novamente silêncio total e saída do refeitório em fila indiana.

Todos falavam italiano, embora com uma "música diferente", que não chegava a ser propriamente um sotaque. Lembro que perguntei a vários alunos:

— Você é italiano?

E a resposta era:

— Não. Filho.

Filho? Filho de quem? Era uma espécie de segunda nacionalidade, a dos "filhos de italianos". Naturalmente, eram todos fascistas.

Eu fui das primeiras judias chegadas ao Brasil em 1939 e era olhada com uma certa reserva pelas colegas. Seus pais e avós, que tinham emigrado da Itália em fins do século XIX, ou no começo do século XX, viam com lentes de aumento aquela nova pátria ordeira e respeitada "onde os trens chegavam no horário" e consideravam Mussolini quase como um deus. Talvez por isso, cheguei a ouvir frases carregadas de ódio, como nunca ouvira na Itália.

Logicamente, as filhas desses homens não sabiam bem como se portar comigo. Claro que havia exceções. Dentre elas: Eugenia Frisoni, Marisa

Queirolo, Carla Inama, Lea Cornibert e algumas outras, mais cultas e esclarecidas.

Eu tinha me matriculado no terceiro ano. As aulas eram ministradas em italiano e português. Curiosamente, não encontrei dificuldades em acompanhar o curso nessa língua inteiramente nova para mim.

Depois de um mês de hotel, mudamo-nos para uma casa geminada na alameda Santos, 2.315, quase na esquina da rua Haddock Lobo.

Lívio e eu íamos para a escola a pé. Como era bonito ver os raios de sol se infiltrando através das árvores da rua, ainda úmidas da garoa noturna, e ouvir o chilrear dos pássaros! Havia um bem-te-vi que nos aguardava todas as manhãs. Lívio insistia em dizer que o pássaro nos chamava pelo nome: *Pin-quer-lee... Pin-quer-lee...*

Poucos meses mais tarde, chegavam também os tios Seppilli e o primo Túllio. Era três anos mais moço do que eu mas, talvez por ser filho único, era muito adulto para a idade e nós dois sempre nos demos muito bem.

Alugaram uma casa na avenida Nove de Julho, onde se instalaram em companhia dos velhos pais do tio Dino, que também tinha vindo.

Numa das derradeiras viagens de navios italianos para a América do Sul, chegou finalmente a avó Luísa, o que tranqüilizou as duas filhas, receosas de que ela não conseguisse sair da Itália a tempo. E o receio tinha fundamento, pois ambas sabiam que a mãe adquirira uma passagem por intermédio de um sujeito que estava reunindo um grupo de famílias judias para trazê-las ao Brasil. Quando, porém, ele se viu com o dinheiro todo em mãos, desapareceu, abandonando os coitados. Muitas das famílias que entregaram seu último dinheiro àquele homem, acabaram ficando e morreram em campos de concentração. Com esse dinheiro manchado de sangue, ele veio para São Paulo e abriu um bar na rua Xavier de Toledo. Minha avó teve sorte e conseguiu comprar uma última passagem de outro navio e pôde partir.

Os últimos da família a aportar no Brasil foram os primos Marcella e Tullio Ascarelli. Viajaram num navio português, vindos de Lisboa, em companhia dos filhos Gianni, Franca e Piero, quando parecia que ninguém mais pudesse fugir da Europa.

Enquanto os adultos procuravam duramente se adaptar à nova realidade, a capacidade de adaptação de nós, jovens, foi impressionante. Eu, em pouco tempo, já tinha formado minha turma. Aprendi português com uma rapidez espantosa.

Tudo me interessava e entusiasmava.

É claro que sentia saudades de Trieste. Da janela do meu quarto, que dava para o Jardim Europa, à noite olhava aquelas luzes distantes e revia em pensamento minha cidade natal. Era um jogo que fazia comigo mesma, fingindo reconhecer as ruas de Trieste e imaginando ainda estar lá.

Algumas vezes, a saudade era grande demais. Então, chorava e escrevia poesias tristíssimas, que não mostrava a ninguém.

Surgiu então um fato novo, que concentrou totalmente os meus interesses e ativou a minha imaginação. No fim do ano, comemorava-se o cinqüentenário da Sociedade Dante Alighieri e a *Filodrammatica* decidiu apresentar a tragédia *Francesca da Rimini*, de Gabriele D'Annunzio. Fui convidada a participar do espetáculo.

No dia 29 de dezembro, pisava pela primeira vez no palco do Teatro Municipal, representando em italiano o papel de Biancofiore, a mais jovem das damas de companhia de Donna Francesca, "tão pequenina que nem alcançava a lamparina em cima da estante".

Como sempre acontece, o ensaio na tarde da estréia foi incompleto: não havia estante. À noite, a lamparina estava colocada em cima de uma mesinha de menos de cinqüenta centímetros de altura. Para não alcançá-la, só se eu me deitasse no chão!

Entre os colegas que participaram do espetáculo, estavam Gianfederico Porta, que chegou a ser diretor do Dante quando minha filha estudou lá, e Ciro Bassini, futuro autor de telenovelas e seriados da Televisão Record.

Relendo o programa, vejo o nome de Antonio Duílio Folini. Lembro-me bem dele. Foi meu primeiro *flirt* no Brasil. Era um rapaz bonito, atlético, alegre e bastante levado. Gostava de cabular aulas. Um dia, ao voltar para a escola às escondidas, pulou o muro e caiu em cima do pro-

fessor de ginástica. O professor era o pai dele. Muito "caxias", pegou o filho pelo braço e levou-o até a diretoria. O rapaz foi expulso do colégio. Logo depois, estourou a guerra e ele voltou para a Itália. Antes de partir, tentou se despedir de mim, mas nós estávamos brigados por um motivo qualquer e não quis falar com ele. Embarcou no dia seguinte. Anos mais tarde, soube que morrera em combate.

Ao terminar o ano letivo, descobri que o curso italiano do Dante não era reconhecido no Brasil e que só seria levado em consideração o ano que completei na Itália; portanto, o segundo ginasial.

Preparei-me para prestar exames no Ginásio do Estado, a fim de poder cursar uma escola brasileira. Tive que estudar todas as matérias que não fizeram parte do currículo italiano, isto é: Português, História do Brasil, Geografia do Brasil, Ciências, Desenho, Francês e Inglês.

Tinha poucos meses pela frente. Meus professores foram dois ótimos alunos do último ano do Ginásio do Estado: Cândida de Itapema Cardoso e Umberto Bonetti. Cândida, com quem eu estudava Português, morava perto da rua Pamplona, portanto não era difícil chegar à casa dela. Mas Bonetti, que me dava aulas de História, Geografia e Ciências, morava na Casa Verde e só podia dar aula às sete horas da manhã. Assim, durante meses, eu pegava todas as manhãs o bonde das seis, na esquina da rua Augusta com alameda Santos, e ia até a Praça do Correio. Dali, seguia até o Largo São Bento, onde outro bonde me levava até a Casa Verde.

Bons tempos aqueles, em que uma menina de catorze anos podia sair sozinha antes que clareasse o dia! Se me atrasasse, o motorneiro tocava a sineta e esperava eu chegar correndo.

Finalmente chegou o dia do exame. Os professores tinham cara de professores mesmo, incutiam respeito e muito medo.

O primeiro exame foi de Geografia. Rezava para que caísse alguma pergunta sobre os rios do Brasil, pois sabia todos de cor. Tirei o papelzinho, nervosa. Li "Orografia" e comecei a citar todas as cadeias montanhosas que aprendera. O professor interrompeu-me, gélido:

— Talvez a senhorinha não domine bem nosso idioma. O ponto sorteado é *Hidrografia*.

Só então percebi o que estava escrito. Radiante, desfiei todo um rosário de nomes, começando por Oiapoque, Jarí, Purus, Trombetas e etcétera. Tirei dez.

Consegui também dez em Português, fato até então inédito num exame para estrangeiros, e em História do Brasil. Tirei nove em Francês, Inglês e Desenho. E – pasmem – em Ciências: zero!

Bonetti se enganara quanto à matéria que deveria me ensinar e nada do que estudei caiu. Era uma situação superdelicada. Todos os professores – e até o diretor – concordaram que eu não tinha culpa. Foi feita uma reunião para decidir minha sorte. Considerando as notas excepcionais alcançadas nas outras matérias, resolveram, por unanimidade, dar-me seis em Ciências.

E eu passei no exame.

O número de italianos fugidos da perseguição fascista era bastante grande. Para alegria nossa, havia muitos triestinos. Alguns tinham sido amigos de infância de meus pais: Stock, Arno, Wilheim, Brentani, Levi, Jesi, Camerini. Vindos de outras cidades, chegaram as famílias Calabi, Foá, DiSegni, Finzi e várias outras. Havia um grande número de jovens e todos continuaram seus estudos em São Paulo e se integraram à vida brasileira.

Tio Dino, sempre bem humorado, apelidara o grupo de "Colônia Mussolini".

— Afinal – dizia – estávamos todos aqui por vontade expressa do *Duce*!

A mais querida, entre os triestinos, era Wanda Svevo. Meu pai, que cuidara dela como médico, desde pequenina, quando uma grave doença a deixara com uma perninha defeituosa, queria-a como a uma filha. Chegou com o marido Mário, sobrinho do escritor Italo Svevo, o autor de *Senilidade* e *A Consciência de Zeno*.

Wanda, amante das artes plásticas, anos mais tarde foi convidada por Ciccillo Matarazzo para trabalhar na Bienal. Durante uma viagem ao México, para onde ia em visita oficial, seu avião chocou-se contra uma montanha.

Foi a primeira vez que vi meu pai chorar.

Os jovens Camerini, Enrico e Ugo estudavam no Instituto Mackenzie, e Enrico sugeriu que eu fosse conhecer a escola. Aceitei o convite e fui com ele à rua Maria Antônia.

Encantei-me com aqueles prédios de tijolos vermelhos, alegremente distribuídos entre o verde das árvores. Por eles, entravam e saíam moças e rapazes, trajando roupas coloridas; ninguém era obrigado a usar uniforme. Respirava-se um ar de liberdade e coleguismo tão incrivelmente diferente daquele das escolas que tinha freqüentado que, num arroubo de independência, matriculei-me, sem ao menos consultar meus pais. Em seguida, tive que enfrentá-los, pois o desejo deles era que eu estudasse no Ginásio do Estado, que, além de ser uma ótima escola, era gratuita.

Vieram em meu socorro os pais de Enrico, que teceram grandes elogios ao Mackenzie. Afinal, era onde todos os jovens estrangeiros recém-chegados estudavam. Não só os italianos, mas também muitos alemães, e todos eram unânimes em louvar a postura democrática da diretoria da escola, que não permitia discriminação de espécie alguma.

Finalmente, meus pais concordaram, mas decidiram que Lívio também deveria estudar lá.

Tive que me inscrever na terceira série ginasial.

Acho que sou a pessoa que mais cursou o terceiro ano: na Itália, o ano letivo vai de outubro a julho; eu saí em fins de abril; foram sete meses, portanto. No Dante Alighieri, em São Paulo, fiquei de maio a dezembro: mais sete meses. Em seguida, no Mackenzie, de março a dezembro. Outros nove meses. Ufa!!

No ambiente informal e descontraído que me cercava, foi fácil conseguir novas amigas. A primeira foi Therezinha, filha do ex-ministro da Educação, Ernesto de Souza Campos.

Pela primeira vez, fui convidada a freqüentar uma casa genuinamente brasileira, onde experimentei os maravilhosos doces nacionais que adorei e, ignorando qualquer regime, adoro até hoje.

Lívio e eu fomos convidados a passar um *réveillon* com eles. Achei curioso o hábito da época: ficarem as senhoras sentadas em cadeiras

colocadas ao longo das paredes, enquanto os homens fumavam e conversavam no terraço.

O grupo das amigas aumentava: Nelly Braga, Darly Lopes Ferras, Helena Traversa, Riveke Pekelman e Tatiana Dutra Chagas (hoje Tatiana Memória).

Tatiana, inteligentíssima e absolutamente indisciplinada, foi minha grande amiga no ginásio. Era neta do médico Carlos Chagas – o cientista, descobridor da doença que leva seu nome – e enteada do fazendeiro Thomás Whately.

A fazenda do Dr. Thomás (aquela onde aprendi a gostar de mangas) ficava na Estação Domingos Villela, na região de Ribeirão Preto. Era linda. Nunca tinha estado antes em uma plantação de algodão. Era um mar branco, que se estendia a perder de vista e onde se destacavam, minúsculas, as silhuetas dos homens trabalhando.

Passei lá quatro férias maravilhosas. Tatiana me ensinou a montar a cavalo e nós saíamos de manhã bem cedo, para visitar as fazendas vizinhas. Nadávamos na piscina e remávamos no açude, onde, uma tarde, participamos de uma caçada a um filhote de jacaré. Nunca pensei que a carne do rabo do jacaré fosse tão saborosa!

Além disso, ficávamos horas ouvindo discos de Dinah Shore, Bing Crosby e Glenn Miller. Adorávamos discutir temas transcendentais como "a solução dos problemas do mundo" – afinal, tínhamos quinze anos!... Tatiana queria ser médica e dar prosseguimento às pesquisas que seu pai, Evandro Chagas, estava realizando no Norte do país, antes de morrer.

Na primeira vez que fui à Fazenda Santa Clara, estavam também, vindos do Rio de Janeiro, alguns parentes da mãe de Tatiana. Uma noite decidiram fazer uma "sessão de mesa". Colocaram em círculo papeizinhos com as letras do alfabeto e, no meio da circunferência, um copo de cabeça para baixo. Faziam perguntas, dirigidas a alguém que já tivesse morrido e o copo deslocava-se pela superfície da mesa, escrevendo a resposta.

Nunca tinha visto uma coisa daquelas antes e achei que era tudo tapeação, que a avó de Tatiana empurrava o copo. Decidi, então, fazer uma pergunta ao meu avô Ermínio, que havia falecido poucos meses antes,

para ver no que ia dar. Naturalmente perguntei em italiano, língua que ninguém, entre os presentes, falava. E veio a resposta, também em italiano. O vovô dizia:

— Estou muito preocupado. Doença.

Eu logo perguntei:

— De mamãe?

Ela estava numa fase de entra e sai do hospital. Veio logo a resposta:

— Não. De Pino. Muito preocupado. Grave.

Eu não conseguia entender a que ele se referia. Meu pai estava passando muito bem na ocasião. Em todo caso, guardei o papel onde tinha tomado nota da resposta, bastante intrigada.

Alguns meses mais tarde, manifestou-se a doença que, em poucos anos, deixaria meu pai aleijado.

Numa outra temporada, Tatiana e eu fomos convidadas para um baile de São João, numa fazenda a quinze quilômetros de distância, onde estavam hospedados alguns rapazes. Entre eles estava Caio Caiuby, um jovem estudante que, no futuro, seria responsável por uma grande mudança na minha vida: seria por suas mãos que eu entraria para o teatro.

Não havia ninguém para nos acompanhar, e o Dr. Thomás não permitiu que fôssemos. Então, depois do jantar, alegando que íamos dar uma volta pelo terreiro de café, pegamos os cavalos e fomos a galope, no escuro, sozinhas, até a fazenda vizinha.

Dançamos, de botas e roupas de montaria e voltamos, novamente a galope, para nos defrontarmos com Thomás, furioso, nos esperando sentado na varanda. Chamou-nos de inconscientes, irresponsáveis, indisciplinadas e ameaçou telefonar para a meu pai e relatar a nossa façanha.

Só então percebemos a gravidade do que tínhamos feito e o perigo a que tínhamos exposto dois cavalos de raça.

Anos mais tarde, Tatiana mudou-se para o Rio de Janeiro, onde se casou. Abandonou completamente a idéia de ser médica e chegou a ocupar cargos de destaque na TV Globo, TV Educativa e Teatro Municipal.

Em 1942, o Brasil declarou guerra ao Eixo e, de repente, nossa situação inverteu-se. Passamos a ser inimigos, não por sermos israelitas, mas sim por sermos italianos.

Não sofremos, porém, nenhuma espécie de perseguição. É claro que existiam restrições: uma delas era a proibição de escrever ou falar italiano e alemão.

Meu primo Tullio Ascarelli, esquecido disso, ia passando distraído pelo Viaduto do Chá, conversando em voz alta com um amigo italiano e gesticulando muito, como era seu hábito. Um guarda o deteve e o levou à Delegacia de Polícia.

Acontece que Tullio era um dos advogados mais brilhantes de sua geração. Professor de Direito Comercial, em Roma, seus livros foram adotados pelas escolas de Direito brasileiras. Por isso, mesmo sendo estrangeiro, foi convidado a ministrar cursos livres na Faculdade do Largo São Francisco. Meia hora depois de sua detenção, o delegado, surpreso, viu chegarem à Delegacia os maiores nomes da Faculdade de Direito para defender o colega e relaxar sua prisão.

Mas a grande dificuldade para os súditos do Eixo era viajar.

Era preciso tirar um salvo-conduto na polícia e apresentá-lo aos fiscais, na estação e no trem. Para a volta, havia necessidade de outro salvo-conduto, fornecido pela polícia do local para onde se tinha ido.

O problema surgiu na minha última ida à fazenda. Tinha usado meu salvo-conduto para ir de São Paulo até a Estação Domingos Villela. Precisava de outro para voltar a São Paulo, mas só havia delegacia de polícia em Ribeirão Preto.

Acontece que eu não tinha salvo-conduto para ir da Estação Domingos Villela até Ribeirão Preto, onde eu receberia o documento necessário para a volta. E se, por acaso, conseguisse chegar a Ribeirão Preto, o salvo-conduto que eu recebesse só me levaria de volta até a fazenda. Não me forneceriam um segundo para embarcar no trem para São Paulo.

Deu para entender? A situação era kafkiana!

O que me salvou foi o doutor Whately ser pessoa respeitadíssima na região e ter se responsabilizado por mim.

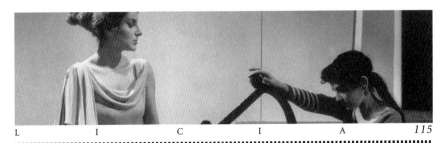

Caso contrário, acho que teria ficado por lá até o fim da guerra.

Foi no Mackenzie que conheci Martha Moacyr Ekstein, hoje Martha de Souza Queirós. Inteligente, bonita, perfeccionista como todas as virginianas, profundamente crítica, mas de uma alegria contagiante, tornou-se minha maior amiga, o que continua sendo até hoje.

Do pai tchecoslovaco, herdou o tipo físico europeu. Éramos tão parecidas que até nos tomavam por irmãs e nós nos aproveitávamos muitas vezes desse equívoco. Uma noite, no Teatro Municipal, estava sendo apresentada uma temporada lírica com cantores italianos. Apresentei minha "irmã" a eles, mas como ela não falava Italiano, eu disse que era muda. Ficaram todos tão compadecidos!

— Coitadinha!! Uma moça tão bonita, muda!

Martha agüentou a noite toda sem falar, apenas emitindo alguns resmungos. Mas, na hora da despedida, esqueceu-se da mudez e falou alto e claro:

— *Arrivederci!*

Crescemos juntas, companheiras inseparáveis de concertos, bailes e cinemas. Meus pais sempre a trataram como filha, o mesmo se dando com Raquel e Max Ekstein em relação a mim.

Os anos que passei no Mackenzie foram muito felizes. Gostava do espírito de independência que reinava ali; cada um era responsável por suas ações. Quem não quisesse freqüentar uma aula, simplesmente não entrava na sala. Não havia necessidade do pai justificar a falta (portanto, não havia "necessidade" de falsificar a assinatura do pai).

Existia grande camaradagem entre os alunos dos vários cursos. Vinham rapazes de todos os cantos do Brasil para estudar no Mackenzie e se hospedavam no Internato Chamberlain, uma espécie de república, onde todos eram iguais. Os estudantes que mal tinham dinheiro para chegar ao fim do mês igualavam-se aos herdeiros das grandes fortunas.

O nome do internato era uma homenagem ao fundador do estabelecimento, o pastor presbiteriano Mr. Chamberlain.

Conservando a tradição religiosa da instituição, todas as manhãs, no primeiro intervalo, era realizado um culto que durava aproximadamen-

te cinco minutos e era assistido por todos, professores e alunos, não importando de que religião fossem. Um dos professores, que era pastor, lia um versículo da Bíblia e o interpretava.

Foi a primeira vez em que aprendi alguma coisa a respeito da Bíblia.

Minha turma foi a primeira a ser atingida pela reforma do ensino que reduziu o curso ginasial de cinco para quatro anos e criou os cursos colegiais, clássico e científico. Optei pelo clássico. Creio que, por um certo preconceito, a classe era quase toda feminina. Só havia dois rapazes.

Lembro-me bem dos professores e da maneira como lecionavam. Por mais que cada um deles tivesse um estilo próprio, o método de ensino era um só: os professores dissertavam (alguns até discursavam) a respeito do tema em pauta e os alunos tomavam nota em seus cadernos. Podiam ser formuladas perguntas pertinentes ao assunto, mas não se realizavam debates, nem seriam aceitas, na prova, opiniões contrárias à do professor.

Claro que se encontravam no corpo docente pessoas mais esclarecidas, que conversavam mais com os alunos. Era um prazer pedir explicações aos professores Conceição Vicente de Carvalho ou Odilon Nogueira de Mattos, mas a maioria exigia a reprodução *ipsis litteris* do que tinha ditado.

Avalio a estranheza que isso possa causar aos mais jovens, habituados a apresentar suas "propostas" e a debater, às vezes até em pé de igualdade, com os professores de hoje. Mas é preciso lembrar que os tempos eram outros.

Não havia grandes discussões políticas no ginásio. Estávamos em pleno Estado Novo, época da ditadura, em que todos os partidos tinham sido extintos desde 1937. O interesse dos jovens estava muito mais voltado para o conflito na Europa ou para as suas futuras profissões, para o esporte e o lazer.

Embora o governo de Getúlio Vargas, de inspiração fascista, tivesse tendências germanófilas, o povo brasileiro estava, em sua grande maioria, a favor dos Aliados. Principalmente após o ataque japonês a Pearl Harbour, que comoveu a opinião pública nacional.

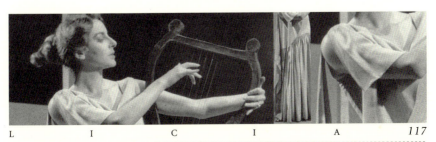

Quando navios brasileiros, que navegavam ao longo da costa, foram torpedeados por submarinos do *Reich*, o povo se revoltou. No Rio de Janeiro, chegou a invadir e pilhar estabelecimentos pertencentes a alemães. Em vários estados organizaram-se manifestações populares contra o Eixo, durante as quais o povo exigia a restauração da democracia e dirigia duras críticas ao ditador Vargas.

A repressão não se fez esperar.

Em São Paulo, uma passeata promovida pelo Centro Acadêmico XI de Agosto, da Faculdade de Direito do Largo São Francisco, foi reprimida violentamente pela polícia. Dois estudantes morreram baleados e mais de vinte ficaram feridos. Um dos que morreram era irmão do meu colega de classe Luiz Antônio da Silva Telles. A comoção foi geral.

A entrada do Brasil na guerra foi saudada com entusiasmo por todos os jovens. A escola inteira torcia pela derrota do nazismo e a vitória da democracia. Já me referi, anteriormente, à coleta de peças de metal, realizada pelos alunos para ajudar no esforço de guerra.

A Cruz Vermelha organizava mutirões de costura, produzindo roupas de lã para serem enviadas às tropas da Força Expedicionária Brasileira na Itália.

Toda semana havia um baile ou um bazar beneficente, promovidos pelos consulados dos países beligerantes, no Harmonia, no Paulistano ou no Club Inglês. Às vezes, até no ginásio do Pacaembu, que comportava um número bem maior de participantes.

Todo mundo ia. Comprávamos as rifas e dançávamos até de madrugada. Como não havia mais bondes, voltávamos para casa a pé, em pequenos grupos, devorando pãezinhos recém-saídos do forno das padarias encontradas no caminho. Ao cruzarmos com uma carrocinha de leite que fazia entrega em domicílio, comprávamos uma garrafa que, democraticamente, passava de boca em boca.

Muitas madrugadas, sentados na grama da Praça das Guianas, aguardávamos o sol nascer. (Sempre que passo por lá, me espanto ao ver como os ficus, plantados naqueles anos, se transformaram em árvores enormes.)

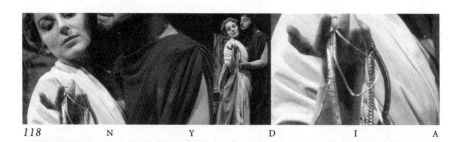

A grande diversão, na época, era ir ao cinema. Assisti a uma quantidade enorme de filmes americanos que, em sua grande maioria, faziam propaganda dos Fuzileiros Navais, da Força Aérea e do Exército dos Estados Unidos.

Os discos que tocávamos reproduziam o som das grandes orquestras de Glenn Miller, Harry James e Tommy Dorsey. Até a moda imitava Hollywood; copiava-se o penteado das atrizes e o jeito dos galãs.

A influência francesa, que imperava no Brasil no começo do século, desaparecera completamente. Agora tudo era americano.

Mas o espírito brincalhão dos mackenzistas era bem brasileiro. Lembro-me de um colega que precisava desesperadamente de média, mas era fraco em latim. Quem lecionava a matéria era o temidíssimo professor Stevanoni.

O rapaz foi mal na prova e Stevanoni o reprovou. Então, ele preparou uma vingança: foi ao jornal mais importante da cidade e mandou publicar um anúncio fúnebre, convidando para o enterro do professor, no dia seguinte.

Desde cedo começaram a chegar coroas de flores e uma pequena multidão já ocupava a calçada quando, de repente, saiu de dentro da casa o professor Stevanoni, declarando lamentar a decepção que estava causando, mas que *estava vivo!*

Não sei se foi exatamente por causa desse acontecimento, mas parece que, a partir da reclamação do professor, os jornais passaram a exigir a apresentação de documento de identidade antes de publicar anúncios fúnebres.

No curso clássico, passei para o período da tarde. Utilizávamos as mesmas salas que eram ocupadas, no período da manhã, pelos rapazes do científico. Por isso, às vezes encontrávamos bilhetinhos nas carteiras, com pedidos de fotografias ou propostas de encontros. Mas não me lembro de ninguém que tivesse se dignado a responder esses bilhetes.

Aos dezesseis anos, nós meninas sonhávamos com estudantes da Engenharia ou Arquitetura, já bem mais velhos e ostentando ares de galãs de cinema.

Em sua maioria, esses amores eram platônicos e se alimentavam apenas de olhares e sorrisos furtivos. Mas, nem por isso, deixavam de ser "grandes paixões", especialmente se não fossem correspondidos.

É impressionante a capacidade de sofrer da minha geração! Naquele tempo não existia ainda o termo "curtir", mas era exatamente o que fazíamos: "curtíamos" o sofrimento. Sofrer por amor era romântico e fazia com que nos sentíssemos adultas e experientes.

De vez em quando eu faltava à primeira aula e ia até o consultório do meu pai, na rua Xavier de Toledo. Ele costumava almoçar no restaurante do Mappin, à praça Ramos de Azevedo, e eu adorava filar um almoço. Os garçons, que já eram meus amigos, traziam-me logo um coquetel de frutas supercaprichado. Meu pai fingia não perceber que eu estava matando aula e não contava a ninguém que eu almoçava com ele.

Essa amizade com os garçons teve sérias conseqüências quando eles foram contratados para servir na festa dos cinqüenta anos de meu pai.

Era a noite de 25 de julho de 1943. A festa já estava animada quando, com grande estardalhaço, as estações de rádio anunciaram a queda de Mussolini. Foi uma loucura! Todo mundo se abraçando, rindo, chorando... e bebendo. Os garçons resolveram, por conta própria, reforçar as dosagens dos coquetéis. Cada "bomba" nova que preparavam, davam-me para experimentar.

Foi o maior pileque da minha vida! A uma certa altura... apaguei.

Quem cuidou de mim foi tia Anita. Mandou que me deitassem na cama e trancou-se comigo, no quarto, até eu despertar, duas horas depois.

A grande paixão dos mackenzistas era a MAC-MED. Nos dias em que havia competição, a escola quase parava. Só se viam circular pelo campus alunos envergando a camiseta branca com o "M" vermelho no peito. O assunto era um só: a partida do dia anterior ou a competição da noite seguinte.

Finalmente, após anos de derrotas, em 1942 o Mackenzie voltou a vencer. Parecia que tínhamos ganho a guerra!

A competição era exclusivamente masculina, mas as moças colaboravam para a vitória, participando da torcida uniformizada, no mais fiel

estilo americano, comandada com entusiasmo por José Celestino Bourroul e por Miss Clary Shurig, professora de Inglês e madrinha honorária da MAC-MED:

—"M-A-C-K-E-N-Z-I-E! MACKENZIE! MACKENZIE! MACKENZIE!

Meu entusiasmo não era motivado apenas pelo fato de eu gostar de esporte. Havia um certo atleta, muito querido na escola, por quem estava começando a me interessar.

Foi na MAC-MED que iniciamos o que parecia ser um namorico passageiro, mas que se transformou em namoro firme, que durou quatro anos.

Namorávamos escondido, porque a família não admitia namoros ("O que é que a colônia iria dizer?"). As outras moças italianas só namoravam para casar. E todas elas casaram cedo.

Nós nos encontrávamos depois da última aula, ou quando eu cabulava alguma, e ficávamos andando para cima e para baixo por um ruazinha arborizada perto do Mackenzie. Aos sábados, marcávamos encontro no cinema (já na sala de espera, para ninguém me reconhecer!). Vi todos os filmes que passaram naqueles anos!

Alegre e brincalhão, Gibson era uma excelente companhia e um grande amigo. Sua família morava em Santos, por isso tornou-se um dos hóspedes do Chamberlain. Não passava uma semana sem que ele e sua turma inventassem alguma brincadeira, principalmente com os calouros. Porém, como era considerado um dos grandes esportistas da escola, ninguém ficava com raiva dele.

Mas não era só na MAC-MED que o esporte era levado a sério. Tínhamos times colegiais de vôlei e basquete, tanto masculinos como femininos.

Fui capitã de um time colegial de basquete, meio improvisado, que iria participar de uma competição intercolegial em São Carlos.

Viajamos para lá, num grande grupo de rapazes e moças. A nossa "cestinha" era Hilda Hilst, hoje renomada poetisa – ou "poeta", como ela faz questão de se definir.

Naquele época, nem se cogitava que moças sozinhas se hospedassem num hotel. O grupo foi distribuído por diversas casas de família. Coube-

me a sorte de ser hóspede do maior padeiro da cidade. Até hoje lembro-me dos deliciosos "olhos de sogra" que a esposa dele preparava e, generosamente, oferecia a todos nós.

A ida a São Carlos valeu pelo passeio, pois um surto de tifo fez com que os jogos fossem suspensos – o que nos poupou de uma derrota certa.

No mês de outubro, comemorávamos o aniversário da escola. Havia exibições de ginástica, para as quais nos preparávamos semanas seguidas. Cheguei a ser "guia" num Dia do Mackenzie.

Eu era excelente aluna de ginástica e o professor Naim me colocava sempre na frente, para que as outras meninas se guiassem por mim.

No dia da festa, lá estava eu na frente de todas, executando os exercícios. Sentia-me maravilhosa! Só que, de repente, notei uns rapazinhos do ginásio fazendo grandes gestos para chamar a minha atenção. "O que é que eles podiam querer?"

Olhei de soslaio para a primeira fileira atrás de mim e fiquei pasma. As meninas estavam executando um exercício diferente. Olhei mais para trás e vi que todas estavam iguais. Meu Deus!... Que loucura!... Será que *todas* estavam erradas? Ou... ou... era *eu* quem estava?

Que vexame!

Em 1970, por ocasião das comemorações do centenário da fundação, resolvi matar saudades do meu tempo de estudante. Parecia que nunca tinha saído da escola. O ritual ainda era o mesmo: os ex-alunos desfilavam primeiro, depois vinham os jogadores dos vários times, em seguida as acrobacias masculinas e, no fim, a ginástica feminina.

O professor Naim que me perdoe, mas acho que até a música era a mesma!

Nesse meu passeio pelas recordações estudantis, relembro, com especial carinho, um dos maiores acontecimentos de 1943, até hoje citado por todos que dele participaram: o *Show Mackenzie*.

Sob a direção musical de Aldo Augusto de Souza Lima (sobrinho do maestro), mais de cinquenta alunos e alunas ensaiavam diariamente na quadra coberta as músicas que seriam apresentadas, no mês de Outubro,

na Sala Vermelha do Cine Odeon. O cinema ficava na rua da Consolação, pouco abaixo da atual praça Roosevelt e possuía duas salas: a Vermelha e a Azul.

Além da parte musical, havia números de variedades, engraçadíssimos – pelo menos nós achávamos. Dentre eles, destacou-se a narração paralela de uma corrida de cavalos e de um desfile de moda. Luciano Falzoni e Antônio José Capote Valente (Bilu) eram os dois locutores, cujas falas se misturavam. Lembro-me apenas de um trecho:

> Falzoni (falando rápido como locutor de corridas): ... e o jóquei aproxima-se para colocar uma manta nas ancas suadas...
>
> Bilu (interrompendo, com voz doce e arrastada): ... de Madame Rosinha que, com seu andar ondulante atravessa o salão de baile...

É claro que Martha e eu não podíamos deixar de participar de um evento tão importante. Nessa época, eu já estudava canto e fui escolhida para solar *Ave Maria no Morro*, que finalizava o espetáculo num apoteótico arranjo que incluía coro, atabaques, violões, piano, metais... e o que mais houvesse.

Dentre os que participaram deste e de outros *shows*, encontramos os nomes de Max Feffer, Plínio Croce, Francisco Della Manna, Domingos Giobbi e tantos outros que – quem diria? – mais tarde se tornariam respeitáveis e sisudos "doutores".

Os primeiros anos, num país diferente, foram bastante duros para meus pais.

Minha mãe estava doente, passava de um hospital para outro. Foram longas temporadas no Instituto Paulista, no Matarazzo, no Osvaldo Cruz, no Santa Catarina. Todas as tardes, ao sair do colégio, eu ia diretamente à casa de saúde, ficar com ela até que meu pai chegasse do consultório.

Durante esses períodos, a *nonna* Luísa mudava-se da pensão onde morava para nossa casa, a fim de tomar conta da família. Coitada da vovó! Todas as suas tentativas de me educar deram em nada. Não conse-

guiu nem que eu acabasse com a desordem do meu quarto. Quando ficou patenteado meu total desinteresse pelos trabalhos domésticos, meu relacionamento com ela se deteriorou completamente.

Já me referi ao fato de que, após a morte do marido, ela nunca mais ouviu rádio. O problema, porém, era que não admitia que os outros ouvissem. Na época, eu não perdia um programa do cantor Jorge Fernandes, transmitido diretamente do auditório da Rádio Cultura. Para conseguir que ela me autorizasse a ouvi-lo, inventei tratar-se de um programa de folclore, que a professora de geografia mandara que escutássemos, para enriquecer nossos conhecimentos.

Só utilizando esse subterfúgio e com o compromisso de tocar bem baixinho, é que conseguia tirar as letras das canções de que mais gostava: *É a rolinha sinhô...* ou *Oi o coco peneruê, oi o coco peneruá*.

Todas as vezes que eu fazia alguma coisa que vovó considerasse errada, passava-me pitos que chegavam a durar até quarenta e cinco minutos, sentada à máquina de costura, trabalhando, sem nunca olhar para mim. Após os primeiros dez minutos, sorrateiramente pegava minha revista preferida – que na época era o *X-9*, um policial – e ficava lendo, sem prestar a menor atenção no que ela dizia.

Meu pai era muito grato à sogra por sua dedicação (a casa nunca esteve tão organizada), mas, uma vez que – sempre que podia – levava-me a um teatro ou a tomar *Eisskaffe* na Confeitaria Vienense, eu imediatamente julguei que ele também achasse o ambiente meio fúnebre. Totalmente errado! Ele se dava muito bem com a sogra, que sempre o tratou com grande carinho.

Nesse período, a guerra tinha colhido de surpresa a Companhia Louis Jouvet, que estava realizando uma *tournée* na América do Sul. Isso permitiu que assistisse a todos os espetáculos, embora, na opinião de várias senhoras presentes no Municipal, eu ainda não tivesse idade para assistir a seu repertório, como por exemplo, *La guerre de Troie n'aura pas lieux* e *Ondine*.

Graças a papai e ao seu amor pela prosa, não perdi uma temporada de teatro. Vi Dulcina e Odilon, no Teatro Santana, apresentando espetá-

culos de alto nível, como *César e Cleópatra*, *Anfitrião* e *A Filha de Yorio*; Procópio e Alda Garrido, no BoaVista; Clara Weiss, no Cassino Antártica e mais Jaime Costa, Eva Todor e as operetas de Franca Boni.

Os grandes maestros europeus que, ao estourar a guerra, encontravam-se na América do Norte, também se apresentaram no Brasil.

Assisti, com profundo respeito, a Arturo Toscanini reger a orquestra sinfônica, com sua proverbial elegância e economia de gestos. Dessa vez não me incomodei em ficar encarapitada na galeria do teatro; a sorte de poder admirar a exibição do grande mito da minha infância foi prêmio suficiente.

No mês seguinte foi a vez de Leopold Stokowsky, maestro polêmico, que se tornou famoso pela original disposição dos naipes da orquestra.

Seguiram-se muitos outros artistas: músicos, cantores, bailarinos, e era uma alegria poder sair de casa à noite para aplaudi-los.

A doença de minha mãe não era apenas física; ela estava em depressão. Logo que chegamos a São Paulo, procurou trabalho em alguns jornais, mas teve o desprazer de ouvir de um redator-chefe a seguinte frase:

— Para escrever sobre música não precisamos de ninguém formado em conservatórios na Europa. Qualquer jornalista faz isso.

À primeira decepção somou-se um acontecimento constrangedor: em fins de agosto de 1939 – três meses após nossa chegada ao Brasil – a Sociedade de Cultura Artística ia apresentar a ópera *Turandot*, de Puccini, no Teatro Municipal. Dona Esther Mesquita, sua diretora, convidou minha mãe para fazer uma pequena palestra antes do pano se abrir. Mamãe, entusiasmada, escreveu umas poucas laudas que o nosso professor de Português traduziu e ensaiou com ela.

Na noite de 27 de agosto, a família toda foi ao teatro: meus tios, meu pai, Lívio e eu. Acostumados a estréias na Europa, fomos todos em traje a rigor. Quando entramos na frisa, a platéia toda olhou para nós, espantada, cochichando e rindo.

Nós olhamos para eles, igualmente espantados: estavam todos em traje de passeio.

Finalmente, as luzes se apagaram. Tão logo acenderam os refletores, minha mãe entrou no proscênio, sozinha, sem que ninguém a anunciasse, e começou a falar.

Ao mesmo tempo, pelo poço da orquestra, ia entrando o maestro Gennaro Papi. Estacou de súbito, espantado ao ver aquela senhora de vestido longo, a falar para o público, com sotaque marcadamente italiano. Voltou para trás, irritado, querendo saber o que estava acontecendo e por que não tinha sido prevenido.

O programa distribuído ao público não fazia nenhuma referência à palestra; por isso os espectadores das galerias, após alguns minutos, ficaram impacientes e começaram a bater com os pés no chão, exigindo o início do espetáculo.

Foi um horror!

Eu queria que se abrisse um buraco debaixo dos meus pés e que eu pudesse esconder, lá no fundo, os meus catorze anos magoados e humilhados.

Mas o que provocou essa confusão?

Formulado o convite, a Sociedade de Cultura Artística veiculou a notícia através das colunas especializadas dos jornais, mas quem as lê é apenas uma parcela muito pequena de leitores. Daí a surpresa do público.

Dona Esther, que nunca faltava às apresentações, por um motivo – segundo disseram – gravíssimo, teve que sair do teatro às pressas e ninguém tomou a iniciativa de apresentar a oradora.

Ao escrever sobre esse assunto, quase cinqüenta anos mais tarde, inutilmente tentei descobrir o que acontecera de tão grave naquela noite. Recorri à ajuda preciosa de um dos diretores de *O Estado de S. Paulo* e amigo de longa data, o doutor Homem de Montes, mas nem suas pesquisas chegaram a bom termo. A única suspeita que pairou no ar foi a possibilidade de algo ligado à declaração da guerra, que teve início três dias mais tarde.

Talvez, se tudo isso tivesse ocorrido um ano antes, quando minha mãe ainda morava na Itália e era uma jornalista atuante e respeitada, ela não ficasse tão abalada; mas, no abatimento moral em que se encontrava, o acontecimento assumiu proporções exageradas. Acometeu-a um

soluço nervoso que durou uma semana sem parar, dia e noite, deixando-a extenuada e sem vontade de reagir.

Nos anos que se seguiram, foi operada várias vezes e submeteu-se a inúmeros tratamentos. Acostumou-se a encarar o hospital como uma fuga, uma defesa contra o mundo exterior.

Para mim, ir ao hospital todos os dias estava se tornando um pesadelo. Talvez por causa disso, uma vez em que ela me pediu um copo de água mineral, eu, completamente distraída, dei-lhe um copo de água oxigenada. Coitada! Pulou da cama, meio sufocada pelas bolhas que lhe saíam pela boca e pelo nariz e arrancando os tubos de soro presos ao braço.

Anos mais tarde, foi operada da vesícula justamente no mês em que Lívio se formava no Científico. Por nada nesse mundo ela deixaria de dançar a valsa de formatura com seu primogênito. Na noite do baile, levantou-se da cama, enrolou uma fita de cetim preto ao redor da sonda que saía do corte, ainda não totalmente cicatrizado, e colocou a garrafinha que estava presa ao tubo, dentro da bolsa de veludo preto.

Diante do olhar espantado das enfermeiras, saiu do Hospital Santa Catarina às onze horas da noite, em traje a rigor, e foi para o Clube Harmonia. À meia-noite dançou a valsa com Lívio e, em seguida, voltou para o hospital.

Mas quem, a vida toda, fora uma mulher de caráter forte, não poderia permanecer por muito tempo nesse estado de ânimo depressivo. Começou a reagir e a buscar novos interesses.

No jardim da casa da rua Chile, para onde tínhamos nos mudado após a morte do vovô Ermínio, passou a cuidar de sua mais recente paixão: uma coleção de orquídeas. Dedicou-se ao cruzamento de espécies diferentes, criando exemplares híbridos de rara beleza.

Tornou-se sócia do Clube dos Orquidófilos e passou a freqüentar suas reuniões que, para minha infelicidade, realizavam-se à noite na rua São Bento, onde não entravam carros. O táxi, lotado de plantas, estacionava na praça do Patriarca e quem tinha de carregá-las até o primeiro andar do prédio onde estava a sede do clube éramos Martha, eu e (quando conseguíamos agarrá-lo) Lívio.

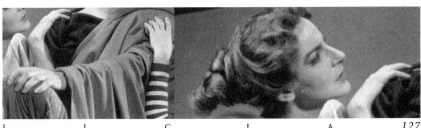

Entregávamos as orquídeas, saíamos correndo até o Teatro Municipal para não perder o início de um concerto, e voltávamos a tempo de levar de volta minha mãe, triunfante, exibindo medalhas e diplomas ganhos com suas criações.

Martha e eu não perdíamos um concerto, uma conferência, uma exposição. Nada. Mesmo durante a guerra, com o blecaute em vigor, não havia perigo algum em voltar para casa de ônibus, às onze horas da noite. Em cada esquina havia dois guardas fardados da Defesa Civil, masculina e feminina, que garantiam nossa segurança. Além disso, quase não havia carros particulares circulando. Nem todo mundo arriscou-se a adaptar os motores de gasogênio em seus automóveis, para suprir a falta da gasolina que estava racionada. A maioria dos veículos dormia nas garagens, à espera de dias melhores.

Um dia, Gibson – o meu namorado do Mackenzie – deu de presente à minha mãe um sagüi que recebeu o nome de Munky. O bichinho era divertidíssimo e não largava mamãe, que se acostumou a levá-lo junto quando ia à cidade, encarapitado em seu ombro esquerdo.

Como ela tinha o hábito de assistir aos ensaios da Orquestra Sinfônica, no Teatro Municipal, Munky também ia. O maestro Edoardo de Guarnieri se divertia com a presença do bichinho que, sentado na mureta do poço da orquestra, bem perto dele, acompanhava o ensaio com a maior atenção.

Cada vez que os músicos tocavam uma determinada nota aguda, ele emitia um trinado. E não errava uma!

Guarnieri, entusiasmado, afirmava que o sagüi era mais afinado que os músicos da orquestra.

Aos poucos, o ambiente de nossa casa na rua Chile começou a assemelhar-se ao da Via Scorcola, em Trieste.

Havia concertos mensais, cuja renda revertia inteiramente para os artistas que se apresentavam. Era uma forma que meus pais encontraram de ajudar alguns músicos necessitados e prestigiar outros, já de renome, mas com poucas oportunidades de se exibir.

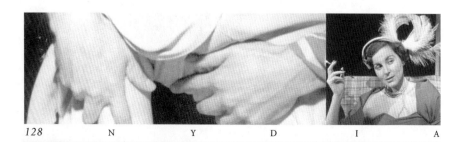

O primeiro pianista a nos brindar com uma série de recitais foi Heny Jolles. Era uma pessoa boníssima e muito talentoso, mas de uma incrível timidez. Antes de iniciar a apresentação (era um especialista em Schumann), ficava sentado nos degraus da escada, suando frio e torcendo nervosamente as mãos. A ala jovem – isto é: Martha, eu, Lívio e nossos amigos Ugo e Enrico Camerini – ficava contando piadas para animá-lo, com o único resultado de deixá-lo cada vez mais nervoso. E nós, cada vez mais divertidos.

Quem se apresentou, também, foi Herta Kahn, excelente violinista, e Ghita Lehnart, uma cantora húngara que me dava aulas de canto. Na juventude tinha sido grande intérprete de músicas de câmara, e ainda o era, embora com pouco volume de voz. Supria essa deficiência com brejeirice, principalmente na interpretação de canções de De Falla e Albeniz, mas nós cinco, com a insensibilidade típica dos jovens, rolávamos de rir. Foi preciso uma boa carraspana de papai para nos portarmos um pouquinho melhor.

Embora não demonstrasse, meu pai estava absolutamente convencido de que todo aquele público, que lotava as duas salas de nossa casa, vinha menos pela música e muito mais pelo *apfelstrudel* de mamãe.

Dona Alice nunca foi econômica e cada concerto era um rombo no orçamento; oferecia chá, café, sanduíches incrementadíssimos e uma infinidade de doces. O ponto alto era o *apfelstrudel* quentinho, disputado quase que a tapa pelos convidados.

As duas avós, Martha e eu passávamos a tarde toda fazendo sanduíches. As duas velhas não paravam de reclamar:

— Onde já se viu, gastar tanto! Anita faria muito mais barato. – dizia a *nonna* Luísa.

— Bastaria oferecer um chá mais simples, com alguns docinhos. – retrucava a *Tota Eppa*.

— Alice sempre foi assim, desde menina... – e lá iam as duas, passando manteiga no pão e resmungando.

Na realidade as duas avós não estavam exagerando. A Tia Anita – que tinha se formado em Letras na Universidade de Florença – estava minis-

trando, em sua residência, um curso sobre Literatura. O tema era: *O Diabo na Literatura e na Arte*. Um longo artigo seu, com o mesmo título, foi publicado em 1942, na *Revista do Arquivo Municipal*.

Após a palestra, era oferecido um chá às senhoras presentes. Muitas tardes eu ia ajudar a servi-lo. Era muito simples, mas tão gostoso e apresentado com tamanha finura, que o resultado era o mesmo daquele oferecido em nossa casa.

Enquanto isso, minha mãe, certa do apoio incondicional do marido, continuava inabalável, a organizar concertos e inventar sanduíches cada vez mais incrementados.

O grande problema para nós era quando os saraus coincidiam com os bailes do Mackenzie. Só faltava implorarmos ao concertista que tocasse mais depressa, a fim de podermos alcançar ao menos o final do baile. Nessas ocasiões, recorríamos ao Ugo para nos acompanhar, pois Lívio, que estudava no pré-médico do Colégio Panamericano, detestava ir ao Mackenzie e arranjava qualquer desculpa para não nos levar.

Uma vez meu pai resolveu aparecer por lá, para ver o que havia de tão maravilhoso nessas festinhas estudantis, a ponto de nós nos desesperarmos tanto. Ficou tão chocado com o *swing* rasgado que se dançava na época e com o fato de dançarmos na quadra de esportes que quase me proibiu de freqüentar os bailes.

Em 1944, fui passar as férias de julho no Rio de Janeiro, a convite de Rachel Moacyr, mãe de Martha.

Rachel era uma mulher fora do comum: inteligente, culta, engraçada, sabia tratar os jovens de igual para igual. Isso permitiu que, apesar da diferença de idade, nos tornássemos grandes amigas. Na década de 1950, chegamos a trabalhar juntas no Teatro Brasileiro de Comédia, onde ela se sobressaiu, como, aliás, em tudo que fazia. Durante a guerra, estava morando no Rio e trabalhava com o Ministro da Aeronáutica, o Brigadeiro Trompowsky, que a tratava com a maior consideração. Prova disso foi ele ter-nos oferecido a viagem de volta para São Paulo em um aviãozinho da FAB.

Martha e eu fomos sozinhas para o Rio no trem noturno da Central do Brasil, sentindo-nos muito adultas e independentes. A viagem foi um tanto atribulada. No meio da noite, paramos perto de Taubaté por mais de duas horas, porque uma composição havia descarrilado. Em Rezende, outra parada brusca. Tão brusca que as malas despencaram da rede e caíram – naturalmente – na minha cabeça.

Finalmente, chegamos ao Rio de Janeiro, com três horas de atraso e completamente enjoadas.

Rachel foi nos buscar na Estação Dom Pedro II e levou-nos até o apartamento, onde nos aguardava uma feijoada completa. Fiquei apavorada: jamais conseguiria comer aquilo, mas, quando dei por mim, estava no segundo prato e totalmente curada. Havia também uma surpresa: um convite para o baile do Copacabana Palace, no dia 4 de julho, em comemoração ao *Independence Day*, a data máxima dos Estados Unidos. Para os festejos, tinham chegado dois navios repletos de jovens oficiais. É claro que fomos ao Copa na maior animação.

Tão logo demos uma volta de reconhecimento pelo salão, deparamo-nos com dois tenentes alinhadíssimos e, principalmente, altos. É preciso não esquecer que nós duas éramos mais altas que a maioria das garotas, o que, muitas vezes, tornava difícil encontrar parceiros "à nossa altura".

Dançamos com eles a noite toda. Perguntaram se, no dia seguinte, poderíamos mostrar-lhes os pontos turísticos da cidade. Combinamos sair logo depois do almoço. Às duas em ponto os dois, muito educados, foram nos buscar no Leme, para darmos um passeio. Ficaram curiosos por saber que árvores eram aquelas que enfeitavam a praça em frente ao Lido. Com a maior seriedade, respondi que eram árvores de guaraná e que os plantadores faziam cortes transversais no tronco e colocavam canecas em baixo para recolher o líquido que jorrava da árvore. Acharam minha história interessantíssima! Em seguida, após consultar um livrinho trazido dos Estados Unidos, pediram para subir ao Pão-de-Açúcar. Embarcamos num bondinho minúsculo e oscilante, bem diferente dos amplos e modernos que estão em uso hoje em dia, e subimos até o topo. Ficaram fascinados com a vista que se descortina do alto.

Na descida, desabou uma tempestade tão violenta que ficamos presos na estação intermediária por mais de meia hora. Não poderia ter sido mais emocionante!

Visitamos algumas lojas da rua do Ouvidor para que os dois pudessem comprar os costumeiros *souvenirs* de asas de borboleta e, em seguida, nos acompanharam até em casa. Despediram-se na porta, muito gentilmente, com um aperto de mão. E dizer que em todos os filmes americanos o mocinho beija sempre a mocinha ao se despedir, no clássico *good-bye kiss*!

Ficamos conjeturando se isso não faria parte do regulamento contido no livrinho que eles consultavam a toda hora. Vi que lá estava escrito: "Não beber água das torneiras". Será que não estaria escrito também: "Não beijar nativas de países tropicais?"

Como o navio levantou âncoras naquela mesma noite, nunca saberemos a resposta.

Na década de quarenta, o Hotel Quitandinha estava no auge do sucesso e nós estávamos loucas para conhecê-lo. Aproveitando que a irmã de Rachel, Paula Oest, morava em Petrópolis, Martha e eu tomamos o ônibus e fomos passar o fim-de-semana na casa dela.

O marido, capitão Oest, estava com a FEB na Itália. Combateu contra os alemães e, à frente de seus homens, tomou uma cidadezinha no sul da Itália. Foi promovido a major, mas, quando Eisenhower veio ao Brasil condecorar os oficiais brasileiros que se distinguiram em combate, eliminou o nome do major, declarando que não condecorava comunistas. Vinte anos mais tarde, Oest, eleito deputado pelo partido, foi exilado e passou longos anos no Uruguai.

Em Petrópolis fazia um frio terrível e meu *tailleur* era de seda. Tinha uma blusa também de seda, transparente e cheia de babados. Paula solucionou rapidamente o problema: pegou uma camiseta do marido e mandou que a colocasse por debaixo da blusa. Assim, fui ao Quitandinha bem aquecida, mas impossibilitada de tirar o casaco; caso contrário, apareceria escrito no meu peito: "Força Expedicionária Brasileira"!

No Quitandinha, encontramos conhecidos de São Paulo, aos quais mentimos, dizendo estar em companhia de uma velha tia. Convidaram-nos para assistir a um *show* deslumbrante na boate do hotel e, em seguida, educadamente, queriam nos entregar – sãs e salvas – às mãos da velha senhora. Foi um custo livrarmo-nos deles e pegarmos um táxi para voltarmos, sozinhas, à casa de Paula.

Os dias de glória do Quitandinha terminaram quando o Cassino deixou de funcionar. A proibição do jogo acarretou a dispensa de uma quantidade muito grande de pessoas em todo o Brasil. É que o jogo proporcionava empregos, não só ao numeroso pessoal de serviços, mas, principalmente, aos artistas nacionais. Havia chance para todos: cantores, músicos, humoristas, bailarinos, coreógrafos...

Quem sabe algum dia descubram que existem coisas bem mais perigosas e nocivas do que uma roleta!

No Neptúnia.

No Viaduto do Chá.

O Vale do Anhangabaú em 1939.

Corte de árvores.

Minha amiga Martha.

Visitando o Rio de Janeiro.

Desfile do Dante Alighieri.

Desfile do Mackenzie.

PARTE 4

T ERMINADO O COLÉGIO, eu precisava resolver o que fazer da minha vida.

Queria continuar os estudos, mas não sabia ao certo que faculdade cursar: se Filosofia ou Química. Não tinha uma vocação definida, o que eu queria era continuar estudando, mas minha mãe foi categórica: eu devia procurar um emprego para me sustentar. Uma faculdade estava fora de cogitação. Lívio estava cursando a Escola Paulista de Medicina, e a família não podia manter dois filhos estudando. Só o que eu podia era continuar com as aulas de canto.

Comecei, então, a preparar um repertório operístico. Por diversas vezes, me apresentei em casas de famílias amigas e em clubes, cantando trechos de óperas e músicas de câmara, com bastante sucesso.

Os aplausos do público me animavam a continuar, mas sentia a necessidade de um parecer profissional.

Justamente naquele ano, os transatlânticos europeus haviam reiniciado a rota para a América do Sul, interrompida durante a guerra e, recebidas com entusiasmo, reapareceram em São Paulo as Companhias Líricas Italianas.

Dizer que eu freqüentava o Teatro Municipal, durante as temporadas de ópera, é pouco. Eu praticamente não saía do teatro. Não perdia uma récita, e assim acabei ficando amiga de todos os cantores e maestros.

E foi a eles que recorri para uma opinião sincera a respeito de minhas reais possibilidades.

Marcaram uma audição para as onze horas da manhã. Tranqüila e confiante, subi ao palco do Teatro Municipal e cantei as árias da *Bohème* e da *Turandot*.

Na primeira fila da platéia estavam sentados os cantores Beniamino Gigli, Ebe Stignani, Alda Noni, Giulio Neri, Fedora Barbieri e Mario del

141

Monaco, além dos maestros Edoardo de Guarnieri e Oliviero de Fabritiis. Não poderia sonhar com uma platéia mais selecionada!

Ouviram-me cantar, acharam que eu tinha futuro e, após discutirem as várias possibilidades, foram unânimes em aconselhar que fosse para os Estados Unidos, completar os estudos de canto. Fiquei surpresa, pois estava certa de que me indicariam um professor na Itália e já antegozava o prazer de uma viagem ao meu país.

A idéia de ir para os Estados Unidos e ficar sozinha durante anos, estudando, deixou-me bastante assustada. Além do mais, seria uma opção cara e eu não podia pedir isso à minha família.

Nossa situação não era folgada, apesar de meu pai trabalhar muito. Tinha aberto um segundo consultório com o Doutor Giorgiomarrano – que tinha um excelente trânsito no meio da colônia italiana – e, aos poucos, foi se tornando conhecido e respeitado, mesmo assinando como "consultor técnico". Mas as preocupações com as doenças da mulher e com a falta de notícias do irmão, que não conseguira o visto de entrada no Brasil e passara a guerra escondido, com a família, em algum lugar da Itália, fizeram-no descuidar-se da saúde.

A gota é traiçoeira. Quando um ataque termina, o paciente esquece-se completamente dela. E meu pai não fugiu à regra. De repente, um novo ataque, inesperado, derrubou-o. Ficou na cama, imóvel, por meses, com dores fortíssimas.

Por causa disso, esqueceu a data em que deveria ter resgatado as jóias que penhorara num momento de dificuldades financeiras. Quando se lembrou, pediu que eu fosse correndo pagar o que devíamos.

Dirigi-me à Praça da Sé, entrei no prédio austero da Caixa Econômica e, intimidada, apresentei a cautela ao caixa. O funcionário examinou a data e disse, friamente:

— Ora minha filha, você deveria ter vindo antes. Foi tudo a leilão ontem à noite.

Fiquei parada, olhando para o homem, sem conseguir acreditar no que estava ouvindo. Todas as nossas jóias: a *parure* de brilhantes, a pulseira antiga de ouro trançada, os anéis de ouro maciço, bem grossos (que

tinham sido confeccionados em Trieste pouco antes da partida, justamente para uma emergência), o anel com o emblema da família... tudo. Tudo perdido!

Como daria a notícia a meus pais?

Durante meses, sempre que andava pelas ruas, olhava para as mãos das pessoas, sonhando reencontrar ao menos o anel com o emblema da família, para devolvê-lo a meu pai.

Talvez por causa disso, nunca me interessei por jóias. Em toda a minha vida, só adquiri um colar de pérolas. Mas vestido preto e pérolas eram quase um uniforme na São Paulo da década de 1950.

Percebi então que não adiantava sonhar com viagens de estudo no estrangeiro. Precisava trabalhar para ajudar em casa. Lívio estava no primeiro ano de Medicina e era muito importante que se formasse para ajudar nosso pai no consultório.

Contei a todo mundo que estava procurando trabalho e alguém me indicou um jovem italiano, recém-chegado, que precisava de quem traduzisse para o português os artigos que estava escrevendo. Tinha sido *partigiano* na Itália, havia combatido durante meses nas montanhas e ainda estava bastante traumatizado.

Lembro-me de que ditava, na maior velocidade, artigos altamente complexos, cheios de termos técnicos que eu desconhecia e que dificultavam o trabalho de tradução.

Subitamente interrompia o ditado e começava a descrever, com riqueza de detalhes, as atrocidades da guerra e a fome que tinha sofrido.

Talvez para exorcizar essas lembranças, apanhava um cacho de bananas e, em poucos minutos, devorava uma dúzia delas.

Mas o que eu precisava era de um trabalho fixo.

Tio Dino apresentou-me ao cônsul-geral da Itália, recém-chegado ao Brasil para reabrir o consulado, que permanecera fechado durante os anos de guerra. O cônsul contratou-me imediatamente. Acho que foi por considerar importante mostrar aos brasileiros – e também aos italianos de São Paulo – que a política tinha mudado. Para demonstrar isso,

nada melhor que a secretária particular do cônsul pertencer justamente àqueles que o fascismo tinha perseguido.

Trabalhei no consulado durante um ano. Os funcionários de carreira, que tinham vindo de Roma, eram pessoas muito gentis. Ainda se ressentiam das privações sofridas na Europa nos últimos anos e estranhavam que no Brasil, durante o conflito, tivesse nos faltado tão pouca coisa. No entanto tinham sido constantes as filas para comprar açúcar, óleo, farinha, pão e outros produtos. Mesmo após o fim da guerra houve alguma escassez. Eu me aproveitava da gentileza de um dos contínuos mais antigos do consulado, o Domênico, que ficava na fila da padaria mais próxima e sempre conseguia arranjar-me um filão fresquinho, que eu levava para casa.

Diariamente, eu atendia dezenas de italianos, residentes na capital e também no interior. Vinham à procura de parentes desaparecidos na Itália, durante a luta. Outros queriam renovar os passaportes, cujo prazo já havia expirado há anos.

O ambiente de trabalho era harmonioso. O cônsul-geral gostava de mim e me tratava com gentileza.

Foi então que a colônia resolveu promover uma festa para comemorar a proclamação da República italiana. A iniciativa partiu do Centro Democrático Garibaldi que, pelo que me lembro, abrigava grande número de socialistas, entre os quais meu tio Dino Seppilli.

Fui convidada a cantar algumas canções triestinas.

É preciso lembrar que Trieste, bem no fim da guerra, foi ocupada por tropas iugoslavas que, durante quarenta dias, espalharam o terror na cidade, enforcando homens e mulheres nos postes da rua e fuzilando centenas de "suspeitos", cujos corpos eram atirados nas *foibe* do Carso. *Foibe* são depressões afuniladas, alcançando dezenas de metros de profundidade, de onde os corpos dificilmente seriam resgatados.

Com a chegada das tropas anglo-americanas, a situação modificou-se, e Trieste foi declarada "Cidade Livre". É claro que a Itália queria reaver a cidade pela qual tinha lutado tanto durante a Primeira Grande Guerra.

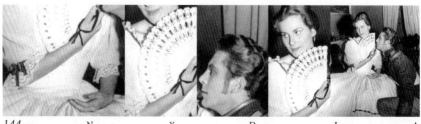

Por esse motivo, o cônsul queria que eu cantasse, no dia da festa, *Le campane di San Giusto* (Os Sinos de São Giusto), canção italiana do início do século, que focalizava as moças triestinas rezando para que a Itália chegasse para libertá-las do jugo estrangeiro. A letra, inspirada na dominação austríaca, adequava-se perfeitamente à situação atual.

Eu conhecia a música, pois cantei-a várias vezes quando criança, mas não possuía a partitura. O maestro Carlo Prina, que iria acompanhar-me ao piano, não a conhecia. Nem a casa Manon, nem a Ricordi a tinham publicado. Não consegui achá-la em lugar algum. Limitei-me então a cantar as duas cançonetas triestinas que já tinha preparado e que também encerravam uma mensagem pró-Itália, só que em dialeto vêneto. E o cônsul era romano.

Por não compreender direito as letras da música, ficou convencido de que eu não cantei *Le campane di San Giusto* porque não quis. E que não quis porque era socialista! E que, por ser socialista, não queria atacar a Iugoslávia!

Dá para acreditar?

O cônsul, que gostava tanto de mim e me tratava tão bem, passou a me olhar com certa desconfiança. A injustiça desse julgamento me feriu fundo; pareceu-me ter retornado aos anos do fascismo em Trieste, quando também fora condenada sem ser ouvida, sem ao menos saber por que estava sendo acusada. Meus sentidos ficaram mais aguçados. Comecei a notar atitudes que, até então, tinham me passado despercebidas: algumas pessoas da colônia, quando queriam falar com o cônsul, não se dirigiam a mim; falavam só com as outras secretárias. Eu não era *persona grata*. Não me consideravam membro da coletividade. Comecei a sentir o ambiente tão hostil que não teria me admirado se a porta se abrisse de repente e um pelotão de "Camisas Negras" entrasse na sala com passo cadenciado.

Para meu alívio, chegou um telegrama de Roma comunicando estarem enviando para o Brasil uma secretária de carreira diplomática. Achei que já era hora de mudar de emprego.

Passei alguns meses trabalhando com tia Anita, que abrira um ateliê de desenhos para tecidos. Essa tia, com quem tinha tido tão pouco con-

tato durante a infância, tornou-se, quando eu já era mocinha, uma amiga carinhosa e compreensiva.

Durante o pouco tempo em que trabalhei com ela, tentei pôr em prática tudo que aprendera nas aulas de pintura na Itália e também ao longo dos meses em que – na companhia da futura pintora Alice Brill – estudei no ateliê de Paolo Rossi Osir, à alameda Barão de Limeira. Localizado no terraço de um prédio de cinco andares, parecia mais o cenário do primeiro ato de *La Bohème*...

O empreendimento da tia Anita não prosseguiu por muito tempo, uma vez que, tão logo chegaram notícias de que o tio Dino havia recuperado a cátedra na Universidade de Módena, ela encerrou as atividades e voltou com Tullio e os sogros para a Itália.

Perdi a companhia de um primo de quem gostava muito, mas, poucos dias mais tarde, meu pai recebeu uma carta de Milão comunicando que outro primo, Paolo Pirani, que nenhum de nós conhecera na Itália, estava vindo para o Brasil.

Engenheiro naval, tenente da Marinha italiana, fora desmobilizado após o fim da guerra e queria começar uma vida nova na América.

Em 1943, quando, após a queda de Mussolini, a Itália assinou o armistício em separado com os Aliados, ele estava servindo a bordo do navio de guerra *Vittorio Veneto*, ancorado no porto de La Spezia. As ordens recebidas eram: "Levantar âncora e seguir em direção à Ilha de Malta, onde toda a esquadra deveria ser entregue aos ingleses".

A viagem foi longa e tortuosa. Era preciso despistar os alemães, interessados em impedir a entrega dos navios. Ao sair de La Spezia, o almirante estava embarcado no *Vittorio Veneto*, onde Paolo se encontrava, mas, no meio da viagem, mudou-se para o *Roma* – navio gêmeo – que passou a exibir a bandeira de comando.

De repente, surgiu uma esquadrilha alemã de *stukas* que, ao ver a bandeira, atacou o *Roma*, acertando uma bomba na chaminé e outra no paiol de munições. O navio explodiu e afundou imediatamente. De mais de duas mil pessoas embarcadas, morreram mil e seiscentas, inclusive o almirante.

Ter permanecido na ponte de comando do *Vittorio Veneto* foi o que salvou a vida de Paolo. De lá ele assistiu a tudo. Como estava carregando uma máquina fotográfica, tirou a única foto existente da tragédia.

Em Malta, os ingleses assumiram a chefia da esquadra e rumaram para o Mar Vermelho. Os italianos tiveram que atravessar o Canal de Suez debaixo de vaias dos egípcios, postados nas margens. Somou-se, a essa humilhação, a de permanecerem seis meses prisioneiros, a bordo, servindo de navio-alvo para treinamento de hidroaviões ingleses.

Terminada a guerra, de volta à Itália, ainda fez algumas viagens para resgatar prisioneiros italianos na Tunísia, Argélia e Egito.

Uma vez cumprida essa tarefa, desligou-se definitivamente da Marinha. Queria sair da Europa e vir para o Brasil, onde tinha parentes, e começar uma vida nova.

Após breve estada em São Paulo, foi contratado pelo Consulado Italiano de Santos, como "encarregado dos negócios marítimos". Resolvido o problema de emprego, casou-se por procuração com a noiva que deixara em Nápoles: Lella, ou, para ser mais exata: Leopoldina Pisani di Massamormile.

Todos os meus preconceitos de italiana do Norte com relação aos compatriotas meridionais ruíram por terra ao me encontrar com minha nova prima. Fiquei encantada com a sua graça e alegria e, principalmente, com a sua independência. Numa época em que, timidamente, apareciam nas piscinas dos clubes alguns maiôs de duas peças, bem discretos, ela vestia um minúsculo biquini – última moda na Itália – e ia sozinha à praia. Escorraçava sem medo os galanteadores que tentavam uma aproximação e se tornou, em pouco tempo, uma figura popular e querida entre os freqüentadores do litoral.

Surgiu entre nós três uma amizade sólida que se manteve intacta ao longo dos anos.

Quando, em 1979, Sylvia se casou com seu colega, o médico Francisco Dubeux Leão, Paolo e Lella foram seus padrinhos.

O meu problema de emprego continuava de pé.

Um dia, conversando com dois amigos, Germano Mariutti e Rosa Frisoni, surgiu a idéia de abrirmos um escritório de decorações.

Tínhamos planos mirabolantes mas, na prática, nossas realizações limitaram-se à troca de idéias em jantares e na pista de dança do Hotel Excelsior, muito em moda na época. Anos mais tarde, Germano levaria adiante o projeto, transformando-se num decorador requisitado aqui e na Itália.

Foi então que Enrico Camerini apresentou-me àquele que, em cinqüenta anos de incansável trabalho, transformou-se numa lenda viva: Pietro Maria Bardi.

Estava aqui para abrir um museu e necessitava de futuros colaboradores. Assis Chateaubriand tinha-lhe dado carta branca e, num canto do edifício dos *Diários Associados*, ainda em construção na rua Sete de Abril nº 230 (projeto do arquiteto francês Jacques Pilon), ele iniciava um curso de arte. Ilustrava as aulas – por ele definidas como "conversações" – com desenhos e fotografias afixadas nas paredes ainda em fase de concretagem. Tudo muito simples, num clima descontraído que eu achei fascinante. Aprendi mais naqueles poucos meses do que teria aprendido em anos de estudo, tal a clareza de suas explicações.

Do grupo inicialmente bastante numeroso, Bardi selecionou cinco assistentes: Renato Cirell Czerna, Flávio Motta, Enrico Camerini, Gabriela Borchard e eu.

Trabalhando lado a lado com a maior dedicação, montamos a primeira exposição didática, que inauguraria o Museu de Arte em 2 de outubro de 1947.

A inauguração do museu constituiu-se num acontecimento social, político e cultural da maior importância, amplamente divulgado pelos *Diários* e ostensivamente ignorado pelos outros jornais.

Chegaram, de todos os cantos do Brasil, convidados do Dr. Assis. Dificilmente alguém se arriscaria a recusar um convite de um homem tão importante... e perigoso. Era um excelente amigo, mas um temível inimigo e não titubeava em usar as colunas de sua cadeia de jornais para destruir qualquer desafeto.

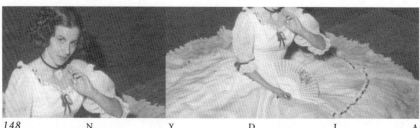

Naturalmente, a ocasião exigia traje a rigor. Lina Bo Bardi, a arquiteta responsável pela moderna concepção dos salões, brilhava pela elegância, ostentando um originalíssimo colar de água marinhas brasileiras, de *design* exclusivo seu.

Lamentavelmente, quarenta anos mais tarde, um ladrão invadiu a belíssima casa dos Bardi, no Morumbi, e roubou o colar. Interessado apenas na venda do ouro, pegou as "pedrinhas" e as jogou fora.

No museu, limpávamos telas, acompanhávamos visitantes, organizávamos um calendário de conferências, escrevíamos artigos para os jornais e dávamos aulas aos estudantes.

Bardi era a mola propulsora. Incansável, onipresente, estimulava-nos exigindo e conseguindo o máximo de cada um.

Lembro-me de uma aula sobre Arte Etrusca que, sem aviso prévio, encarregou-me de ministrar a um grupo de colegiais, enquanto ele ficava sentado a um canto, ouvindo.

Em dezembro, incumbiu-me de preparar uma conferência com tema natalino. Escolhi o título: *Lendas e Músicas do Natal*. Mergulhei numa pesquisa fascinante, percorrendo bibliotecas, a Discoteca Municipal e, naturalmente, recorrendo ao meu banco de dados particular: mamãe.

Na noite da palestra, o auditório estava lotado. Projetei dezenas de *slides* ilustrando o texto, enquanto o colega Roberto Schnorremberg (futuro maestro da Orquestra Sinfônica Municipal), que cuidava do Departamento Musical, colocava na vitrola os discos que eu tinha selecionado.

Essa vitrola era especial. Fora criada e doada ao museu por um engenheiro italiano que trabalhava nas Indústrias Matarazzo. Seu nome era Franco Zampari. A vitrola possuía dois braços mecânicos, com ventosas nas pontas, que praticamente sugavam o disco, levantavam-no e, após virá-lo, o recolocavam no prato.

Menos de um ano mais tarde, Zampari presentearia São Paulo com outra criação sua: o Teatro Brasileiro de Comédia.

O Museu de Arte foi algo inteiramente novo surgido em São Paulo. Não nasceu para ser apenas mais um museu estático, nos moldes dos

poucos já existentes, como o Museu Paulista e a Pinacoteca do Estado. Desde seus primórdios, demonstrou estar aberto a todas as tendências, todos os movimentos. Sua agressividade construtiva assustou os acomodados e saudosistas, que logo pressentiram o perigo. Aquele P. M. Bardi que, na opinião deles, "ninguém sabia de onde tinha vindo", estava prestes a revolucionar as artes paulistas.

A ele juntaram-se as maiores inteligências e os grandes talentos da cidade. Costumavam aparecer por lá, entre outros, Geraldo Ferraz e sua mulher Patrícia Galvão, Flávio de Carvalho, Oswald de Andrade, Di Cavalcanti, Noemia, Hilde Weber, Quirino da Silva, e tantos outros. Vinham também alguns dos jovens pintores do Grupo dos 19, como Aldemir Martins, Marcelo Grassmann, Octávio Araujo, Mário Gruber, Lothar Charoux.

Todos se afirmaram em suas carreiras e hoje são nomes de relevo nas artes plásticas brasileiras.

Bardi fazia questão de que o Museu de Arte se tornasse visita obrigatória para artistas e personalidades de passagem por São Paulo. Tendo sido jornalista durante anos, farejava um assunto interessante com a maior facilidade. Em seguida encarregava um dos assistentes dos contatos preliminares.

Um dia, estava chamando nossa atenção, pois nenhum dos cinco tinha se interessado por uma notícia publicada nos jornais: a presença em São Paulo do embaixador Paschoal Carlos Magno, fundador do Teatro do Estudante do Brasil, que acabara de chegar do Rio de Janeiro, trazendo todo o elenco. Bardi queria que o convidássemos para pronunciar uma palestra no auditório do museu, na noite seguinte. No meio da conversa, a porta foi aberta autoritariamente e adentrou a sala uma figura marcante e inesquecível: o próprio Paschoal!

Ia estrear dali a dois dias, no Teatro Municipal, o *Hamlet* de Shakespeare. O espetáculo chegava a São Paulo precedido por críticas mirabolantes. Tinha lotado durante semanas o Teatro Fênix do Rio de Janeiro, fato inédito na apresentação de um texto clássico. O assunto do dia era o ator principal, um jovem advogado, recém-formado, que abandonara a

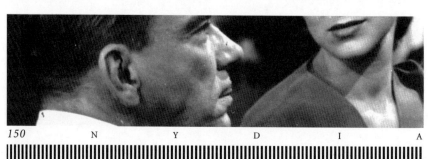

profissão antes mesmo de iniciá-la, para dedicar-se ao teatro. Estreara num dos papéis mais difíceis da dramaturgia universal... e, segundo Décio de Almeida Prado, "saía desse desafio aparentemente tão desigual, desse combate entre Davi e Golias, não vencido, mas consagrado como o único grande ator trágico produzido pelo Brasil desde os dias de João Caetano".

O ator era Sérgio Cardoso.

Paschoal aceitou com entusiasmo o convite para pronunciar uma palestra no auditório do Museu de Arte e, na noite seguinte, dirigiu-se a um público numeroso e interessado, discursando com muito humor e contando com a participação de todo o elenco.

Foi meu primeiro contato com um punhado de jovens ainda desconhecidos, entre os quais Maria Fernanda, Sérgio Britto, Sérgio Viotti e um rapazinho magro, moreno, usando óculos fininhos de aro de prata, uma boina preta e cachecol cinza.

Nada nele chamava a atenção, nada fazia desconfiar, nem de longe, que vinte e quatro horas mais tarde, no palco do Teatro Municipal de São Paulo, esse rapazinho, aparentemente tão tranquilo e comum, se transformaria completamente, tornando-se um feixe de nervos, uma corda esticada e vibrante, uma tocha acesa... Durante três horas transformava-se por completo; quem estava subindo e descendo as escadarias daquele palco, não era Sérgio Cardoso. Era Hamlet, príncipe da Dinamarca, arrastando suas dúvidas, sua loucura e sua lucidez. (Trecho de um artigo que escrevi para o programa de inauguração do Teatro Sérgio Cardoso, em outubro de 1980.)

Curiosamente, foi ele o único de quem não me aproximei naquela ocasião, inibida pela sua celebridade, orgulhosamente assumida, e pela corte de admiradores que sempre o rodeavam. Jamais poderia imaginar que seria com ele que eu me casaria, menos de dois anos mais tarde.

Outro visitante interessantíssimo que apareceu no museu e me tocou muito de perto: foi Silvio D'Amico, diretor da Escola de Arte Dramática de Roma e autor de vários livros de História do Teatro.

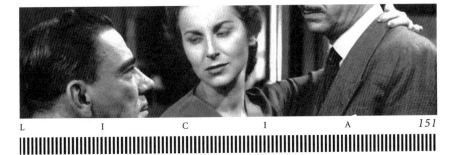

Ouvi-lo falar era um prazer: brilhante, irônico, inteligentíssimo, abordava os mais variados assuntos com a mesma verve. Servi-lhe de cicerone e tradutora para uma entrevista com jornalistas.

Naquela mesma noite, haveria um concerto em casa e eu iria cantar. Convidei-o para participar da reunião e ele aceitou com prazer. Antes, fomos jantar num restaurante e quase "viramos a mesa" ao discutir Verdi, ou, mais precisamente, *Il Trovatore*, que ele afirmava ser a ópera mais bonita do repertório lírico italiano. Eu retrucava, declarando que Puccini tinha escrito música muito mais melodiosa.

Não chegamos a um acordo. Terminado o jantar, fomos para minha casa, e então, para selarmos o tratado de paz, cantei a *Traviata* de Verdi em lugar da *Butterfly* de Puccini.

No final, meio de brincadeira, interpretei uma cançãozinha em moda na época: *La canzone di Biancastella*. Dias mais tarde recebi, do Rio de Janeiro – onde D'Amico foi realizar uma palestra, antes de retornar à Itália – uma cartinha que até hoje guardo em minha coleção de autógrafos. Ele me chamava de *incauta fanciulla che preferisce Biancastella al Trovatore* e prometia enviar notícias de Roma, tão logo chegasse.

Um ano após a inauguração do Museu, a escola de Bardi começou a produzir os primeiros frutos. Recebi um convite para ministrar aulas de História da Moda para as vendedoras e vitrinistas da *Modas A Exposição Clipper*.

Querendo mais esclarecimentos a respeito do que realmente esperavam dessas aulas, fui conversar pessoalmente com o diretor da loja. Após uma longa troca de idéias, o diretor Luciano Vasconcellos de Carvalho transformou a idéia das aulas em uma proposta de contratação como assistente da diretoria e, mais tarde, gerente de produção de vendas.

A proposta era tentadora e, do ponto de vista financeiro, irrecusável.

Quem ficou mais orgulhoso com o convite que recebi foi o próprio professor Bardi, que via começarem a se concretizar seus ideais de descentralização de conhecimentos e de ensinamentos ministrados no museu.

Martha, que ao terminar o clássico no Mackenzie, tinha iniciado um curso de Biblioteconomia, decidiu que queria trabalhar também. Apresentei-a, então, ao Dr. Luciano que a contratou para o Departamento de Compras.

Assim, a "terrível dupla Martha-Nydia" estava reunida novamente.

O fim da década de 1940 foi uma fase gloriosa para a arte e a cultura brasileiras, e foi extremamente gratificante ter vivenciado toda aquela efervescência.

Além do nascimento do Museu de Arte, surgiram outros pólos aglutinadores de artistas e intelectuais: o Museu de Arte Moderna, o Clube dos Artistas e Amigos da Arte, o Teatro Brasileiro de Comédia e a Escola de Arte Dramática.

O Museu de Arte Moderna, patrocinado por Ciccillo Matarazzo e sua esposa Yolanda Penteado, localizava-se também no prédio dos *Diários Associados* à rua Sete de Abril, num espaço cedido por Assis Chateaubriand.

Eu conhecia Ciccillo desde o tempo em que trabalhei no Consulado Italiano; sempre foi amável, gentil, bonachão. Yolanda, eu vi pela primeira vez no Museu de Arte numa noite em que Chatô organizara uma homenagem em memória de D. Olívia Guedes Penteado, uma senhora de família tradicional paulista, que desafiara os preconceituosos de sua época ao apoiar a Semana de Arte Moderna de 1922, e abrira os salões de sua casa aos representantes da "vanguarda nacional".

Muitos dos que haviam freqüentado assiduamente aquelas reuniões estavam presentes no MASP. Entre eles, Menotti Del Picchia, Oswald de Andrade, Lasar Segall, Tarsila do Amaral, Sérgio Milliet, Di Cavalcanti. Vários quiseram abrilhantar a homenagem com narrativas elogiosas aos feitos de D. Olívia. Com isso, a sessão prolongava-se. Fazia um calor enorme. Todos estavam em traje a rigor. As senhoras, com modelos Christian Dior – último grito da moda – de saias amplas, apertadíssimos na cintura, dificultando a respiração.

De repente, uma jovem senhora muito bonita, começou a passar mal. Amparada por Ciccillo Matarazzo e Oswald de Andrade, que com seu corpanzil (e bons modos) ia abrindo caminho, foi retirada do auditório

abafadíssimo. Era Yolanda. Aproximei-me e convidei-a a se deitar um pouco no sofá do escritório, bem mais arejado e vazio. Assentiu com a cabeça: nem podia falar. Acomodei-a o melhor que pude e, pedindo que a deixassem comigo, ajudei-a a desabotoar o corpete. A quanto a moda obriga! Para conseguir aquela cinturinha, era preciso usar uma faixa com barbatanas apertadíssima, uma tortura.

Sentiu-se logo melhor; aceitou um cafezinho quente e sorriu, muito bonita. Chateaubriand entreabriu a porta e perguntou, com aquele sotaque bem carregado: "Mademuasele (*sic*), como está Yolanda?" Eu acho que ele chamava todas as jovens de Mademoiselle. Apesar de ter falado comigo várias vezes, acho que nunca se lembrou do meu nome.

Tempos depois, Chatô conseguiu, como era seu hábito, convencer alguém a doar ao MASP um quadro importante. Desta vez, era *La Bagneuse*, de Jean Renoir. Pediu a Yolanda e Ciccillo que oferecessem a festa em sua casa, na rua Estados Unidos, para apresentação oficial da obra. Yolanda, muito amiga dele, aceitou a incumbência com prazer e transformou a casa de tal modo que parecia uma vila do século XIX, em Paris. Teve até o Dr. Paulo Assumpção fantasiado de Renoir, discursando em francês.

Ao tratar dos preparativos com o Prof. Bardi, ela pediu que ele levasse também "a mocinha tão gentil e tão elegante" que a tinha socorrido naquela noite no MASP. A moça "tão elegante" era eu. Pudera: o vestido que usei tinha sido criado pela Baronesa De Fiore, com uma fazenda antiqüíssima que ela arrancara da parede de uma sala da casa de sua família na Sicilia. Fundo cinza, bordado em prata. Um deslumbramento!

Voltando ao Museu de Arte Moderna de Ciccillo e Yolanda, foi em uma das primeira exposições que travei conhecimento com os *móbiles* de Calder, até então desconhecidos do grande público, e que causaram impacto.

Yolanda, mulher de extremo bom gosto, mantinha ótimo relacionamento com artistas plásticos europeus. O casal possuía um acervo de obras raras e valiosas, que serviu de ponto de partida do novo museu.

Posteriormente, parte desse acervo foi por eles doado à Universidade de São Paulo e deu origem ao Museu de Arte Contemporânea, onde se encontra até hoje.

É também a Ciccillo e ao MAM que São Paulo deve a criação da Bienal de Artes Plásticas, modestamente iniciada em 1951 no pavilhão do Trianon, na avenida Paulista, em frente ao Parque Siqueira Campos.

Mas a segunda Bienal é que foi de fato um acontecimento de repercussão internacional.

Instalada em dois prédios do novo Parque do Ibirapuera, – inaugurado para comemorar o IV Centenário da Fundação de São Paulo – trouxe ao Brasil *Guernica*, de Pablo Picasso, obra que nunca antes obtivera permissão para sair do Museu de Arte de Nova York, ao qual estava confiada. Somente após a queda da ditadura do General Franco, Picasso autorizaria sua ida para a Espanha, onde permaneceria em definitivo. Além dessa tela mundialmente famosa, havia obras de Paul Klee, Georges Bracque, Ferdinand Lèger, Constantin Brancusi e de tantos outros.

Como não podia deixar de ser na São Paulo quatrocentona, foi também um grande acontecimento social.

Em 1955, por ocasião da terceira Bienal, a mostra transferiu-se para o Pavilhão das Indústrias, no Ibirapuera, onde permanece até hoje.

O Clube dos Artistas e Amigos da Arte, mais conhecido como "O Clubinho", foi fundado por um grupo de artistas: Tarsila do Amaral, Gerda Brentani, Sérgio Milliet, Paolo Rossi Osir, Clóvis Graciano e Rino Levi.

Foi deflagrada uma campanha para angariar sócios que, com pequenas contribuições mensais, proveriam a subsistência da entidade.

Gerda Brentani procurou meu pai, que não se negou a colaborar e assinou a proposta em meu nome. Assim tornei-me uma das sócias mais jovens do novo Clube.

Para sede provisória, foi utilizada a parte dos fundos de uma galeria de arte e livraria, na Barão de Itapetininga, cujo dono era conhecido pelo nome de Barros, o Mulato. Havia apenas um bar e meia dúzia de mesas, ao redor das quais, nos fins de tarde, reuniam-se as figuras mais marcantes do mundo cultural da época.

Sair do trabalho e ir diretamente ao Clubinho tornou-se um hábito, para mim e para Martha. Éramos recebidas sempre com muito carinho

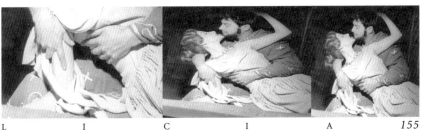

pelos mais velhos, alguns dos quais sentiam-se em relação a nós um pouco responsáveis e protetores.

Foi uma época muito especial da minha vida. Eu era feliz. Sentia-me confiante, alegre e cheia de coragem. Muito poucas vezes na vida conseguimos detectar a felicidade, reconhecer o átimo em que ela está presente em nós. E eu conseguira.

Anos mais tarde, em meio a tristezas e decepções, por várias vezes perguntei-me em que momento da minha caminhada, em que meandros do destino, tudo isso se perdera.

Entre os cariocas que, de passagem por São Paulo, jamais deixavam de marcar presença no Clubinho, estava Carlos Lacerda, que conheci quando proferiu uma palestra sobre a Palestina e a criação do Estado de Israel. Era um orador brilhante, mas algumas declarações suas, contrárias à nova nação, despertaram meus instintos belicosos. Eu era muito jovem, lia muito, freqüentava gente culta e inteligente e, pretensiosamente, achava que podia discutir qualquer assunto. Dizia muitas tolices, com certeza, mas também aprendia muito durante as discussões. Nesse dia, procurei arrancar do orador tudo o que podia a respeito do tema, e passei horas questionando-o, numa roda que incluía Di Cavalcanti, Nabor Cayres de Britto, Clóvis Graciano, Rachel Moacyr. Todos bem mais velhos e mais competentes do que eu.

Hoje, quando uma bobagem, dita por algum jovem, me irrita, procuro lembrar-me desse tempo e da paciência e carinho que todos eles tiveram comigo e de quanto a sua compreensão me estimulou a estudar, pesquisar e interessar-me por tudo o que via.

O ambiente do Clubinho era alegre e movimentado. Dorival Caymmi e Aracy de Almeida, dois cantores muito requisitados na época, apareciam sempre por lá, "dando uma canja" para os amigos com canções bem brasileiras. Poléra, grande pianista da noite, estava sempre disposto a acompanhar os que se arriscavam a cantar, estimulados por várias doses de *whisky*. E, podem crer, nunca faltavam candidatos!

Uma noite apareceu uma mocinha morena, levada por Maurício Barroso que, naquele tempo era locutor de um programa radiofônico. Quan-

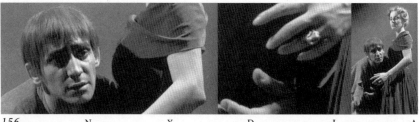

do ela dedilhou as cordas do violão, preparando-se para cantar, ouviu-se a voz irônica de Aracy:

— Vai começar a hora do calouro!

Só que a mocinha, embora desconhecida da maioria dos presentes, não era uma caloura, e hoje em dia é uma das mais famosas intérpretes do folclore nacional. Seu nome é Inesita Barroso.

Com o passar do tempo, o Clubinho cresceu, aumentou o número de sócios e mudou-se para um local maior: o Clube dos Arquitetos. Anos mais tarde, conseguiu uma sede própria no mesmo prédio, mas então eu já estava mergulhada de corpo e alma no meu teatro e não dispunha mais de tempo para freqüentá-lo.

Em 1948, nasceu o Teatro Brasileiro de Comédia, fruto do sonho de Franco Zampari. Esse engenheiro italiano, radicado no Brasil há vinte e seis anos, foi o primeiro a acreditar que aqui se pudessem realizar espetáculos tão bons quanto os que se fazia na Europa e Estados Unidos. Amante de teatro desde a juventude, interessava-se pelos grupos amadores de São Paulo e acompanhava de perto seu trabalho.

Lembro que assisti a uma pecinha do Grupo de Teatro Experimental, levada no Municipal, chamada *O Improviso do GTE*. Nela, Alfredo Mesquita dirigia-se ao público mostrando-lhe os problemas com os quais se debatia na tentativa de realizar um teatro sério. Franco Zampari estava na platéia. Imediatamente, abriu uma lista em benefício da Companhia (anos mais tarde, soube ter sido ele o único subscritor).

Mas o GTE não era o único elenco amador. Havia o Grupo Universitário de Teatro, da Faculdade de Filosofia da USP, dirigido por Décio de Almeida Prado; os Artistas Amadores, dirigidos por Madalena Nicol; e um maravilhoso conjunto que se apresentava em língua inglesa: os English Players. Todos compartilhavam da mesma dificuldade: onde se apresentar.

Se ainda hoje luta-se com a falta de casas de espetáculos, naquela época a situação era dramática. Os grupos, a muito custo, conseguiam alguns dias no Municipal, no Santana ou no Boa Vista, sempre ocupados por companhias cariocas ou por temporadas estrangeiras. Franco

Zampari decidiu fundar um teatro para os amadores paulistas e também para os de fora que aqui se apresentassem. Reformou, em tempo recorde, uma garagem na rua Major Diogo, transformando-a num teatro de trezentos e sessenta e cinco lugares, confortável e elegante. O palco tinha profundidade, mas pouca altura. Duas colunas, bem no centro – e que não puderam ser removidas – foram um desafio à criatividade do cenógrafo Aldo Calvo.

Fundou-se a Sociedade Brasileira de Comédia – sociedade civil de fins não econômicos – tendo à frente Ciccillo Matarazzo, Paulo Assumpção e Franco Zampari, que iniciou uma campanha para a composição de seu quadro social, franqueada a todos os interessados.

Ao longo dos anos em que se manteve à frente do TBC, Franco foi uma presença marcante e ditatorial. Solucionava todos os problemas, assistia aos ensaios, opinava sobre textos, mandava refazer figurinos que não estivessem perfeitos, substituía cenários... enfim, não media esforços nem gastos para conseguir a realização de seu sonho: um teatro brasileiro de nível internacional. Seu estilo era ditatorial, mas era abrandado por gestos de carinho inesperados e, às vezes, comoventes.

O TBC teve uma importância muito grande em minha vida e eu voltarei ao assunto mais adiante.

A Escola de Arte Dramática, outro empreendimento do final da década, foi um ato de amor. Nasceu do desprendimento de um homem que colocou sua paixão pelo teatro acima de tudo e foi responsável pela maior safra de atores do palco e da televisão durante duas décadas: Alfredo Mesquita.

Além das aulas e dos cursos práticos de teatro – ministrados inicialmente em duas salas do Externato Elvira Brandão, na alameda Jaú, e depois transferidos para o segundo andar do prédio do TBC – Alfredo incutiu nos alunos noções de ética profissional, imprescindíveis para uma carreira séria. Escolheu para o curso o horário noturno, o que inibiu grã-finos e diletantes e favoreceu o acesso às aulas aos que trabalhavam de dia.

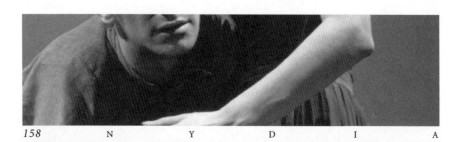

Os exames públicos da primeira turma foram realizados no palco do TBC. Os alunos eram tão poucos que nós, atores dos grupos amadores, contracenamos com eles. Eu participei de uma cena de *Mulher sem Pecado*, de Nelson Rodrigues, com Xandó Batista, o aluno que tirou o primeiro lugar.

Enquanto permaneceu à frente da EAD, Alfredo sempre se preocupou com o bem estar dos alunos. Sabendo que alguns tinham poucos recursos e iam do trabalho diretamente para a escola, tomou a si o encargo de alimentá-los. Todas as noites levava, de sua casa, um caldeirão de sopa para eles tomarem antes do início das aulas.

Algumas vezes, durante o inverno, até nós, atores do TBC, subíamos ao segundo andar para nos aquecermos com um prato fumegante de caldo de ervilha ou de feijão.

A sopa se tornou lendária e acompanhou as andanças da Escola, quando ela se mudou para uma casa na rua Maranhão e mais tarde para o prédio do Liceu de Artes e Ofícios, na avenida Tiradentes.

Para falar do meu relacionamento com Alfredo, preciso voltar um pouco atrás, quando ele era proprietário da Livraria Jaraguá, na rua Marconi, onde se reuniam, nos fins de tarde, intelectuais e pessoas da sociedade.

Quase todos os acontecimentos importantes da década de quarenta pareciam se desenrolar no "quadrilátero das artes", a área compreendida entre a rua Sete de Abril, rua Marconi, rua Barão de Itapetininga e praça da República.

Nos fundos da livraria havia um salão de chá, onde saboreavam-se biscoitos e geléias preparadas pelas irmãs de Alfredo, Dona Esther e Dona Lia, duas senhoras sempre citadas como exemplo de dignidade e coragem.

Após a tomada do jornal *O Estado de S. Paulo* pelo governo de Getúlio Vargas e o exílio de seus irmãos Francisco e Júlio Mesquita, diretores da empresa, elas enfrentaram sérias dificuldades, mas nunca esmoreceram. Passaram a trabalhar ao lado do irmão mais moço, supervisionando o chá que seria servido à tarde na Jaraguá.

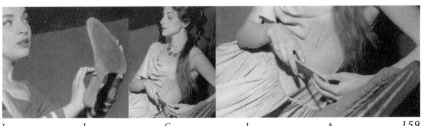

Vi-as inúmeras vezes, após fechar o salão, esperar o bonde Vila Buarque, por mais de meia-hora, em pé, na esquina da Barão de Itapetininga, sem nunca demonstrarem o cansaço que certamente sentiam.

Alfredo era o diretor do Grupo de Teatro Experimental, por ele fundado em 1942, visando "criar uma atmosfera de interesse em torno do verdadeiro teatro, nacional e internacional, artístico e de alto nível".

Em uma viagem aos Estados Unidos, tinha assistido a uma peça de um jovem autor que o impressionara sobremaneira. Tratava-se de *The Glass Menagerie*, de Tennessee Williams, teatrólogo quase desconhecido no Brasil. Entregou o texto à irmã, Esther Mesquita, que o traduziu, com o título de *À Margem da Vida*, por achar "Zoológico de Vidro" incompreensível para o público.

Alfredo queria montar a peça e já escolhera três dos quatro intérpretes. Faltava-lhe a atriz que desempenharia o papel de Laura Wingfield, uma mocinha manca, tímida, loira e sensível, "quase diáfana", que fugia da realidade brincando com sua coleção de bichinhos de vidro.

Um dos atores – aliás o melhor ator jovem do grupo – era Caio Caiuby, o rapaz que passara as férias na fazenda vizinha à de Tatiana, onde fomos dançar à noite, sem autorização. Ele sabia quanto eu gostava de teatro e sugeriu meu nome.

Alfredo incumbiu-o de transmitir-me o convite para que eu passasse na Jaraguá, pois queria me conhecer. Caio me procurou no Museu, onde eu estava trabalhando. Fiquei surpresa, e muito interessada. Tão logo terminei o que estava fazendo, rumei para a livraria.

Foi um caso de "amizade à primeira vista". Adorei Alfredo; inteligente, sensível, engraçado, profundamente culto, era uma companhia agradabilíssima.

Nossa amizade foi sólida e duradoura e se manteve intacta até sua morte, quase quarenta anos mais tarde. Sempre me defendeu e estimulou nos momentos difíceis.

Em 1960, quando tive que lutar judicialmente contra os que tentavam me tirar a posse do Teatro Bela Vista, que Sérgio e eu tínhamos criado com tanto esforço, Alfredo – sempre tão discreto e reservado –

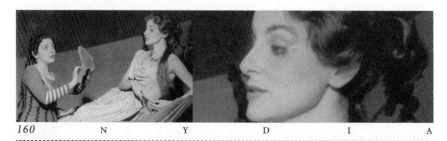

saiu à rua, de braço com Cacilda, que encabeçava uma passeata em minha defesa. Desfilou pelas ruas principais, ao lado dela, de Walmor Chagas, Cleyde Yáconis, Lola Brah, Nathália Timberg, Flávio Rangel, Oduvaldo Vianna Filho, Fredi Kleeman e tantos outros artistas que carregavam faixas e cartazes.

Foi a primeira vez em que a classe teatral paulista uniu-se em defesa de um colega, e foi maravilhoso contar com a solidariedade de todos.

Mas, voltando àquele fim de tarde em 1947, lembro-me do olhar aprovador com que Alfredo me recebeu. Eu era exatamente o tipo que ele estivera procurando: loira e de cabelos compridos. Fiz um teste rápido e ganhei o papel.

Creio que, para um começo de carreira, não poderia existir oportunidade melhor. A personagem tinha tudo: doçura, poesia, drama e uma pitadinha de comédia.

Os ensaios tiveram início na própria livraria, onde nos reuníamos nos fins de tarde. Nunca pensei que o teatro de prosa pudesse me entusiasmar tanto. Afinal, minha vida sempre estivera direcionada para a música: era um mundo novo que se abria e eu me entusiasmava com o prazer de representar e descobria, a cada ensaio, novas facetas da minha personagem.

Uma vez chegada a fase das marcações, o espaço da livraria já não era suficiente. Por isso, passamos a utilizar a sede do Automóvel Clube, na rua Líbero Badaró, ou a casa de Alfredo, na avenida Higienópolis, onde, após os ensaios, suas irmãs nos ofereciam um excelente jantar.

A intérprete principal era Marina Freire, que representava o papel de Amanda Wingfield, a mãe. Os filhos éramos Caio e eu. O namorado em potencial, que só aparecia no segundo ato, era Paulo Mendonça.

Acontece que Paulo ficou noivo e teve de deixar o teatro; naquele tempo, as famílias tradicionais paulistas não viam com bons olhos a profissão de ator. Foi substituído por outro elemento do grupo, Abílio Pereira de Almeida, cuja esposa, Lúcia, também pertencia ao GTE e acompanhava os ensaios com muito entusiasmo.

Os cenários, belíssimos, foram criados pelo pintor Clóvis Graciano e reproduziam a atmosfera sufocante de uma casa pobre, cercada por ar-

ranha-céus. Os figurinos foram selecionados pelo próprio Alfredo. Para o casaco de Amanda, ele fez uma barganha com a velha empregada da família, a quem Dona Lia havia presenteado com um *manteau* usado, comprado nos Estados Unidos. Deu-lhe um novo, que ela recebeu com o maior prazer, e o original foi usado não só nessa, mas em outras montagens de *À Margem da Vida*, que vieram depois.

A estréia foi no dia 10 de agosto de 1948, no Teatro Municipal, e a renda reverteu em benefício das obras do teatro que Franco Zampari estava construindo para os grupos amadores.

Foi a primeira vez que, em um programa distribuído ao público (naquele tempo a distribuição de programas era gratuita), aparecia a sigla TBC. Algumas pessoas chegaram a pensar tratar-se de uma estréia para angariar fundos em benefício dos tuberculosos.

Os dois únicos espetáculos que apresentamos no Municipal proporcionaram uma renda suficiente para pagar a montagem e oferecer ao Zampari uma quantia – mínima, diga-se de passagem – para colaborar com as obras de reforma do casarão da rua Major Diogo.

Foi essa estréia que decidiu meu futuro, embora na ocasião eu não soubesse disso. Seria preciso que transcorressem ainda dezesseis meses para eu optar definitivamente pelo teatro, como carreira e como vida.

Por enquanto, tudo me parecia apenas uma manifestação cultural colateral, uma realização a mais, como foram o canto, a pintura e a dança. Muito mais do que isso, porém, era uma lenta aprendizagem para uma carreira artística que minha mãe entrevira desde o início e para a qual, sutilmente, vinha me preparando.

A intimidade adquirida freqüentando o palco do Teatro Municipal durante tantos anos, fez com que me apresentasse à estréia sem medo nem nervosismo.

Bem antes do pano abrir, estava sentada, quieta, na penumbra, "sentindo" o cenário e olhando para os bichinhos de vidro que, durante as duas horas de duração do espetáculo, tornar-se-iam meu mundo interior.

Lentamente, os refletores foram sendo acesos, em resistência, e ressoaram os primeiros acordes da *Rhapsody in Blue*, de Gershwin.

Foi um momento mágico. A mão de Marina apertou a minha, como se quisesse infundir-me coragem e, ao mesmo tempo, atingir forças para seu difícil desempenho. Aí a cortina se abriu... e o mundo deixou de existir!

No final houve aplausos, flores, abraços e aquela terrível sensação de vazio, como se alguma coisa que estava dentro de nós, nos tivesse sido arrancada! Sensação que todos os que entregam sua alma a uma personagem sentem, ao sair do palco.

O espetáculo foi um sucesso. Uma das melhores críticas que recebi ao longo de minha carreira, foi a que Décio de Almeida Prado escreveu em O Estado de S. Paulo, por ocasião dessa estréia:

> É difícil imaginar melhor desempenho que o seu, mais simples, mais despido de afetação, mais delicado, mais poético. Não diremos que se trata de uma atriz de grande futuro porque, apesar de estreante, esta sua interpretação desde já a inclui entre as melhores atrizes brasileiras. É uma atriz que traz para o palco duas qualidades inestimáveis e que, geralmente, têm faltado às nossas atrizes: cultura e sensibilidade poética.

Alfredo encerrava a carreira de diretor do Grupo de Teatro Experimental com chave de ouro e podia agora dedicar-se totalmente à sua Escola de Arte Dramática.

Caio ficava noivo e, devido às exigências da família da noiva, o teatro deixou de contar com um dos seus jovens atores mais talentosos.

Quanto a mim, estava irremediavelmente perdida. O "bichinho" do teatro tinha me picado. E não existe antídoto contra sua mordida.

No dia seguinte à estréia de À Margem da Vida, eu iniciei minha nova carreira na Clipper.

Era um mundo totalmente diferente, mas com a abençoada coragem da juventude – que alguns definem como inconsciência própria da idade –, mergulhei de cabeça nas novas tarefas, sem medo nem dúvidas.

A primeira fase foi de exploração de território. Examinei o prédio de cima a baixo. E pelas escadas, pois funcionários não podiam usar o elevador durante o expediente.

No Departamento de Decoração e Vitrines, conheci um rapaz muito talentoso. Seu nome era Darcy Penteado. Como foi bom trabalhar com ele! Inteligente, dedicado e cheio de imaginação e criatividade, teve um futuro brilhante. Darcy, querido Darcy, pintor sensível, autor teatral, cenógrafo e figurinista, lutador incansável, coerente com seus ideais até o fim da vida, deixou uma saudade muito grande.

As chefes das seções olharam com muita desconfiança para esta intrusa que pretendia realizar grandes modificações em seus domínios.

Acontece que, naquele ano, pairava no ar uma real ameaça à hegemonia da Clipper: a Sears & Roebuck iria inaugurar sua primeira loja em São Paulo. Era uma concorrência em dólar e visava a mesma clientela: a classe média.

Luciano de Carvalho pressentiu o perigo e adiantou-se, viajando para os Estados Unidos e contratando uma gerente de *Department Store* que trouxesse técnicas novas para a modernização e ampliação da loja.

Miss Gettry chegou, recebida com honras de chefe, carregando o marido a tiracolo e envergando um colete apertadíssimo que a deixava ofegante. Não primava pelo bom humor e criticava tudo o que via.

Inegavelmente era uma profissional de gabarito, mas pouco pôde realizar pois, em menos de dois meses, o mistério do colete e dos quilos de bicarbonato que ingeria após as refeições – alegando que a comida brasileira provocava-lhe azia – foi desvendado. O contrato foi rescindido e, no navio que a levou de volta para os Estados Unidos, deu à luz um belo menino.

O doutor Luciano, então, decidiu assumir as modificações que estavam sendo planejadas: criou um Departamento de Relações Públicas, inexistente na época, e, como prioridade máxima, preparou-se para lançar em São Paulo o Dia das Mães.

Confiou-me as duas tarefas. Através do novo departamento, consegui da Companhia Telefônica a instalação de novos aparelhos e de uma mesa de PABX. Aliás, o bom relacionamento com a secretária do diretor foi-me muito útil quando da inauguração do Teatro Bela Vista, em 1956, pois graças à sua gentileza, consegui um telefone já no dia da estréia.

Os contatos iniciais para o lançamento do Dia das Mães foram com Eduardo Di Pietro, presidente da Associação Comercial. Homem de visão, entusiasmou-se com as vantagens que essa festividade traria para o comércio e comprometeu-se a convencer os associados.

O segundo passo era conseguir o beneplácito da Igreja, o que foi possível com a ajuda de Dona Filomena Matarazzo Suplicy, que, mãe de dez filhos, encantou-se com a idéia e providenciou uma audiência com Dom Carmelo Motta. O Arcebispo de São Paulo acolheu a proposta com simpatia e prontificou-se a celebrar uma missa em homenagem à data, no dia estabelecido. E assim foi oficializada, em nossa cidade, essa efeméride tão popular e festejada nos dias de hoje.

Dediquei-me também a outras realizações de caráter interno. Aulas para as vendedoras – que imediatamente transformei em *sketches* teatrais, redigidos por Edith Gabus Mendes, secretária da Diretoria – e a criação de um Departamento Infantil, cujo espaço físico eu mesma idealizei. Numa experiência inédita na Clipper, convidei o pintor Clóvis Graciano para assumir a decoração carnavalesca das vitrines da rua das Palmeiras.

O grande amigo professor Bardi acompanhava meu trabalho de perto, chegando a comparecer pessoalmente, para conferir meu progresso.

Foi então que recebi o convite para protagonizar *A Mulher do Próximo*, texto inédito de Abílio Pereira de Almeida, que inauguraria o TBC em outubro de 1948.

A peça era explosiva. Ninguém melhor do que o "quatrocentão" Abílio para descrever, com realismo e conhecimento de causa, a sociedade paulistana por dentro, revelando o seu lado desconhecido do grande público. A peça revelava um dos segredos mais bem guardados do Jockey Clube de São Paulo: alguns maridos que garantiam às esposas passarem as tardes jogando no Jockey, estavam, na realidade, numa *garçonnière*, em companhia das amantes. Graças à cumplicidade das telefonistas do clube, qualquer chamada das esposas era imediatamente transferida e atendida pelos maridos que estavam se divertindo em lugares bem diferentes.

Pode-se avaliar a indignação e o pânico que se estabeleceram entre os usuários desse esquema. Ninguém conhecia o enredo da peça, mas dava-se como certo que seriam revelados segredos incríveis! A reação não se fez esperar. Algumas senhoras, amigas de minha mãe, foram procurá-la, aconselhando-a que não permitisse minha participação no espetáculo.

Na Clipper, os comentários fervilhavam. Vi-me subitamente diante de um impasse. Representar a peça poderia provocar a perda do emprego, luxo que eu não podia me permitir, pois metade do ordenado eu entregava em casa.

As opiniões eram as mais diversas e antagônicas. Minha mãe, que continuava não se preocupando com o que os outros pensavam, achava que era uma oportunidade única e que não devia perdê-la. As chefes e colegas de trabalho consideravam uma temeridade me arriscar a "ficar falada", só para participar de uma peça. Vejam bem como era a mentalidade da época e o preconceito que reinava em relação ao teatro e às atrizes!

Franco Zampari propôs contratar-me como atriz, oferecendo-me o dobro do que ganhava na Clipper, de maneira que não saísse prejudicada do ponto de vista financeiro.

Eu precisava de um conselho objetivo e desinteressado e recorri aos meus primos Marcella e Tullio Ascarelli. Tullio ouviu tudo o que eu tinha a dizer e deu seu parecer de advogado.

— Se você pretende seguir a carreira de atriz, aceite o papel. Caso contrário, fique com seu emprego.

Eu era uma amadora e raciocinava como tal. Não conseguia imaginar-me recebendo dinheiro para fazer teatro. Para mim, teatro era Arte e tinha que ser feito de graça.

A contragosto, desisti do papel (o que deixou meu pai bem mais tranqüilo).

O doutor Franco, então, convidou uma atriz profissional de teatro e rádio, já que nenhuma outra amadora aceitou representar. Seu nome era Cacilda Becker. Ela ficou com *A Mulher do Próximo*, que eu mal tinha começado a ensaiar, e eu fiquei com *O Baile dos Ladrões*, de Anouilh, que ela estava ensaiando com o Grupo Universitário de Teatro.

Cacilda era uma mulher de visão. Percebeu logo que esse teatrinho de amadores poderia transformar-se, num futuro próximo, no teatro profissional que São Paulo ainda não possuía... Ignorando as críticas e as ironias de alguns membros da classe teatral carioca, assinou um contrato de um ano como Primeira Atriz do TBC.

Iniciados os ensaios, apareceu uma senhora da alta sociedade do Rio de Janeiro, oferecendo uma quantia altíssima – cinco vezes o que ela estava ganhando – para que a deixasse representar na noite de estréia, em seu lugar.

A própria Cacilda contou-nos a sensação horrível que sentiu, sem saber se a idéia partira diretamente da cabecinha da dita senhora, ou se por acaso não teria sido o desejo da direção do TBC que, ao encontrar uma amadora grã-fina disposta a representar, estivesse arrependida de tê-la contratado.

Procurou Abílio, chorando, e só ficou tranqüila quando ele garantiu que, de maneira alguma, a direção do teatro cogitara dispensá-la.

A confusão ficou por conta do Zampari, que inicialmente entendeu tudo errado e achou, furioso, que ela queria aceitar o dinheiro. Diante da reação indignada de Cacilda, que afirmou nem sequer ter discutido o assunto e ter recusado categoricamente a oferta, Zampari acalmou-se e a abraçou com carinho.

A peça estreou em outubro e, como era de se esperar, além do sucesso, causou celeuma e alguns desquites.

Era a segunda vez que o meu caminho e o de Cacilda se cruzavam. A primeira fora durante o *Hamlet* do Teatro do Estudante do Brasil. A atriz que interpretava a Rainha Gertrudes era Bárbara Heliodora Carneiro de Mendonça, hoje professora de teatro e crítica altamente conceituada no Rio de Janeiro. Estava grávida de dois meses, passando muito mal, e tinha que ser substituída com urgência.

Paschoal Carlos Magno, que tinha assistido, em companhia de todo o elenco carioca, a um ensaio de *À Margem da Vida*, convidou-me para o papel.

Logo após, Sérgio Britto e Pernambuco de Oliveira começaram a ensaiar comigo, numa sala do Museu de Arte. Foi quando soubemos que

Paschoal também tinha convidado Cacilda e que ela, que estava com o pé enfaixado, ensaiava em sua casa, com Sérgio Cardoso.

Quem conhecia bem Paschoal não se espantou nem um pouco com essa confusão; eu, porém, fiquei bastante chocada.

Houve um fato engraçado, ocorrido na ocasião do ensaio de *À Margem da Vida*. A escultora Pola Rezende havia oferecido um coquetel homenageando os estudantes. A recepção, em sua residência, foi muito animada e todos beberam bastante. Bastante mesmo! Em seguida dirigiram-se para o Automóvel Club onde, conforme já relatei, costumávamos ensaiar. Na primeira fila sentou-se Paschoal e, naturalmente, o Primeiro Ator, Sérgio Cardoso. No final houve a costumeira troca de elogios, abraços, etcetera.

Um ano mais tarde, Sérgio montou sua própria companhia: o Teatro dos Doze, no Rio de Janeiro, e o espetáculo de estréia seria uma reapresentação do *Hamlet*. Alguém sugeriu o meu nome para o papel da Rainha (creio que foi Sérgio Britto), mas Sérgio estranhou muito a sugestão:

— Como ela pode fazer a Rainha? Ela é manca!

Não sei se foi o efeito do *whisky* da Pola Rezende, ou porque, para ele, não havia fronteiras entre realidade e fantasia. O fato é que, em sua memória, ficou não a atriz Nydia Licia, mas sim a personagem Laura Wingfield, manquitolando pelo cenário.

Mas tudo tem sua hora e sua vez. Oito anos mais tarde, eu viveria a Rainha Gertrudes, inaugurando o nosso teatro, meu e de Sérgio: o Teatro Bela Vista, na rua Conselheiro Ramalho, no Bixiga.

A temporada de *O Baile dos Ladrões*, de Jean Anouilh, foi muito animada. O elenco, dirigido por Décio de Almeida Prado, era formado por jovens recém-saídos da Universidade: Waldemar Wey, Ruy Affonso, José Scatena, Delmiro Gonçalves, Glauco De Divitiis e, numa pontinha, a então secretária do teatro: Célia Biar.

O Baile dos Ladrões é talvez a mais leve das comédias de Anouilh. É uma comédia-bailado e pertence à série das *pièces roses*. Utiliza a dança,

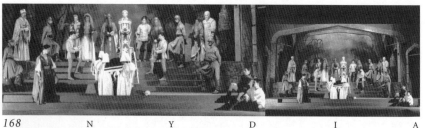

a música – há uma clarineta teimosa e brincalhona que sublinha todos os acontecimentos –, a pantomima, o circo, a farsa...

Isso tudo torna-a um desafio estimulante para atores e direção.

Décio de Almeida Prado dirigiu o espetáculo, baseando-se nas marcações de R. Rognoni, ator francês que lecionava em São Paulo. Os cenários foram criados por Hilde Weber, a excelente caricaturista que colaborou durante anos com o jornal O Estado de S. Paulo.

Majô Rheingantz criou os figurinos de época (1912) com bom gosto e fidelidade. Contou também com alguns modelos autênticos, cedidos por senhoras ligadas ao TBC. Eu, por exemplo, usei um traje todo bordado que pertencera à filha do engenheiro Ramos de Azevedo.

As colaborações de peso não pararam por aí. A tradução esteve a cargo do Prof. Antonio Candido, e a marcação das danças foi de Kitty Bodenheim, coreógrafa e bailarina.

O resultado: um espetáculo leve, alegre, muito agradável de ser assistido e com algumas interpretações realmente engraçadas, de Ruy Affonso, Waldemar Wey, Glauco De Divitiis.

Eu me diverti muito bancando Lady Hurf, uma anciã animadíssima que se definia "uma carcaça velha" e inventava casos "para esquecer que não viveu".

Minha participação na peça em nada interferiu com o trabalho na Clipper. Ensaiávamos à noite e as matinês eram realizadas aos sábados e domingos. Mas eu, incorrigível, consegui um jeito de criar um caso.

O Baile dos Ladrões estava programado para ficar durante quinze dias – o que era bastante para a época – e, logo em seguida, entraria, por duas semanas, uma reprise de À Margem da Vida.

Acontece que Cacilda contou-me que seu contrato tinha uma cláusula estabelecendo que, além de ser Primeira Atriz do TBC, seria também a substituta das primeiras atrizes dos grupos amadores. Mais que depressa achei que, para representar duas peças tão diferentes, eu necessitava de uma pausa de pelo menos um sábado e domingo. E, uma vez que Cacilda já tinha ensaiado antes de mim o papel de Lady Hurf, pode-

ria muito bem assumi-lo por um fim-de-semana, para que eu "descansasse a cabeça"! Bendito amadorismo!

Ela concordou – não sei se com muito entusiasmo – e, esbanjando profissionalismo, até levou a avó, com quem se parecia enormemente, para servir-lhe de modelo. Copiou as rugas de seu rosto e conseguiu uma caracterização convincente de uma velha senhora.

O meu "descanso" resumiu-se em não arredar o pé do teatro e assistir a todas as sessões. Ao admirar a interpretação de Cacilda e seu comportamento, pude aquilatar minha criancice e falta de disciplina.

Foi durante outra peça, *A Noite de 16 de Janeiro*, que a situação se complicou.

Coerente com a proposição de receber grupos amadores ou semi-amadores de outros estados, o TBC, durante um mês, tinha apresentado *A Inconveniência de Ser Esposa*, um espetáculo originalíssimo, de autoria de um dublê de médico e autor teatral: Silveira Sampaio. Companhia carioca, trouxe os hábitos teatrais de lá, isto é, matinês às quintas-feiras.

Zampari gostou da novidade e, ao estrearmos *A Noite de 16 de Janeiro*, de Ayn Rand, fomos informados de que haveria espetáculo às quintas-feiras à tarde. A confusão estava armada; boa parte do elenco trabalhava durante o dia: Marina Freire, Clóvis Garcia, Coelho Neto, Abílio, Célia Biar. Alguns conseguiram conciliar os horários, outros não. Entre esses, Paulo Autran e eu.

Houve o episódio de uma carta meio desaforada enviada pelos atores a Franco Zampari, chamando-o de "Ilustríssimo Dono do Teatro Brasileiro de Comédia" que ele, polidamente, devolveu declarando que iria ignorar as assinaturas do elenco.

A matinê foi suspensa, mas a peça saiu de cartaz quinze dias depois, embora atraindo bom público, e foi substituída por um texto montado às pressas por Madalena Nicol. Os que tomaram a frente do movimento – eu entre eles – passaram a ser considerados "criadores de caso" e seus nomes não deveriam mais ser cogitados para futuras montagens.

Senti muito porque gostava da peça. A ação desenrolava-se num tribunal onde eu – a ré – estava sendo julgada por assassinato. O júri, formado

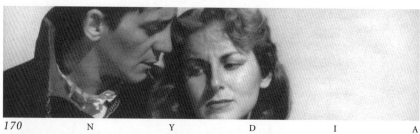

na hora, era composto por doze jurados escolhidos entre os próprios espectadores. No fim do terceiro ato, com toda a liberdade, apresentavam o veredicto: culpada ou inocente. Ou minha interpretação era bastante convincente, ou então Júlio Gouveia, como advogado de defesa, era muito bom, pois apenas por duas vezes deixei de ser absolvida!

No intervalo, alguns moleques, fingindo ser jornaleiros, aos gritos de: "Extra!-Extra!" distribuíam na platéia exemplares fictícios do *New York Times* impressos com fotos e notícias do julgamento.

Na terceira sessão de um domingo, às dez e meia da noite, havia um público reduzido e mais popular. Muitos se intimidaram ao serem convidados a servir de jurados. Faltava uma pessoa para completar o júri.

Não havia nenhum conhecido por perto; alguém, então, foi correndo chamar o português dono do bar em frente ao teatro. Ele aceitou todo orgulhoso e, na cena final, fez questão de ler o veredicto. Em alto e bom som, declarou:

— Senhor Juiz, a CULPADA é INOCENTE!

Nos últimos dias da peça fui acometida por uma gripe fortíssima, com quase quarenta graus de febre, mas a experiência de *O Baile dos Ladrões* servira-me de lição. Representei assim mesmo as três sessões de sábado e três de domingo sem me queixar, apesar de uma espécie de neblina que insistia em pairar à frente dos meus olhos.

Terminada a última representação, todo o elenco resolveu organizar uma festa de despedida num barzinho muito em moda, na avenida Nove de Julho. Compareceu também o diretor da peça, Mr. E. H. Eaglin, um inglês gozadíssimo que carregava sempre uma maleta. Todo fim-de-semana, tomava um pileque no Nick Bar, ao lado do teatro. Em seguida, descia até os camarins, sentava em cima da mala e "apagava", contando com a certeza de que alguém o levaria para casa. E um de nós sempre o levava.

Após dançar até as quatro da manhã, a febre sumiu e voltei para casa muito bem disposta, para dar de cara com meu pai me esperando na sala, preocupado e furioso. Não me lembrara de telefonar, avisando que iria sair depois do teatro...

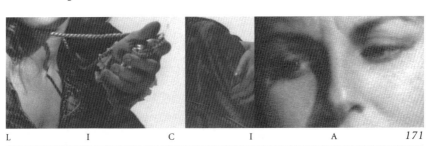

Mas, se telefonasse, eles me mandariam voltar para casa imediatamente!

A essa altura, Franco Zampari já estava mais do que convencido de que o TBC não poderia sobreviver só com amadores. O teatro amador já tinha cumprido sua missão de "pioneirismo, de desbravador de terrenos", como sempre o definia Alfredo Mesquita; havia chegado a hora dos profissionais. Por isso, acatando a sugestão do cenógrafo Aldo Calvo, convidou um jovem diretor italiano, que se encontrava em Buenos Aires, para ser o diretor artístico do teatro. Seu nome era Adolfo Celi. Formado pela Academia de Arte Dramática de Roma, fora assistente de Vittorio de Sica e diretor de espetáculos de várias companhias teatrais, inclusive a do ator Aldo Fabrizzi, com a qual excursionara pela Argentina.

Chegou em janeiro de 1949, no dia da estréia de *Ingenuidade*, de Van Druten, interpretada por Cacilda Becker, Madalena Nicol e Maurício Barroso. Assisti à peça ao seu lado. Embora não falasse português, o conhecimento de espanhol permitiu-lhe acompanhar o espetáculo sem maiores dificuldades. Admirou as duas intérpretes. Cacilda e Madalena eram ambas ótimas atrizes, inteligentes e ambiciosas. Madalena, mais culta. Cacilda, mais intuitiva. Desde o início percebia-se a rivalidade – saudável – que norteava suas atuações. Mais tarde, tornar-se-ia claro que o TBC só comportava *uma* Primeira Atriz: Madalena saiu no fim do ano e mais tarde criou sua própria companhia.

Em pouco tempo, Celi transformou por completo o ritmo de trabalho na rua Major Diogo. Optou por um repertório eclético e propôs, a médio prazo, o aproveitamento dos melhores amadores para um elenco fixo e a contratação de outros diretores.

Como o Carnaval estava se aproximando e ele mostrou interesse em participar de uma festa, decidimos promover um baile à fantasia. Alguém propôs alugar o salão de festas do Golf Club Anastácio, de Pirituba. A notícia foi divulgada entre os grupos amadores, os sócios do Clube dos Artistas e os freqüentadores da Livraria Jaraguá. Mais de duzentas pessoas confirmaram sua presença.

Os que conheciam o caminho rumaram diretamente para lá. Os outros se reuniram na rua Major Diogo, em frente ao TBC, de onde

saímos em caravana. Reinava grande animação e as fantasias eram bem engraçadas.

O clube era simpático e todos sentiram-se à vontade. Após a primeira rodada de *whisky*, os mais entendidos perceberam tratar-se de bebida falsificada e optaram por batidas de limão. Os outros continuaram bebendo.

Em pouco tempo, a maioria dos foliões estava caída pelos cantos do jardim, passando mal.

De repente, vi com surpresa que o salão ficara cheio de repórteres e fotógrafos de jornal tirando fotos de tudo e de todos. Dedicaram-se, com especial interesse, a retratar os que estavam caídos no chão ou encostados na balaustrada da varanda. Como a animação era muita, ninguém prestou atenção ao que estava acontecendo. Terminado o serviço, os jornalistas retiraram-se.

No dia seguinte, na primeira página do *Diário da Noite* apareceu a seguinte manchete: "Pagodeira Existencialista". O texto era violento e as fotos que ilustravam a reportagem, as piores possíveis. Os ângulos de onde tinham sido tiradas distorciam a realidade, tornando os acontecimentos muito piores. Escandalosos mesmo. Ainda por cima, os foliões eram tratados por "discípulos de Sartre".

A repercussão foi terrível. Na Clipper, não me pouparam indiretas. Para completar o mal-estar, no TBC pairava um clima de suspeitas. Trocavam-se acusações:

— Quem tinha chamado os repórteres?

— Como apareceram por lá?

Tinha que haver um culpado! A essa altura ninguém mais raciocinava direito.

De repente, alguém lembrou que eu tinha trabalhado no Museu de Arte e que o museu pertencia aos *Diários Associados*. Pronto! Aí estava a culpada! Reforçava a suspeita o fato de não ter aparecido nenhuma foto minha no jornal. Condenada sem julgamento!

A verdade (que não veio à tona na ocasião) era a mais inocente possível. O marido de Cacilda, Tito Fleury, achara que um baile, reunindo

tal número de artistas, deveria ser noticiado pelos jornais e telefonou para as redações. Jamais passaria pela cabeça de alguém que o fato se transformasse em tamanho escândalo.

Quanto a não ter sido publicada nenhuma foto minha, devo isso a mais uma prova de amizade do professor Bardi, que rasgou todas aquelas em que eu aparecia.

No dia seguinte, um oficial de justiça entregava na secretaria do TBC uma intimação para o Sr. Jean-Paul Sartre depor sobre essa tal "Pagodeira Existencialista"!

Quanto ao Celi, sua primeira experiência carnavalesca terminou na manhã seguinte, ao acordar, vestido de pirata, sentado na calçada da rua Major Diogo, com uma porção de crianças olhando para ele.

O trabalho na Clipper já não me satisfazia. Estava procurando uma maneira de sair de lá, quando surgiu um fato inesperado.

A estréia de Adolfo Celi dar-se-ia com *Nick Bar*, de William Saroyan. Cacilda fazia o papel principal. O de uma pobre prostituta do cais do porto. Quando a peça estreou, ela estava no quinto mês de gravidez. Não se percebia nada porque ela sempre foi muito magrinha; por isso, Celi não pensou numa eventual substituição.

Eu, que assistia aos ensaios, resolvi, por via das dúvidas, decorar o papel. Combinamos inclusive ensaiá-lo juntas, por nossa conta e risco, mas, todas as vezes que passava as tardes em sua casa, ficávamos conversando e o ensaio não chegou a acontecer.

Num sábado, logo depois da matinê, Cacilda sentiu-se mal. O médico, chamado às pressas, proibiu-a de trabalhar, pois havia o risco de um aborto.

Consternação geral. As duas sessões da noite já estavam lotadas.

Ao chegar para assistir ao espetáculo e bater papo com os colegas nos camarins – como sempre fazia – deparei-me com Gustavo Nonnenberg e Carlos Vergueiro, ansiosos, me esperando.

— Você vai ter de entrar em cena !
— Ótimo! – respondi – E a roupa?

Subimos até o guarda-roupa, no primeiro andar, onde Carlos descobriu um vestido vermelho que Madalena Nicol tinha usado na peça *Pif-Paf* e que iria me servir. Vesti-o. Um broche, repuxando a saia de um lado, deu o tom vulgar, adequado à personagem, completado por uma maquiagem carregada.

Aí, chegou Celi. Olhava para mim e não sabia o que dizer (ele ainda não conhecia o "jeitinho" brasileiro). Por um lado, havia o perigo do espetáculo, que ele ensaiara durante meses, ser apresentado com – no papel principal – uma atriz que nunca ensaiou. Por outro, havia duas casas lotadas e o público esperando. Nunca vi alguém em pior situação. Ele só me perguntava:

— Mas você sabe o texto?

E não conseguia se decidir.

Desci correndo, dei um beijo em Cacilda, que estava deitada num colchão no camarim, e entrei em cena, com sua benção.

Correu tudo bem. No final do primeiro ato, Celi veio falar comigo:

— Nunca senti uma sensação mais esquisita. Estava vendo as marcações de Cacilda, os gestos de Cacilda, o tom de Cacilda, mas não era Cacilda!

Pena que não existisse o videoteipe na época. Gostaria de saber o que foi que fiz!

Agora, susto, susto mesmo, quem levou foram Marina Freire e Ruy Affonso, que só entravam no terceiro ato e não sabiam de nada do que havia acontecido. Quando deram comigo em cena, quase tiveram uma síncope. Marina, que sempre tivera riso frouxo, não conseguia parar de rir.

Representei o papel durante uma semana, até Cacilda se restabelecer e voltar ao palco.

Eu me entusiasmava cada vez mais com teatro. O TBC estava conseguindo modificar a mentalidade do público. De repente, fazer teatro era "bem" – termo muito usado na época.

— Afinal, se todos aqueles advogados, professores e moças de sociedade representam, é porque não há nada demais. – era o que se dizia.

Em menos de um ano a opinião pública sofrera uma mudança radical. Espetáculos como *Nick Bar* e *Arsênico e Alfazema* eram saudados como empreendimentos comparáveis ao que de melhor se produzia na Europa. Uma onda de chauvinismo parecia ter tomado conta da cidade. Assistir às estréias do TBC tinha se tornado obrigatório e as peças eram comentadas por todas as camadas sociais.

Finalmente tínhamos um teatro paulista! E o TBC tinha sido o marco zero.

A repercussão do sucesso atravessou as fronteiras do estado e alcançou o Rio de Janeiro. Foi então que chegou o convite de Oscar Ornstein, gerente do Copacabana Palace, para inaugurarmos o recém-reformado Teatro Copacabana com uma temporada de *A Mulher do Próximo*, a mesma peça que eu tinha recusado representar menos de um ano antes.

Acontece que não fora apenas a opinião pública a mudar nesse curto período. Minha cabeça também já era outra. Sem hesitar, me demiti da Clipper e aceitei o papel.

O Rio foi meu primeiro brado de independência. Dois meses sozinha, longe da família, única responsável pelos meus atos... Era fantástico!

O elenco hospedou-se em um hotel da avenida Copacabana, próximo ao teatro. Marina Freire e eu ficamos num apartamento do último andar, onde não se ouvia o barulho da rua e podíamos dormir sossegadas. Até mesmo quando o elevador quebrou e não teve mais conserto preferimos subir os sete andares a pé a mudarmos para outro apartamento, num andar inferior.

A vida no Rio de Janeiro era fascinante e eu, imediatamente, me senti em casa. É essa uma sensação que perdura até hoje. Tão logo desembarco de um avião no Aeroporto Santos Dumont, sinto a alegria de estar voltando para um lugar muito querido.

O Teatro Copacabana, recém-reformado, era muito bonito e aconchegante. Os camarins, amplos e arejados. Só havia um problema: os gatos. Como o palco era ligado à platéia por uma escada da mesma lar-

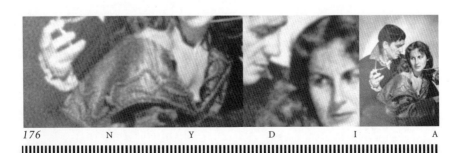

gura da boca de cena, os gatos subiam e desciam por ela durante o espetáculo. Além disso, havia ratos bem grandes. À noite, os funcionários colocavam nos móveis de cena umas táboas de madeira cheias de pregos com a ponta virada para cima; em seguida cobriam tudo com lençóis. Com isso os ratos não se instalavam nos sofás e poltronas.

Uma noite, um freqüentador do Golden Room do hotel, completamente bêbado, perdeu o rumo e foi parar no palco do teatro. Vendo aqueles sofás aconchegantes, resolveu aproveitar para descansar um pouco e... sentou-se. Saiu de lá aos gritos, com a tábua cheia de pregos grudada no trazeiro.

Havia muita vida noturna. Em noite de estréia, era hábito aguardar em algum bar, até de manhã, a chegada dos jornais nas bancas. Os críticos, ao sairem do teatro, dirigiam-se imediatamente à redação, onde escreviam seu artigo antes do fechamento do jornal. Sabiam que o público carioca – ao contrário do paulista – lia e dava importância às críticas.

Em todos os artigos éramos tratados com simpatia, respeito... e uma boa dose de paternalismo. Afinal éramos "amadores vindos de São Paulo". Quando falavam de mim, não poupavam elogios e vaticínios de uma carreira brilhante. Fizeram com que eu me sentisse amada por todos eles. E feliz.

Fomos adquirindo os hábitos da classe teatral. Depois do espetáculo jantávamos em algum restaurante da avenida Atlântica, em companhia de atores de outros grupos e, em seguida, saíamos para longos passeios a pé.

Perdi a conta das vezes em que vi o sol nascer no Arpoador, espantada ao constatar que passara a noite conversando.

E como davam festas! Desde recepções formais em embaixadas, até reuniõezinhas íntimas! Os cariocas, muito hospitaleiros, se desdobravam em amabilidades para com o grupo paulista.

De manhã, tomávamos banho de mar em Ipanema, em companhia de Silveira Sampaio e dos artistas do Teatro da Praça. Ao voltar da praia, dávamos uma esticada até a casa do escritor Aníbal Machado, onde nos aguardavam um suco de caju e um bom papo. Sua filha, Maria Clara, já

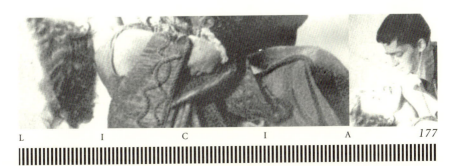

revelava a paixão pelo teatro que, em poucos anos, a tornaria a autora de peças infantis mais premiada do país.

Foi nessa época que conheci Rubem Braga, Millôr Fernandes, Orígenes Lessa, Pedro Bloch, Antônio Maria, Dulcina, Sílvio Caldas e tantos outros.

Um grande fã que não perdia os espetáculos do GTE era o proprietário das Linhas Aéreas Paulistas, companhia mista que fazia o percurso Rio-São Paulo, transportando passageiros e cargas. (Cheguei a fazer uma viagem tendo como companhia dois porcos que grunhiam dentro de um engradado.)

Graças às passagens oferecidas por ele, minha mãe pôde assistir ao último espetáculo de *A Mulher do Próximo* e à estréia de *Pif-Paf*, também de autoria de Abílio. Vinha preocupada comigo, pois receava que as críticas elogiosas me tivessem subido à cabeça. Tão logo percebeu que isso não ocorrera, sossegou. Fez grande amizade com Oscar Ornstein, que a achou muito mais bonita e simpática do que eu.

Convidei também Lívio para passar um fim-de-semana no Rio. Aliás, fim-de-semana bem movimentado. Fomos a várias festas. Voltamos tarde da noite e nos preparamos para subir os fatídicos sete andares do hotel. Marina, sempre muito animada, lamentava-se por ter bebido tanto e afirmava que jamais chegaria lá em cima. Então, Lívio tirou do bolso um envelope contendo um remédio novo, recém-lançado em São Paulo: um *Alka-Seltzer*. O efeito foi instantâneo. Radiante, Marina iniciou a escalada, declarando consegui-lo graças ao "Pó de Pirilim-pim-pim" trazido por Peter Pan, disfarçado de Lívio.

A terceira estréia foi *À Margem da Vida*, apresentada em benefício das obras assistenciais da princesa D. Fátima de Orleans e Bragança. Noite de gala, com toda a Família Imperial sentada na primeira fila. De súbito, o ar refrigerado do Copacabana transformou-se em ventania, justamente quando eu, sentada no proscênio, tinha um castiçal de oito velas aceso à minha frente. As chamas inclinaram-se com a força do vento e a fumaça foi direto para a platéia. Da primeira fila – a mais atingida – começaram os primeiros acessos de tosse, que se espalharam, num crescendo, até se transformarem num coro.

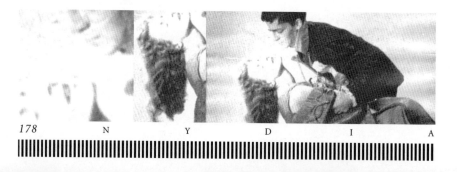

Eu, os olhos lacrimejando, sem poder sair do lugar, olhava hipnotizada uma barata enorme que, sem se incomodar com as tossidelas coletivas, devorava com entusiasmo o veludo preto do ciclorama.

No Teatro Copacabana, encontrei Sérgio Cardoso pela segunda vez.

Após dois grandes sucessos de crítica e de público – uma remontagem do *Hamlet* e *Arlequim Servidor de Dois Amos*, de Goldoni –, a terceira peça, *Tragédia em New York*, de Maxwell Anderson, fracassara completamente, e sua companhia, sem teatro para continuar a temporada e com dívidas, se desfez.

Franco Zampari, interessado em levar Sérgio para o TBC, ofereceu-lhe um contrato de dois anos. Propôs assumir as dívidas do Teatro dos Doze e descontar mensalmente uma quantia do ordenado até amortizar o empréstimo.

Triste por ter desmanchado a companhia, mas animado com a oportunidade de trabalhar num elenco permanente, Sérgio aceitou a proposta.

Alegrava-se com a perspectiva de protagonizar *O Mentiroso*, de Goldoni, sob a direção de Ruggero Jacobbi, o mesmo diretor do seu sucesso carioca *Arlequim Servidor de Dois Amos*.

Naquela noite, no Teatro Copacabana, ele viera buscar o texto da peça que Adolfo Celi, diretor artístico do TBC, lhe enviara por meu intermédio. Entreguei-o, desejando boa sorte em São Paulo ao meu futuro colega.

Foi nesse período que recebi o convite do diretor Fernando de Barros para tentar minha primeira experiência no cinema nacional. O filme chamava-se *Perdida pela Paixão*, mais tarde rebatizado: *Quando a Noite Acaba*.

Meu papel era o de uma cantora de cabaré da Lapa. Tinha de atravessar o salão com um andar ondulante ("À la Marlene Dietrich", recomendara o diretor), segurando uma enorme piteira e carregando um cãozinho pequinês debaixo do braço. Na tomada seguinte, entrava no camarim onde Tônia Carrero – a esposa legítima do galã – vinha reivindicar seus direitos e exigir que eu abandonasse o rapaz. Acabávamos brigando e ela me esbofeteava.

Como costuma acontecer no cinema nacional, nem tudo saiu a contento. Em primeiro lugar, a cena do camarim foi filmada um mês mais tarde; não encontraram mais o mesmo pequinês e entregaram-me um que mais parecia um filhote de *dobermann*. O tapa que Tônia me deu quebrou o brinco que eu estava usando e, por um mês, não pude dormir com o rosto virado daquele lado.

A cena do cabaré teve de ser refilmada quando eu já estava em São Paulo. O telefonema que recebi foi para me informar que deveria pegar o avião para o Rio na manhã seguinte, porque "não tinham posto filme na máquina"! Um dia ainda preciso perguntar ao Fernando se isso foi verdade ou piada...

De qualquer forma, foi bom, porque as moças que costumavam frequentar o cabaré, e estavam participando da fita como figurantes, resolveram me dar uma aula. Chamaram-me de lado e me explicaram que por lá ninguém andava daquele jeito e que o vestido era recatado demais. Com a maior boa vontade, arranjaram agulha e linha, repuxaram a saia e ampliaram o decote.

Só não conseguiram dar um jeito na minha cara de meninona saudável.

A temporada carioca encerrou-se com a apresentação de *À Margem da Vida*. Para minha carreira de atriz foi muito importante ter passado aqueles meses no Rio, onde recebi críticas excelentes e fui saudada pela quase totalidade dos críticos como "Revelação de Atriz" do ano.

Décio de Almeida Prado, em seus artigos, sempre observava que uma permanência na Capital exercia uma influência benéfica sobre os atores paulistas, tornando-os mais soltos, mais desinibidos: "[...] Parece que o calor carioca, no sentido próprio e figurado, tem o dom de dissolver a frieza paulista, a timidez provinciana [...]" De fato, a convivência com um povo mais extrovertido, a vida na praia, onde todos se igualam, o calor humano transmitido por um público que ama o teatro, influenciaram-nos.

Pela primeira vez, éramos reconhecidos nas ruas e recebíamos cumprimentos e palavras encorajadoras. A crítica especializada prestigiava-nos e as revistas de grande tiragem publicavam fotos de nossas peças. Era um outro mundo.

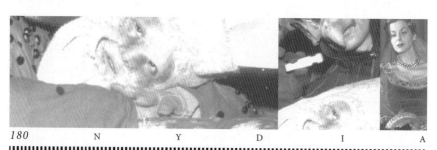

Não nos esqueçamos de que o Rio de Janeiro era a capital da República e de que tudo o que acontecia por lá tinha repercussão nacional, ao passo que o que se realizava em São Paulo nem sempre atravessava as fronteiras do estado.

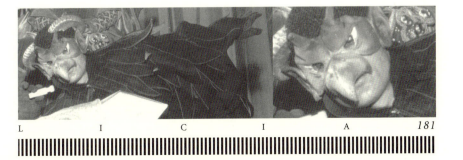

Corazzata Roma.

Entre outros, Mario del Monaco, Renato Cattani, Edoardo de Guarnieri, Sílvio D´Amico, Giulio Neri, Elisabetta Barbato e, no centro, o Cônsul Geral.

Eu, Rubens de Falco, Martha, Paolo e Lella.

Inauguração do Museu de Arte de São Paulo.

À Margem da Vida, *de Tenessee Williams.*

Cacilda e Sérgio em Hamlet, de Shakespeare.

Júri de A Noite de 16 de Janeiro. *Entre outros, na fila de trás, Vera Alves Lima, Carlão Mesquita, Margô Rhemgantz, Renata Crespo Prado; na de baixo: Fifi Assumpção, Fabio Prado, Cacilda Becker e Alfredo Mathias.*

Baile de Carnaval de 1949 no Golf Club Anastácio, de Pirituba.

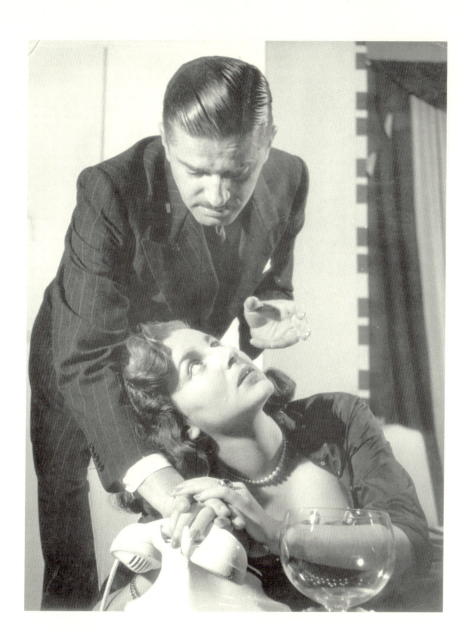

Com Abílio Pereira de Almeida, em A Mulher do Próximo.

As recordações da infância e da juventude chegam até nós envoltas numa atmosfera de carinho misturado com saudade, que esfuma as lembranças mais longínquas.

Já os acontecimentos mais próximos não desfrutam desse benefício. Os fatos têm que ser expostos em sua real dimensão. Exigem informações detalhadas, corretas nos mínimos detalhes, pois ainda estão vivos na memória dos que participaram deles.

Pertencem à história do teatro paulista.

TERMINADA A TEMPORADA carioca, voltei a São Paulo para dar início à minha carreira de atriz profissional. Estava contratada para o elenco permanente do Teatro Brasileiro de Comédia e iria contracenar com Cacilda e Sérgio em *Entre Quatro Paredes*, o célebre *Huis Clos* de Jean Paul Sartre.

Minha mãe, já conformada com o fato de que eu nunca seria uma cantora de ópera – seu grande sonho – aceitou perfeitamente a idéia de eu me tornar uma atriz profissional. Ela mesma, aliás, entrou para a história do teatro paulista como uma das melhores professoras de impostação de voz desta cidade. Nas duas décadas em que lecionou, teve como alunos os maiores atores do teatro, cinema e televisão.

Já meu pai, que aceitara tão bem minha participação no teatro amador, não via com grande entusiasmo a carreira que escolhi. Preferiria mil vezes ver-me casada e com filhos. Até o fim da vida manteve a velha preocupação com o que os outros poderiam pensar ou falar a meu respeito. Eram resquícios da educação rigorosa por ele recebida no começo do século, numa família pequeno-burguesa, em uma pequena cidade.

Cheguei em São Paulo exatamente no dia da estréia de *O Mentiroso*. Na hora do espetáculo, todo o Grupo de Teatro Experimental estava na platéia, para aplaudir mais uma peça bem dirigida e montada com capricho, como já era hábito no TBC. Mas ninguém estava preparado para a beleza plástica e a leveza dos cenários de Aldo Calvo, que pareciam flutuar sobre dois palcos giratórios.

A representação desenrolava-se fluente quando, por uma porta aberta bruscamente do lado direito do proscênio, entrou Sérgio. Foi a entrada mais espetacular a que assistira até então no palco da rua Major Diogo: poucas passadas largas e enérgicas e o público irrompeu em aplausos. Tinha entrado um ATOR!

193

O espetáculo ficou gravado na memória dos que o assistiram, como um dos melhores e mais completos do TBC, seja pela direção – nunca mais igualada – de Ruggero Jacobbi, seja pela montagem e as interpretações de alto nível, destacando-se, além de Sérgio, Waldemar Wey, engraçadíssimo no papel de Doutor Balanção, e Carlos Vergueiro no de Arlequim.

Alguns dias mais tarde, Celi chamou-me para conversar a respeito do contrato. Perguntou quanto eu pretendia ganhar. Tomei coragem e respondi que não poderia ser menos de dois mil cruzeiros. Ele me olhou de um jeito estranho que me deixou preocupada. Será que pedira demais? Na assinatura, vi que estava ganhando quatro mil, o que equivalia ao segundo ordenado feminino.

A Companhia Permanente do TBC era composta por doze atores: Cacilda Becker, Célia Biar, Elizabeth Henreid, Marina Freire, Nydia Licia, Abílio Pereira de Almeida, A. C. Carvalho, Carlos Vergueiro, Maurício Barroso, Ruy Affonso, Sérgio Cardoso e Waldemar Wey. Todos nós – menos Sérgio – tínhamos a mesma origem: o teatro amador paulista, o que fazia com que parecêssemos um clã exclusivo e fechado. A própria Cacilda, embora tivesse trabalhado com alguns colegas no Grupo Universitário de Teatro, confidenciou-me uma vez ter-se sentido terrivelmente deslocada em sua peça de estréia.

Nós tínhamos um denominador comum: ter lutado para modificar a maneira de representar da época, ainda presa a raízes portuguesas, ainda se ressentindo de um certo formalismo, carregando no sotaque e apresentando um teatro ligeiro, de costumes, pequeno-burguês, de um realismo menor.

Tínhamos abolido o ponto – o que os atores mais antigos tacharam de leviandade – e imprimido um estilo de representação que considerávamos mais moderno. Apesar disso, com a vinda de diretores estrangeiros, oriundos do neo-realismo italiano, percebemos o quanto essa suposta modernidade era timidez, quase bisonhice.

Nesse grupo fechado, Sérgio era um estranho. Produto de outro meio, chegara com mentalidade diferente. Estava habituado ao sucesso e à fama e, de repente, via-se pertencendo a uma Companhia Permanente onde

os atores não tinham nenhum destaque, onde era proibido dar entrevistas sem autorização, ou fornecer fotos a algum jornalista. Só os nomes do diretor e do tradutor ficavam em evidência nos cartazes e anúncios! O fato dele admirar velhos atores cariocas, então, como Alda Garrido, Dulcina, Conchita de Moraes, Jaime Costa e outros, tornava-o alvo de ironias por parte dos colegas. Nós – como todo jovem que começa – os achávamos superados!

É impressionante como essa mentalidade não mudou com o passar do tempo. Hoje são os novos que olham para nós – "velhos atores" – com total desinteresse e desconhecimento de tudo o que realizamos no passado.

Até a carreira de Sérgio teve início de uma maneira pouco usual, como ele mesmo relata em *Sérgio Cardoso em Prosa e Verso*, texto de sua autoria, com o qual pretendia voltar ao palco em setembro de 1972, após longos anos em que se dedicara exclusivamente à televisão.

Não chegou a voltar. Morreu de repente no dia 18 de agosto.

Transcrevo aqui um trecho:

> Estava eu no último ano da faculdade. Já havia feito pecinhas de fim de ano nos colégios dos jesuítas e dos beneditinos, onde estudei... Já tinha colaborado com o Teatro Universitário... Assistia a tudo que era espetáculo: ópera no Municipal; comédias de Dulcina e do Procópio, de Jaime Costa e Eva Tudor; as memoráveis temporadas de Os Comediantes; a estréia, numa delas, estréia badaladíssima do *Vestido de Noiva*, de Nelson Rodrigues, e por que não dizer? – até revistas, na legendária Praça Tiradentes...
>
> Mas o destino me arrastava, inapelavelmente, para um outro palco – o da própria vida! Eu reagia. E, reagindo, acabei por escolher a carreira mais teatral que o mundo oferecia, fora de um palco – o Itamarati, a carreira diplomática, pois, conforme já disse alguém, "um embaixador é um homem muito honrado que se manda para bem longe a fim de mentir em benefício do próprio país". Mentir, como se sabe, é um dos sinônimos de representar...
>
> Acabava de voltar ao Brasil um de seus monstros sagrados, Paschoal Carlos Magno, diplomata e, mais do que diplomata, entusiasta de tudo que é arte, funda-

dor do Teatro do Estudante do Brasil, uma das contribuições mais positivas à renovação da nossa arte dramática...

Eu era muito tímido. Lembro-me que o vi, várias vezes, de longe, antes de criar coragem de me dirigir a ele. Até que um dia...

— Doutor Paschoal...
— O que é, meu filho...
— Eu queria falar com o senhor...
— Pode falar...
— É que eu...
— Você, o que, meu filho?
— Eu queria... Eu gostaria... Bem, eu tinha vontade de seguir a carreira...

A inibição me impediu de acrescentar "diplomática". Era para ele me orientar nos austeros corredores do Itamarati. Paschoal pousou sua mão amiga no meu ombro e arrematou a conversa:

— Então apareça dia tal, às tantas horas, no Teatro do Estudante do Brasil...

Confesso que na hora não atinei bem o que tinha a ver o Itamarati com o Teatro do Estudante do Brasil. Só mais tarde vim a saber que para ele, Paschoal, carreira só existe uma, rimando com seu próprio nome – teatral...

Na data marcada, lá estava eu, muito espantado, preenchendo uma ficha e tomando conhecimento de que iam escolher, por concurso, o elenco da maior tragédia que já se escreveu – *Hamlet*, de Shakespeare. Mais espantado ainda fiquei quando me chamaram e me vi diante de algumas dezenas de juízes – entre eles a nossa inesquecível Cecília Meirelles – tendo por trás algumas centenas de outros candidatos. Pensei: afinal, nada tenho a perder. Mesmo que me dêem o menor papel da peça, esta é a última oportunidade que tenho de pisar num palco. E abri, ao acaso, o livro que haviam enfiado em minha mão... Era, justamente, a parte mais importante da tragédia, o monólogo "*To be or not to be*", talvez a página mais famosa de toda a literatura teatral...

Então, já não foi só espanto. Foi surpresa, medo, alegria, dúvida, tudo misturado. Eu passara no teste e ganhara o papel do protagonista, o próprio Hamlet, Príncipe da Dinamarca, um dos personagens mais complexos de quantos já foram criados. Ensaiamos vários meses. No dia 15 de dezembro de 1947 me formei, sonhando com a nossa embaixada em Paris... A de Washington também servia... Mas,

três semanas depois, num Dia de Reis, 6 de janeiro, estreei como Hamlet. Já no dia 7, tudo era bem diferente... Nunca houve uma carreira de advogado ou de diplomata mais curta do que a minha: durou exatamente três semanas.

Sérgio tinha 23 anos quando estreou no *Hamlet*. Não sei de outro ator que tenha atingido o estrelato em sua primeira apresentação e o tenha conservado nos anos que se seguiram. Nada de parecido acontecera jamais nas modestas estréias do amadorismo paulista.

Começamos a ensaiar *Huis Clos* no fim de dezembro, em "ritmo Celi": só tinha hora para começar, não para acabar. Passamos Natal e Ano Novo ensaiando, com direito a uma escapada até o Nick Bar, o barzinho anexo ao teatro, onde festejamos a entrada de 1950 e assinamos oficialmente o contrato.

Como me lembro daquele entusiasmo, daquela confiança! Não havia em mim nenhuma dúvida, medo algum! Só uma vontade enorme de triunfar!

Por ser o primeiro espetáculo de Jean-Paul Sartre montado por uma companhia paulista, a estréia de *Huis Clos* estava sendo aguardada com muito interesse. A preparação revestiu-se do maior mistério; os ensaios eram realizados a portas fechadas, sem a presença de estranhos. Só tinham acesso Ruy Affonso, assistente de direção, e Fredi Kleeman, fotógrafo oficial da companhia (já na peça seguinte, ele passaria a pertencer ao elenco). Celi queria que nos desinibíssemos, para não sentir constrangimento ao executar as marcações por ele imaginadas – fortíssimas para a época. Só assim alcançaríamos o clima de exasperação, ódio e desejo, imprescindível à criação das personagens.

Para atingir esse resultado, precisei me violentar. Tive que aparentar uma experiência de vida que nem de longe possuía. Dentro de mim travava-se uma luta entre os preconceitos burgueses, oriundos da infância, e uma nova mentalidade em formação, sem a qual não sobreviveria no mundo do teatro profissional.

A peça ficou pronta em um mês, mas foram horas e horas de pesquisas e experiências. Terminada a fase de análise do texto e iniciada a das

marcações, por várias vezes representamos sem pronunciar uma única palavra; só com gestos e expressão corporal. Chegamos também a agir como se fôssemos três bichos: Cacilda, uma cobra; Sérgio, um rato; eu, uma gata angorá. E assim fomos construindo as personagens em profundidade até nos transformarmos na lésbica suicida, no traidor covarde e na infanticida fútil, imaginados pelo filósofo francês e condenados a viver juntos por toda a eternidade. "O Inferno são os Outros"! Enfim, fazíamos sem alarde o mesmo que, anos mais tarde, seria apresentado pelas novas companhias como uma "descoberta": o Laboratório.

Só no ensaio geral foi permitida a presença dos colegas e de alguns familiares, emudecidos pelo violento impacto que o espetáculo provocava.

Saí do teatro a tempo de assistir, em companhia de Sérgio, à aula inaugural do curso sobre Teatro Moderno, ministrado por Ruggero no Museu de Arte Moderna. Mas um telefonema do TBC nos convocou para voltar com urgência: o espetáculo havia sido proibido pela censura.

Voltamos correndo e, por volta da meia-noite, preparamo-nos para enfrentar um ensaio especial. Estavam presentes na platéia os diretores da Sociedade Brasileira de Comédia, o censor oficial e os representantes do Gabinete de Investigações da Secretaria de Segurança e do Serviço de Diversões Públicas. Com uma simples penada, esses senhores poderiam fazer ruir por terra todo o nosso esforço e toda a dedicação das últimas semanas.

Não era segredo para ninguém que a Cúria estava exercendo forte pressão contra a peça, pois mandara publicar nos jornais o seguinte comunicado:

> Comunico aos fiéis da Arquidiocese que está anunciada a representação, num dos teatros desta capital, da peça *Entre Quatro Paredes*, do romancista existencialista Paul Sartre, através da qual se pretende ensinar e pregar, em plena luz do dia, a prostituição da família e da juventude brasileiras. Tendo sido condenadas pela Santa Sé as obras desse autor, por imorais, os fiéis não poderão assistir, sem pecado grave, à referida representação. De ordem S. Excia. Revma. – (a) Cônego Roque Viggiano, chanceler do Arcebispado.

E o mais engraçado é que não era só a Igreja a querer que a peça não fosse levada aos palcos. O Partido Comunista – para quem o existencialismo sartreano também era uma filosofia altamente reprovável, por tornar o homem incapaz de se integrar na coletividade – compartilhava do mesmo desejo!

Antes do ensaio ter início, Cacilda e Sérgio dirigiram-se à boca de cena e declararam ser católicos praticantes, e ter recebido de seus confessores autorização para o trabalho que estavam realizando. Eu achava tudo muito estranho e Carlos Vergueiro, o quarto intérprete do drama, dava boas risadas, achando um absurdo aquilo tudo.

O ensaio, embora incompleto (não estávamos usando as roupas de cena e o eletricista tinha ido embora, sendo substituído por outro funcionário), realizou-se num clima altamente emocional. Nossos nervos estavam esticados ao máximo.

Ao fechar o pano, silêncio absoluto na platéia. Os três censores entreolharam-se e... num gesto totalmente inesperado, aplaudiram! A peça estava liberada para maiores de dezoito anos.

A repercussão foi enorme. No dia seguinte, éramos manchete em todos os jornais. Cacilda e eu estávamos na primeira página do *Diário de S. Paulo*, numa foto altamente chamativa. O sucesso estava garantido. Todo mundo na cidade falava nesse tal "Existencialismo", que poucos sabiam o que realmente era.

À noite, pouco antes do início do espetáculo, subi até o palco e entrei no cenário. Fiquei parada na penumbra, ouvindo, por trás do pano de boca, o burburinho do público que já lotava a platéia.

De repente, meus olhos se encheram de lágrimas e me invadiu uma terrível sensação de desamparo. Celi me viu chorando. Aproximou-se, colocou a mão no meu ombro e disse:

— Muito bem. Você está começando a crescer.

A estréia foi um sucesso. O espetáculo durava pouco mais de uma hora, mas o esforço físico era tamanho que o suor pingava no assoalho do palco. As três sessões dos sábados exigiam três mudas de roupa.

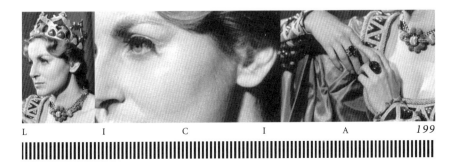

Zampari ficou tão feliz com o sucesso da peça que parecia uma criança a quem Papai Noel tivesse trazido um presente há muito esperado.

Ofereceu uma festa em sua casa no Jardim América e convidou toda a sociedade paulista para nos prestigiar. Afinal, nós éramos a prova viva de seu sucesso como empresário teatral.

Por volta de uma hora da manhã – todo mundo já bem alegre – ele quis que apresentássemos um trecho de *Huis Clos* para os convidados. Consternação geral.

Celi, Cacilda, Sérgio e eu, reunidos num canto, demos tratos à bola para descobrir que trecho poderíamos apresentar naquelas condições. Mas não havia o que discutir.

Afastaram-se sofás, dobraram-se tapetes e lá fomos nós representar uma edição "etílica" do texto de Sartre.

Aquele mês que tínhamos passado ensaiando criara uma intimidade muito grande entre nós. Com Cacilda meu relacionamento já era mais do que amigável, e, no anos seguintes, nós duas continuaríamos amigas. Daquela espécie de amizade que supera intrigas e mal-entendidos, que nos dá a certeza de que, aconteça o que acontecer, uma pode contar com a outra nos momentos difíceis. Não importa ter ficado dois anos sem se ver: no reencontro, reinicia-se a conversa do ponto em que parou.

Já se passaram mais de trinta anos de sua morte. Os jovens da nova geração perguntam sempre quem era Cacilda Becker. E a resposta é uma só: foi a maior atriz do Brasil, foi a líder da classe teatral.

Mas eu tenho algo a acrescentar, para que não fique somente essa imagem de guerreira, de Joana D'Arc, uma vez que, de seus trabalhos no teatro, nada ficou. Há um filme glorioso, *Floradas na Serra*, e poucos tele-teatros, muito, mas muito aquém de sua sensibilidade e talento. O resto é memória.

Mas para os poucos que realmente a conheceram, ela era a mãe que brigava por nós e nos defendia, e a filhinha que nos chamava no meio da noite para espantar seus medos.

Era, acima de tudo, a menina descalça que dançava na praia de Santos aos onze anos de idade e a mulher, profundamente machucada, que,

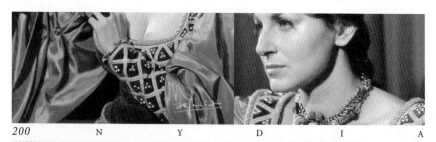

aos quarenta e sete, interpretava *Esperando Godot* no seu teatro, até ser derrotada por um aneurisma – um pequeno coágulo emboscado dentro do seu cérebro, à espera do momento em que ela estivesse mais fragilizada, mais cansada e nem pensasse em se defender.

Aí ele atacou. Em seguida, a lenta agonia, os olhos escancarados, o terror imenso no fundo das pupilas, os quarenta dias de sofrimento.

Réquiem para essa grande mulher, que chegou ao topo da carreira de cabeça erguida, com dignidade, respeitada por todos. Que sobrepujou medos, assumiu responsabilidades, aceitou a liderança como um dever.

E não abdicou nunca de sua feminilidade, de sua fragilidade, de sua força.

Quanto a Sérgio, eu mal o conhecia. E tínhamos que representar cenas violentas de amor, em que rolávamos pelo chão e eu era disputada, quase que a tapa, pelos dois personagens. Vivia com os braços e as pernas cheios de hematomas, que tentava encobrir com camadas de *pan-cake*.

Para uma ex-amadora pouco experiente, o desafio era imenso, mas Sérgio agia com tamanha naturalidade que, aos poucos, fui me desinibindo. Jantávamos juntos no Nick Bar e, depois do espetáculo, ele me acompanhava até em casa, a pé, conversando sobre os mais variados assuntos.

O interesse que demonstrava por mim me deixava lisonjeada. Afinal, ele era muito disputado, não lhe seria difícil encontrar outra companhia.

A cada dia, descobríamos novas afinidades. Gostávamos das mesmas coisas: teatro, música, poesia, esporte. Agora que estava livre das preocupações causadas pelo fim de sua companhia – o Teatro dos Doze – Sérgio voltava a ser apenas um jovem ator, extremamente talentoso, cheio de ambições e grandes sonhos.

Era inteligentíssimo, gentil, culto, e esses atributos, somados a um enorme talento, fizeram dele um dos maiores homens de teatro do Brasil. Em sua breve carreira, de pouco mais de vinte anos, foi ator, autor, diretor, empresário, cenógrafo, figurinista, iluminador, aderecista. Não havia detalhe no teatro que não lhe interessasse e no qual não quisesse se aprofundar.

Da camaradagem, passamos ao namoro quase sem perceber. Eu ainda não encarava esse namoro como o prenúncio de algo mais sério. Ainda não havia lugar em minha cabeça para o verbo *casar*. Todas as propostas de casamento que recebera até então foram sistematicamente recusadas, sem o menor arrependimento. Eu gostava da minha vida tal como era, estava satisfeita com minha independência e o meu trabalho.

Um dia, convidei Sérgio para almoçar conosco. Nessa época, minha família já tinha mudado da rua Chile para um casarão de três andares na rua Sergipe, no bairro de Higienópolis. Construção antiga, com um surpreendente salão central de seis metros de pé direito, responsável por uma acústica perfeita. Minha mãe instalou ali o piano de cauda, feliz por ter em casa uma sala de música ideal para aulas e concertos.

Sérgio apareceu sobraçando um vaso de orquídeas, que ofereceu a mamãe: acertara em cheio nas preferências da futura sogra!

Ela simpatizou muito com ele. Mal podia acreditar que aquele moço simples e educado fosse o mesmo cafajeste que vira em cena em *Entre Quatro Paredes*. A simpatia aumentou ainda mais quando ele declarou gostar de ópera. Ela sentou-se imediatamente ao piano e perguntou-lhe se queria me ouvir cantar (já que não tinha a menor possibilidade de elogiar as prendas domésticas da filhinha). Escolhi então a ária da escrava Liú, da *Turandot*, sem saber que era a ópera de que ele mais gostava.

Acho que foi nesse dia que Sérgio começou a pensar em casamento...

A prova de fogo foi quando, a convite de Rachel Moacyr, fomos passar dois dias em sua casa na Praia Grande. Lá estava também Martha, que acabara de ficar noiva de Frederico de Souza Queiroz.

Sérgio e eu chegamos depois do almoço, quando a maré tinha subido e o táxi já não podia mais transitar pela praia. Ele não teve outro remédio senão carregar minha mala na cabeça. Fomos caminhando pela areia até a casa, a dois quilômetros de distância.

Não havia mais dúvida: as intenções dele eram sérias mesmo! E, tanto eram, que, ao voltarmos da praia, foi direto falar com meu pai e pediu formalmente a minha mão.

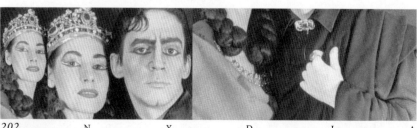

Ficamos noivos durante os ensaios de *Os Filhos de Eduardo*, de Sauvajon, para alegria de Cacilda e de Ruggero, que eram os que mais torciam pelo nosso casamento.

Festejamos o noivado em companhia de todo o elenco, no Nick Bar, então já conhecido como o local de encontro de artistas nacionais e estrangeiros de passagem pelo Brasil. Juliette Greco, a musa de Jean-Paul Sartre, chegou a declarar à revista *O Cruzeiro*, que o Nick Bar era mais existencialista do que o próprio *Tabou* de Paris.

Diante dessa afirmação pode parecer, a quem não o freqüentou, que o Nick Bar tenha sido uma espécie de inferninho, como os que estiveram na moda alguns anos mais tarde. Não era nada disso. Era uma extensão do teatro, a cujo saguão era ligado por uma porta lateral. Por ela passávamos, saindo dos camarins, ainda maquiados, para um jantar rápido entre a matinée e a sessão da noite.

Ou então, após o espetáculo noturno, era lá que nos reuníamos para ouvir música, conversar, encontrar amigos, admiradores do teatro, pintores, jornalistas. Era parada obrigatória, no fim da noite, para artistas nacionais e estrangeiros de passagem por São Paulo.

O piano era afinado e o pianista, Enrico Simonetti, ótimo.

Por volta da meia-noite, chegavam os artistas da Vera Cruz, regressando das filmagens.

Uma noite, entrou Anselmo Duarte, o galã mais requisitado da época, pálido como uma folha de papel.

Vinha de São Bernardo, quando seu carro foi fechado por um automóvel cheio de homens armados, que começaram a disparar. Alguns tiros atingiram a carroceria do seu carro.

Conseguiu escapar, mas foi perseguido pela estrada escura, totalmente deserta. Apesar da perseguição, eles não atiraram mais.

Ficou evidente que não pretendiam matá-lo. Apenas pregar-lhe um susto.

É que Anselmo andava arrastando a asa para os lados de uma linda senhora, que não ficara indiferente ao seu charme. Só que a dama tinha uma ligação havia bastante tempo com um político muito importante...

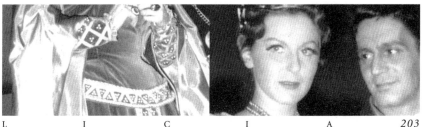

Enfim, fora "apenas" um aviso!

Os Filhos de Eduardo, uma comediazinha inconseqüente, foi um alívio, depois do drama pesado de Sartre. Além do público rir muito, nós também nos divertíamos.

Sérgio fazia o papel de meu pai, um pianista polonês meio maluco. Para criar um tipo diferente, tinha colocado um nariz de massa, comprido e pontudo. Um dia, ao atravessar a cena, para beijar a mão de Marina Freire que vinha entrando, tropeçou no tapete e perdeu o equilíbrio. Com o impulso, não conseguiu parar e acabou aterrissando, de nariz, na mão que ela estendia.

A peça parou. A platéia uivava; os atores, todos virados de costas, soluçavam de tanto rir, enquanto Sérgio tentava em vão devolver o formato original ao nariz achatado.

Os dois meses que se seguiram foram inteiramente ocupados, de um lado, com os preparativos do casamento: convites, lençóis de linho, armários embutidos, camisolas de seda... e, de outro, com os ensaios da peça seguinte: *A Ronda dos Malandros*, uma adaptação, em forma de opereta dramática, da *Beggar's Opera*, de John Gay. O primeiro fracasso da companhia.

Não sei o que foi que levou Ruggero a montar, no TBC, esse clássico do socialismo romântico do século dezoito. Ainda mais, considerando que Bertolt Brecht, em 1920, já tinha escrito uma peça, mundialmente famosa, inspirada no mesmo original: *A Ópera dos Três Vinténs*.

Ruggero considerava a obra de John Gay não um texto, mas um "pretexto", um *canovaccio*, o que, em linguagem teatral, equivale à trama, à espinha dorsal de uma peça, sua linha mestra, em cima da qual se constrói o texto definitivo. Por isso, os adaptadores Carla Civelli e Maurício Barroso sentiram-se à vontade para utilizar um poema de Cruz e Souza, *A Litania dos Pobres*, para abrir o espetáculo: *"Os miseráveis, os rotos são as flores dos esgotos..."*

A reação da platéia foi totalmente negativa.

Resultou num espetáculo obscuro e confuso, em que nós, atores, nos perdemos e que desnorteou o público. Refletia a confusão em que o pró-

prio Ruggero se debatia por motivos particulares. Estava se separando de Carla Civelli, então sua mulher, e partindo para um novo casamento.

Ao longo dos anos, conheci cinco esposas dele. Por todas esteve apaixonado e todas as crises sentimentais que atravessou refletiram-se em seus trabalhos.

Para avaliar até que ponto ele estava confuso, basta lembrar que, a três dias da estréia, ainda não marcara uma cena do segundo ato em que Sérgio e eu executaríamos uma pequena coreografia.

Isso deixou Sérgio furioso e, uma noite, ele acabou explodindo, ameaçando largar tudo. Foi um silêncio total na sala de ensaios. Os colegas olhavam para mim, esperando para ver qual seria a minha reação. É difícil descrever o que senti: sabia que eles iriam criticar sua atitude, taxando-a de estrelismo. A única saída era manter-me calma e aguardar o final da explosão. O importante era fazê-lo sentir que eu estava do seu lado, e que podia contar comigo.

Lembrei-me de Chinita Ullman, bailarina e coreógrafa, professora da Escola de Arte Dramática e, apesar de ser quase meia-noite, telefonei e pedi que nos ajudasse: a coreografia precisava ser marcada com urgência. Aquiesceu com a maior boa vontade e mandou que fôssemos até a casa dela.

Saímos de lá às três horas da manhã, com a coreografia pronta e Sérgio, finalmente, serenado.

A peça chocou principalmente os diretores da Sociedade Brasileira de Comédia. Murmurava-se nos bastidores que, por sugestão deles, foram suprimidas frases, como: *"os ricos escondem dinheiro debaixo do colchão..."*

Zampari decidiu tirar a peça de cartaz após quinze dias, sem consultar Ruggero, o que provocou seu pedido de demissão do TBC, e também, da Companhia Cinematográfica Vera Cruz.

Foi uma perda muito grande para todos nós. Jacobbi era o professor, o homem cultíssimo, a quem todos recorríamos para esclarecer qualquer dúvida. Era na companhia dele que ficávamos, pela noite adentro, ouvindo-o falar ou declamar textos clássicos e poesias. Seu ecletismo abrangia todos os estilos e todas as épocas.

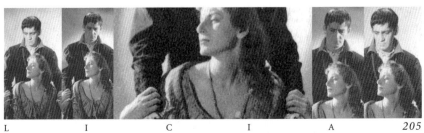

Perguntei-lhe, uma vez, como pudera adquirir tamanha bagagem cultural, sendo tão jovem. Respondeu que, quando moço, sofria de uma insônia constante. Nada conseguia fazê-lo dormir mais do que poucas horas. Resolveu, então, passar as noites lendo e estudando. E fez isso durante anos a fio.

Foi um homem profundamente simples, humano, bom e carinhoso. Reencontramo-nos pela última vez em 1970, em Roma, durante a viagem que Sérgio, Sylvinha e eu fizemos à Itália. Estava casado com uma moça inglesa muito bonita, que tinha sido sua aluna em Milão, e tinha uma filha que adorava.

A importância de Ruggero dentro do panorama teatral brasileiro foi infinitamente maior do que a de todos os outros diretores.

O número de jovens que ele influenciou com suas palestras, o estímulo que lhes transmitiu para que procurassem seu próprio caminho e criassem uma dramaturgia nacional, abriu os horizontes de toda uma geração.

Não foi somente em São Paulo e no Rio que ele plantou sua semente. A Universidade Federal de Porto Alegre foi sua última trincheira na batalha em prol de um teatro nacional popular, dirigido por jovens diretores brasileiros.

Voltou à Itália, não por vontade própria.

Quando estivemos com ele em Roma, era tamanha a saudade que sentia do Brasil, que chegava quase a ser palpável. Queria voltar, nem que fosse por poucos dias, mas precisava de um convite oficial, para sua própria segurança.

Sérgio, no Rio, tentou vários contatos com autoridades, mas, pelas reações adversas, logo percebeu que uma volta de Ruggero ao Brasil seria muito arriscada na conjuntura política da época.

Sérgio e eu nos casamos no dia 29 de maio de 1950, numa cerimônia civil realizada no saguão do Teatro Brasileiro de Comédia. Meus padrinhos foram Yolanda e Ciccilo Matarazzo, e os de Sérgio, Carla e Ruggero Jacobbi.

A mesa do Juiz de Paz foi colocada no alto da escada que leva à platéia e eu subi os degraus de braço com meu irmão. Meu pai, a essa altura, só podia se movimentar apoiado em duas muletas. Por isso, teve de assistir à cerimônia sentado em um banquinho alto. Na ocasião, eu estava muito eufórica para perceber o quanto deve ter sido doloroso para ele não ter podido conduzir sua única filha.

Além dos pais de Sérgio: Esther e Francisco Mattos Cardoso – vindos especialmente do Rio de Janeiro – e de Paolo e Lella, únicos parentes que ainda residiam no Brasil, estavam presentes muitos amigos de ambas as famílias, colegas do Mackenzie, atores, fotógrafos e jornalistas.

Na semana seguinte, saíram páginas inteiras com fotos do casamento, em todas as revistas.

Foi o primeiro casamento entre atores do TBC e Franco Zampari fez questão de oferecer a recepção. Nos anos seguintes, se casariam Ruy Affonso e Elizabeth Henreid, Carlos Vergueiro e Zilah Maria, A. C. Carvalho e Cecília Machado, e Waldemar Wey e Wanda Primo, o que fez Luciano Salce comentar, brincando:

— Acho que não vamos mais ter Teatro das Segundas-Feiras. Todas as datas estão tomadas para os próximos enlaces.

Na hora de jogar o buquê, minha avó, a Tota Eppa, que já estava com oitenta e quatro anos, correu na frente de todo mundo gritando, feliz:

— Joga "prá" mim! Joga "prá" mim!

Quem pegou as flores foi Monah Delacy, aluna da Escola de Arte Dramática, que se casou um ano mais tarde com seu colega Geraldo Matheus Torloni.

A equipe da Vera Cruz ia para Ilha Bela filmar *Caiçara* e não apareceu. Celi – o diretor do filme – resolvera iniciar as filmagens naquele mesmo dia e não houve quem o fizesse adiar a partida por duas horas.

Curiosa foi a reação da colônia israelita ao nosso casamento. Adotaram Sérgio sem restrições: afinal, ele tinha se casado com uma judia!

Comigo, foram menos benevolentes: eu tinha me casado com um católico!

Passamos nossa lua-de-mel, de exatamente vinte e quatro horas, no Parque Balneário, em Santos.

No saguão do hotel, enquanto Sérgio preenchia a ficha como "Senhor e Senhora Sérgio Cardoso", cumprimentei uma ex-colega do Mackenzie, que não via há muitos anos. Fiz as apresentações:

— Meu... hmm... marido...

Era a primeira vez que usava esse termo. Ela me olhou, espantada:

— Quando foi que você se casou?

Respondi, bem baixinho:

— Hoje de manhã.

Ela não se conteve. Deu uma gargalhada e falou, bem alto:

— HOJE DE MANHÃ?

Houve um silêncio repentino no saguão. Todas as cabeças se voltaram na nossa direção. As pessoas sorriam, com ar cúmplice.

Lembram-se daquela célebre frase: "Queria que o chão se abrisse..."? Pois é!

No dia seguinte, às duas horas da tarde, tiveram início os ensaios de *A Importância de Ser Prudente*, de Oscar Wilde, primeira direção de Luciano Salce no TBC.

Na distribuição dos papéis, Cacilda se rebelou. Não queria ser Lady Bracknell, a velha dama. Achava que, depois de ter interpretado uma velha em *Arsênico e Alfazema*, uma lésbica em *Entre Quatro Paredes* e uma mãe em *Os Filhos de Eduardo*, tinha direito a um papel de mocinha.

Zampari e Salce foram irredutíveis: Lady Bracknell era a protagonista feminina e era ela quem deveria interpretá-la. O papel da moça, Gwendolin, coube a mim, o que me deixou muito feliz.

A peça, por sua leveza e frivolidade, era mais fácil de ser interpretada pelo elenco feminino, e Cacilda, Elisabeth Henreid e eu nos saímos bem. Recebemos críticas excelentes. Elisabeth chegou a ser indicada para "Revelação de Atriz".

As roupas de época, desenhadas por Aldo Calvo, eram elegantíssimas e nos obrigavam ao uso de coletes com barbatanas, aos quais não estávamos acostumadas. Tentei de todo jeito convencer Aldo a me dispensar

de usá-lo, alegando que eu não tinha estômago nenhum e que minha postura era correta. Não adiantou.

Uma noite, cheguei atrasada ao teatro e vesti o colete rapidamente, já quase na hora de entrar em cena. Passei o primeiro ato inteiro incomodada pelas barbatanas que me machucavam as costelas.

Tão logo saí de cena, corri ao camarim, chamando Zoraide, a camareira, para me ajudar a tirar aquele instrumento de tortura. Qual não foi o nosso espanto ao constatar que, na pressa, vestira o colete de cabeça para baixo e nem percebera! A partir daquele dia, nunca mais o usei.

Foi Salce que instituiu no TBC um velho hábito teatral italiano: o "enterro" da peça. No último espetáculo, era costume os atores fazerem brincadeiras em cena e inventarem "cacos". O importante era que tudo fosse muito engraçado e não prejudicasse o ritmo da representação.

Nós não tínhamos nenhuma prática de improvisação. Não pertencíamos à geração de Procópio, Jaime Costa, Alda Garrido, Conchita, que faziam a delícia da platéia com suas brincadeiras improvisadas. Por isso, nossas piadas foram mais que medíocres; limitamo-nos a encher as xícaras de chá com chumaços de cabelos, colocar tijolos na maletinha portátil e outras bobagens do gênero.

No último ato os maquinistas também quiseram entrar na brincadeira e não pregaram o cenário. Assim, ao menor movimento nosso, as paredes de pano pintado balançavam e ameaçavam cair nas nossas cabeças. Waldemar Wey começou a rir, Elisabeth escondeu-se atrás das cortinas e emitia uns guinchos agudos; Cacilda atirou-se na poltrona e riu a valer.

Só quem não riu foi a platéia!

No dia seguinte, saiu em *A Gazeta* um artigo indignado de um espectador. Zampari ficou furioso, mas Celi não teve coragem de falar nada. Afinal, tinha sido Salce quem nos autorizara...

Eu estava feliz, vivendo meu papel de jovem senhora. Além disso, a carreira ia de vento em popa.

Sérgio e eu éramos tratados com o maior carinho e convidados para muitas festas que aconteciam em São Paulo. De quantas deliciosas reu-

niões participamos em casa de Gregory Warchawchik e de Lasar Segall, que sempre faziam questão de recepcionar os artistas estrangeiros de passagem pela cidade! Hoje, a mansão dos Warchawchik, na Vila Mariana, foi tombada pelo Condephaat e denominada "Casa Modernista". Na casa dos Segall, está instalado o museu que leva o seu nome.

Meu amor pelo teatro, embora grande, não me fizera esquecer a música. Principalmente as óperas e, sempre que anunciavam uma apresentação, eu dava um jeito de assisti-las.

Um ano, para a abertura da temporada lírica do Teatro Municipal, estava programada a *Aída*, de Verdi. No papel título, uma soprano famosa na Europa e nos Estados Unidos: Maria Meneghini Callas.

Considerada uma das maiores cantoras do século, tinha fama de ser temperamental.

Fui ao teatro, ansiosa por ouvi-la. Após uma espera de mais de meia hora, o diretor veio ao proscênio comunicar ao público que a Callas não cantaria. Não tinha sequer chegado a São Paulo; permanecera no Rio de Janeiro. Diziam que estava adoentada. Seria substituída por uma cantora residente em São Paulo: Norina Greco.

A decepção foi grande.

Norina estava jantando no Hotel Esplanada, quando foi localizada pela direção do Municipal, que lhe dirigiu insistentes pedidos para que salvasse a estréia.

Aquiesceu, com a condição de se apresentar vestida como estava, sem se caracterizar de abissínia, para que ficasse patente tratar-se de uma substituição de última hora, sem ensaio.

Com o desenrolar do espetáculo, ao contracenar com o barítono que interpretava o papel de seu pai, o rei dos Etíopes – e que estava inteiro maquiado de preto – o vestido de seda azul-celeste de Norina foi ficando cada vez mais cheio de manchas escuras. Isso distraiu o público feminino, que só falava na roupa manchada, já esquecido da ausência da cantora famosa.

A Callas só veio a São Paulo mais tarde, para cantar *Norma*, de Bellini.

Lembro que numa frisa, no fundo da platéia, estava sentada Renata Tebaldi, sua grande rival, que também se apresentava na mesma temporada.

Na época, os fãs das duas sopranos dividiam a Itália em duas facções. Ambas reivindicavam para sua diva o título de "Maior Cantora do Mundo".

Confesso que a presença das duas cantoras no auge da carreira, mexeu comigo. Despertou em mim a antiga vontade de cantar. Por um momento, cheguei a me perguntar se não cometera um erro ao optar pelo teatro. Se, na verdade, não deveria ter lutado para seguir a carreira de cantora lírica, que se delineara tão promissora. Mas a opção já tinha sido feita: e a ela me mantive fiel.

Logo após *A Importância de Ser Prudente*, iniciamos os ensaios de *O Anjo de Pedra*, de Tennessee Williams. Gostei muito de voltar a representar um texto do mesmo autor de *À Margem da Vida*. Achei que me traria sorte.

A tradução era de Raymundo Magalhães Júnior, jornalista e teatrólogo carioca, que detinha os direitos de tradução de praticamente todos os textos americanos no Brasil. Muito atarefado, algumas vezes entregava as traduções a terceiros e nem sempre fazia a revisão. Foi o que aconteceu com *O Anjo*. Lembro-me de uma frase e de quanto ela me deixou intrigada: *"Entra Rosa Gonzales com seu vestido de flanela..."* Que diabo? Vestido de *flanela* por que? Pedi a Salce para ver o texto original.

Lá estava: *"She is dressed in a Flamenco costume"*.

Tornou-se necessário rever toda a tradução.

Foi um espetáculo maravilhoso. Quase perfeito. Cacilda nunca esteve tão completa, tão exata nos mínimos detalhes. Outra grande interpretação foi a de Rachel Moacyr, que estreava no difícil papel de uma velha louca! Um daqueles casos típicos em que a inteligência e a cultura substituem com vantagem a técnica teatral.

Eu era Rosa Gonzales, uma bailarina mexicana, apaixonada e ciumenta. De cabelos pintados de preto, vestido justo de cetim e sapatos

com nove centímetros de salto, dançava e tocava castanholas. Tinha tomado aulas com a coreógrafa Alina Biernacka.

Que desafio estimulante foi mergulhar no universo passional da personagem! Aliás, o que sempre me fascinou no teatro foram os ensaios: as horas de pesquisas, a busca do elo que me ligaria a esse ser desconhecido que eu deveria dominar por completo, até que ele e eu nos tornássemos uma coisa só.

Anos mais tarde, já na década de oitenta, quando eu dirigia o Departamento Cultural da RTC – Rádio e Televisão Cultura de São Paulo – realizamos uma série de programas sobre o teatro paulista. O produtor era Júlio Lerner.

Nas longas discussões quanto ao conteúdo e ao formato dos programas, chegamos à conclusão de que nada a respeito do TBC seria válido sem os depoimentos de Celi, Salce e Jacobbi. Só que os três estavam morando em Roma.

Era importante que o Júlio fosse até lá ouvi-los, mas isso não era fácil para uma TV educativa, sem recursos para viagens internacionais.

Felizmente, conseguimos vencer as dificuldades e ele foi.

Pôde então colher os depoimentos emocionados desses três profissionais que participaram do início do teatro paulista e a nós continuaram ligados por profundos laços de amizade. Hoje, que Ruggero, Celi e Salce já faleceram, esses depoimentos assumem importância e dimensão históricas.

Salce, ao relembrar *O Anjo de Pedra* – seu grande sucesso – teve palavras elogiosas para minha "Rosa Gonzales", o que me tocou profundamente, pois ele, com seu jeito meio seco, meio brincalhão, nunca fora de grandes elogios. Apesar disso, era o diretor com quem mais gostava de trabalhar: inteligente, culto, engraçado, profundamente irônico e muito seguro daquilo que pretendia realizar, passava uma imagem muito mais madura que a de Celi. Provavelmente, por tudo o que passou durante a guerra.

Aprisionado pelos nazistas, esteve internado em um campo de concentração, onde sofreu física e moralmente. Ainda tinha no braço a tatua-

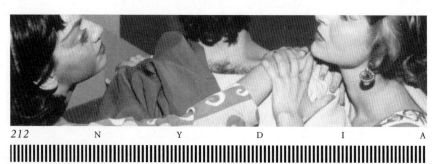

gem com o número do campo. Não costumava tocar no assunto, mas uma noite em que estava triste e sentia necessidade de desabafar, acabou contando o que fora obrigado a passar.

Foi a única menção às atrocidades a que fora submetido naquele período e que tanto o marcaram.

Foi também em *O Anjo de Pedra* que Cleyde Yaconis estreou em teatro.

Cleyde era a irmã caçula de Cacilda e trabalhava no TBC como responsável pelo guarda-roupa.

Eu precisava deixar o papel de Rosa Gonzalez por alguns dias para me submeter a uma intervenção cirúrgica. Como achar uma substituta disposta a assumir o papel por tão pouco tempo?

Cacilda e eu estávamos conversando a respeito quando Cleyde entrou na sala.

Os olhos de Cacilda brilharam. Piscou para mim, e nem precisou falar. Todos achamos a idéia ótima. Cleyde saiu-se bem como atriz e revelou-se, desde o início, uma excelente colega.

Nos primeiros meses do nosso casamento, Sérgio e eu ficamos morando na casa de meus pais. Tínhamos alugado um apartamento num prédio em construção em frente ao teatro, que ainda demoraria algum tempo para ficar pronto.

Foi uma sensação estranha continuar residindo na casa paterna e, ao mesmo tempo, ser uma mulher casada e independente. Apenas não contei com um fato: eu tinha mudado, mas meu pai continuava o mesmo, achando ruim que voltássemos para casa tão tarde e levássemos uma vida meio boêmia.

Apesar disso, esse período de convivência foi muito bom para todos nós. Permitiu que Sérgio conhecesse melhor os sogros e que surgisse entre eles uma sólida amizade. E permitiu também que eu me aproximasse de meu pai e o conhecesse melhor. Afinal, já não era mais aquela menina que precisava esconder suas traquinagens para não apanhar! Agora enxergava com olhos de adulta e podia ver que ele era uma dessas pessoas profundamente boas, que são naturalmente finas e amáveis. Sempre igual com todos, era adorado principalmente pelos mais pobres, que

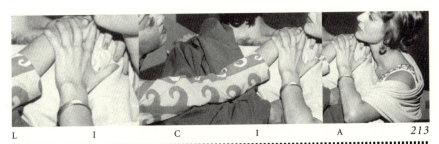

sabiam poder recorrer a ele quando precisassem de ajuda moral ou financeira.

No fim da vida, vitimado pela terrível gota deformante, ficou anos preso a uma cadeira de rodas ou então deitado na cama, quase sem se mexer, mas não parou de trabalhar. Instalou em casa o consultório radiológico e descia por um elevador especialmente construído para ele, sentado na cadeira de rodas. Quando, perto do fim, não conseguia mais descer, nem mesmo carregado, a enfermeira batia as chapas e as levava para ele analisar e ditar o diagnóstico. Trabalhou até o último dia em que viveu.

Foi nas horas que passei em sua companhia que pude aquilatar sua força moral e sua serenidade. Sei que sofreu enormemente, com o ácido úrico triturando-lhe os ossos. Vi feridas abertas, das quais saíam pedras pontiagudas, mas nunca o ouvi se queixar. Tinha sempre uma palavra de encorajamento para os outros e manteve até o fim o bom humor e um profundo amor à vida.

Foi através dele que aprendi a ver o lado engraçado das coisas, a nunca permitir que um acontecimento, por mais trágico que fosse, me transformasse numa mulher amarga.

Um mês após o meu casamento, Lívio também se casou com uma moça que namorava há algum tempo, desde que era aluna da Escola de Enfermagem: Maria do Carmo Marcondes Machado. Chamava-a carinhosamente Lia, nome pelo qual todos a tratamos até hoje.

Ao casar-se, ele ainda cursava o último ano de Medicina e, ao mesmo tempo, ajudava meu pai no consultório. Ela, já formada, trabalhava na Clínica Pediátrica do Hospital das Clínicas.

Nessa época, minha mãe recebeu um convite para dirigir, em Blumenau, a ópera *Anita Garibaldi*, de autoria de Heinz Geyer, um maestro de Santa Catarina. O convite era extensivo aos seus alunos que já estivessem em condições de cantar em público. Já contei que minha mãe se tornara uma das professoras de canto e impostação de voz mais respeitadas da cidade. Jovens atores e estreantes a procuravam para que me-

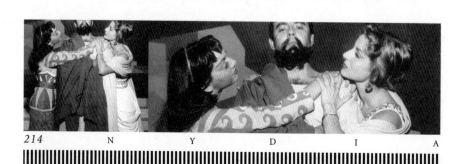

lhorasse suas vozes fracas ou mal colocadas, e ela realizava verdadeiros milagres. Em pouco tempo, estavam irreconhecíveis.

Sua vida mudara totalmente – e para melhor – desde que vendeu a coleção de orquídeas, que Lívio e eu detestávamos tanto, e recomeçou a trabalhar. (Isto, aliás, só fez reforçar minha convicção de que eram as orquídeas que davam azar.)

Ela, que antigamente só ia ao teatro para ouvir concertos e óperas, começou a assistir a todas as peças em que os alunos atuavam. Em pouco tempo, além de impostar-lhes a voz, começou também a ensaiá-los (o que causou alguns probleminhas com os diretores das peças)!

Quando recebeu o convite para dirigir a ópera, entusiasmou-se, mas hesitava em aceitar, temerosa de deixar o marido sozinho. O fato de Sérgio e eu ainda morarmos com eles, solucionou o problema: nós cuidaríamos de papai e ela poderia viajar despreocupada.

Partiu para Blumenau levando três alunos.

Entre eles estava Lívio, dono de uma voz de baixo-profundo de uma tonalidade rara. Tirou uma licença para poder participar da viagem e fez sua derradeira apresentação em público. Foi o fim de uma promissora carreira de cantor lírico.

Um dia, Sérgio e eu resolvemos ir a uma cartomante. Ela foi muito precisa: afirmou que, dentro de pouco tempo, chegaria alguém da Europa e nos convidaria a acompanhá-lo até seu país, o que seria muito bom para nossa carreira.

Sérgio não acreditou; parecia tão inverossímil! No entanto, alguns dias mais tarde, leu nos jornais a notícia da vinda ao Brasil da Companhia Madeleine Renaud – Jean Louis Barrault. Ficou na maior excitação.

No dia da chegada do grupo francês fomos até a Estação do Norte, em companhia de Luciano Salce, esperar o trem que os trazia do Rio de Janeiro. Barrault ia representar o *Hamlet* no Municipal e ouvira os cariocas falarem muito de Sérgio. Estava curioso a respeito de sua interpretação e pediu para ouvi-lo.

Tive que decorar rapidamente a "cena das medalhas", do segundo ato, para contracenar com ele e, uma tarde, no foyer do Teatro Municipal, representamos para o casal e boa parte da companhia.

Barrault, impressionado com o talento de Sérgio, achou que deveríamos ir para a França. Estudaríamos sob suas vistas, acompanharíamos os ensaios de seus espetáculos, e ele e Madeleine nos introduziriam no ambiente teatral de Paris.

Sérgio não cabia em si de contentamento. No dia seguinte, fomos procurar Franco Zampari, o "tio Franco", sempre tão carinhoso, para pedir-lhe que nos liberasse do contrato por um período de dois anos, a fim de que pudéssemos aceitar o convite.

Mal Sérgio começou a falar, o "tio Franco" transformou-se. Quem estava à nossa frente agora era "o Empresário". Declarou que de maneira alguma nos liberaria, que tinha assumido as dívidas da companhia de Sérgio e que, se rompêssemos o contrato, cobraria tudo o que lhe era devido, e de uma só vez. Que nunca mais trabalharíamos num teatro no Brasil... e não me lembro do que mais. Nunca o vira tão furioso!

Não havia escolha. Desistimos, mas foi uma decepção.

Barrault lamentou que não pudéssemos ir e comentou o fato em casa de Yolanda Penteado, minha madrinha de casamento. Yolanda, imediatamente, ofereceu-se para liquidar a dívida e patrocinar nossa viagem à França. Foi um gesto maravilhoso, mas seria o mesmo que colocarmos Ciccillo Matarazzo entre a cruz e a caldeirinha: de um lado a esposa, de outro o velho amigo. Zampari consideraria o gesto uma traição e jamais o perdoaria.

Continuamos no TBC, mas Sérgio nunca se conformou!

Hoje, passados tantos anos, consigo enxergar essa atitude de Zampari por um outro prisma.

É preciso considerar um pouco a trajetória desse engenheiro italiano – colega de escola de Ciccillo Matarazzo – que, a chamado do amigo, veio para o Brasil em 1922.

Trabalhou e trabalhou duro durante muitos anos até que, por sua competência, conquistou a direção da Metalúrgica Matarazzo. Com o passar

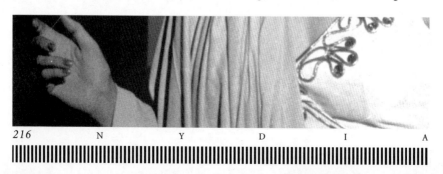

do tempo, ficou em boa condição financeira. Chegou a ser proprietário de terrenos, apartamentos no Rio e em Guarujá, e uma esplêndida casa com piscina na rua Guadelupe, que vivia cheia de amigos.

Pois bem: tudo, tudo o que juntara em trinta anos de trabalho árduo, ele investiu no teatro e na Companhia Cinematográfica Vera Cruz.

O que isso lhe custou, poucos sabem. Durante anos a fio, sustentou e financiou ambos. Queria que tudo fosse do mais alto nível. Só que a Vera Cruz rapidamente se transformou num sorvedouro de dinheiro. Até a renda dos espetáculos do TBC escoava por lá.

Mas Zampari não desistia. Foi vendendo – um a um – todos os seus bens até hipotecar sua própria casa. E a Vera Cruz comeu tudo.

Deborah Zampari, a viúva, declarou numa entrevista a "Dionysos" que "ele poderia ter desistido do cinema e ter vendido o terreno de São Bernardo, onde estavam localizados os estúdios. Com isso, teria quitado as dívidas e ainda ficado com um pouco de dinheiro."

Não quis. Tudo aquilo era obra sua: desenhara as plantas, acompanhara a construção, transformara barracos em modernos estúdios. Queria que isso fosse preservado – até mesmo sem ele – para ser um centro de produção de filmes.

Perdeu tudo. No fim, lhe tiraram até o TBC.

Morreu pobre, sozinho, abandonado por muitos dos amigos que durante anos se banquetearam às suas custas.

Mas seu sonho continua lá, até hoje.

Então um homem destes, que nutria um amor ciumento e possessivo por todos os seus contratados e companheiros de trabalho, iria abrir mão de dois atores importantes de seu elenco, para eles irem estudar na França?

Logo ele, que considerava o TBC uma escola de nível internacional e para a qual trouxera da Europa tantos diretores?

Um dos projetos mais aguardados por todos nós era o Teatro das Segundas-Feiras, organizado por Salce e Guilherme de Almeida, cuja finalidade era lançar, qualquer coisa que fosse, para o teatro, como, por exemplo, o que é o "suplemento literário" para um grande jornal cotidiano.

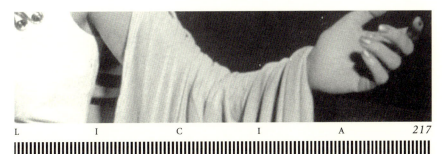

[...] Tudo que por sua natureza for excepcional – atos únicos de grandes autores teatrais ou de grandes poetas, poemas dramáticos, comédias breves, diálogos poéticos e filosóficos... – em suma, tudo o que de teatro tiver a substância, mas não a aparência; tudo o que por mil motivos (sempre artísticos, é claro) não puder ser apresentado em espetáculos normais, terá direito de cidadania no Teatro das Segundas-Feiras.

E mais:

Seu segundo propósito é o de oferecer a autores nacionais, oportunidade de exercitar, medir e avaliar suas próprias possibilidades. Referimo-nos, naturalmente, aos "novos", aos desinteressados, aos tímidos, àqueles que, repudiando o sucesso comercial, tentam caminhos mais difíceis e meritórios [...]

Estes são trechos pinçados do artigo publicado no primeiro programa da série de espetáculos das segundas-feiras.

Todos queríamos participar, não nos importando minimamente com o excesso de trabalho: estávamos com uma peça em cartaz à noite, ensaiávamos a próxima no período da tarde, e o espetáculo das segundas-feiras pela manhã e também depois da sessão da noite. Vivíamos teatro, respirávamos teatro, existíamos em função do teatro.

A primeira direção coube a Zbigniew Ziembinski, polonês radicado no Rio de Janeiro desde o início dos anos 1940, que, com a saída de Ruggero, foi contratado como diretor e ator.

Quando, em 1939, as tropas de Hitler invadiram a Polônia, Zbigniew Ziembinski encontrava-se em *tourneé* fora do país. A guerra pegou-os de surpresa. Tendo procurado a Embaixada polonesa para saber como voltar a Varsóvia, receberam ordem de não regressar. A Polônia queria seus artistas fora do desastre que estava arrasando a Europa. Queria-os como embaixadores da cultura polonesa em outras terras para que, pelo menos uma parte de sua arte permanecesse viva e atuante. Chegando ao Brasil, Ziembinski introduziu-se no meio teatral carioca e, em pouco tempo, estava participando do grupo amador mais importante do Rio de Janeiro: Os Comediantes.

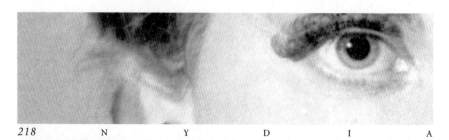

E foi lá que ele se consagrou, dirigindo a peça que revolucionou o teatro brasileiro, *Vestido de Noiva*, de Nelson Rodrigues. Comparada às comédias apresentadas pela maioria das companhias profissionais cariocas, com meia dúzia de atores, um ou dois cenários – quase sempre telões pintados – pode-se imaginar o impacto que provocou com o cenário de Santa Rosa em três planos, 140 mudanças de cena, 300 efeitos de luz, sem contar com trinta atores e outros tantos técnicos.

Para sua estréia no Teatro das Segundas-Feiras, no TBC, ele escolheu três peças curtas: *O Homem da Flor na Boca*, de Pirandello, interpretada por Sérgio, *Lembranças de Berta*, de Tennessee Williams, interpretada por mim, Rachel Moacyr e Célia Biar, e *O Banquete*, de Lúcia Benedetti, com Marina Freire, Elisabeth Henreid em seu primeiro papel dramático, e o próprio Ziembinski. Sérgio, além de ator, era assistente de direção.

Ziembinski era completamente diferente dos jovens diretores italianos. Seu estilo era mais pesado, oriundo do expressionismo centro-europeu. Incutia respeito e admiração, mas dava-nos a impressão de ser muito mais velho do que realmente era.

Levava tudo a sério; não havia brincadeiras nem piadas durante os ensaios. Na primeira leitura, já sabia o que realizar com os atores, como seria o cenário e mil outros detalhes. Dava todas as inflexões e ficava martelando até que falássemos igual a ele.

Para mim foi grave; tenho uma facilidade enorme em imitar – sem perceber – pronúncias e sotaques e, no dia da estréia de *Lembranças de Berta* dei por mim, em cena, gritando: – "Chame a póóóliciaa", com o sotaque mais estranho do mundo.

Mas o velho Zimba era um grande homem de teatro. Talvez o maior de todos. Fascinante trabalhar ao lado dele, quando ator! Sentávamos em seu camarim para vê-lo maquiar-se. Era um mestre em maquiagem. Grande colega, aconselhava-nos, sugeria pequenas modificações que melhorassem a interpretação e fazia críticas construtivas.

Mas, quando entrava em cena, era uma fera. Cada um que cuidasse de si.

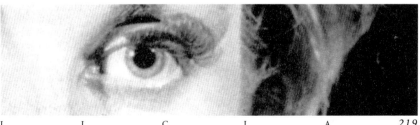

A ação de *Lembranças de Berta* desenrolava-se num ambiente sórdido: o quarto de um prostíbulo miserável, à beira de um rio, no sul dos Estados Unidos.

Para dar alguma veracidade à personagem, necessitava ver – embora de longe – um prostíbulo verdadeiro. Minhas idéias a respeito eram pura fantasia, resultante de leituras.

Sérgio achou que eu devia dar uma volta pela zona de meretrício e pediu a um amigo, que tinha carro, que nos levasse. De maneira alguma poderia circular por lá a pé! (A "zona" foi extinta alguns anos mais tarde, durante o governo de Lucas Nogueira Garcez.)

O automóvel ia passando devagar pelas ruas "suspeitas" e eu vislumbrei mulheres esquálidas, vestindo apenas uma combinação, encostadas no beiral das portas, ou meio ocultas pelas treliças das janelas, tentando atrair os homens que passavam.

Uma delas aproximou-se – certamente para convidar os ocupantes do carro – e deparou comigo. Me encarou fixamente e começou a me xingar aos gritos. Afundei no banco o mais que pude, tentando escapar àquele olhar cheio de ódio e de humilhação. O carro acelerou e saímos da "zona".

Foi uma experiência incrível e chocante, mas a tragédia que senti pairando no ar, nas vozes e nos rostos das mulheres, me ajudou muito na criação da personagem.

Pouco antes da estréia, surgiu um problema: Ziembinski queria que eu fosse loira. Para ele, a prostituta moribunda *tinha* que ser loira. Só que eu ainda estava representando o papel da mexicana Rosa Gonzales em *O Anjo de Pedra* e meu cabelo continuava pintado de preto. O impasse estava criado.

Acabei usando uma peruca amarela, toda despenteada, presa com dezenas de grampos que enganchavam no travesseiro cheio de rendas quando me debatia nos acessos de desespero da personagem. Nada mais incômodo para qualquer tentativa de concentração!

A frustração que senti perdurou durante anos e só passou quando, ao remontar a peça em 1959, mudei completamente a interpretação e consegui críticas ótimas que "me lavaram a alma".

Meu pai foi assistir a *Lembranças de Berta* apoiado em duas muletas, arrastando-se com grande esforço até uma poltrona mais alta no fundo da platéia, onde podia esticar as pernas, sem dobrar os joelhos já endurecidos.

Chocou-se brutalmente com a prostituta moribunda que interpretei. Ficou tão envergonhado que não sabia como encarar as pessoas. Dei graças a Deus por ele não ter podido assistir a *Entre Quatro Paredes*. Com o passar do tempo, foi aceitando o fato de que, como atriz profissional, eu tinha que interpretar todo tipo de papéis.

Quando remontei a peça no Teatro Bela Vista, aplaudiu entusiasmado minha interpretação.

Finalmente ficou pronto o apartamento que tínhamos alugado no último andar do prédio novo, em frente ao TBC.

Começamos a levar para lá os móveis antigos, presente de meus pais, e tudo o que tínhamos comprado: camas, roupas, livros, discos... Muitos caixotes ainda estavam empilhados no chão, quando a caixa d'água do prédio transbordou e alagou tudo.

Lá se foram minhas camisolas de seda italiana!

A vista era belíssima; da janela da sala descortinávamos todo o Vale do Anhangabaú, quase sem prédios. Ao longo dos dez anos em que moramos lá, a vista foi diminuindo gradativamente, à medida em que os espigões de mais de quinze andares pareciam brotar da terra, formando uma muralha de cimento.

Morar tão próximo do TBC facilitou muito nossa vida. Era só atravessar a rua e estávamos no teatro. Nas primeiras semanas nem saíamos das redondezas, a não ser para ir ao cinema, às segundas-feiras, ou para almoçar com meus pais, aos domingos.

Lívio e Lia também não faltavam a esses almoços familiares, que eram as únicas oportunidades que tínhamos para nos encontrarmos, dada a diferença de nossos horários de trabalho.

Durante a temporada de *O Anjo de Pedra*, começamos a ensaiar *Do Mundo Nada se Leva*, de George Kaufman e Moss Hart, comédia de sucesso na década de trinta, tanto na Broadway como em Hollywood.

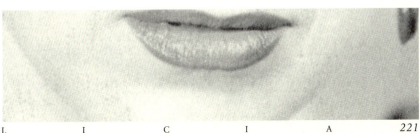

Era a época em que as comédias já eram escritas com vistas a um possível aproveitamento cinematográfico, e esta dera muito certo no filme dirigido por Frank Capra, com James Stewart e Lionel Barrymore nos papéis principais.

Coube-me o papel da Grã-Duquesa Olga Katrina, uma russa exilada em Nova York, personagem farsesca, divertidíssima de ser representada.

Em contrapartida, a Sérgio foi designado o galãzinho, o que o deixou furioso. Achou que estava sendo boicotado e que queriam destruí-lo. O argumento de Celi e de Cacilda era que, para a carreira dele, era imprescindível que soubesse interpretar papéis modernos, mais simples, e não só personagens clássicas e características. Foi uma luta convencê-lo. Ensaiava contrariado e não conseguia entrar no papel. Um dia, já perto da estréia, tivemos uma longa conversa em casa. Consegui fazê-lo entender que era muito importante que se saísse bem; que quem havia representado, com sucesso, Shakespeare e Goldoni, não podia ser derrotado por Kaufman e Hart.

Começamos a bater o papel juntos, com paciência, até ele se acostumar a representar com uma garrafa de coca-cola na mão, um andar mais desleixado, uma impostação de voz mais natural. Quando aceitou o fato, começou a reagir. Na estréia estava pronto e saiu-se bem.

Cacilda, que iria participar da peça fazendo uma ponta muito engraçada, não passou do primeiro ensaio, sendo substituída por Rachel Moacyr. Zampari mandou-a para o Hotel Toriba, em Campos do Jordão, passar quinze dias descansando e se preparando para a luta seguinte: uma interpretação dificílima no Teatro das Segundas-Feiras – que se tornou um dos maiores sucessos de sua carreira – *Pega-Fogo*, de Jules Renard.

Foi nesse ano, 1950, que, com intervalo de poucos meses, morreram minhas duas avós. *Nonna* Luisa em Trieste, para onde tinha voltado a fim de ser enterrada ao lado do marido, e vovó Emma em casa, assistida por todos nós em seus últimos momentos.

Por muitos meses eu não podia ver uma velhinha de cabelos brancos sentada na platéia, sem sentir um aperto no coração

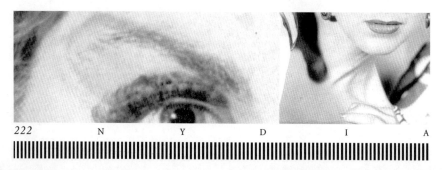

1950 foi um ano muito pródigo em estréias. No último mês, ainda apresentamos o segundo espetáculo das Segundas-Feiras, que reuniu três peças: *Rachel*, de Lourival Gomes Machado e *Pega Fogo*, de Jules Renard, dirigidos por Ziembinski, e *O Inventor do Cavalo*, de Achille Campanile, dirigido por Salce.

Rachel, drama bíblico, definido modestamente por seu autor como "um caderno de linguagem", dava margem a uma direção teatral, densa, bem ao gosto do diretor. Éramos só três atores em cena, vivendo Rachel, Jacó e Labão. O problema era que Orlando Guy era carioca, eu italiana e Alec Wellington, inglês (ele pertencia aos *English Players*, o grupo amador inglês que se apresentava sempre no TBC). As três prosódias, completamente diferentes, representavam a primeira dificuldade para um bom entrosamento.

A segunda, foram os mantos: Ziembinski queria muitos, muitos metros de manto! O meu tinha quatro metros de comprimento, o de Orlando cinco e o de Mr. Wellington, oito. Acontece que o Teatro das Segundas-Feiras precisava se encaixar dentro do cenário da peça em cartaz; portanto, só podia ocupar metade do palco do TBC. E havia uma rampa ocupando o palco em toda sua extensão.

Mesmo tendo mandado cortar dois metros da fazenda, às escondidas do diretor, não havia a menor possibilidade de nos movimentarmos sem que os mantos se emaranhassem e formassem um monte, bem na boca de cena. A impressão causada era a de três macacos presos pelo rabo.

Nas tentativas desesperadas para nos desvencilharmos, parecíamos "vendedores de uma loja de fazenda medindo o pano", como bem nos definiu Alfredo Mesquita.

Foi uma luta inglória. Nem o talento e a voz de baixo profundo de Alec Wellington conseguiram evitar o malogro.

O segundo espetáculo, *Pega Fogo*, seguiu uma linha diametralmente oposta: simplicidade e emoção. Ziembinski nunca esteve tão sóbrio como ator, e Cacilda alcançou um dos pontos mais altos de sua carreira, vivendo de tal maneira o drama do menino sofredor – ora ingênuo e infantil, ora adulto demais – que o público esquecia por completo que, debaixo

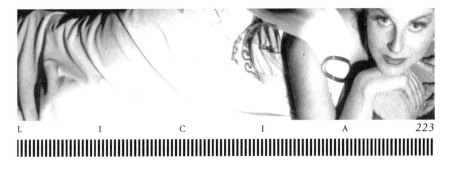

daquela camisa aberta no peito e daquela calça masculina, havia uma mulher.

Para dar mais veracidade à caracterização, ela usava largas tiras de esparadrapo presas nas costas, que puxavam os seios para trás, deixando exposto um tórax de menino.

O que o público sequer imaginava era que, não raro, ao retirar as tiras, elas vinham manchadas de sangue: o uso repetido do esparadrapo causava feridas na pele sensível.

Quem teve a sorte de assistir a essa interpretação jamais a esquecerá.

A terceira peça da noite era uma sátira às academias eruditas; uma caricatura atingindo os intelectuais que perdem seu tempo em discussões inúteis e infrutíferas. Um prato cheio para Salce, que deu ao espetáculo um tom irônico – diria até sarcástico – e altamente caricatural. Raras vezes o elenco se divertiu tanto, cada ator se deliciando em criar sua própria caricatura.

Para interpretar o "Poeta Maledetto", Sérgio se caracterizou com a cara e a roupa de Dante Alighieri. Usou maquiagem esverdeada, nariz postiço e colocou um pouco de massa no canto do olho esquerdo, perto do nariz e pendurou nela um ganchinho com uma pérola em forma de lágrima. De vez em quando, durante o espetáculo, ele tirava a lágrima, limpava-a com um grande lenço e tornava a colocá-la no ganchinho. O efeito era hilariante.

Waldemar Wey fez um presidente da Academia quase centenário. Rachel Moacyr era a Enciclopédica, que conhecia todas as datas da civilização:

— 6 de abril de 14.792 a.C...
— 8 de julho de 12.196 a.C...
— 3 de setembro de 6.011...

Ela só não sabia *o que* havia acontecido naquelas datas!

Carlos Vergueiro era o inventor do cavalo. Apresentava sua invenção através de desenhos ilustrativos do progresso do animal por ele inventado, até atingir o estágio – naturalmente futuro – das quatro patas. Aplaudidíssimo pelos Imortais.

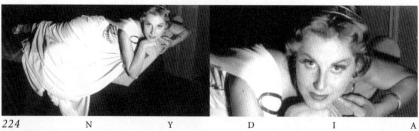

Era então que se ouvia o tropel da cavalaria aproximando-se até desfilar debaixo das janelas da Academia. Todos os acadêmicos corriam até o janelão para ver:

— A cavalaria! A cavalaria! – saudavam eles.

— Ca-va-la-ria? Como cavalaria?

— Mas então... o cavalo já existe?

Espanto geral. Decepção e ira.

O Governador e a Primeira Dama (Luís Calderaro caricaturando o Governador Adhemar de Barros – e eu, com ar idiota, peitos e traseiro enormes e uma pomba branca no decote) saíam ofendidíssimos, levando embora as medalhas que iriam outorgar ao Inventor.

Os cenários e os figurinos foram criados por Sérgio, que foi muito feliz em sua concepção.

Acompanhando o tom que Salce imprimira ao espetáculo, enriqueceu-o com pequenos achados extremamente cômicos. Tudo desenhado e recortado, sem nenhum realismo. Todos os bustos dos acadêmicos eram a caricatura das caras dos atores-personagens. Uma teia de aranha imensa envelopava todo o cenário.

O Inventor do Cavalo foi um espetáculo gratificante para todos nós que tomamos parte nele. Como sempre, Salce conduziu-nos com segurança, mas concedendo liberdade de criação.

O grande público – como era de se esperar – não entendeu nada.

Os poucos que entenderam riram a valer.

O contato inicial entre Ziembinski e os diretores italianos não foi fácil. Eram escolas diferentes, gostos diferentes; enfim, culturas que nada tinham em comum. Mas, aos poucos, surgiu um entrosamento que enriqueceu e beneficiou os espetáculos do TBC.

Salce foi o primeiro diretor a ter oportunidade de dirigir Ziembinski. Foi em *Do Mundo Nada se Leva* e, a seguir, em *Convite ao Baile*, de Jean Anouilh. Desse espetáculo participou também outro ator de origem eslava: Eugênio Kusnet.

Um dia, eu estava sentada na platéia, assistindo ao ensaio de uma cena em que ambos contracenavam. Salce, no palco, dava as últimas ins-

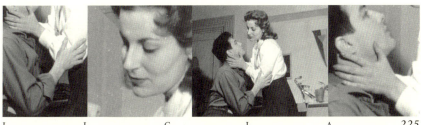

truções. Em seguida, desceu à platéia, sentou-se perto de mim e disse, com um tom muito engraçado:

— Estou me sentindo um menininho perto desses dois senhores imponentes da Europa Central.

Nesse ano se apresentou pela primeira vez em São Paulo a *Compagnia del Teatro Italiano,* encabeçada por um dos atores jovens mais importantes da Itália: Vittorio Gassman.

Talentoso, brilhante, inteligentíssimo, incrivelmente bonito e incrivelmente convencido. O impacto que sua presença causava nas mulheres – e nisso incluo todas nós do TBC – era perfeitamente calculado e avaliado por ele. Não sei como, do alto de tanto convencimento, conseguia ser um ator tão bom.

Veio em companhia de Diana Torrieri, atriz que já se apresentara em São Paulo logo depois da guerra ao lado de Sérgio Tofano, num repertório de peças ligeiras de autores italianos.

Lembro-me de tê-la visto numa comédia de Pirandello, que ela interpretava com muita graça. Havia um problema, porém: era extremamente míope e, em cena, sem óculos, corria sérios riscos.

Justamente no espetáculo a que assisti, havia uma cena em que ela precisava recuar alguns passos e cair sentada em uma cadeira. Calculou mal a distância e estatelou-se no chão. Com uma classe incrível continuou a representar como se o pequeno incidente fizesse parte da peça. A platéia irrompeu em aplausos.

Agora, ao lado de Gassman, e sob a direção de Luigi Squarzina, revelava todo o seu potencial dramático em *Oreste,* de Alfieri e em *Seis Personagens à Procura de um Autor,* de Pirandello.

Seis Personagens havia sido levado há poucos meses ao TBC, com Cacilda, Sérgio, Paulo Autran e Rachel Moacyr nos papéis principais. Era inevitável a comparação entre os dois espetáculos. Mas, na opinião tanto do público, quanto da crítica, a performance nacional nada ficou a dever à dos italianos.

O elenco da *Compagnia del Teatro Italiano* era composto em sua maioria por atores jovens. Destacavam-se, entre os mais talentosos, Elena

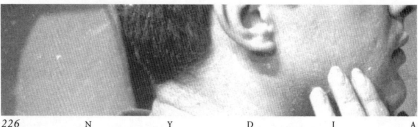

Zareschi – uma esplêndida Electra – e Raoul Grassilli, um Arlequim notável.

Uma noite, depois da apresentação de *Oreste*, fomos cear com eles no Gigetto, o restaurante freqüentado pela classe teatral.

Reinava um clima de grande coleguismo entre Gassman, Squarzina, Torrieri e os nossos Ruggero, Salce e Celi, todos amigos de longa data. De repente, surgiu um desafio, uma espécie de concurso de memória. Um deles citava uma frase de um texto teatral, clássico ou moderno, e cada um dos outros tinha que dar prosseguimento ao trecho iniciado pelo colega. Foi fascinante. A memória de todos era afiadíssima.

No entanto, na segunda-feira seguinte, o elenco italiano deu um recital de poesias no TBC. Aí foi um vexame. A não ser Gassman e mais um ou dois atores, nenhum dos outros conseguiu chegar ao fim das poesias sem tropeçar.

A liberdade de que cada diretor desfrutava no TBC quanto à escolha do repertório proporcionou a Ziembinski a oportunidade de realizar um velho sonho: encenar uma adaptação teatral do conto de Charles Dickens, *O Grilo da Lareira*.

Dedicou-se à obra com tanto amor que comoveu-nos a todos.

"A linha que pretendo dar à obra de Dickens é a da extrema ternura, da mais sincera e profunda vibração emocional, de um ar humano, comovedor e risonho, envolvido em um ambiente da mais pura ingenuidade." (Foi o que ele escreveu no programa.)

Zampari forneceu-lhe todos os recursos necessários para transformar esse sonho em realidade: cenários requintados, guarda-roupa perfeito e uma equipe de artesãos especialmente contratada para criar os brinquedos de feltro que ele tanto almejava.

Meu papel era o de Berta, uma moça cega, muito pobre, que tocava harpa. A música, composta pelo maestro Enrico Simonetti, era executada por uma harpista atrás do cenário. Ensaiei com ela até a dublagem ficar perfeita e dar a impressão de que era eu mesmo quem estava tocando. A personagem era romântica e suave. Adorei representá-la.

Uma noite, eu estava em cena com Waldemar Wey, que fazia o papel de meu pai, aguardando a entrada do terrível Tackleton, vivido por Ziembinski. Só que Zimba não entrou.

Waldemar ficou olhando para mim, apavorado: o que iríamos fazer?

Como Berta era cega, eu não podia fazer absolutamente nada. Limitei-me a dizer:

— Papai, cante aquela música de que eu gosto tanto...

E o Waldemar começou a cantar.

E nada de Ziembinski.

De repente, a porta foi aberta e alguém literalmente atirou Ziembinski para dentro do palco. Meio tonto, ele deu uma gaguejada, mas logo aprumou-se e a cena continuou.

O que aconteceu foi o seguinte: ele estava participando do filme *Tico-Tico no Fubá* e passara a noite anterior e o dia todo filmando. Do *set* foi direto para o teatro. Enquanto aguardava o momento de entrar em cena, sentou-se em uma poltrona atrás do cenário e adormeceu. Ninguém o viu. Foi uma correria de contra-regras e atores, procurando por ele.

Rimos muito no intervalo, sentindo-nos um pouco como alunos que descobrem, na classe, que o professor, sempre perfeito, cometeu um erro.

No ato seguinte, estávamos todos sentados ao redor de uma mesa, ouvindo Marina Freire declamar um monólogo bastante longo. Ninguém percebeu que Ziembinski começou a cochilar. Quando chegou a hora dele falar, estava dormindo. O ator ao seu lado cutucou-o. Acordando de repente, exclamou:

— Rasguei calças!

Ninguém se conteve, foi uma gargalhada geral.

Essa frase ficou na história do Teatro Brasileiro de Comédia.

O Grilo da Lareira teve uma temporada rica em incidentes engraçados. Havia um famigerado elevador, construído especialmente, que subia do porão do teatro até a boca de cena. Durante um blecaute de poucos segundos, colocava Ruy Affonso no palco. O efeito era mágico: ele parecia ter surgido do nada.

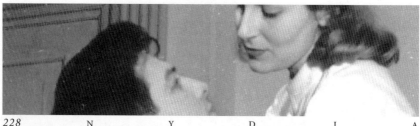

Quando terminava de falar, as luzes se apagavam novamente e o elevador o levava para baixo com a mesma rapidez.

Pois bem: um dia, a luz se apagou e o elevador emperrou no meio da descida. A luz, que voltava automaticamente após alguns segundos, acendeu de novo... E qual não foi o espanto da platéia ao divisar a cabeça de Ruy sozinha, na altura do piso do palco, sem corpo nenhum!

Numa outra ocasião, o elevador quase causou um acidente grave. Luigi Squarzina, o diretor da companhia de Gassman, fez questão de conhecer o TBC, de que os amigos Celi e Salce tanto falavam. E veio visitar o teatro, acompanhado por alguns atores.

Justamente naquele dia, os maquinistas tinham esquecido de fechar o alçapão do palco que tampava o buraco do elevador. Uma das atrizes, Bianca Toccafondi estava admirando o cenário quando, de súbito, desapareceu no vazio!

Por sorte, o elevador estava parado no meio do caminho. Caso contrário, o tombo teria sido de mais de três metros.

A peça, tão carinhosamente ensaiada, não agradou. Era linda – todos concordavam quanto a isso – mas muito arrastada. Zampari não teve dúvida: mandou Ziembinski cortar quarenta e cinco minutos do espetáculo.

Foi o mesmo que pedir a um pai que cortasse o braço do filho predileto.

Ao terminar a temporada, cada um de nós levou um dos bichos de cena como lembrança. Eu fiquei com um sapo de feltro verde, o primeiro enfeite do quarto de Sylvinha, que nasceu no ano seguinte.

Outro espetáculo deslumbrante, alegre e movimentado, vindo da Itália, foi o *Carrossello Napolitano*.

Principalmente numa cena em que os atores, formando dois círculos concêntricos e caminhando em direção oposta, carregavam, cada um, um objeto. Num movimento contínuo, entregavam-no ao vizinho e recebiam dele outro objeto que imediatamente entregavam ao próximo ator e recebiam dele outro... e assim por diante. Durante o movimento, declamavam em coro:

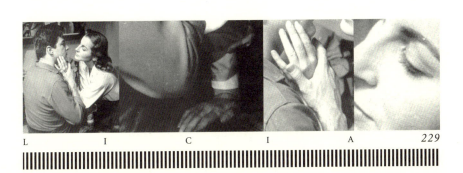

— *Io te dó 'na cosa a te, tu me dai 'na cosa a me.* (Eu dou uma coisa a você, você dá uma coisa a mim.)

Pelo jeito, eles foram os precursores do "É dando que se recebe", tão em moda nos dias de hoje.

Para espanto de toda a família, comecei a levar a sério o papel de dona-de-casa.

Eu, em solteira, sempre fora bagunceira. Havia dias em que não dava para entrar no meu quarto, tal a desordem em que o deixava. Lembro que, certa vez, minha mãe resolveu me dar uma lição. Pegou todas as peças de roupa amontoadas nas cadeiras e colocou-as no chão, uma ao lado da outra, ao longo do corredor e descendo pelas escadas da casa da alameda Santos. Justamente naquele dia, eu havia convidado minha colega, Therezinha de Souza Campos, para tomar um lanche depois das aulas. Imaginem a cara dela ao ver a nova decoração! Depois disso melhorei um pouquinho, mas nada que merecesse elogios...

Daí a surpresa de todos, ao ver a ordem que reinava no apartamento e o carinho com que fora decorado. Mas acontece que o apartamento era MEU, e isso faz muita diferença.

Havia uma cozinha ampla e ensolarada, com uma parede inteira revestida de armários embutidos, para guardar louças e cristais. Colocamos ali os presentes de casamento: vasos de flores, compoteiras, sete dúzias de xicrinhas de café (meu Deus, como acabaram depressa!), copos e mais copos, o serviço de mesa, presente de Franco Zampari, e uma infinidade de outras coisas. Minha mãe até anotara em um caderno tudo o que tínhamos recebido, e de quem, mas Sérgio, num dia de mau humor, atirou o caderno no incinerador do prédio.

De Joe Kantor, dono do Nick Bar, ganhamos um liqüidificador. Sérgio, entusiasmado, resolveu fazer a primeira vitamina de frutas. Descascou maçãs, espremeu laranjas, picou abacate. Colocou tudo dentro do copo e ligou o interruptor. Foi um Deus nos acuda! Voou fruta por todo lado. Espirrou nas paredes, no chão, na porta... É que, ao montar o aparelho, ele não atarraxara o fundo do copo!

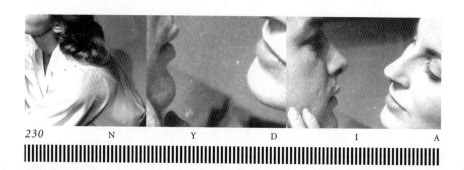

Entre os presentes de que mais gostei, e que uso até hoje, destacam-se dois abajures de pé, doados por Rino Levi e Gregory Warchawchik, de *design* exclusivo e confeccionados especialmente.

O que não existia em nossa casa era uma geladeira. Só conseguimos comprar uma, quando Sérgio representou *Seis Personagens à Procura de um Autor*, de Pirandello. Zampari ficou tão feliz com o sucesso da peça, que presenteou os atores principais com um cheque de cinco mil cruzeiros. Até então, para impedir que a manteiga ficasse rançosa, tinha que guardá-la numa cumbuca cheia de água.

Eu, que mal sabia ferver chá e fazer ovos mexidos, fui aprendendo a preparar doces, suflês e macarronadas. Era capaz de preparar um ótimo *risotto con funghi* mas jamais consegui acertar o arroz à brasileira.

Mas nada disso diminuía nosso entusiasmo. O importante era estarmos sempre preparados para receber visitas, principalmente de cariocas de passagem por São Paulo. Nossa casa se tornou lugar de confraternização entre eles e os atores do TBC.

As reuniões eram informais. Não poucas vezes, os convidados acabavam na cozinha, preparando algum prato de sua especialidade. Uma noite Procópio Ferreira nos brindou com um picadinho com agrião, enquanto Oscarito se esmerava no molho da salada. Maurício Barroso cuidava das bebidas e Rubens de Falco, do café; seu cafezinho levava sempre uma colherinha de chocolate em pó.

Sérgio gostava de oferecer aos convidados batidas de cupuaçu, que ele mesmo preparava e deixava curtir durante semanas a fio.

Quem tinha vindo morar no mesmo prédio, e muitas vezes participava de nossas reuniões, eram Martha e Frederico de Souza Queiroz. Eles haviam se casado exatamente dois dias antes de nós e tinham oferecido uma recepção no Clube dos Artistas, onde se conheceram e noivaram.

Continuávamos amigas, embora vivendo em mundos diferentes. Frederico pertencia a uma família paulista tradicional e os dois freqüentavam muito, além de viajarem todo fim-de-semana.

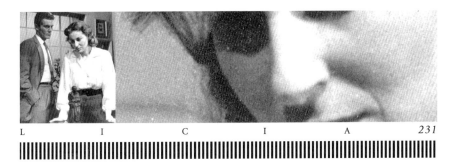

Uma pessoa que não deixava nunca de nos visitar era Claude Vincent, crítica teatral de *A Tribuna da Imprensa*, jornal de Carlos Lacerda. Vivendo na Inglaterra, onde desfrutava da amizade e do respeito dos maiores atores de teatro, marcou sua passagem pelo Brasil graças à profundidade de suas críticas que analizavam, até dissecá-los, os trabalhos dos artistas nacionais. Personalidade complexa, extremamente sensível, magoava-se por qualquer coisa. Filha de um egiptólogo, parecia confirmar a veracidade das maldições que perseguem aqueles que lidam com túmulos de faraós. Sua vida foi uma sucessão de tragédias, que culminaram com o suicídio do pai e a perda de toda a fortuna.

Trazida ao Brasil por Paschoal Carlos Magno para auxiliá-lo na preparação de *Hamlet*, acompanhou a carreira de Sérgio, por quem nutria grande admiração. Foi pródiga em conselhos e críticas construtivas.

Como Sérgio a tratasse com gentileza, apegou-se a ele como um náufrago se agarraria a uma tábua no meio do oceano.

Eu, que sempre tive o péssimo costume de falar antes de pensar, precisava me policiar muito quando ela aparecia, pois qualquer frase infeliz acarretava um mar de lágrimas.

Há uma passagem de sua vida que é importante relatar: durante a Segunda Guerra, Claude, sozinha, atravessou a França ocupada pelos alemães, para socorrer a amiga, a atriz Mrs. Patrick Campbell, que se encontrava doente no sul do país, mas se recusava a voltar para a Inglaterra para não abandonar seu cachorrinho, que teria de ficar de quarentena.

Claude permaneceu ao lado de Stella Campbell até o fim. Após sua morte, descobriu, debaixo da cama, uma chapeleira repleta de cartas. Era toda a correspondência que, durante anos, a atriz mantivera com o dramaturgo George Bernard Shaw.

Voltando a Londres, entregou o precioso fardo à família da amiga.

Anos mais tarde, Jerome Kilty transformou essas cartas em uma peça de teatro de muito sucesso: *Dear Liar,* que chegou a ser apresentada no Teatro Municipal de São Paulo pela companhia de Pierre Brasseur e Marie Casarès, em tradução de Cocteau, com o título de *Cher Menteur*.

Alberto Cavalcanti, brasileiro, radicado na Inglaterra, cineasta muito respeitado na Europa, viera ao Brasil a convite de Assis Chateaubriand, para fazer conferências no Museu de Arte.

Zampari logo o convidou para exercer o cargo de Chefe Geral de Produção da Companhia Cinematográfica Vera Cruz.

Yolanda Penteado, que se tornara grande amiga dele, conta em seu livro *Tudo em Cor-de-Rosa* que o desaconselhara a aceitar:

[...] porque embora o Franco tenha sido bem sucedido no Teatro Brasileiro de Comédia, para fazer cinema, pelo pouco que eu entendo, é preciso bem mais dinheiro e boa direção financeira. O Franco não tem idéia alguma de finanças. Quando trabalhava na metalúrgica, era um engenheiro formidável, ajudou muito o Cicillo a fazer sua fortuna, mas o homem das finanças era o Senhor Lopes que a Vera Cruz não vai ter. Além do mais, nenhum dos diretores entende de cinema. O próprio Adolfo Celi fez só umas peças de teatro. E isso pode acabar mal.

Mas Cavalcanti aceitou o convite. Voltou à Europa, vendeu suas casas em Londres e Paris, arregimentou técnicos experientes, ingleses, franceses e alemães, que já tinham trabalhado com ele e veio para São Paulo, disposto a fazer cinema no Brasil.

É ao pessoal que ele trouxe que devemos o alto nível técnico dos filmes realizados na época – e até hoje reconhecido.

Pouco posso falar da Vera Cruz. Sérgio e eu nos limitávamos a ir a São Bernardo quando convidados para alguma sessão especial ou alguma festa em casa de Carlo Zampari, irmão do Dr. Franco. Carlo tinha sido oficial da Marinha italiana e nunca tivera contato com cinema, mas Franco o colocou como diretor dos estúdios da Companhia Cinematográfica. Era uma pessoa muito amável, mas que jamais entendeu o significado da frase *Time is money*.

Uma manhã, bem cedo, Cavalcanti apareceu no nosso apartamento e me pediu que fizesse uma ponta no filme *Ângela*, que estava sendo rodado no Teatro Municipal. Seria quase uma figuração: uma cantora lírica se apresentando no palco, enquanto a ação do filme se desenrolava numa frisa no fundo da platéia.

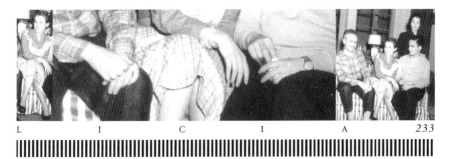

Achei a idéia muito divertida. O papel não tinha a menor importância; suponho que Cavalcanti queria ver como eu me portava diante das câmeras. Sua intenção era a de me incluir em um próximo filme: uma adaptação de *As Doutoras*, de França Junior.

Em dois minutos, estava pronta para sair. Cavalcanti me acompanhou até o maquiador e fez questão de escolher pessoalmente o vestido que eu usaria: um modelo francês, de veludo grená, cedido por Yolanda Penteado.

Não houve ensaio, pois eu apenas fingiria cantar e as câmeras me enquadrariam de longe, em plano geral.

Quando o filme ficou pronto, descobri que estava em *close* e que os movimentos dos lábios não tinham muita relação com a letra da música que estava sendo cantada.

O filme *As Doutoras* não chegou a ser realizado e nem *O Escravo da Noite*, sobre a vida de Noel Rosa, que Cavalcanti queria que Sérgio protagonizasse. Antes disso, Cavalcanti se desentendeu com Zampari e com o grupo dos "italianos", e deixou a Vera Cruz.

Fiquei muito frustrada. De todas as atrizes do TBC eu fora a única a jamais ter sido aproveitada no cinema. Nem sequer um verdadeiro teste me deixaram fazer, alegando que já havia gente demais do TBC na Vera Cruz e que isso estava prejudicando o teatro.

A criação da Vera Cruz abalou o TBC em seus alicerces. Os primeiros a sofrer sua influência foram os três diretores. Celi afastara-se do teatro para dirigir *Caiçara*, o primeiro filme da nova Companhia; Salce estava se preparando para ser o diretor de um outro filme, *Uma Pulga na Balança*, e Ziembinski participava das filmagens como ator. Tornou-se imperativo pensar em mais alguém para o teatro.

A escolha recaiu em Flamínio Bollini Cerri – também formado pela Academia de Arte Dramática de Roma –, o último diretor a chegar da Itália. Apesar de ser só alguns anos mais moço que os outros, parecia incrivelmente jovem. Eu o achava meio esnobe, pois ele fazia questão de andar sempre muito bem arrumado e, ainda por cima, ostentava uma gravatinha borboleta hilariante.

Foi o único diretor com o qual não consegui me entender. A primeira vez que me viu representar foi em *Convite ao Baile*, de Jean Anouilh. No lugar de *Joana D'Arc*, com que Celi havia me acenado poucos meses antes, foi-me designado o papel de uma mulher de meia-idade, bastante ridícula, que contracenava o tempo todo com sua amiga de infância, relembrando o passado. A amiga era interpretada por Rachel Moacyr. Não sei se por equívoco da direção ou por nossa própria culpa, em lugar de criar duas personagens românticas e levemente ridículas, optamos por uma linha caricatural. Talvez pensássemos conseguir assim minimizar o desequilíbrio criado pela diferença de idade existente entre nós. Mas o resultado foi lamentável. A peça não teve críticas muito boas, e nós, menos ainda.

Como a primeira impressão é sempre a que permanece, Bollini não acreditou minimamente que eu fosse capaz de representar melhor do que aquilo.

A peça escolhida para sua estréia foi *Ralé*, de Máximo Górki. No primeiro ensaio, ele entrou carregando duas garrafas de *Malzbier*, que foi tomando tranqüilo, para espanto geral. Afinal, *Malzbier* era considerada cerveja para gestantes!

Seu sistema de trabalho era diferente: baseava-se no método do Actors' Studio de Nova York. A princípio pareceu-nos confuso, pois ele não conseguia transmitir o que esperava de nós. Não nos dava nenhuma diretriz; ao contrário, esperava que nós mesmos procurássemos a linha a ser seguida. Começamos a ficar desnorteados. A cada dia, apresentávamos uma nova solução, e ele nunca parecia estar satisfeito. Criou-se uma confusão tamanha, que começamos a recear pelo resultado. Alguns atores até foram se queixar ao Celi!

Eu estudava o papel sozinha, em casa; fazia exercícios de concentração, procurando vivenciar as situações da peça, mas, quando chegava à frente do diretor, ficava inibida e nada dava certo. O fato dele não confiar no meu trabalho fizera com que eu mesma deixasse de confiar.

Para complicar ainda mais as coisas, fui operada de apendicite, o que me impediu de ensaiar durante vários dias. Ao reassumir os ensaios –

ansiosa por recobrar o tempo perdido – comecei a passar mal. Sentia dores no corpo, a cabeça pesada e uma sensação de frio nos ossos. Não comentei nada, mas quando o ensaio terminou, peguei um táxi e rumei para a casa de meus pais. Tão logo minha mãe olhou para mim, mandou que colocasse o termômetro. Estava com trinta e nove graus de febre. Ela não teve dúvidas: arrancou o esparadrapo que recobria o corte da operação e constatou a formação de um abcesso.

Tive de voltar ao hospital, onde o cirurgião tirou os pontos e fez a curetagem A FRIO! Em seguida, inseriu um dreno para evitar que o corte cicatrizasse antes da infecção estar debelada. Diariamente, eu precisava fazer um curativo e trocar o dreno.

Diante desse quadro desanimador, Bollini colocou Célia Biar ensaiando em meu lugar. Se eu não voltasse dentro de cinco dias, o papel seria dela.

Eu não queria – e nem podia – abrir mão do papel. As oportunidades no TBC eram poucas, o que fazia com que nos agarrássemos a elas com unhas e dentes. Sabia que, se desistisse, não teria outra chance.

Célia também lutava com todas as forças. Para ela, seria a primeira oportunidade de interpretar um papel dramático e não somente ser escalada para comédias e farsas. Foi uma luta limpa. Ambas queríamos e, principalmente, precisávamos ser escolhidas. Por isso, apesar de enfaixada e com dez centímetros de dreno introduzido na barriga, voltei aos ensaios. Sabia que o papel era meu por direito de precedência e que Bollini não tivera alternativa a não ser me reincorporar no elenco, mas – sem ter por que – alimentei um sentimento de culpa em relação à Célia. A essa altura, naturalmente, o elenco tinha se dividido, tomando o partido de uma ou de outra.

Procurei Ziembinski, para me aconselhar com ele. Fizera mal em voltar? Devia deixar o papel para ela?... O velho Zimba foi categórico: o papel era meu e eu tinha mais era que me esforçar para me sair bem.

Criei coragem e fui em frente. Estreei com o corte ainda aberto, mas com a sensação gloriosa de ter vencido uma batalha.

Contra todas as expectativas, e com todos esses problemas, *Ralé* revelou-se um dos melhores espetáculos do TBC.

Foi a única participação de Maria Della Costa, a mais recente contratada do teatro e da Vera Cruz. Seu bom humor ajudou muito a tornar as três sessões de sábado mais divertidas. Maria, porém, estava bem mais interessada em construir seu próprio teatro; por isso, terminada a peça, rescindiu amigavelmente o contrato e deixou o elenco. Também *Appassionata*, o filme que Fernando de Barros escrevera para ela, acabou sendo filmado, mais tarde, por Tônia Carrero.

Ralé foi transmitida diretamente da rua Major Diogo pela PRF3 TV, a antiga Televisão Tupi, numa experiência pioneira de Cassiano Gabus Mendes. O caminhão de externa e os outros veículos da emissora ocupavam mais da metade da rua, quase impedindo a passagem dos bondes.

Para os moradores do bairro foi uma festa. Adultos e crianças espremiam-se na escadinha do caminhão, tentando enxergar a transmissão. Para o elenco de *Ralé*, a experiência foi emocionante. Os técnicos da Tupi tinham colocado um monitor na sala de ensaio, para onde nos dirigíamos correndo cada vez que saíamos de cena. Foi ótimo ver, através da tela, a atuação dos colegas. Só lamentávamos não poder assistir às nossas próprias interpretações.

É bom assinalar que, durante anos, a Tupi reservou para o teatro um espaço importante em sua programação. Não apenas transmitindo peças diretamente das casas de espetáculos, mas, principalmente, produzindo nos seus estúdios teleteatros memoráveis. No entanto, anos mais tarde – e isso vale também para as outras emissoras – as tentativas de televisionar espetáculos teatrais ao vivo se mostraram insatisfatórias.

Fica no ar a seguinte pergunta: Será que nos anos de 1950, quando a televisão era novidade, o público, menos exigente, aceitava tudo? Ou será que, com o progresso da técnica, o advento do videoteipe – que alterou a maneira de se fazer televisão, permitindo cortes e montagens –, os Diretores de TV "perderam a mão" para espetáculos ao vivo?

No final de 1951, conheci pessoalmente o Presidente Getúlio Vargas.

Os ditadores sempre foram, para mim, figuras míticas, que se apresentavam eternamente carrancudas – como Hitler – ou histriônicamente demagogas – como Mussolini. Por isso, custava-me acreditar que aquele

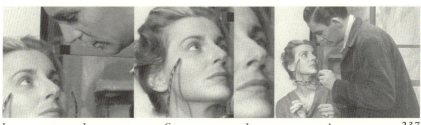

velhinho barrigudo, falando manso, fosse realmente um ditador. Não se enquadrava em minha concepção. Além disso, ditadores eram pessoas distantes, inacessíveis; jamais tinha visto um de perto.

De repente, encontrava-me numa sala do Palácio do Catete, conversando com Getúlio com a maior naturalidade. E ele nos recebera sozinho, sem guarda-costas ou capangas mal-encarados.

Fui em companhia de Sérgio, Maurício Barroso e Rubens de Falco, agradecer-lhe, em nome do TBC, por ter concedido a Ordem do Cruzeiro do Sul a Ziembinski, no seu jubileu de prata como ator.

Recebeu-nos com a maior gentileza. Disse que gostava muito de conversar com artistas. Sorriu o tempo todo, ofereceu-nos um cafezinho e despediu-se com amabilidade.

Parecia impossível que durante seu governo tivessem sido praticadas tantas torturas, tantas perseguições. E, no entanto, era verdade.

Ziembinski ficou feliz com a homenagem e com a festa que lhe preparamos. Pena que, para comemorar um acontecimento tão importante em sua carreira, tivesse escolhido uma comediazinha: *Harvey*, de Mary Chase – que ele adorava, mas que estava tão aquém de seu talento!

A história de um homem que se imaginava acompanhado por um enorme coelho branco, seu amigo e confidente, não interessou à platéia.

O TBC estava comemorando três anos de existência. Zampari resolveu comemorar a data nababescamente. Nada menos que um grande espetáculo, com estréia de gala no Teatro Municipal de São Paulo, muitos cenários, guarda-roupa deslumbrante e grande elenco.

O texto escolhido foi *A Dama das Camélias*, de Alexandre Dumas Filho, com Cacilda no papel principal.

O papel de Armando Duval foi entregue a Maurício Barroso. Alto, elegante, par perfeito para a Margarida vivida por Cacilda.

Não havendo papel para Sérgio, nem para mim, ficamos fora da montagem.

A temporada se estenderia ao Rio de Janeiro, e incluiria também *Seis Personagens à Procura de um Autor*, de Pirandello e *Pega-Fogo*, de Jules Renard.

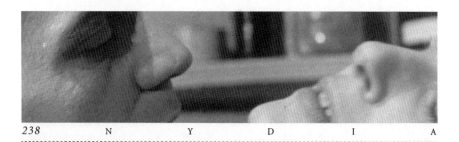

Minha perspectiva era nula: eu não estava em nenhuma das peças. Sérgio só entrava em uma, mas era seu grande sucesso. Só Cacilda estaria nas três.

A estréia, em São Paulo, suscitou grandes discussões. A começar pela tradução – aliás, primorosa – de Gilda de Mello e Souza. Pela primeira vez num palco, misturava-se "tu" e "você".

— Querida, *você* sabe, eu *te* amo – provocou um *frisson* na platéia.

Os cenários, imensos, pintados em tons pastéis, visavam recompor a atmosfera peculiar da peça. Essa era a intenção de Aldo Calvo que, além dos cenários, assinava também os figurinos:

> Levei ao máximo as dimensões das crinolinas, exagerei todos os detalhes típicos e os elementos decorativos essenciais. [...] Assim, o embaraço das vestimentas, a sua falta de lógica, contribuirão para fazer compreender a aguda desproporção de certos gestos.

Acontece que as crinolinas – enormes – atrapalharam as atrizes em sua movimentação. Sentar-se, então, era uma luta contra os aros que teimavam em levantar a frente das saias e deixar à mostra as pernas das atrizes que, por sinal, na noite de estréia, esqueceram (ou não receberam) os calções compridos até o tornozelo.

Os atores do TBC estavam acostumados a interpretar textos intimistas, que cabiam perfeitamente dentro do espaço diminuto do teatro da rua Major Diogo. Mas o Municipal, imenso, com uma acústica defeituosa, apresentava um desafio ao qual não estavam acostumados. Alguns, com vozes mais possantes ou dicção mais elaborada, projetaram-se para a platéia, outros, mais fracos, naufragaram no poço da orquestra.

O alto custo do espetáculo obrigou Zampari a mudar seus planos com relação ao Rio de Janeiro. Não havia possibilidade de levar as outras peças programadas. Só iria *A Dama das Camélias*.

A reação dos cariocas não se fez esperar. Não queriam essa peça "velha", "superada", "operística", "romântica" e por aí afora. Murmurava-se até que o espetáculo seria vaiado. Sentiam-se tratados com descaso por

não poder assistir às outras peças anunciadas. Além disso, achavam-se com direito a um espetáculo com Sérgio, que era cria da casa.

A peça estreou num espetáculo de gala. Houve recepções oferecidas ao elenco em casa do Dr. Roberto Marinho, de Paschoal Carlos Magno e de outros. A crítica torceu o nariz... mas não se registraram incidentes.

Luciano Salce, ao voltar para São Paulo, resolveu escrever um longo artigo na revista *Anhembi*, a respeito da temporada: "São Paulo-Rio, ida e volta".

Indignado com a acolhida que o texto e o espetáculo receberam, deu vazão a toda a ironia e mordacidade, dirigindo-as aos críticos cariocas que não entenderam, ou não quiseram entender, o espetáculo paulista.

O artigo era causticante:

[...] no Rio nenhuma simpatia pelo romantismo, que é sinônimo de "velho", "ultrapassado", "ridículo", "folhetim", "mau gosto", sobretudo de "mau gosto", uma expressão muito usada porque parece conferir uma patente de bom gosto a quem a pronuncia...

[...] Todos eram contra o romantismo e todos a favor de Ésquilo, Shakespeare, Molière e Pirandello. Sobretudo de Pirandello. Inesperada e de fato comovente, essa súbita paixão pelo autor siciliano, a necessidade urgente da imprensa carioca de ver quanto antes as nossas *Seis Personagens*. O pobre Pirandello, que em vida teve tantas desilusões, há de se ter consolado com esses póstumos testemunhos de afeto...

[...] E que dizer da acolhida reservada aos nossos atores! Quem não os chamou "amadores bisonhos", julgou-os frios, fracos, inexpressivos, em suma, não à altura desta obra, aliás, tão desprezada (que seria de nós se tivéssemos abordado os clássicos que todos teriam querido ver no lugar da Dama)...

Esses são apenas alguns trechos do artigo. Pode-se muito bem imaginar a tempestade que desencadeou nos meios jornalísticos do Rio de Janeiro.

Paschoal Carlos Magno respondeu através de sua coluna e passou a agredir Salce não só como diretor do espetáculo, mas, em termos pessoais, tentando ridicularizá-lo. Teve a infeliz idéia de referir-se a um problema

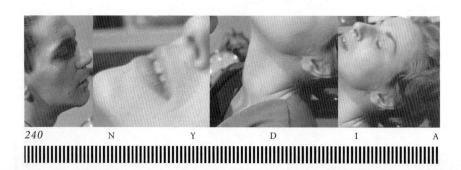

físico que – isso ele não sabia – tinha sido provocado pela permanência em um campo de concentração durante a guerra.

A reação em São Paulo foi imediata. Um artigo assinado por intelectuais, jornalistas e todos os atores de teatro e de cinema, foi publicado e enviado ao Rio de Janeiro. A guerra estava declarada.

Paschoal cortou relações com Sérgio e Cacilda por achar que, tendo eles trabalhado no Teatro do Estudante, deveriam ter ficado do lado dele e não ter defendido Salce.

A Dama das Camélias voltou ao cartaz, em São Paulo – em dimensões diminutas – no palco do TBC. E então o lado humano, dramático da peça veio à tona. Num cenário despojado, as figuras humanas cresceram e a emoção brotou, envolvendo o público que, emocionado, aplaudia o espetáculo, lotando o teatro todas as noites.

Algum tempo depois, o Teatro do Estudante do Brasil trouxe para o Teatro Santana (um dos melhores teatros da cidade e, infelizmente, um dos tantos que foram derrubados e nunca mais reconstruídos) a peça *Hécuba*, de Eurípides.

Apesar de brigado com Paschoal, Sérgio não quis deixar de assistir ao espetáculo e prestigiar os ex-colegas.

Fomos. Ao chegar ao teatro soubemos que a peça corria o risco de não ser encenada, pois a atriz principal ficara doente. Estavam todos desesperados. Sérgio, então, ofereceu-se para ler o texto, de um canto do cenário, enquanto outra atriz atuaria no palco, apenas fazendo a mímica da personagem.

Os atores, que não queriam suspender a apresentação, aceitaram. Quem relutou muito foi a irmã de Paschoal, Rosa, que, na ausência do irmão era a responsável pela companhia; mas acabou por concordar.

Os contra-regras colocaram uma estante do lado esquerdo do proscênio, e Sérgio iniciou a leitura.

Eu assisti ao espetáculo sentada numa frisa ao lado de Rosa. Ela passou o tempo todo se lamentando que "essa solução simplista prejudicava" a interpretação de seu filho que fazia o papel de Agamenon!

Eu estava muito mais preocupada com a possível reação de Zampari e de Celi quando soubessem dessa transgressão de Sérgio ao contrato de exclusividade.

Muitas vezes, na vida, um acontecimento menor, somado a uma porção de outros pequenos e médios incidentes – ocultos em algum canto obscuro do nosso cérebro – provoca uma reação exagerada, infinitamente maior do que seria razoável. Aconteceu comigo e a causa foi *Diálogo de Surdos*, peça de autoria da escritora paulista Clô Prado.

Ela escrevera o texto pensando em Sérgio, Paulo Autran, Tônia Carrero e em mim. Mas Bollini – o mesmo diretor de *Ralé* – não concordou com a escalação e convidou, para os papéis femininos, Elisabeth Henreid e Cleyde Yáconis, a quem já tinha dirigido, com muito êxito, na peça de Górki.

Para mim, essa recusa equivaleu a uma declaração pública de que Bollini jamais me confiaria um papel importante num espetáculo que dirigisse.

Chegara a hora de eu questionar minhas prioridades. A carreira continuaria sendo minha prioridade máxima ou havia chegado o momento de repensar o que realmente importava para mim? Ter um filho, até então, estivera completamente fora de nossas cogitações. A carreira vinha em primeiro lugar.

Mas, que carreira? Teria eu ainda alguma chance dentro do TBC? No próximo espetáculo de Celi, *Para onde a Terra Cresce*, de Edgar da Rocha Miranda, não havia papel para mim. Quanto a Ziembinski... ele continuava muito envolvido com cinema. Não havia chegado a hora de pensarmos em uma criança?

Eu já tinha vinte e cinco anos. Se, até então, nunca tinha pensado em ser mãe, era por estar ocupada demais em ser atriz, dona-de-casa e... mulher de Sérgio, o que nem sempre era fácil. Sérgio foi um dos homens mais charmosos que conheci, mas seu gênio era muito inconstante. Passava facilmente da maior alegria ao mau humor mais profundo. Fechava-se em mutismos totais, que me deixavam completamente angustiada e insegura. E tudo isso começou a afetar meu equilíbrio emocional.

Por que esperar mais? Era o momento certo para ter uma filha.

Desde o início, Sérgio e eu quisemos que fosse uma menina e que se chamasse Sylvia. Nem chegamos a cogitar um nome masculino.

Quem percebeu a crise que eu estava atravessando foi Cacilda.

Preocupada, não só comigo, mas com todo o resto do elenco permanente – que ficaria parado durante a temporada da peça da Clô – pôs mãos à obra e procurou um ato único que tivesse papéis para todos nós. A escolha recaiu em *Relações Internacionais*, de Noel Coward, texto curto que complementaria os dois atos de *Diálogo de Surdos*.

A direção era da própria Cacilda, mas ela adoeceu gravemente e teve de ser hospitalizada. Celi, então, assumiu os ensaios e acabou de montar o espetáculo.

Quando a peça estreou, eu já estava no terceiro mês de gravidez. Sem um pingo de barriga, magra, elegantemente vestida, representei o papel durante dois meses com grande sucesso, o que me devolveu a confiança.

Lembro-me de que Silveira Sampaio assistiu à estréia e me procurou no camarim, entusiasmado, dizendo que finalmente tinha voltado a ser a atriz que ele aplaudira no Rio de Janeiro.

Eu estava em estado de graça. Nunca me sentira tão bem. Os colegas me papricavam; ninguém fumava perto de mim, para que o cheiro do cigarro não me enjoasse, nem me deixavam fazer o menor esforço.

Era como se essa criança que ia nascer pertencesse um pouco a cada um deles.

Franco Zampari fez questão de me dizer que não precisava trabalhar, que descansasse até a criança nascer. Mas eu queria continuar representando e fazia *questão* de cumprir meu contrato até o final. Era uma questão de honra para mim!

Celi estava preparando um espetáculo extremamente ambicioso. Seriam representadas, na mesma noite, as duas *Antígones*, a de Sófocles e a de Anouilh. Uma, clássica e a outra, moderna.

Como os ensaios demorariam vários meses, tornava-se necessário pensar numa reprise que pudesse ser encenada rapidamente.

A escolha recaiu em *O Mentiroso*, para alegria de Sérgio.

Era a minha chance de continuar trabalhando, já que havia o papel de uma cantora que interpretava duas canções venezianas. Aparecia em cena sentada em uma gôndola, que era puxada por cordas invisíveis para o público. Levantava-me e cantava, segurando um violão que fingia dedilhar. Quem tocava de verdade era Carlos Vergueiro, atrás do cenário.

Terminada a canção, sentava-me novamente e me despedia do público, enquanto o contra-regra puxava a gôndola para fora de cena.

Uma noite, o moço distraiu-se e puxou as cordas enquanto eu ainda estava de pé. Perdi o equilíbrio e caí sentada com toda a força na madeira dura. Senti uma dor aguda no abdome.

No dia seguinte, a barriga – que até então não aparecia – pulou para fora, e eu adquiri o aspecto de uma mulher grávida.

Relembro aqueles meses como um dos melhores períodos da minha vida. Recebia demonstrações de gentileza em todo lugar: os homens se levantavam e me cediam o lugar no bonde, os táxis paravam ao menor sinal meu, mesmo com chuva.

Todos queriam que eu me alimentasse bem, para o bebê nascer forte e saudável. Cada vez que Procópio Ferreira surgia na cidade, era convidada para comer risoto com mariscos, numa cantina no Bixiga.

Aos domingos, Cacilda preparava ostras no forno especialmente para mim, e às segundas-feiras à noite, Ruggero e Margaritta (sua nova mulher) me levavam para saborear lulas com polenta no Gigetto.

Não sei como foi que engordei apenas doze quilos!

Quando já estava no fim do oitavo mês, recebemos um convite para a festa de gala que Marjorie Prado oferecia, em sua mansão, ao Secretário de Estado americano, Mr. Atcheson.

Eu estava louca para ir, mas havia um problema: nenhum vestido cabia em mim. Não seria, porém, por falta de vestido que eu deixaria de ir a uma festa! Pedi emprestado à baronesa De Fiore um blusão solto, bordado por ela, que disfarçava um pouco a barriga. Mas, e a saia? Por incrível que pareça, quem resolveu o problema foi Cacilda. Deu-me uma saia

dela, toda plissada, rodadíssima. Foi só deixar o zíper totalmente aberto, que dava a circunferência exata da minha cintura.

A nota cômica da festa foi proporcionada por Sérgio. Ele estava usando uma casaca emprestada por Frederico, marido de Martha. Não tendo encontrado uma gravata-borboleta branca, usou a preta, do *smoking*. Por causa disso, os que não o conheciam, confundiram-no com o *maître*.

Após o terceiro copo vazio que insistiam em lhe entregar, ficou tão furioso que tivemos que sair da festa.

Meu grande companheiro, no último mês, foi Rubens de Falco. Ensinou-me a jogar crapô e à noite, enquanto Sérgio estava no teatro representando *Inimigos Íntimos*, de Barrillet e Gredy, ficávamos jogando partidas intermináveis.

Os ensaios de *Antígona* duraram seis meses: espetáculo difícil, foi trabalhado até a exaustão.

Darcy Penteado criou as máscaras de *papier-maché* que os atores do coro grego deviam usar durante a peça. Foi um sufoco: o calor e a falta de ar eram tamanhos, que os atores quase desmaiavam de cansaço.

Foi preciso refazê-las várias vezes, até torná-las leves e mais arejadas. O resultado foi excelente e o coro foi apontado pela crítica como um dos pontos altos do espetáculo.

Os ensaios gerais se prolongaram por uma semana e duravam até as quatro horas da manhã. No último dia eu estava tão cansada que cheguei a pensar que a criança fosse nascer antes do tempo, ali mesmo, no camarim.

A cada sessão subia e descia seis lances de escada. Para me ajudar a carregar o barrigão, Cacilda e Fredi postavam-se atrás de mim e me empurravam escada acima.

Entrava em cena envolta – melhor diria, enrolada – em um manto grego que me emprestava a aparência imponente de uma coluna em movimento.

Foi o primeiro espetáculo a receber o Prêmio Saci, criado naquele ano pelo jornal *O Estado de S. Paulo*.

Fiquei atuando até poucos dias antes de Sylvinha nascer.

Quando relembro o dia em que dei à luz minha filha, me vejo andando, para cima e para baixo, pelos corredores da Maternidade São Paulo, de braço dado com Fredi e Rubens. Os dois marchavam com o maior entusiasmo, certos de que o exercício me ajudaria muito na hora do parto. Só que a parteira-chefe achou que aquilo tudo era uma palhaçada – "coisa de gente de teatro" – e que certamente tratava-se de um rebate falso.

Após um rápido exame, porém, percebeu espantada que faltava pouco para a criança nascer e mandou que me deitasse na cama e ficasse quieta.

Entrei na sala de parto com minha mãe e Lia, minha cunhada.

Nunca vou esquecer que, no momento em que a dor apertou e eu, sem poder me controlar, dei um berro, minha mãe, severa, me repreendeu:

— Imposta a voz!

E, de repente, aconteceu. Ouvi minha mãe, emocionada, dizer:

— É uma menina. É Sylvinha!

Relaxei. Comecei a rir e, de repente, ouvi uns guinchos fininhos. Meio tonta, perguntei-me o que seria aquilo. Era minha filha. Quando me mostraram a menina, ainda toda lambuzada, tive uma surpresa. Era morena e cabeluda, a cara de Sérgio. Só faltavam os óculos. E eu sempre pensara que uma menina seria loirinha e parecida comigo.

Subitamente, tudo começou a ficar distante e eu fui ficando leve. Um bem-estar extraordinário. Ao longe, ouvia as vozes do médico e da parteira:

— Coramina... Coagulante... Sangue...

No meio daquela neblina em que me encontrava mergulhada, continuava lúcida e compreendi:

— Que bobagem... minha filha nasceu e eu estou morrendo!...

E tudo desapareceu. Choque.

Voltei de muito longe, para mergulhar de novo no nada. A luta entre a vida e a morte estava sendo travada naquela sala, mas eu estava numa outra dimensão.

Do lado de fora, Cleyde, Fredi e Rubens torciam por mim, em silêncio. Sérgio, emocionado e feliz com o nascimento da filha, por sorte não percebeu a gravidade da situação.

Chegamos ao final de 1952. Sérgio declarou não querer mais continuar no TBC, onde não via futuro para sua carreira. Apesar de prestigiado pela crítica e pelo público, jamais seria reconhecido oficialmente como o Primeiro Ator da companhia.

Enquanto nós, atrizes, nunca discutimos sequer a posição de destaque de Cacilda – reconhecendo nela a figura maior do teatro –, entre os homens a situação era diferente: havia, além de Sérgio, Ziembinski, Paulo Autran e Maurício Barroso, todos atores de primeira linha. Nenhum deles admitia ficar abaixo do outro.

Além disso, o que mais desgostava Sérgio era a certeza de que Celi nunca permitiria que ele dirigisse um espetáculo. E ele queria ser diretor. Seu interesse pelo teatro não se limitava ao simples ato de representar. Ele queria participar de todas as atividades teatrais.

Por causa disso, quando chegou o convite de Aldo Calvet, diretor do Serviço Nacional de Teatro, para que encabeçássemos a Companhia Dramática Nacional do Ministério de Educação e Cultura, não hesitou.

Era sua chance de voltar ao Rio de Janeiro como ator convidado de uma companhia oficial, de participar de três peças brasileiras e – sobretudo – de dirigir uma delas.

Em sua opinião, era primordial para o desenvolvimento do teatro brasileiro que se valorizasse o autor nacional. Considerava – com justa razão – que os atores, no contato com textos nossos, que falassem de nossa realidade e que tivessem sido escritos e pensados em nossa língua, encontrariam um respaldo maior para atuações mais autênticas.

Coerentes com essas idéias, em 1954, ao estrearmos a Companhia Nydia Licia-Sérgio Cardoso, apresentamos *Lampião*, de Rachel de Queiroz e *Sinhá Moça Chorou*, de Ernani Fornari.

Para surpresa da direção do TBC, comunicou que iríamos nos desligar do elenco, tão logo terminasse a temporada de *Vá com Deus*, de John Murray e Allen Boretz, do qual era o protagonista. Zampari e Celi tentaram dissuadi-lo, mas nada o demoveu.

Para mim, foi muito difícil. Ainda estava fraca. Não tinha me restabelecido dos oito dias de hospital e do mês que fora obrigada a passar na

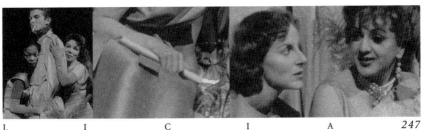

cama. Tinha de amamentar a menina oito vezes ao dia, pois nascera com dois quilos e meio e tinha um apetite surpreendente.

Estava totalmente apaixonada por ela, mas tinha-lhe muito medo. Os dias em que a babá folgava, eu me sentia perdida. Por que diabos não brincara com bonecas em criança? A salvação era Martha morar no mesmo prédio. Ela subia até o meu apartamento e em poucos minutos dava um jeito em tudo.

E foi nesse estado de espírito que recebi a notícia de que, dentro de dois meses, nos mudaríamos para o Rio de Janeiro.

A perspectiva de deixar São Paulo, afastar-me da família, dos amigos, do ambiente de trabalho, onde, apesar de tudo, me sentia segura, era assustadora. Como enfrentaria a vida no Rio de Janeiro, com uma filha de seis meses, no meio de estranhos, morando na casa dos outros? Comecei a entrar em pânico e a chorar a toda hora. Era como se alguma coisa tivesse se quebrado dentro de mim.

Mas não havia o que fazer. Estava decidido. É preciso reconhecer que não era apenas Sérgio quem iria se beneficiar com a mudança; para minha carreira também seria muito bom. Participaria de duas peças: *A Raposa e as Uvas*, de Guilherme Figueiredo e *A Canção dentro do Pão*, de Raymundo Magalhães Junior. Em ambas seria a protagonista feminina, oportunidade que jamais teria em São Paulo!

Procópio fez questão que ficássemos hospedados em sua casa, em Copacabana. Afinal, fora ele quem mais insistira com Sérgio para que deixasse o TBC e levantasse vôo, procurando novos horizontes.

Para retribuir a hospitalidade, oferecemos nosso apartamento para que nele se instalasse durante toda sua temporada teatral paulista – o que aceitou com prazer.

Eu não quisera de modo algum desmontar ou sublocar o apartamento. Precisava ter a certeza de que existia um lugar meu para o qual voltar um dia; caso contrário, não teria forças para ir embora. Receava muito que Sérgio não quisesse regressar mais a São Paulo.

Enfim, chegou o dia da partida. Triste e deprimida, parti para aquilo que – eu sentia no meu íntimo – ia ser uma aventura.

Para se despedirem de nós, estavam no aeroporto Cacilda, Cleyde, Maurício, Fredi e mais alguns colegas. Mamãe, para me dar força, nos acompanhou até o Rio.

Encerrava-se mais uma fase de minha vida.

Acabava o teatro feito sob as asas protetoras de Franco Zampari, onde tudo era providenciado a tempo e a hora e havia segurança, comodidade e dinheiro certo no fim do mês.

Partimos para o Rio de Janeiro sem suspeitar que nos aguardava uma grande surpresa: o Ministro da Educação, Simões Filho, no encontro que manteve com todo o elenco e os diretores da Companhia Dramática Nacional, brindou-nos com a seguinte frase:

— Inúmeras vezes peguei da pena para assinar o documento que criaria a Companhia Dramática Nacional, e outras tantas pousei a pena...

Ficamos estarrecidos. Então havíamos saído do TBC, deixado tudo para trás, mudado para o Rio com filha, babá – e levando conosco Leonardo Vilar, jovem ator recém-formado pela Escola de Arte Dramática – para trabalharmos numa companhia que não existia?

Estávamos todos na mesma situação: atores, diretores, cenógrafos. A única diferença era que os outros eram cariocas, tinham sua vida organizada, e nós acabávamos de chegar de São Paulo.

O jeito era começar a trabalhar e torcer para que o indeciso ministro se decidisse de uma vez, já que por nada nesse mundo Sérgio voltaria para São Paulo derrotado.

Rapidamente descobrimos o que existia por trás daquilo tudo. A liberação da verba de um milhão de cruzeiros, necessária à companhia, tinha sido sustada pelo Presidente da República, a pedido de um grupo de velhos artistas, donos de empresas teatrais, que foram procurá-lo em Petrópolis.

Faziam restrições à criação de uma companhia oficial e ao critério usado pelo Serviço Nacional de Teatro para a distribuição de verbas "em prol de um grupelho de amadores".

Tanto falaram que, em despacho de próprio punho, Vargas solicitou ao Ministro da Educação os seguintes esclarecimentos:

a) Se todos os elementos da projetada companhia eram profissionais;

b) Se a Companhia Dramática Nacional não podia se transformar em concorrente e desestímulo das empresas privadas;

c) Se um plano de subvencionamento (sic) das ditas empresas não atenderia mais aos objetivos visados, aproveitando-se melhor os recursos disponíveis.

O impasse estava criado.

Começamos a ensaiar sem saber se algum dia seríamos pagos e se, efetivamente, chegaríamos a estrear.

A casa de Procópio, na rua Constante Ramos, onde morávamos, era diferente de tudo o que eu havia visto até então. A sala de jantar tinha sido transformada em um botequim perfeito, que permanecia aberto até altas horas para receber os amigos. Havia mesinhas, cobertas por toalhas de algodão xadrez e rodeadas de cadeiras de palha. Os pratos e os copos eram de vidro vermelho. O balcão do bar ostentava um garrafão de pinga, sempre cheio, e vários salames pendurados no teto.

Aqueles salames, decorando o ambiente, eram uma tentação! Uma madrugada em que chegamos em casa famintos, não deu outra: comemos a decoração!!

Procópio era um anfitrião perfeito. Todas as noites, depois do espetáculo, reunia os amigos para cear e para ouvi-lo declamar poesias e trechos de peças. Às vezes, até peças inteiras, como *Esta Noite Choveu Prata*, de Pedro Bloch (creio que foi escrita especialmente para ele) ou então uma adaptação, de sua autoria, de *Deus lhe Pague*, de Joracy Camargo, transformada em monólogo. Mas do que ele gostava mesmo era de declamar trechos do *Cyrano de Bergerac*, o que fazia com maestria.

Lembro-me de uma noite – em uma de nossas anteriores idas ao Rio – em que Procópio insistira muito para que Sérgio e eu fôssemos jantar em sua casa.

Como sempre, havia amigos e jornalistas presentes. De repente, ele pediu silêncio e a atenção de todos. Contou que sempre fora um admirador do célebre ator português, Brazão, grande intérprete de Hamlet. A admiração era recíproca.

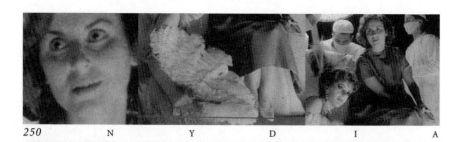

Brazão, ao morrer, pedira à família que enviasse a Procópio a espada com a qual, durante tantos anos, representara o papel do príncipe dinamarquês. Era um legado que simbolizava o apreço e consideração que sempre sentira por ele.

Declarando, em público, que considerava Sérgio o legítimo herdeiro da mais alta tradição teatral e o maior ator de sua geração, passava a espada às suas mãos.

Ao sairmos da casa de Procópio, mal tínhamos percorrido duas quadras, Sérgio parou de súbito e disse:

— Vamos voltar. Quero retribuir o presente.

Voltamos rapidamente à rua Constante Ramos e Sérgio ofertou ao amigo o alfinete de gravata que estava usando: uma pepita de ouro com o formato do Brasil, presente que recebera do Estado do Pará.

Foram meses muito duros os que passamos aguardando a solução do impasse em que a "futura" Companhia Dramática Nacional se encontrava. Fazia um calor escaldante e ensaiávamos o dia inteiro no High Life, um antigo cassino no bairro da Glória, que estava fechado, aguardando tempos melhores.

Nos fins de tarde, enquanto Leonardo e eu voltávamos para Copacabana de bonde cargueiro – que era mais barato –, Sérgio ia a pé até a avenida Getúlio Vargas, onde ensaiava *A Falecida*, de Nelson Rodrigues, a terceira peça programada. O dinheiro economizado na condução dava para tomar uma média com pão e manteiga.

Não queríamos pedir dinheiro emprestado a ninguém, nem à família.

Celi, em São Paulo, ficou sabendo da situação em que nos encontrávamos e veio ao Rio, com ar paternal, para levar "os meninos" de volta ao TBC. Ofereceu-nos os papéis de *Assim é se lhe Parece*, de Pirandello. Recusamos (eu a contragosto). Sérgio até negou que estivéssemos em dificuldades financeiras.

Os ensaios progrediam. O contato com Bibi Ferreira foi excelente sob todos os pontos de vista.

Bibi era uma ponte entre a velha guarda e a novíssima geração de atores. Embora os laços familiares e de amizade a ligassem aos mais ve-

lhos representantes do teatro brasileiro, sua educação européia aproximava-a da vanguarda do movimento teatral. Como diretora, nada ficava a dever aos diretores italianos do TBC, e como amiga, foi de uma delicadeza extraordinária. Durante os três meses em que ficamos ensaiando *A Raposa e as Uvas*, levava todas as tardes uma maletinha com uma garrafa térmica cheia de café e um pacote de biscoitos para o lanche do elenco.

Guilherme Figueiredo, o autor, estava tão satisfeito com o progresso dos ensaios, que nos presenteava com caixas de *marrons glacés*.

Sérgio, desde o primeiro ensaio de *A Canção dentro do Pão*, mostrou uma firmeza que nem de longe fazia supor tratar-se de um estreante na direção. Conduziu o espetáculo com leveza e bom gosto, o que lhe valeu a outorga do prêmio "Revelação de Diretor".

O tempo ia passando e as tensões contrárias de alguns elementos da classe teatral não diminuíam.

Henrique Pongetti, diretor da Dramática, decidiu levantar um empréstimo de quatrocentos mil cruzeiros, em seu próprio nome, e deu início à confecção dos cenários e figurinos. Os atores ficariam para mais tarde!

Que diferença da primeira temporada no Teatro Copacabana, quando eu era uma amadora e não tinha preocupações maiores do que fazer sucesso como atriz!

Agora tudo era diferente. Eu me sentia terrivelmente só; mal via Sérgio fora dos ensaios. Fui afundando num processo de neurose, de angústia, do qual não conseguia emergir; emagreci dez quilos, fiquei anêmica, com pressão baixa e enxaquecas cada vez mais violentas. Mas não entreguei os pontos.

Quem me deu força foram meus sogros e alguns amigos: Alba e Guilherme Figueiredo, Pedro Bloch e minha velha amiga do Mackenzie, Tatiana, agora casada e morando no Rio. Não sei como me agüentaram. Eu devia estar muito chata.

Como sempre, porém, após um período negro, surge uma luz: começaram a se levantar vozes em defesa da Companhia Dramática Nacional. Paschoal Carlos Magno escrevia artigos no jornal e, de São Paulo, um

manifesto assinado por atores de todas as companhias teatrais foi enviado a Getúlio, pedindo a liberação da verba.

Procópio procurou pessoalmente os colegas contrários à idéia e tratou de catequizá-los.

Finalmente, quando Deus quis, tudo se solucionou.

A primeira peça apresentada foi *A Falecida*, de Nelson Rodrigues, com um belíssimo desempenho de Sônia Oiticica e uma boa estréia de Leonardo Vilar.

Sérgio agradou a uns e desagradou a outros. Ainda não era o grande papel para um retorno tão aguardado.

Em contrapartida, a estréia de *A Raposa e as Uvas* foi um sucesso estrondoso. O Teatro Municipal, em peso, aplaudiu de pé, durante quinze minutos, o final do segundo ato. Era o Rio de Janeiro que reencontrava o seu ator – há três anos afastado – em uma interpretação inesquecível.

Sérgio havia se apaixonado pelo personagem do escravo Esopo e o construíra nos mínimos detalhes. Usou e abusou da riqueza de tons de sua voz, para dar vasão a todo o romantismo que podia existir enclausurado em um corpo deformado, quase repelente. Colocou uma corcunda e enfaixou as pernas com ataduras apertadíssimas e as manteve numa posição forçada, com o joelho direito voltado para dentro, num esforço físico tamanho, que provocou a ruptura do menisco.

Era nas personagens disformes, torturadas, difíceis de serem construídas, que ele mergulhava por inteiro.

Anos mais tarde, repetiria o mesmo estilo de criação na televisão, fazendo surgir criaturas monstruosas como o Dr. Valcour de *O Preço de uma Vida*, na TV Tupi e *O Médico e o Monstro*, único papel de maior profundidade que pôde realizar na TV Globo.

O curioso foi que, no fim daquele ano, Guilherme Figueiredo ganhou da Prefeitura do Distrito Federal o prêmio de "Melhor Autor Dramático", e Sérgio – pela mesma peça – o prêmio de "Melhor Ator Cômico".

A Canção dentro do Pão, de Raymundo Magalhães Jr., foi o espetáculo seguinte. Peça leve, frívola, inspirada em *Jacques, le Fataliste*, de Diderot, passava-se em Paris, no fim do século XVIII.

Era muito bem estruturada e oferecia excelentes oportunidades aos intérpretes. Cacilda, a quem mostramos o texto antes de viajarmos para o Rio, considerou-a a melhor comédia nacional que já lera.

Ensaiávamos diariamente, das oito ao meio-dia. Durante os ensaios, o clima era ótimo. Sérgio estava bem-humorado, dominando totalmente o texto. Sabia exatamente o que queria da peça, mas aceitava mudanças sugeridas por nós, atores, desde que as achasse pertinentes.

Seguia o método de direção aprendido no TBC, não deixando nada ao acaso. Tudo estava planejado em sua cabeça e opinava em todos os setores.

Mas no contato com os técnicos, o cenógrafo e os diretores da companhia, os atritos eram freqüentes. Após três anos de trabalho contínuo em São Paulo, ele não aceitava mais o ritmo calmo dos cariocas. Muitas vezes tive de usar toda a minha diplomacia – que não era muita – para acalmar os ânimos exaltados.

Por várias vezes desentendeu-se com o cenógrafo Nilson Penna, antigo companheiro do Teatro do Estudante do Brasil, mas no fim tudo deu certo e o cenário foi realizado da maneira como ele o concebeu: todo pintado em tons pastéis. Uma falsa ribalta, no piso do palco, fingia iluminar a cena – nos moldes do teatro de Marivaux e Molière.

Minha personagem era Jacqueline, uma padeirinha inconseqüente, desmiolada e coquete que escondia mensagens de amor dentro dos pães. Acabava sendo considerada uma perigosa subversiva pela polícia do rei Luiz XVI.

Procurei dar à minha Jacqueline a maior leveza, misto de menina ingênua e mulher astuciosa, com uma risada musical em escala ascendente ou descendente, conforme a situação, que divertia imensamente a platéia.

Foi meu grande sucesso no Rio, principalmente pelo contraste com Cléia – de *A Raposa e as Uvas* –, papel mais decorativo do que atuante, mas que também adorei representar.

Um dia, Guilherme Figueiredo, brincando comigo, disse que *A Raposa* havia sido escrita para Procópio Ferreira e, como na companhia dele

não havia uma Primeira Atriz, ele colocara todo o peso nos papéis masculinos.

Leonardo Vilar, irreconhecível no velho "gagá" francês, enamorado da padeirinha, saiu-se tão bem quanto em sua excelente criação anterior: o filósofo Xantós, histriônico e cheio de empáfia.

Sérgio, no Rio e na excursão, preocupou-se mais com a direção do espetáculo do que com a sua própria interpretação. Mas em São Paulo, tudo aquilo que ele tinha elaborado na cabeça durante a temporada, aflorou no palco, e eu me vi, meio tonta, assistindo a uma soberba interpretação que eu desconhecia completamente e que me derrubou.

Com o passar dos anos, aprendi que Sérgio nunca mostrava nos ensaios tudo aquilo que apresentaria na noite da estréia.

Terminada a temporada do Municipal, teve início uma experiência nova para mim: mambembar.

Atuei em teatros infestados de baratas que não tinham o menor pudor de entrar em cena durante as apresentações. No Teatro Carlos Gomes, na praça Tiradentes, até convivi com um ratinho que morava no meu camarim.

Cedo descobri o que significava viajar numa excursão mal organizada e, ainda por cima, pobre. Em Petrópolis, fomos representar em um galpão gelado, ao lado da estação ferroviária. Enquanto em cena estávamos no quinto século antes de Cristo, em plena Grécia, atrás de nós um trem em manobras apitava e resfolegava, trazendo-nos de volta ao século XX.

O frio de oito graus penetrava nos ossos, pois a túnica grega e as sandálias de tiras não ofereciam a menor proteção. Tremia tanto que o administrador, penalizado, prontificou-se a ir buscar um conhaque no armazém mais próximo. Voltou, carregando uma garrafa de conhaque de alcatrão Xavier, que me ofereceu com ar triunfante...

No primeiro hotel em que nos colocaram, nada funcionava. A comida era péssima. As janelas do quarto emperravam, a maçaneta da porta soltou-se em minha mão e o chuveiro que Sérgio ligou, tentando tomar banho, despejou areia em sua cabeça. Foi demais! Ele fez um escândalo.

Em seguida, mudamos de hotel, prontificando-nos a pagar a diferença do nosso bolso. O mesmo fizeram Léo e Sônia Oiticica, que viajava acompanhada pela filha e a babá. Tornamo-nos boas amigas e, fazendo o jogo do contente, enfrentamos juntas as agruras da temporada, que não foram poucas!

O administrador tratou de reservar hotéis melhores para nós quatro em Juiz de Fora, mas em Campinas teve uma recaída. O hotelzinho barato que escolheu era tão incrivelmente barulhento (um entra e sai estranhíssimo a noite inteira!) que eu, apesar de morrer de medo, optei por pegar um ônibus à noite, sozinha, depois do espetáculo e voltar para São Paulo.

Sylvinha, que tinha ficado em casa de meus sogros durante nossa excursão por Minas e pelo Estado do Rio, já voltara conosco para São Paulo e estava instalada, com a babá, no apartamento da rua Major Diogo.

Acho que foi a vontade de ficar com ela que fez com que já não agüentasse mais as últimas apresentações em Campinas.

Lembro-me dessa época como de um pesadelo. Não controlava mais meus nervos. Ansiava por livrar-me de tudo e ficar definitivamente em minha casa.

Apesar de todos os percalços, a experiência que adquiri nessas viagens foi salutar para minha formação profissional. Acabou com muitas ilusões e sonhos meio amadorísticos a respeito da carreira de atriz. Aprendi que teatro é feito com muito esforço, muito sacrifício e que, nos momentos difíceis, só uma equipe coesa e bem entrosada ajuda a superar todos os obstáculos.

Última etapa: São Paulo. Sérgio, Léo e eu estávamos sonhando com essa volta triunfante. Mais uma vez, o Rio operara o milagre. Voltávamos mais desinibidos, mais seguros. O sucesso obtido na capital e na excursão pelos estados infundira-nos confiança. Graças a isso, enfrentamos o público paulista com galhardia.

Por se tratar da estréia de uma companhia oficial do Ministério da Educação, o prefeito de São Paulo, Jânio Quadros, cedeu o Teatro Leopoldo Fróes, até então utilizado apenas por crianças das escolas mu-

nicipais (mas não abriu mão dos 10% de aluguel). O teatro era situado dentro de um pequeno parque muito arborizado, no bairro de Higienópolis, ao lado da Biblioteca Infantil Monteiro Lobato, e proporcionava aos atores a rara oportunidade de admirar, através das janelas dos camarins, canteiros floridos e meninos brincando.

Foram quatro semanas de platéias lotadas, em que pudemos gozar a sensação de estar novamente em casa e de ter dado a volta por cima.

Mas os críticos de São Paulo receberam mal *A Raposa*. Fizeram restrições severas ao texto; acharam que era uma peça menor. No entanto, nos anos que se seguiram, essa mesma peça atravessou fronteiras e correu mundo. Foi apresentada em países de direita e de esquerda – dos Estados Unidos à União Soviética, de Israel à China, em toda a América do Sul, na Europa – e sempre granjeou enorme sucesso e muitos prêmios.

O que encantou povos de tão diferentes ideologias foi seu hino à liberdade. O grito de Esopo: "Quero ser livre!" e o sacrifício de Cléia, que abandona tudo para morrer ao seu lado, atingiam o coração e a alma do público, fosse qual fosse o credo político.

Apesar das críticas, o sucesso de *A Raposa e as Uvas* foi tamanho que, do Leopoldo Fróes, passamos para o Teatro de Alumínio, na praça das Bandeiras. Era um barracão pré-fabricado, em péssimo estado de conservação, cheio de goteiras e janelas que não fechavam.

Uma noite caiu uma tempestade no exato momento em que Leonardo Vilar entrava em cena acompanhado pelo "Capitão da Guarda" e dizia para mim:

— Lava-lhe os pés, mulher. Honra-o.

Eu me preparava para executar a tarefa quando a água da chuva desabou do teto numa cascata, diretamente dentro da bacia que eu segurava à minha frente. Foi um "Deus nos acuda": encharcou minha roupa, a peruca grega, a cara, o chão do palco... tudo!

Para completar a desgraça, uma rajada de vento derrubou o espelho do camarim, espatifando-o e espalhando no chão tudo o que estava em cima da bancada. A chuva entrou triunfante pela janela quebrada e alagou o cubículo.

Foi a "gota d'água"! Minha capacidade de agüentar tinha chegado ao seu limite máximo:

— Chega de excursões! Chega de teatro! Chega de mambembar! Quero ficar na *minha casa*!!!

Nosso contrato com a Companhia Dramática Nacional estava terminando, mas a temporada se estenderia por mais alguns meses, pelo Norte e Nordeste. Eu não queria mais continuar, mas era Sérgio quem decidiria se iríamos – ou não – ficar em São Paulo.

Em boa hora, surgiu uma excelente proposta de contrato da TV Record, que o entusiasmou. Foi isso que selou nossa sorte, permitindo-nos não renovar o contrato com a Dramática.

Para nossos papéis, foram contratados Agildo Ribeiro e Nathalia Timberg.

A Dramática foi a última companhia para a qual trabalhamos como atores contratados. A meta agora era nossa própria companhia e, logo que possível, um teatro próprio.

Durante três meses nos apresentamos na TV Record, produzindo e atuando em um programa semanal, chamado *Um Personagem no Ar*. Sérgio redigia o texto e eu cuidava da produção. Cada semana focalizávamos um personagem diverso, masculino ou feminino.

Contávamos com poucos recursos. Nada de *slides*, filmes, telecine, gravações externas ou fundo em *chromakey*. O que tinha de acontecer, acontecia no estúdio, ao vivo, na hora da transmissão.

Para dar um pouco mais de conteúdo ao programa e enriquecer o texto, chegávamos sobraçando pilhas de desenhos, livros e fotografias, que ficavam expostos numa estante onde eram focalizados por uma câmera fixa.

Mesmo com esses recursos limitados, conseguimos apresentar personagens interessantes, que iam do Rei Lear a Napoleão, e de Salomé a Madame Bovary.

No fim dos três meses, o contrato foi renovado e estreamos *Romance*, interpretando os casais célebres da História Universal: Otelo e Desdêmona, Castro Alves e Eugênia Câmara, o casal Curie, entre outros. Che-

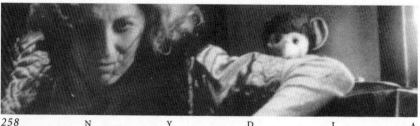

gamos até a apresentar *Os Amores de Dom Pedro I*, eu vivendo três papéis: Dona Leopoldina, Dona Amélia e Domitila. Na semana seguinte: *Os Amores de Cleópatra*, com Sérgio interpretando Cesar, Marco Antonio e Otávio. Ao vivo, tendo poucos segundos para mudanças de roupa e maquiagem.

Muitas vezes os *camera-men*, para dar-nos tempo para as trocas, avançavam até um detalhe do cenário, ou de alguma roupa, desfocavam a imagem e – tão logo estivéssemos prontos – iniciavam o movimento contrário, focalizando e enquadrando a cena novamente.

Foi nesse ano – 1954, ano do IV Centenário da Cidade de São Paulo – que nossa vida deu uma guinada. Inicialmente surgiu a proposta de participarmos de um grande espetáculo teatral, oferecido pela colônia italiana: seriam cinco récitas gratuitas para o povo.

Ruggero Jacobbi, o diretor convidado, escolheu para a ocasião uma grande montagem: *A Filha de Yorio*, texto poético de Gabriele D'Annunzio.

Eu, ainda ressentindo-me da experiência carioca, não quis atuar como atriz, preferindo ficar na assistência de direção. Ruggero reuniu um grande elenco, encabeçado por Cacilda, Sérgio, Leonardo Vilar, Dina Lisboa e mais uma dúzia de atores e quase vinte figurantes. A Prefeitura cedeu o Coral Paulistano e o maestro Cláudio Santoro compôs a música.

Aldo Calvo cuidou dos cenários e figurinos, que foram executados nas oficinas do Teatro Municipal, já que o espetáculo fazia parte das comemorações do IV Centenário.

O tempo de que dispúnhamos para ensaiar era muito pequeno: apenas cinco semanas. E alguns atores estavam trabalhando à noite em outros espetáculos. Tornou-se evidente que, pelo menos os papéis principais, deveriam ser ensaiados em tempo integral. Por essa razão, Cacilda e Ruggero decidiram que eu, que estava livre, devia entrar no espetáculo de qualquer maneira, no papel da personagem Ornella, que participava dos três atos da peça e tinha uma atuação marcante. Afinal, o antídoto para o medo do palco é pisar no palco de novo, e o mais depressa possível.

Concordei – o que foi muito bom para mim.

Os últimos ensaios coincidiram com o suicídio de Getúlio, que deixou a cidade em polvorosa. Lembro-me de um grupo de rapazes armados de barras de ferro, que percorreram o bairro do Bixiga obrigando os lojistas a cerrarem as portas em sinal de luto.

Ninguém sabia o que fazer. Os teatros fecharam. Havia gente chorando pelas ruas; outros gritavam. Eram, porém, manifestações isoladas. São Paulo não esquecera a Revolução de 1932. A cidade não parou, a exemplo do que aconteceu no Rio de Janeiro, onde o povo todo foi à rua. Milhares e milhares de pessoas, lotando o centro da cidade, formaram um imenso cortejo fúnebre, que acompanhou o féretro do Presidente até o Aeroporto Santos Dumont.

De lá, ele seguiria para São Borja, onde seria enterrado.

Nós nos trancamos no Teatro de Cultura Artística, tentando trabalhar na medida do possível, mas não havia clima para isso.

Logicamente, a produção se atrasou, com graves conseqüências para o ensaio geral, que foi incompleto.

Minha lembrança da estréia é a de uma paródia do filme *Uma Noite na Ópera*, com Groucho Marx: nada funcionou e ninguém se entendia.

A platéia estava lotada. O espetáculo, marcado para as 21 horas do dia 2 de setembro, só se iniciou às 22:15, quando consegui fazer Aldo Calvo descer da escada em cima da qual estava encarapitado, ajeitando tranqüilamente um laço cor-de-rosa, que enfeitava a porta do cenário do primeiro ato (eram três cenários ao todo).

As roupas – lindíssimas por sinal – foram terminadas com atraso e entregues em cima da hora. O colete de pele de ovelha que Sérgio usava chegou pouco antes do espetáculo e Calvo o pintou com a tinta usada para o cenário. Ao secar, começou a desprender um pó colorido que Sérgio foi engolindo e, em pouco tempo, o deixou afônico e furioso!

A peruca da Cacilda, também chegada em cima da hora, não se encaixava direito em sua cabeça, tolhendo-lhe os movimentos.

Ninguém tinha visto, nos ensaios, os cenários, escuros e tortuosos, da caverna do segundo ato, cheios de pedras e degraus nos quais tropeçávamos.

O coral não tinha ensaiado conosco. Para sua colocação, foi aberto um inesperado buraco no proscênio. No terceiro ato, Sérgio, descalço e com um enorme véu preto cobrindo-lhe a cabeça, andava enlouquecido pela cena, com passadas largas, ameaçando cair na cabeça dos cantores a qualquer momento. Eu, preocupada com sua miopia, seguia atrás dele feito sombra, pronta para segurá-lo antes do tombo.

Dina Lisboa, atriz que tinha o culto da autenticidade, em lugar de usar o pão de *papier-maché*, especialmente confeccionado para a cena da bênção, apareceu com uma enorme bisnaga – comprada no padeiro da esquina – que esmigalhou na cabeça dos atores, enchendo-lhes os cabelos de migalhas e pedacinhos de crostas que entravam pelo colarinho das camisas abertas no peito.

Nem me lembro mais do que aconteceu com a fogueira no final da peça, onde Cacilda era queimada viva! Parece que alguém deixou cair a tocha acesa...

Enfim, o espetáculo terminou às duas horas da manhã, com menos de cem pessoas na platéia: parentes, alguns jornalistas e o governador Lucas Nogueira Garcez e senhora.

A peça deixou os críticos perplexos. A tragédia pastoral de D'Annunzio, típica da região dos Abbruzzi, onde a religiosidade e a magia se interligam, não atingiu sua sensibilidade.

Em compensação, nos outros quatro espetáculos gratuitos, em que tudo funcionou a contento, o público, mais simples e menos disposto a criticar, aplaudiu de pé, emocionado.

Sempre achei que na vida é preciso trabalhar muito. Mas, por mais que se trabalhe, nada se consegue se não entrar o fator "sorte".

Foi o que aconteceu conosco e de maneira inesperada. Sérgio e eu estávamos trabalhando em um filme, *O Incêndio*, rodado quase inteiro em estúdio, na rua Fortaleza, no Bixiga. Filmar fora desgastante. À uma

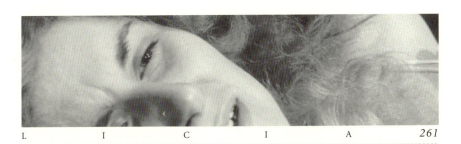

hora da manhã, faltando apenas três tomadas para terminarmos a programação do dia, o produtor apareceu, acompanhado por um amigo e duas mocinhas muito alegres (bastante mais da conta) e requisitou a câmera para "fazer um teste com duas promissoras atrizes do cinema nacional".

Trancaram-se na sala ao lado e durante mais de uma hora todos nós – inclusive o diretor do filme – permanecemos parados, à espera de que o "teste" terminasse.

Quando os quatro saíram da sala, animados, rindo muito, o produtor, com ares de importância, piscou para o diretor, confidenciando:

— Foi um teste muito bom. Muito bom mesmo. Tudo pelo cinema nacional! – e saindo, ainda se dirigiu a nós com ar paternal:

— Façam um bom trabalho, meninos!

A indignação foi geral. O desgraçado não nos pagava em dia e ainda vinha com ar zombeteiro interromper as filmagens a fim de se exibir para umas meninas tontas, que acreditavam atingir algum dia o estrelato em troca de favores concedidos a um vigarista.

Diante de tamanha falta de respeito, decidimos parar o trabalho. Foi marcada uma reunião para o dia seguinte com todo o elenco e a técnica, a fim de decidir qual a atitude a ser tomada por todos.

Sérgio e eu voltamos para casa a pé, para espairecer. A noite estava bonita, vínhamos andando devagar pela rua Conselheiro Ramalho totalmente deserta, quando uma construção alta, recuada uns dez metros da rua, chamou nossa atenção. Nunca tínhamos reparado nela ao passar por ali durante o dia. Talvez o bonde a ocultasse, ou o movimento das pessoas nos distraísse. O fato era que nunca a tínhamos notado. O que seria?

— Parece um teatro, disse Sérgio.

Foi como se uma centelha tivesse se acendido. O cansaço sumiu, a raiva evaporou-se, dando lugar a uma espécie de euforia. Um teatro! E devia estar fechado há anos! O tapume que o cercava era velho e gasto. Além disso, nunca ouvíramos falar de um teatro nas proximidades do TBC.

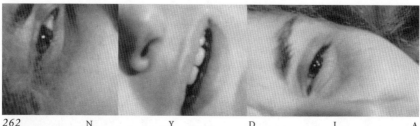

Decidimos iniciar as pesquisas na manhã seguinte.

Uma consulta aos arquivos da prefeitura forneceu a resposta. Tratava-se do Cineteatro Espéria, desativado havia muito tempo. Tinha passado de mão em mão. O mais recente proprietário parecia ser Baby Pignatari, jovem industrial e conhecido *playboy* da sociedade paulista.

Seu mais recente feito fora uma "chuva de prata" comemorando o IV Centenário de São Paulo. Dois aviões, sobrevoando o centro da cidade, despejaram milhares de papéis prateados que desceram suavemente, brilhando ao sol e atapetando o chão do vale do Anhangabaú.

Anos mais tarde, o mesmo Baby seria manchete nos jornais do mundo inteiro quando, ao querer terminar um turbulento caso com a atriz Linda Christian, pagara a alguns moleques no Rio de Janeiro para que desfilassem debaixo das janelas do Hotel Copacabana, onde ela se hospedara, carregando grandes faixas com a frase: LINDA GO HOME.

Baby nos recebeu com simpatia e declarou que se ainda fosse proprietário do imóvel o cederia para nós, mas que o teatro já tinha sido vendido. Os atuais proprietários, três senhores italianos, tencionavam alugá-lo para uma oficina ou um mercado.

Não perdemos tempo. Telefonamos, solicitando uma entrevista. Os senhores Raia, De Fuccio e Fattori nos receberam na manhã seguinte e aceitaram de bom grado a proposta de alugarmos o teatro. O advogado Luís Coelho, amigo dos tempos do Clubinho, cuidou da parte legal.

Em menos de uma semana, tínhamos assinado um contrato de dez anos, com opção para mais cinco, pagando um aluguel de 50.000 cruzeiros mensais.

A reforma total do prédio seria de nossa inteira responsabilidade. TUDO ISSO SEM TERMOS UM TOSTÃO FURADO!!!

E agora? Como achar o dinheiro necessário para a reforma?

Teve início uma nova luta, muito maior que tudo que a antecedeu. Era preciso formar uma companhia nossa. Desafio imenso numa cidade onde reinava absoluto o TBC, cuja mentalidade ditatorial não aceitaria de bom grado uma concorrência. Principalmente vindo de atores egressos de suas próprias fileiras.

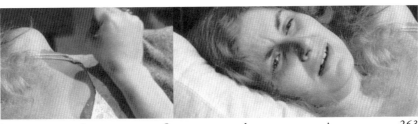

Iniciamos a procura de quem nos fornecesse materiais para a cena a preço de custo, ou em troca de publicidade. Felizmente, a receptividade foi boa e, em pouco tempo, conseguimos madeira, pano e tinta para a execução dos cenários de *Lampião*, de Rachel de Queiroz, que inauguraria a temporada da recém-criada Companhia Nydia Licia-Sérgio Cardoso no Teatro Leopoldo Fróes. A Companhia Cinematográfica Vera Cruz cedeu chapéus e roupas de cangaceiro e o Exército nos emprestou fardas e armamentos para os soldados. Os jornais também colaboraram, permitindo que a publicidade fosse paga somente após a estréia.

Começamos a trabalhar em ritmo acelerado. As músicas – autênticas – foram cedidas pelo cineasta Lima Barreto, que as recolhera nos locais de origem. Ele tinha percorrido todo o Norte e Nordeste do Brasil quando da filmagem de *O Cangaceiro*.

Os cenários, de autoria do pintor Aldemir Martins, reproduziam a caatinga, a gruta de Angico e a casa do sapateiro, marido de Maria Bonita. Além disso, o pano de boca do Teatro Leopoldo Fróes foi substituído por um telão imenso, pintado pelo próprio Aldemir.

O trabalho de Sérgio era estafante, pois, além de diretor da peça, era também o protagonista. Grande parte do elenco já tinha trabalhado conosco no TBC ou na montagem de *A Filha de Yorio*: Leonardo Vilar, Jorge Chaia, Carlos Zara, Rubens de Falco, Raymundo Duprat, Edson Silva e outros. O único papel feminino – Maria Bonita – foi entregue a Araçari de Oliveira, mulher de Lima Barreto, que assim estreava em São Paulo.

Eu cuidava da produção do espetáculo, terreno desconhecido para mim na época. Com o passar dos anos, se tornaria cada vez mais conhecido...

Os ensaios progrediam. Parecia que tudo ia dar certo... até poucos dias antes da estréia.

De repente, tive a impressão de que os maquinistas se movimentavam em câmera lenta. Nada ficava pronto. No meio dos ensaios, eles desapareciam e eu precisava caçá-los nos botequins das proximidades. Ou então, encontrava-os dormindo atrás do palco.

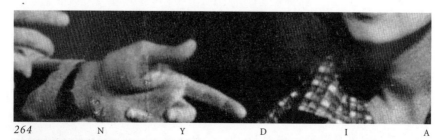

Não havia meio do cenário ficar pronto. Como estrear sem ao menos um ensaio completo?

No dia da estréia, ao chegar ao teatro pela manhã, como de hábito, encontrei-os dormindo! O administrador do Leopoldo Fróes, que tinha se comprometido a nos fornecer o ciclorama azul para o fundo do palco, comunicou, lacônico, que o mesmo estava no Municipal e não podia ser cedido, pois seria usado pelo Corpo de Baile.

A solução foi recorrer a Alfredo Mesquita. Fui correndo até a Escola, na rua Maranhão e pedi-lhe que nos emprestasse um ciclorama por alguns dias. O secretário da EAD, Geraldo Matheus, veio pessoalmente trazê-lo e montá-lo no palco.

Enquanto isso, Aldemir estava pintando o cenário sozinho, já que os pintores haviam sumido como que por encanto.

Resolvida a procurar ajuda, fui até o Clube dos Artistas, na rua Bento Freitas. Carmélio Cruz e Aldo Bonadei imediatamente se prontificaram a colaborar no que fosse preciso.

Às oito da noite, Sérgio, sentado no escuro, no meio da platéia, tentava concluir a iluminação do espetáculo que teria início dali a uma hora.

Não houve ensaio geral! Às nove e meia, o público, lotando o saguão do teatro, nos obrigou a abrir as portas da platéia.

Os atores estavam bastante assustados com a perspectiva de estrear naquelas condições! Quanto a Sérgio... estava fora de órbita. Resultado de um calmante que alguém tinha lhe fornecido sem saber que ele tomara estimulantes para agüentar a tragédia geral. O resultado foi desastroso. Felizmente, Ziembinski apareceu para assistir à estréia e, vendo o estado em que ele se encontrava, prontificou-se a fazer sua maquiagem. Como Lampião era cego de um olho, era preciso colar a pálpebra direita com verniz e base, uma operação que exigia calma e firmeza.

Da platéia escutava-se o martelar incessante dos maquinistas, agora apressados em terminar o cenário. Eram quase 22 horas quando as luzes do telão se acenderam, valorizando a belíssima paisagem da caatinga desenhada por Aldemir. Entrou a música. O telão começou a ser erguido: primeiro desastre. Só ergueram um lado, o outro permaneceu no

chão. Foi um subir e descer, acompanhado pela torcida do público, até que – mesmo torto – conseguiu ficar preso no alto.

As luzes foram o segundo desastre. Acendiam nos lugares onde deviam permanecer apagadas e apagavam onde a cena se desenrolava!

Na primeira mudança de cenário, focalizaram Araçari no cantinho escuro, atrás da cena, onde estava trocando de roupa. A luz acendeu no momento exato em que tentava tirar o vestido pela cabeça.

A entrada de Sérgio era pelo porão. Uma escadinha subia até o alçapão do palco, situado atrás da porta do casebre de Maria Bonita, e era por lá que ele deveria subir. Normalmente, já não enxergava muito bem. Com um olho fechado, no escuro, e ainda por cima no estado em que se encontrava, o simples fato de andar já era uma temeridade. Conduzi-o pela mão através da escuridão do porão até a escadinha e, após fazê-lo subir, permaneci dois degraus abaixo com as mãos erguidas, pronta para segurá-lo se caísse para trás. Ele ficou parado, os pés firmes no chão e o corpo rodando para frente e para trás, feito pêndulo.

A entrada era de grande efeito. Um cangaceiro escancarava a porta com a coronha do fuzil e Lampião surgia de chofre. O efeito – mágico – foi saudado com uma salva de palmas. Isso pareceu despertá-lo.

Representou os três atos como se estivesse em transe. Encarnou de tal maneira a personagem que me deu a impressão de que o espírito de Lampião tivesse baixado nele.

Foi uma das maiores interpretações de sua carreira: autêntica, despojada, real e de uma força interior que subjugava os outros de uma maneira quase apavorante.

Ao terminar o terceiro ato, Sérgio desmaiou na boca de cena. Araçari começou a gritar, foi um corre-corre. Ninguém sabia se devia fechar o pano ou deixá-lo aberto. Na platéia as pessoas se perguntavam o que tinha acontecido, se aquilo fazia parte da peça, ou não.

Lívio me ajudou a carregar Sérgio para casa, desmaiado, e a enfiá-lo na cama. Não despertaria tão cedo.

Voltei correndo para o teatro, preocupada com os fuzis largados no palco. Como pertenciam ao Exército, se algum sumisse, haveria um pro-

cesso. Além disso, precisava falar com os atores, ver se estavam bem, tranqüilizá-los.

Sérgio só acordou no dia seguinte, ao meio-dia. Queria ir ao ensaio geral! Não sabia de nada. Não se lembrava do que tinha acontecido na estréia e jamais se lembrou.

Quanto à atitude estranha e anti-profissional dos técnicos, correu um boato, na época, de que tinham recebido dinheiro para boicotar a estréia. Nunca procuramos apurar a verdade, mas que a atitude deles foi estranha... isso foi!

Sérgio teve críticas excelentes, mas a peça não despertou o interesse do público. Os temas nordestinos ainda não estavam na moda, como ficariam anos mais tarde com a vinda dos "Bahianos" para São Paulo.

Após algum tempo, vi que o dinheiro não daria para continuarmos a temporada e expus a situação a Sérgio e ao elenco. Seria uma temeridade montarmos uma segunda peça.

Foi então que o governador Garcez e a esposa vieram assistir ao espetáculo. Freqüentadores assíduos de teatro, costumavam dirigir-se aos camarins, no final das peças, para cumprimentar os artistas. Foram parabenizar Sérgio pelo desempenho e pela nossa postura de levar somente autores nacionais.

Ao tomar conhecimento dos problemas financeiros, o governador insistiu muito para que prosseguíssemos com a temporada – que ele considerava importantíssima dentro do panorama nacional – e ofereceu-nos uma verba de 200.000 cruzeiros para fazer frente às despesas. Mandou que Sérgio entrasse em contato, no dia seguinte, com o gerente do Banco do Estado, que colocaria essa quantia à nossa disposição.

Graças a esse gesto generoso, pudemos montar *Sinhá Moça Chorou*, de Ernani Fornari.

A peça se desenrolava no Rio Grande do Sul; por isso, convidamos uma cenógrafa e figurinista gaúcha, Anita de Athayde. Ela reproduziu fielmente os interiores de uma casa de Porto Alegre e de uma fazenda em Camaquã, na primeira metade do século XIX. A discrição dos cenários, um em tom sépia e o outro cinza, permitia que se sobressaíssem os

figurinos, muito coloridos, perfeita reconstituição da indumentária da época.

Ao contrário de *Lampião*, *Sinhá Moça* era uma comédia suave, em "tom pastel", cheia de ternura, embora com momentos dramáticos de grande arrebatamento. Focalizava um amor impossível entre dois jovens que se encontravam em lados opostos durante a Guerra dos Farrapos, e cujo orgulho não permitia uma reaproximação.

Alguns fatos retratados pelo autor eram verídicos. A personagem Manuela, por exemplo, existiu realmente. Fornari a conheceu na cidade de Pelotas, quando ainda menino. Era conhecida como "a noiva de Garibaldi". Morreu velhíssima, jamais tendo querido casar-se, fiel ao seu amor juvenil. O "herói de dois mundos", antes de fugir com Anita, a amou intensamente e chegou a se referir a ela com ternura em suas *Memórias*.

Minha personagem, Flor, praticamente não saía de cena durante os três atos, por isso Sérgio escolheu, para si, o papel de meu pai, que só aparecia por uns minutos no primeiro ato. Com isso, nossas funções se inverteram. Agora era ele que cuidava da bilheteria e atendia o público, enquanto eu estava no palco.

Consegui representar sem sentir aquela terrível sensação de angústia que me assaltara no final da temporada da Companhia Dramática Nacional. Estava novamente de pazes feitas com o teatro, me sentindo bem em cena, gostando do meu papel. Sentia-me leve e otimista quanto ao futuro.

Só que nos aguardava uma surpresa: um telefonema do gerente do Banco do Estado solicitando nosso comparecimento urgente para "tratar de assunto de nosso interesse". Fomos procurá-lo na manhã seguinte, bastante intrigados com o convite. Recebeu-nos com uma notícia estarrecedora: o Banco estava cobrando o pagamento dos 200.000 cruzeiros da subvenção oferecida pelo Prof. Garcez. Foi um choque. O governador tinha nos *dado* o dinheiro, não emprestado! Jamais teríamos aceito se se tratasse de um empréstimo. Por muito menos, eu quisera terminar a temporada! Precisávamos falar com ele com urgência.

Fomos procurá-lo em sua casa, na mesma noite, pois, na manhã seguinte, ele e a esposa viajariam para a Europa. Acalmou-nos, declarando tratar-se de um compromisso pessoal dele. Que não nos preocupássemos!

Telefonou imediatamente para seu secretário e deu ordem para que fosse paga a primeira prestação. Foi a primeira e última a ser saldada por ele. Os 195.000 cruzeiros restantes, acrescidos de juros e correção, foram pagos por nós, com muito sacrifício, ao longo de quatro anos, em prestações mensais!

Reencontrei-me com o Prof. Garcez em 1973, quando eu era assessora cultural da TV Cultura e ele curador da entidade. Meio sem jeito, tocou no assunto, disse que lamentava o ocorrido. Desconversei. Haviam se passado tantos anos... não valia mais a pena falar no assunto.

Após a temporada do Teatro Leopoldo Fróes, a companhia se dissolveu. Precisávamos direcionar todas as nossas energias para a reforma do antigo Teatro Espéria.

Era preciso, em primeiro lugar, conseguir sócios e constituir uma empresa que se responsabilizasse pela parte financeira do empreendimento.

Foi definitiva a participação de dois grandes engenheiros: Otto Meinberg e Ricardo Capote Valente. O primeiro, tomando a si a responsabilidade da formação da Empresa Bela Vista, e o segundo elaborando e executando o projeto da reforma.

Teve início a campanha para arregimentar sócios. Entre os primeiros a assinarem a lista, estavam Alfredo Mesquita e Cacilda Becker. Em seguida, outros amigos: Gregori Warchawchic, José Olímpio, Menotti del Picchia, Rino Levi, Victor Simonsen, José de Barros Martins, Nelson Seabra, Fúlvio Nanni, Raphael Mayer e outros mais.

Os que subscrevessem cinqüenta ações nominais no valor de mil cruzeiros cada, seriam considerados acionistas fundadores e teriam cadeiras cativas em todas as estréias e o nome gravado numa placa de bronze no hall do teatro. (Como o dinheiro não deu, a placa acabou sendo de madeira mesmo.)

Sérgio, numa entrevista à *Folha da Noite*, declarou:

— Não estou pedindo um favor. Estou propondo um pequeno negócio. Fosse um favor, e seria prestado a São Paulo. Sendo um negócio, pode apenas – todo especial que é – ser proposto a quem disponha dos recursos necessários para aceitá-lo, além da cultura e sensibilidade indispensáveis para compreendê-lo.

Sérgio, de terno escuro e gravata, carregando uma pasta cheia de documentos, iniciava uma nova carreira: a de corretor. Diariamente percorria escritórios e conversava com banqueiros.

Eu, envergando meus melhores vestidos (ainda tinha um Balanciaga) visitava as senhoras dos magnatas paulistas, procurando interessá-las em nosso empreendimento cultural.

Mas havia um problema urgente: nossa sobrevivência. teatro, nem pensar. Restavam televisão e cinema.

Na TV Record iria estrear o *Grande Teatro Royal*, com Cacilda à frente. Entramos para o elenco que era composto por ela, Cleyde, eu, Sérgio, Walmor, Fredi e Ziembinski. Direção de Ruggero e assistência de Carla Civelli – que, a essa altura, tinham se reconciliado.

Estreamos no dia 2 de maio de 1955 com *A Vendeta*, de Balzac. Em seguida: *O Jogador*, de Dostoiévsky, *O Alienista*, de Machado de Assis, *A Dama de Espadas*, de Puchkin, *O Fantasma de Canterville*, de Oscar Wilde...

Era um repertório de nível excelente e, principalmente, estávamos entre amigos muito queridos.

Uma noite, ao término de uma apresentação, Ruggero entrou no estúdio e transmitiu, ao vivo, a notícia do incêndio que estava acontecendo no TBC. As câmeras imediatamente focalizaram nossos rostos consternados e as lágrimas que ninguém conseguiu controlar.

Durante os longos meses em que durou a reforma do nosso teatro, trabalhei em todas as TVs de São Paulo, como atriz de teleteatros, apresentadora de programas musicais, cantora. Além disso, Sérgio e eu participamos de todas as gincanas culturais que dessem prêmios em dinheiro, e de todos os programas de perguntas e respostas.

Lembro-me do título de um: "Você confia em sua mulher?". Era na TV Tupi. O apresentador – Heitor de Andrade –, antes de formular a pergunta, dirigia-se ao marido, perguntando quem responderia, se ele ou sua mulher. Era um teste de confiança nos conhecimentos culturais da esposa. Machismo!!!

Ganhamos o primeiro lugar em todos os concursos em que nos apresentamos, e isso nos ajudou a pagar o aluguel do apartamento e o ordenado da babá.

Sei que na época muitos atores esnobavam a televisão, considerando-a um veículo menor, ao qual só recorriam quando precisavam de dinheiro, mas eu adorava fazer televisão.

Às segundas-feiras, existia o Grande Teatro Tupi, a cargo só de atores teatrais. Agarrei todas as datas disponíveis e apresentei textos os mais variados. Todos os gêneros eram abordados: clássicos, modernos, policiais, comédias, contos adaptados. De *Oreste*, de Alfieri a *Janela Indiscreta*, de Hitchcock; de *Anna Christie*, de O'Neill a *Inês de Castro*, de Antonio Ferreira. Sem falar de *A Carta*, de Somerset Maugham, *Rebecca*, *O Morro dos Ventos Uivantes*, *Horizonte Perdido* e até *A Dama das Camélias*.

Foi justamente nessa peça que aconteceu um fato que passou a fazer parte do anedotário da televisão. No terceiro ato, o galã, após ter ganho uma fortuna na mesa de jogo, atira o dinheiro no rosto da ex-amante, gritando:

— Vocês todos são testemunhas de que eu paguei a esta mulher!

Só que o ator, ao iniciar a frase, percebeu que esquecera as cédulas no camarim. Que fazer? Parou um instante e, em seguida, declarou com a maior ênfase:

— Vocês todos são testemunhas de que eu... *pagarei* a essa mulher!!

Após essa frase heróica, simplesmente saiu de cena. Por sorte era o momento de eu simular um desmaio, e terminou com os atores todos morrendo de rir.

Existia na época uma terceira emissora, a TV Paulista, canal 5, localizada num exíguo prédio da rua da Consolação, quase esquina com a

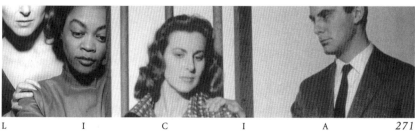

avenida Paulista. Também entrara nessa concorrência de teleteatros, porém mais modestamente, menos ambiciosa.

Fiz lá *Sansão e Dalila*. A cena final, quando Sansão destrói o templo, era realizada num canto do estúdio e complementada por uma maquete extremamente realista. Isso dava ao telespectador a impressão de estar assistindo ao momento em que Sansão derrubava o imenso templo em cima dos Fariseus, graças às forças que Deus lhe restituíra. Conforme está na Bíblia.

A fusão das duas imagens foi perfeita. Quando eu (Dalila), apareci caída no chão com uma coluna de papelão atirada em cima do meu corpo, a impressão que dava era mesmo a de que toneladas de pedra e argila estivessem me esmagando.

Sylvinha, que estava em casa e, por um descuido da babá, estava assistindo à transmissão, desandou a chorar:

— Mamãe morreu! Mamãe morreu! – e só se acalmou quando cheguei de volta, sã e salva.

Naqueles anos todos trabalhei sob a direção de Antunes Filho, Flávio Rangel, Walter Hugo Khouri, Sérgio Britto e Cassiano Gabus Mendes.

Isso foi antes de Khouri se tornar um grande cineasta. Tenho até a impressão de que *Janela Indiscreta* foi uma de suas primeiras direções para a televisão.

Finalmente surgiu minha oportunidade no cinema. Não na Vera Cruz, mas na Companhia Cinematográfica Maristela, em Mairiporã.

O título era *Quem Matou Anabela?*, um policial meio engraçado. Argumento extraído de um conto de Orígenes Lessa, adaptado para o cinema por Miroel Silveira e dirigido pelo diretor húngaro Akos David Hamza.

O enredo é mais ou menos este: o cadáver de uma jovem é encontrado na represa de Santo Amaro. No necrotério, é identificado como sendo da bailarina Anabela, moradora de um antigo solar transformado em pensão.

O delegado de polícia encarregado do caso (Procópio Ferreira) interroga todos os hóspedes da casa. Cada um, individualmente, assume a responsabilidade pelo crime e apresenta sua versão do acontecimento.

O pobre delegado fica cada vez mais enlouquecido com o excesso de culpados.

O mistério só é desvendado no final do filme, quando ele já está decidido a prender todos:

— São todos assassinos!

A bailarina reaparece, cercada por jornalistas e fotógrafos, ao delegado que, completamente tonto, a interpela:

— Pelo amor de Deus, diga: quem foi que a matou?

Ela responde:

— Ninguém me matou. É que sem escândalo ninguém consegue aparecer, hoje em dia.

O elenco contava com Procópio, Jaime Costa, Olga Navarro, Carlos Cotrim, Carlos Zara, Ruth de Souza e tinha como protagonista a atriz e bailarina espanhola Ana Esmeralda.

Havia no elenco também uma velhinha de mais de 70 anos, Estela Gomes, que morava na Casa do Ator, no Brooklin. Quando as filmagens se atrasavam e ela chegava após as 22 horas, o diretor da Casa trancava o portão e não atendia à campainha. Para entrar, ela tinha que escalar uma mureta – não muito alta, a bem da verdade – o que fazia galhardamente, ajudada pelo motorista da Kombi da Maristela.

Tive uma convivência muito agradável com Olga Navarro, que já admirara no palco em *Desejo*, de O'Neill e Jaime Costa, que eu pouco conhecia.

Olga, italiana de nascimento, veio ao Brasil ainda pequena. Pouco antes da Segunda Guerra, voltou à Itália a passeio, em companhia da colega de teatro, a atriz Itália Fausta.

Aos primeiros rumores de uma guerra próxima, Itália tratou de encerrar o passeio e voltar ao Brasil. Olga, porém, iludida como tantos italianos, achou que o país não entraria no conflito, e resolveu ficar. Quando tentou embarcar, era tarde demais.

Sozinha, sem dinheiro, procurou emprego e começou a trabalhar em teatro. Atuou como atriz por todo o período da guerra. Chegou a passar fome. Contou-me que percorria quilômetros de bicicleta pelos campos, para conseguir comprar algumas batatas.

Em compensação, aprendeu muito. Ao regressar ao Brasil, magra, "quase transparente" na opinião da família, era uma atriz completa.

Jaime Costa, figura de proa de nosso teatro de "Bossa", tinha um caráter impetuoso, era resmungão, franco até demais e dava a impressão de estar sempre de mau humor. No entanto, com os íntimos, revelava-se engraçadíssimo e dono de um grande coração.

Quem gostava de cutucá-lo o tempo todo era Procópio, que o apelidara de "Sargentão" e se divertia muito vendo-o explodir.

Uma surpresa dentro do panorama nacional, foi quando Jaime apresentou *A Morte do Caixeiro Viajante*, de Arthur Miller, espetáculo totalmente diferente das saborosíssimas comédias nacionais que costumava montar e que lotavam os teatros. Por isso, poucos se lembram que foi ele quem introduziu Pirandello no Brasil, e "muito bem", na opinião do próprio autor.

Fomos assisti-lo no Teatro de Cultura Artística. Sua interpretação do velho caixeiro derrotado pela vida era sincera, mas a bilheteria não correspondeu às expectativas e ele acabou voltando ao seu repertório de comédias, muito mais seguro, financeiramente.

Um dia, durante o almoço na cantina dos estúdios, o dono da Companhia Maristela, Marinho Audrá, entrou com um grupo de pessoas. Eu estava conversando e não prestei atenção. De repente, um jovem alto sentou-se ao meu lado. No maior espanto, reconheci um dos atores franceses que eu mais admirava: Gérard Philippe, o grande intérprete de *O Cid*, de Corneille. Simpaticíssimo, esbanjava charme. Conversou muito, na maior simplicidade e contou passagens interessantes de sua carreira. Falou dos diretores com quem tinha trabalhado e se interessou pelo movimento cinematográfico no Brasil.

Quando nos chamaram para continuar a filmagem, todos nós lamentamos não poder continuar a ouvir um dos maiores atores teatrais e cinematográficos da nossa época.

Revi *Quem Matou Anabela?* quando passou na televisão. O som era péssimo, mal se entendia o que os atores falavam, mas a trama era ágil e resistiu ao tempo.

Conheci muitos artistas nesse ano, durante o Festival Internacional de Cinema: Walter Pidgeon, Edward G. Robinson, Erich Von Stroheim, Xavier Cugat, Michel Simon, Jacqueline Ventura, Rhonda Fleming, Fred Mac Murray, Janet Gaynor, Sophie Desmarets e outros.

Os mais interessantes foram, de longe, Edward G. Robinson, homem culto e inteligente – que veio acompanhado pela mulher e as filhas – e Walter Pidgeon, galã maduro, brincalhão, sempre cercado por fotógrafos, que, ao sermos apresentados, apertou minha mão e – sem largá-la – disse sorrindo:

— Não olhe para mim, sorria para os fotógrafos. Você é uma estrela.

Erich Von Stroheim fazia o gênero "homem mau" até nos coquetéis. Quando lhe fui apresentada fez uma carranca, resmungou em alemão que não queria conhecer ninguém e virou-me as costas.

Louca da vida, reuni todo o meu conhecimento de alemão e retruquei:

— O senhor não precisa ser tão grosseiro! – e me afastei. Isso pareceu diverti-lo. Sentou-se ao meu lado, e contou que estava muito cansado. Mas, galante, acrescentou que era sempre um prazer "conhecer uma mulher bonita".

Caí na risada. Pazes feitas. Tenho a impressão de que o eterno ar zangado fazia parte de uma estratégia de *marketing*. Ele vivia um personagem em tempo integral.

Michel Simon, o velho homem bravo dos filmes franceses, era um doce de pessoa e gostava muito de uma boate. Sérgio e eu passamos horas muito agradáveis em sua companhia.

Ciccillo Matarazzo e Yolanda ofereceram uma festa estilo Brasil Antigo na casa-grande da Fazenda Empyreo, que deixou os estrangeiros extasiados.

A descrição que Yolanda fez em seu livro de memórias é tão saborosa que dá saudade dos tempos em que o Brasil tinha charme e finura:

> Consegui dois trens especiais, oferecidos pelo presidente da Companhia Paulista de Estradas de Ferro. [...] Ofereciam champanha, uísque. Os Embaixadores, misturados com cantores de samba e passistas, adoraram, saíram um pouco daquele regime rígido e cacete de diplomata.

Na estação, jardineiras todas enfeitadas com flores aguardavam os convidados e os levavam até a fazenda. O comentário geral era que a casa-grande, iluminada por lanternas com velas em cada janela, parecia suspensa no ar.

Ao chegar, os hóspedes eram recebidos por negros de pé no chão, vestidos "à Debret", que iluminavam o caminho com lanternas de procissão.

Yolanda vestira as empregadas pretas da fazenda também com roupas típicas, de rendão. As comidas que elas serviam eram *o que havia de mais brasileiro*: cuscuz, acarajé, bolinhos de bacalhau, leitão, perus. Doces nacionais de todo tipo, em compoteiras, e fios de ovos, "uma especialidade do Empyreo".

Tudo isso servido no jardim, à luz de velas. Tenho certeza que nenhum cenógrafo de Hollywood criaria cenário mais bonito.

O hóspede mais esperado, Errol Flynn, ao chegar, atirou-se vestido na piscina, alegando que "tinha bebido demais e queria tomar um banho antes de encontrar a dona da casa".

Infelizmente eu estava trabalhando e não pude ir à festa. Perdi Errol Flynn tomando banho de piscina.

Depois de ouvir, muito satisfeita, que eu era fotogênica e que daria uma boa atriz de cinema, dei por encerrada minha carreira cinematográfica.

Recebi mais alguns convites, ao longo de minha carreira, quase todos naquela base de:

— Não podemos pagar quase nada...
— O guarda-roupa é por sua conta...
— Olha, você vai precisar de um penhoar esvoaçante de pelo menos dez metros de roda...

Só lamento não ter podido participar de dois filmes: *A Garganta do Diabo*, de Walter Hugo Khouri, por ser rodado em locação e eu não poder largar o teatro, e o filme de estréia de Galileu Garcia, amigo desde o tempo em que ele trabalhava na Vera Cruz: *Cara de Fogo*.

Com Cacilda em Huis Clos, *de J. P. Sartre.*

Eu e Sérgio noivos. Presentes, Ruy Affonso, Elizabeth Henreid, A.C. Carvalho, Carla Civelli, Ruggero Jacobbi, Marina Freire, Maurício Barroso, Abílio Pereira de Almeida, Waldemar Wey, Fredi Kleeman e Adolfo Celi.

Com Cacilda em A Ronda dos Malandros, de John Gay.

Nosso casamento.

Sérgio, eu, Cacilda Becker, Marina Freire, A. C. Carvalho, Elizabeth Henreid e Waldemar Wey em A Importância de Ser Prudente, *de Oscar Wilde.*

Com Waldemar Wey em O Anjo de Pedra, *de Tennessee Williams.*

Alice S. Pincherle.

Lembranças de Berta, *de Tenessee Williams.*

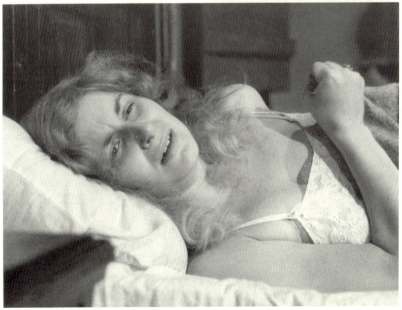

Do Mundo Nada se Leva, *de George Kaufman e Moss Hart.*

Cacilda e Ziembinski em Pega Fogo, *de Jules Renard.*

Os membros da Academia em O Inventor do Cavalo, *de Achille Campanile.*

Gassman e Sérgio

O Grilo da Lareira, *de Charles Dickens.*

Ângela.
Com Elizabeth Henreid, Ruy Affonso e Ziembinski em Ralé, *de Máximo Górki.*

Com Sérgio, Maurício Barroso e Rubens de Falco no PalÁcio do Catete, conversando com Getúlio Vargas.

Com Cacilda.

Com Sebastião Ribeiro em O Mentiroso.

Antígona.

Minha filha, Sylvinha.

A Raposa e as Uvas, *de Guilherme de Figueiredo. Sérgio e eu.*

A Canção Dentro do Pão, *de Raymundo Magalhães Jr. Sérgio e eu.*
O Cineteatro Espéria, *na rua Conselheiro Ramalho.*

Araçari de Oliveira e Sérgio em O Cangaceiro.

Sinhá Moça Chorou, *de Ernani Fornari. Com Zaid Hassel, Leonardo Villar, eu, Sérgio, Nieta Junqueira e Carlos Zara.*

Com Procópio Ferreira e Carlos Cotrim em Quem Matou Anabela?

PARTE 6

FORAM LONGOS OS dois anos que separaram a noite da descoberta do antigo Cineteatro Espéria da noite de estréia do novo Teatro Bela Vista.

Não se tratava apenas da reforma de um prédio velho e abandonado, cheio de pombos e de sujeira acumulada. Numa mesma noite haveria a inauguração de um teatro, de uma companhia e de uma peça.

Se pensarmos que a peça escolhida era o *Hamlet* de Shakespeare – o eterno desafio para diretores e atores do mundo inteiro – e que a companhia era composta, em sua grande maioria, por amadores e alunos recém-formados pela Escola de Arte Dramática, cuja idade média mal beirava os 25 anos, então constatamos que tudo foi uma grande ousadia, um louco ato de coragem. Foi uma empreitada de jovens, cheios de idealismo e de paixão.

As dificuldades que enfrentamos foram imensas e de todo tipo. Não tínhamos dinheiro, não dispúnhamos de um espaço para ensaios e nem de um local para a confecção dos figurinos e objetos de cena.

A primeira ajuda veio da diretoria da Associação Atlética Matarazzo, que nos emprestou uma sala em sua sede no Edifício Martinelli, onde pudemos ensaiar durante dois meses.

Luciano Falzoni, velho amigo do Mackenzie, pôs à nossa disposição uma casa na rua Francisca Miquelina, no Bixiga, que estava desabitada, aguardando demolição.

Lá se instalou Nieta Junqueira, a mais antiga costureira do teatro brasileiro – que já havia trabalhado nas companhias de Dulcina, Madame Morineau e Os Comediantes –, e foi montado o atelier de costura. Foi nossa sede e nosso ponto de encontro.

Nas folgas dos ensaios, as atrizes Rita Cleós, Berta Zemel e Maria Célia Camargo ajudavam a pregar botões e enfeites nos trinta e seis figurinos da peça. Os atores se encarregaram da pintura dos quartos e de peque-

nos consertos nas torneiras e na parte elétrica, para pôr novamente em funcionamento uma casa abandonada há anos. Guilherme Corrêa, Carlos Zara, Raymundo Duprat, Zeluis Pinho e outros mais, não mediram esforços para torná-la habitável e até cômoda.

Os adereços de cena, isto é, as coroas, colares, medalhas, cintos e anéis, foram todos confeccionados lá mesmo por Sérgio, secundado pelos colegas que tivessem algum talento manual. Outros martelavam incessantemente centenas de ilhoses que dariam aos uniformes de lonita cinza dos soldados o aspecto de couraças metálicas.

Lembro-me das incursões noturnas para arrancar, dos portões de velhas casas abandonadas, os adornos de ferro em forma de rosetas que, devidamente pintados e colados em uma base de couro, se transformavam em jóias de época, fivelas de sapatos, cintos e broches.

Era uma dedicação em horário integral.

Num ritmo acelerado, pedreiros, pintores e eletricistas trabalhavam na reforma do teatro. Num barracão nos fundos, transformado em oficina, os maquinistas iniciavam a construção dos cenários.

O cenógrafo Eduardo Suhr havia criado um cenário básico que se desdobrava em doze cenas diferentes. Eram dezesseis mutações à vista do público, sem solução de continuidade.

Tão logo o ritmo das reformas o permitiu, passamos a ensaiar, à noite e nos finais de semana, no próprio palco do futuro Teatro Bela Vista.

Foi então que começaram a surgir as primeiras dificuldades técnicas: dos dois lados do palco estavam sendo construídas duas torres monumentais, cuja função era girar silenciosamente sobre o próprio eixo, modificando o cenário em poucos segundos em cena aberta. Do lado externo, elas mostravam as paredes de pedra do Castelo de Elsinor, velho, úmido e frio; e, em seu interior, parte de um aposento ou da sala do trono.

Só que as torres não funcionavam.

Enormes, com mais de três metros de diâmetro e dez de altura, não conseguiam girar ao mesmo tempo – e muito menos em silêncio – e ameaçavam tombar para a frente.

Após a décima tentativa frustrada, Sérgio explodiu. Atirou ao chão o texto da peça e, aos gritos, despediu os maquinistas e o elenco, declarando que não haveria mais estréia, pois aquela "geringonça" não iria funcionar jamais.

Embora todos argumentássemos que era preciso ter paciência até alguém conseguir uma solução técnica para o problema, ele foi irredutível. Não haveria mais *Hamlet* nem teatro. Entregaria tudo à Empresa Bela Vista, que estava realizando a reforma, e iria embora de São Paulo. Virou as costas e saiu.

O elenco ficou apavorado. Eram todos muito jovens e tinham por Sérgio a admiração e o respeito de alunos por um mestre famoso. Tratei de acalmá-los. Expliquei que aquela explosão fora motivada pelo excesso de trabalho e pelas responsabilidades enormes que tinha assumido. Falei também que, em suas carreiras, assistiriam a muitos outros ataques de diretores profissionais e, quanto mais cedo se acostumassem, mais fácil seria para eles.

Guilherme Corrêa me perguntou:

— E agora, que fazemos?

— Continuamos a ensaiar. – respondi.

Pedi aos maquinistas que consultassem cenotécnicos amigos, pois a solução tinha que ser encontrada. Carlos Zara, que, por ser estudante de Engenharia recebera de Sérgio a incumbência de supervisionar as obras, foi pedir o parecer de professores da Escola Politécnica.

O elenco foi extremamente solidário. Não saímos do teatro e não paramos de trabalhar.

Emanuele Corinaldi, um dos mais jovens do elenco – e certamente o mais maduro – infundia calma aos colegas, secundado por Raymundo Duprat, sempre animado e pronto a colaborar em todos os campos. Líbero Rípoli e Jorge Fischer Junior, os mais alegres, animavam o ambiente.

Na tarde seguinte – era um domingo – Sérgio reapareceu, de cara amarrada, certo de que não tínhamos encontrado a solução.

Nós estávamos todos sentados nos degraus de cimento da futura platéia, em silêncio, com expressões estudadamente tristes. A um sinal prees-

tabelecido, as torres começaram a girar, sem nenhum ruído e sem tombar para a frente. Foi uma encenação perfeita. No meio da alegria geral, Sérgio abandonou a pose soturna e reiniciou os ensaios com entusiasmo.

Os ensaios do *Hamlet* eram verdadeiras aulas de teatro para os jovens estreantes da nossa companhia. Sérgio era um professor nato. Paciente, meticuloso, não deixava passar nada. Não havia pormenor que não analisasse e explicasse com minúcias.

A peça tinha amadurecido em sua cabeça durante oito anos de leituras, estudos e pesquisas. O que ele iria apresentar não tinha nada a ver com a encenação do Teatro do Estudante, em 1948. Aquilo fora uma explosão de talento e de intuição. Aqui delineava-se um espetáculo cerebral, lúcido, em que o diretor sobrepujava o ator, cerceando seu histrionismo nato em prol de uma interpretação mais elaborada e da unidade do espetáculo.

E o espetáculo era realmente bonito.

Tudo funcionou: a música do maestro Enrico Simonetti, executada pela Orquestra Sinfônica Municipal; os cenários, os figurinos, as marcações, o ritmo. O acabamento era perfeito.

Foi o primeiro Shakespeare do teatro profissional paulista e havia sido dirigido por um diretor brasileiro de trinta e um anos.

O Teatro Bela Vista foi uma surpresa para o público. A reforma havia transformado o velho Cineteatro Espéria na mais moderna e cômoda sala de espetáculos de São Paulo, sem prejudicar a estrutura de aço pré-fabricada, importada da Alemanha no começo do século. O resultado dessa fusão de antigo com moderno foi um ambiente aconchegante e amplo ao mesmo tempo, com acústica e visibilidade perfeitas, a mais completa aparelhagem de som, uma lotação de 662 lugares (o dobro do TBC), um jardim de inverno, sala de ensaio, bar e uma galeria de exposições.

Na noite da estréia, ali se exibiam esculturas de Brecheret, Bruno Giorgi, Mario Cravo e Moussia Pinto Alves. Quadros de Bonadei, Lasar Segal, Burle Marx, Clóvis Graciano, Aldemir Martins, Danilo di Prete, Bassano Vaccarini, Carmélio Cruz, Santa Rosa, Manuel Constantino e Gutlich. Só faltou um quadro de Di Cavalcanti que ele prometera e pe-

diu que fosse buscar em seu atelier. Fui; ele se desculpou. Disse que o meu quadro tinha sido vendido, mas que estava pintando outro. A tinta ainda estava fresca, que eu voltasse dali a dois dias. Voltei. A segunda tela também tinha sido vendida, pois ele precisava de dinheiro para ir a Veneza. Mas promessa era promessa: que eu voltasse no dia seguinte, às 4 da tarde, que o meu quadro estaria pronto e embrulhado.

Embrulhada fui eu! Quando fui procurá-lo no dia seguinte, o porteiro me comunicou que Di havia embarcado naquela manhã para a Europa e que o atelier estava completamente vazio.

Houve também um fato curioso com relação a um quadro de Aldo Bonadei. Ele mandou entregar uma pintura sobre sisal, sem assiná-la. Era uma forma geométrica sobre fundo amarelo-ocre. O título era "Sérgio e Nydia". Telefonei agradecendo. Ele perguntou:

— Você entendeu?

— Bem... – respondi – acho que é a planta do Teatro Bela Vista. Houve um silêncio do outro lado.

— De que maneira você o pendurou?

— Pelo lado mais largo. A pintura não é horizontal?

— Não. Eu pintei na vertical. Mas deixe assim mesmo, vou passar por aí e ver.

Quando voltei ao teatro à tarde, a tela estava assinada – na horizontal. Bonadei achou que ficava bem mais bonito assim.

Dez anos mais tarde, como o sisal estivesse cheio de poeira e desbotado, pedi a Bonadei que o retocasse. Mas ele achou o quadro muito feio e ficou com ele, dando-me outro de presente.

Alguns anos após sua morte, houve uma exposição de telas suas numa galeria de arte. Qual não foi o meu espanto, ao reencontrar "Sérgio e Nydia" com outro título e pintado de cinza por cima. Aqui e ali, ainda despontava um resto da cor original. Como o responsável pela coleção não estava presente, não pude perguntar quando foram feitas as mudanças e por quem.

A estréia de gala foi um sucesso. O teatro estava lotado. Estavam presentes os amigos que sempre torceram por nós, os que jamais acreditaram e até os que torceram contra. Todos maravilhados com a imponência

do Teatro Bela Vista.

O governador em exercício, Porfírio da Paz, descerrou a placa inaugural com os nomes dos sócios fundadores, que provisoriamente tinha sido executada em madeira (já contei antes que o provisório ficou definitivo). Os engenheiros Otto Meinberg e Ricardo Capote Valente, diretores da Empresa Bela Vista, receberam os convidados, e o crítico Sábato Magaldi representou a Companhia Nydia Licia-Sérgio Cardoso.

No final do terceiro ato, uma ovação prolongada, uma montanha de flores, abraços emocionados, lágrimas e sorrisos.

No fundo da platéia, sentado na cadeira de rodas, meu pai, profundamente emocionado, assistiu ao resultado do nosso esforço dos últimos dois anos. Esforço que ele tinha acompanhado de perto, com muita preocupação... e muitos conselhos.

A noite de 15 de maio de 1956 marcou um novo início. Era o começo da trajetória de Sérgio e Nydia empresários, donos de uma companhia e de um teatro – mergulhados em dificuldades e problemas.

Nossas diretrizes estavam traçadas... no papel. A prática, porém, muitas vezes desmente a teoria. Voar alto, sem dinheiro, não é tarefa simples.

Desde o início sabíamos que *Hamlet* seria um espetáculo caro, sem perspectivas de retorno financeiro, mas que proporcionaria prestígio à nova companhia.

De fato, a crítica foi unânime em elogiar a direção de Sérgio:

"O primeiro entre os encenadores nacionais, ao lado dos estrangeiros, com igual discernimento e capacidade de realização." (Décio de Almeida Prado)

"O diretor mais amadurecido e consciente, equiparável aos estrangeiros que têm colaborado conosco." (Sábato Magaldi)

"O primeiro diretor brasileiro a se colocar em nível indiscutivelmente internacional." (Alfredo Mesquita)

"Mesmo os nossos melhores diretores estrangeiros muito poucas vezes têm apresentado trabalhos assim tão minuciosamente refletidos e analisados." (Miroel Silveira)

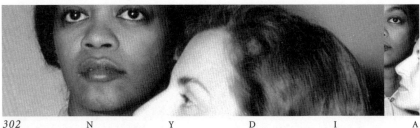

Mas elogios não lotam teatros. O público dos anos 1950, além de não ligar para críticas, ainda via com desconfiança os textos clássicos. Estava acostumado a peças modernas, na maioria americanas, de fácil compreensão e com as quais conseguia se identificar graças aos inúmeros filmes a que assistia.

Pesava ainda contra nós o fato de o teatro ser desconhecido e estar localizado na rua Conselheiro Ramalho, de pouco movimento, onde só passava um bonde que saía da Praça da Bandeira, fazia um círculo e voltava para o mesmo lugar.

Necessitávamos, e muito, de uma ajuda oficial. Mas o Serviço Nacional de Teatro nem respondeu ao nosso pedido de subvenção.

Uma moção de solidariedade, encabeçada pelo deputado Franco Montoro e assinada pelos representantes de todas as bancadas da Assembléia Legislativa do Estado de São Paulo, foi encaminhada ao Ministro da Educação. Era "um veemente apelo para que atenda à justa reivindicação dessa equipe, que já se impôs ao respeito e à admiração de todo nosso povo". Ao mesmo tempo, na Câmara Municipal de São Paulo, o vereador Paulo de Tarso e outros empenhavam-se junto ao prefeito Wladimir de Toledo Piza para que sancionasse um projeto de convênio cultural entre a Prefeitura e nossa companhia.

Mas o tempo de que dispúnhamos era escasso e todas as medidas propostas demandariam meses para se concretizar. Tínhamos tantos projetos, mas todos dependiam de auxílio imediato.

Sérgio ficou muito abalado. O que me preocupava era que isso se refletia em seu comportamento no teatro. Tinha crises de desânimo que deixavam os atores inseguros. Em seguida, sem motivo aparente, explodia numa alegria exagerada que me irritava. Acabávamos discutindo e ele saia porta afora. O sucesso, o reconhecimento de seu valor não o deixavam feliz; pelo contrário, o lado sombrio de sua personalidade se acentuava cada vez mais. Havia abismos dentro dele cuja profundidade ninguém conseguia avaliar.Finalmente, quando parecia que todos os caminhos estivessem fechados, chegou uma ajuda. E veio de onde menos esperávamos: do governador Jânio Quadros.

Tinha fama de pão-duro, de mão-fechada, de não gostar de teatro. E a fama não era gratuita. A classe teatral tivera uma prova disso quando, ao assumir o governo do Estado, declarou que encontrara os cofres vazios e que, portanto, não adiantava tentarem descontar os cheques de 500 mil cruzeiros do prêmio Governador do Estado, entregues pelo governo anterior, porque não tinham fundos.

Pode-se imaginar a indignação geral. Waldemar Wey que, além de ator era advogado, assumiu o encargo de procurar o governador para resolver o impasse. Jânio, após conferenciar com o Secretário da Fazenda, Dr. Carvalho Pinto, informou que os premiados receberiam o que lhes era devido, mas dentro das possibilidades financeiras do Erário: isto é, em prestações mensais.

O cheque sem fundos acabou emoldurado e pendurado na parede do escritório, na rua Major Diogo, como *souvenir*. Ao relembrar tudo isso, é natural que eu não nutrisse muitas esperanças numa ajuda financeira partindo dele.

Sérgio redigiu duas laudas resumindo a situação da companhia e do Teatro Bela Vista e fomos ao Palácio dos Campos Elíseos – então sede do Governo – acompanhados pelos diretores da Associação Paulista de Críticos Teatrais, solidários conosco: Clóvis Garcia, Sábato Magaldi, Miroel Silveira, Hermilo Borba Filho, Mattos Pacheco e Delmiro Gonçalves.

Era a primeira vez que eu via Jânio Quadros. Estava sentado atrás de uma mesa ampla, parecendo tão pequeno e magro. Não sorria. Clóvis e Miroel explicaram que nós tínhamos dotado a cidade de um teatro excelente, que a companhia era de alto nível, mas que a situação financeira era difícil... Jânio não esperou que terminassem: estendeu a mão para receber o documento que Sérgio segurava.

Leu-o rapidamente em silêncio e, com um lápis vermelho, ia sublinhando as passagens que considerava mais importantes. Ao terminar a leitura, levantou a cabeça e disse:

— Vou dar 150 mil cruzeiros.

Eu mal podia acreditar.

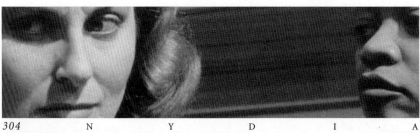

Com a mesma rapidez e decisão, atendeu às solicitações da APCT e, ali mesmo, autorizou a criação da Comissão Estadual de Teatro, esse órgão ora elogiado, ora xingado, mas que tantos serviços vem prestando à classe teatral nessas cinco décadas.

Aquele distante 1956 foi tão cheio de acontecimentos, de trabalhos e de lutas e, no entanto, quando um jornalista, anos mais tarde me perguntou do que eu lembrava mais daquela época, respondi:

— Do frio!

Foi um inverno gelado, num teatro recém-construído, cujas paredes pareciam chorar, tamanha umidade exalava do cimento que não conseguia secar. Um vento encanado se infiltrava nos amplos decotes das roupas de época que usávamos em *Hamlet*, fazendo-nos entrar em cena tremendo, os dentes chocalhando. A mais sacrificada era Berta Zemel – uma Ofélia emocionante – que entrava descalça na cena da loucura.

Só esquecíamos do frio, quando acontecia algo inesperado que sacudisse o ambiente, bastante soturno, da tragédia. Uma noite, durante o enterro de Ofélia, no 3º ato, o cortejo real vinha entrando em cena, subindo uma rampa – o rei e a rainha à frente – quando, como num golpe de mágica, o rei desapareceu. O ator, Carlos Zara, teve uma tontura e perdeu o equilíbrio. O peso do manto de veludo, todo bordado, puxou-o para baixo e ele despencou do praticável, caindo atrás do cenário, onde ficou desmaiado. Nós atores olhamos uns para os outros sem saber o que fazer, e com uma vontade louca de rir, mas, como o público não percebera nada, continuamos a subir a rampa até chegar na frente do palco, onde Sérgio e Zeluiz Pinho – que fazia o papel de coveiro – olharam para nós sem entender o que havia acontecido com o rei. Eu tentei salvar a situação dizendo as falas dele; Rita Cleós disse as minhas... enfim, uma bruta confusão. E a platéia, firme! Pelo visto, ninguém conhecia o texto.

Chegamos a levar o espetáculo no Teatro Coliseu, em Santos, patrocinados pelo Centro de Expansão Cultural, cujo presidente homenageou a companhia com uma placa de bronze, afixada no hall do teatro, e um

discurso de 15 minutos, no qual declarou sentir-se honrado em receber "os grandes atores Sérgio Cardoso e sua esposa Ni...Li...Lídia, Ni, Licia Nícia..." – e terminou com um sonoro Nícia Cicia, que ficou sendo meu apelido no meio dos colegas, durante meses.

Bem que Procópio me alertara que, com todos aqueles iiis, meu nome seria difícil de decorar!

O Coliseu era um teatro antigo, construído na época em que a platéia era reta e o palco inclinado, para propiciar melhor visibilidade na montagem de grandes espetáculos. Isso foi um problema sério para as torres do Castelo de Elsinor. A cada mudança do cenário, elas giravam, e cada vez que isso acontecia, meia dúzia de maquinistas agarravam-se às cordas presas ao alto das torres, pendurando-se nelas para servir de contrapeso e impedir que a inclinação do palco as fizesse tombar no poço da orquestra. Numa das mudanças, um maquinista, mais magro que os outros, entrou voando em cena agarrado ao cabo e saiu, igualmente voando, deixando o público na dúvida se aquilo fazia ou não parte do espetáculo.

O Rio de Janeiro, aonde também levamos a peça durante uma semana, não foi muito pródigo em elogios. O *Hamlet* que os cariocas conheciam era o do Teatro do Estudante, apresentando em 1948, cheio de entusiasmo juvenil, e que lançara Sérgio como o maior ator de sua geração. Esse *Hamlet* paulista, mais contido, menos exuberante, não os entusiasmou.

Uma senhora da platéia, muito elegante e coberta de jóias, daquelas que acham que todo paulista fala italianado, chegou a perguntar a seu vizinho:

— Em que língua é que eles estão falando?

Pela inauguração do Teatro Bela Vista e pela criação da companhia, Sérgio recebeu da Associação Paulista de Críticos Teatrais o prêmio de "Personalidade Teatral do Ano". A entrega teve lugar no salão nobre da Biblioteca Municipal. Num gesto cavalheiresco, solicitou ao presidente Clovis Garcia permissão para que eu o recebesse junto com ele. Recebeu também o "Saci especial", do jornal *O Estado de S. Paulo* e o "Governador do Estado", para melhor ator.

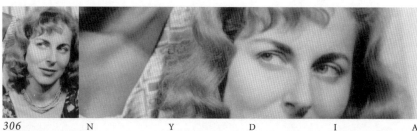

Graças a Deus, depois da tragédia shakespeareana, encenamos uma comédia deliciosa: *Quando as Paredes Falam*, do autor húngaro Férenc Molnar. A orientação que Sérgio imprimiu à companhia era a de alternar peças dramáticas, de montagem cara, com outras mais leves e menos dispendiosas.

Adoro representar comédias. O ambiente fica leve, todo mundo se dá bem, as pessoas ficam até mais bonitas.

Essa comédia, inconseqüente, elegante, com boa carpintaria teatral, fez sucesso. Agradou à crítica e ao público. Tinha um único papel feminino, ótimo para mim, e divertidíssimos papéis masculinos para todo o elenco. Mais uma vez trabalhamos com Ruggero Jacobbi (a essa altura com nova esposa) que nos dirigiu com carinho e bom humor. Tivemos críticas ótimas. Ganhei o troféu "Melhor da Semana", da Televisão Tupi, que semanalmente premiava os que se destacavam em várias modalidades.

Para recebê-lo, precisava ir até os estúdios do Sumaré, na sexta-feira, às 8 horas da noite, e apresentar, ao vivo, uma pequena cena da peça. Naturalmente, Sérgio iria comigo para contracenarmos. Estava tudo combinado, mas quem disse que na hora Sérgio quis ir? Acabei contracenando com um telefone arranjado às pressas pelo contra-regra, fingindo falar com alguém invisível para o telespectador.

Levamos a peça, uma segunda-feira, sem cenários – apenas com alguns objetos de cena – ao palco da Maison de France, no Rio de Janeiro. A acolhida do público foi tão gratificante que resolvemos representá-la durante uma semana no Teatro Municipal, quando da temporada de *Hamlet*. Foi uma decisão acertada, pois o espetáculo agradou aos cariocas. Só que uma noite eu estava no camarim conversando, distraída, e o diretor de cena – mais distraído do que eu – esqueceu de me chamar. O palco do Municipal é muito amplo e os camarins afastados; não se escuta nada, não dá para acompanhar o desenrolar do espetáculo; por isso, não percebi que estava na hora da minha entrada em cena.

Quando, finalmente, o contra-regra, esbaforido, veio me chamar, havia no palco um silêncio de mau presságio. A cena parara. Corri por trás do ciclorama de pano azul do fundo do palco, que à minha passagem

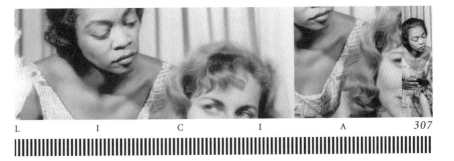

começou a balançar – os saltos das sandálias batendo no piso de madeira com um seco toc-toc-toc, audível até a última fila do balcão. Eu tinha que alcançar o outro lado do palco, onde havia a única porta pela qual poderia entrar em cena. Naquele silêncio sepulcral, o percurso pareceu-me do tamanho de um campo de futebol.

A platéia estava muda, esperando. O olhar de Sérgio teria dissolvido um iceberg do tamanho daquele que afundou o "Titanic". Nem preciso contar o que ouvi dele no intervalo! Colocou o meu nome na tabela – o quadro de avisos pendurado no fundo do palco – bem à vista de todos, com uma advertência por "indisciplina". Se eu não fosse dona da companhia, teria me despedido na hora. E não sem razão, convenhamos.

Toda companhia tem uma *pièce de resistence*, um espetáculo de sucesso garantido, ao qual recorrer numa emergência. Procópio Ferreira tinha *Deus lhe Pague*, Rodolfo Mayer, *As Mãos de Eurídice*, que sempre lotavam teatros.

Nós descobrimos o tesouro que tínhamos nas mãos ao incluirmos no repertório *A Raposa e as Uvas*, que tanto agradara na Companhia Dramática Nacional. Sérgio manteve a direção de Bibi, mas com novos cenários e figurinos de Irênio Maia que, por sinal, receberam o prêmio "Governador do Estado".

A peça, programada para quatro semanas, acabou ficando nove e saíu ainda com bom público – o que garantiu futuras remontagens. No espaço de quatro anos, foram mais de cinco; em épocas diferentes e até com elencos variados. *A Raposa* lotava as platéias do Teatro Bela Vista e também dos outros teatros nos quais nos apresentamos, desde o maior deles, o Coliseu de Santos, até o menor, o minúsculo palco do ITA, em São José dos Campos.

Ali, as quatro personagens, mais os móveis, não cabiam em cena ao mesmo tempo. Quando Gustavo Pinheiro, no papel de Xantós, entrava gesticulando e sacudindo o manto, alguém tinha que se afastar para lhe dar passagem. Sérgio, o escravo Esopo, maltratado pelo dono, refugiava-se embaixo da mesa, encolhido. Berta Zemel corria para um canto do palco e lá ficava. Eu me deitava no *klismos* (o sofá grego) e deixava o

centro do palco para o filósofo se movimentar à vontade.Engraçado... essa peça, considerada tão fraca pelos críticos nos anos de 1950, hoje em dia, em pleno terceiro milênio provoca o maior entusiasmo nos meus alunos de teatro!

Cheguei a remontar *A Raposa* nos anos de 1960, na Companhia Nydia Licia. Levamos o espetáculo numa segunda-feira, ao Esporte Clube Pinheiros. No intervalo do primeiro ato, Dudu Barreto Leite, uma atriz gaúcha que estava na platéia, veio me dizer:

— Pare de falar o texto de todo mundo. Concentre-se no seu.

Eu não tinha percebido, mas estava tão preocupada com os atores que tinha dirigido, que me esqueci que, uma vez no palco, a diretora tinha que desaparecer e dar espaço à atriz.

Em 1957, os eleitores de São Paulo iriam às urnas escolher o novo prefeito. Para a ocasião, Abílio Pereira de Almeida estava preparando *O Comício*, uma sátira aos políticos, muito oportuna em vésperas de eleição. Escrita para Jaime Costa – cuja semelhança com o candidato Adhemar de Barros era espantosa – só tinha dois atos prontos. O terceiro ainda estava no limbo.

Apesar disso, Sérgio, decidido a montá-la, assinou o contrato. Abílio estava no auge da fama e suas peças, mesmo incompletas, eram disputadíssimas.

Sérgio já havia trabalhado anteriormente com Jaime Costa em *A Ceia dos Cardeais*, a peça mais famosa do autor português Júlio Dantas, que Bibi Ferreira dirigira no Teatro Municipal do Rio e da qual participou também João Villaret, célebre ator de Portugal.O Rio de Janeiro sempre recebeu grande número de imigrantes portugueses. Na noite da estréia, a colônia lusa lotou o teatro. Acho que todos conheciam o texto de cor, pois havia um murmúrio contínuo acompanhando a representação, que crescia quando eram ouvidas as frases mais famosas.

No instante em que o Cardeal português pronunciou a célebre frase: "Ah. Como é diferente o amor em Portugal", a platéia, comovida, soluçou junto:

"Ah! Como sabe amar a gente portuguesa!"...

Foi uma experiência inesquecível. E comovente.

Uma curiosidade: em 1975 eu dirigi *A Ceia dos Cardeais* na TV Cultura, com Rodolfo Mayer, Raul Cortez e Sérgio Viotti.

Transformei a peça numa grande montagem, com mais de uma dezena de atores conhecidos, entre os quais: Georgia Gomide, José Parisi, Karin Rodrigues, Hilton Viana, Lola Brah, Rogério Márcico, Paulo Hesse, que com a maior boa vontade viveram pequenos papéis quase mudos. Mais de 50 figurantes enriqueciam a ação.

Na época, a TV Cultura podia transmitir filmes e programas coloridos, mas ainda não podia gravar em cores. Resolvi revolucionar o sistema. Tudo o que fosse vivido no Vaticano seria gravado normalmente no estúdio, em preto e branco, mas as memórias do passado seriam filmadas em cores.

Minha proposta foi recebida com as maiores gozações, mas eu estava decidida. Chamei o meu querido e saudoso colega João Cândido Galvão para se encarregar da parte filmada e pedi ao Corpo de Bombeiros que colaborasse com a iluminação ao ar livre.

O resultado foi excelente e nós nos tornamos os pioneiros anônimos da televisão colorida no Canal 2.

Ao iniciar os ensaios de *O Comício*, os atores da nossa companhia, na maioria muito jovens, ficaram receosos de contracenar com um ator da velha escola, que ainda se utilizava do ponto, inventava cacos etc. Pois tiveram uma surpresa: Jaime se revelou um excelente profissional. Chegava pontualmente aos ensaios, obedecia às marcações e era gentil com todos. Surgiu logo uma grande camaradagem entre ele e aqueles meninos recém-formados, com as cabeças cheias de teorias e prevenções.

Na noite da estréia eu estava sentada na platéia, assistindo ao espetáculo, quando vi entrar em cena um velho careca narigudo.

Levei um susto. Quem era? Como tinha entrado? Começou a falar, com um estranho sotaque sírio. De repente, descobri que era Sérgio. A platéia, tão surpresa quanto eu, aplaudiu rindo. Como sempre, preocupado com a montagem e a direção dos atores, Sérgio não tinha se caracterizado para o ensaio geral e nem tinha mostrado o sotaque que usaria.

Na época, o jornal *A Folha de S. Paulo* havia criado uma *Bolsa de Teatro*, com a finalidade de oferecer aos espectadores um canal através do qual pudessem externar livremente sua opinião sobre o espetáculo a que acabavam de assistir.

A Bolsa funcionava da seguinte maneira: uma noite qualquer, sem aviso prévio, os funcionários da *Folha* apareciam num teatro trazendo uma urna e cédulas, que eles mesmos distribuíam entre os espectadores pagantes. Os convidados não as recebiam, a fim de evitar marmeladas de última hora, como convocar parentes e amigos pelo telefone, para que acorressem ao teatro para votar "ótimo". No final do espetáculo, o público colocava as cédulas na urna com seu voto, que podia ser Ótimo – Bom – Regular ou Péssimo. Cientes da importância dessa votação, os atores e principalmente os empresários, aguardavam a presença da Bolsa com maior ansiedade que a dos críticos.

O Comício se manteve em primeiro lugar por algumas semanas mas, embora sucesso de público, foi um grande fracasso de crítica. Nada foi poupado: autor, direção, atores jovens demais, o cachorro em cena e, principalmente, o aparelho de televisão que, no último ato, numa solução primária, funcionava como personagem. Era através da tela, e não de um ator (ponto mais visado pelos críticos) que o candidato Braghetta, vivido por Jaime, descobria que não haveria mais eleição.

Só que os recursos da época não tinham nada em comum com os efeitos especiais usados hoje em dia. Na parte da frente da caixa vazia do televisor havia uma tela na qual era projetado um filminho rodado nos estúdios da Vera Cruz, onde aparecíamos Odette Lara e eu como garotas-propaganda e Paulo Autran e Abílio como locutores políticos.

O erro de Abílio – que no tempo do Grupo de Teatro Experimental havia estado na primeira linha entre os que batalhavam pela renovação do teatro brasileiro – foi não perceber que os ventos haviam mudado de direção. Outros autores, mais jovens, estavam surgindo: entre eles Jorge Andrade, também de família de fazendeiros paulistas e que escrevia sobre os mesmos temas que Abílio abordara durante anos. Só que o fazia com outro enfoque e com um aprofundamento maior. Sua peça *A Mora-*

tória estava recebendo os maiores elogios de críticos e intelectuais. Falava-se em novos rumos da dramaturgia brasileira.

Para comemorar a centésima apresentação de *O Comício* Sérgio afixou, no saguão do teatro, uma placa de bronze homenageando Jaime Costa.

Para nós, naquele momento, o sucesso de bilheteria era mais importante que qualquer elogio. Estávamos conseguindo amortizar parte das dívidas e tínhamos algum dinheiro para a próxima montagem.

Com essa peça, inauguramos em São Paulo a Lei 2 por 1 "de proteção ao autor nacional". Após a apresentação de dois textos estrangeiros passava a ser obrigatório montar um texto nacional. Fomos dos que mais lutaram para a aprovação dessa lei que vinha ao encontro de tudo o que pensávamos a respeito do assunto.

A partir de *O Comício*, todas as peças levadas ao Teatro Bela Vista terminavam com uma semana a preços populares (apesar de, pelos termos do futuro convênio com a Prefeitura, sermos obrigados a apresentar apenas oito semanas populares, num período de dois anos). Sérgio e eu sempre defendemos a tese de que ingressos de teatro mais baratos beneficiariam um público financeiramente menos privilegiado e com isso se aumentaria o número de espectadores.

A experiência serviria também de estímulo para que esse tão aguardado convênio, proposto pelo vereador Paulo de Tarso, afinal saísse do papel, o que favoreceria igualmente o TBC, o Arena e o Maria Della Costa.

Só que seria preciso aguardar ainda algum tempo para que fosse transposto o labirinto burocrático e o prefeito recém-empossado, Adhemar de Barros, se pronunciasse, em definitivo, sobre o assunto.

Após a realização de cada temporada popular, os comprovantes eram entregues à Prefeitura. Um ano mais tarde, descobrimos que todos os papéis haviam sumido, perdidos nos meandros da burocracia municipal, e que havia sido instaurado um processo com multa e correção monetária contra a Companhia Nydia Licia-Sérgio Cardoso.

Mais que depressa levantamos outras vez os dados necessários e Sérgio foi pessoalmente entregá-los no Teatro Municipal, em mãos da fun-

cionária encarregada do caso. Passaram-se mais alguns anos. Mudança de governo: mais um processo. Resultado: mais cópias de comprovantes. E continuou assim, mesmo depois da companhia não existir mais, até que, em 1967 ou 1968, o prefeito Faria Lima, a pedido da esposa Dona Yolanda, grande fã de Sérgio – que a essa altura não trabalhava mais em teatro e tinha se tornado um astro da televisão –, mandou arquivar o processo. Em definitivo.

Foram várias as comédias que a companhia levou. Algumas deram certo, outras não. *Três Anjos sem Asas* por exemplo, foi um fracasso. Sérgio calcou a mão na direção. Partiu para a farsa, onde deveria haver leveza e bom humor.

A noite da estréia foi bem atrapalhada. Nieta, que, além de costureira, era uma excelente atriz característica, fazia uma velha fofoqueira que falava sem parar. Por algum motivo, confundiu-se e entrou em cena bem antes da hora. Ao perceber que tinha errado, saiu. A cena voltou atrás. Ela entrou de novo. A essa altura, os atores não sabiam mais se iam em frente ou começavam tudo desde o início. Na terceira entrada dela, decidiram continuar a peça de qualquer maneira.

Até o fim da vida, Nieta jurou de pés juntos que tinha sido macumba da atriz Labibi Madi, que ambicionava o papel e não se conformara por ter sido preterida.

O único saldo positivo foi a estréia de Fúlvio Stefanini, aos dezessete anos, loiro e magrinho, arrancando suspiros das moças da platéia, ao entrar fardado no final da peça.

Para comemorar o primeiro aniversário do Teatro Bela Vista, escolhemos *Chá e Simpatia*, que se transformou no maior sucesso de crítica e público da companhia. Bateu o recorde da Bolsa de Teatro, atingindo a cotação de 97,4%. Ansiosamente aguardada pelo público de São Paulo, demonstrou ser a peça certa no momento certo. Envolveu os espectadores de tal maneira, que a cidade inteira comentava o espetáculo. Não há dúvida que o primeiro chamariz fora o homossexualismo, mas o autor abordara o assunto com extrema delicadeza e, de repente, o público via-se envolvido e participava da luta da protagonista, Laura Reynolds, en-

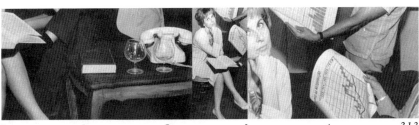

frentando sozinha a intransigência e a intolerância de toda uma coletividade contra um adolescente, cujo único defeito era ser diferente.

Todos os dias eu recebia flores e cartas, mesmo de pessoas desconhecidas que somente queriam externar seu carinho. Era aplaudida, abraçada, elogiada. Uma loucura! Culminou com uma ovação do público que lotava uma sessão do Cine Ipiranga, à simples menção do meu nome na noite em que o prefeito Adhemar de Barros, que finalmente assinara os convênios, decidiu entregá-los bem dentro de seu estilo populista, no intervalo entre duas sessões, num cinema superlotado. *Chá e Simpatia* foi o meu grande sucesso. Aliás, o meu único GRANDE sucesso. Mas bastou para uma vida inteira.

A peça era um desafio ao qual atriz nenhuma poderia resistir, tanto que uma companhia do Rio tentou conseguir os direitos por outros caminhos que não os da SBAT (Sociedade Brasileira de Autores Teatrais). Felizmente, não conseguiu.

A peça estava sendo montada na Broadway por Deborah Kerr, em Paris por Ingrid Bergman e, em Madrid por Pastora Peña. Em todos os lugares, casas lotadas.

Na Espanha, onde a censura oficial e o clero eram dominantes, a peça foi cortada e adaptada, porém sem trair a mensagem do autor. O público era advertido pelos jornais, pelos críticos e pelo programa que "el tema no es el homossexualismo, sino la calumnia".

Em Paris, o crítico dos *Diários Associados*, Mattos Pacheco, após assistir ao sucesso de Ingrid Bergman, visitou-a no camarim. Conversaram em italiano, a pedido dela:

— Atualmente, eu penso naturalmente em italiano, compreende? É a minha língua, que falo em casa, com meus filhos [...] Gosto muito da personagem. Quando quis fazer teatro, eu mesma escolhi *Chá e Simpatia*, fascinada pela coragem de Laura Reynolds.

Esses são trechos da entrevista que Mattos Pacheco enviou para o jornal, via Air France. Saiu do encontro encantado com ela, não só como

intérprete, mas como mulher. Natural, sem sofisticação e, pessoalmente, mais bonita que em qualquer filme.

Acho que dá para aquilatar nossa ansiedade diante do desafio. Na noite da estréia, além de nós, havia mais alguém andando sem parar de baixo para cima pela coxia do teatro, fumando um charuto fedorento, apesar das advertências do bombeiro de plantão: Jaime Costa. Não tinha nada a ver com a peça, mas a essa altura, estava ligado a nós por uma grande amizade e sofria as dores do parto como nós.

O espetáculo correu sem uma falha sequer. A direção de Sérgio era perfeita. Tratou o tema com delicadeza, ponteando-o com uma seleção de músicas de Schumann e Chopin, executadas ao piano por Guiomar Novaes – que gentilmente nos cedera as gravações – selecionadas com acerto e bom gosto.

No final do espetáculo, foi uma ovação. O público se levantou e aplaudiu de pé, o que era dificílimo acontecer naquela época – ao contrário do que acontece hoje em dia quando, no final das peças, todos se levantam automaticamente para aplaudir.

Relembro essa época com muito carinho e também com emoção. Do ponto de vista artístico foi um momento glorioso, mas foi também um período muito atribulado.

Durante os ensaios da peça, que se estenderam por quase dois meses, recebemos um convite para apresentar quatro teleteatros na TV Tupi. Para atender ao convite, passamos a trabalhar o *Chá* das 14 às 19 horas, enquanto todas as manhãs, das 8 ao meio-dia, Flávio Rangel dirigia as peças para a televisão. Tanto Sérgio quanto Flávio eram diretores exigentes e detalhistas. Os ensaios eram puxadíssimos. Um dia, esse ritmo de horas seguidas, em pé, repetindo as mesmas cenas, foi demais para mim. Senti uma dor aguda em uma das pernas; não podia ficar de pé. Telefonei ao meu pai e ele me disse que poderia ser uma flebite, que eu procurasse imediatamente o médico, e me indicou um dos maiores especialistas no ramo. Fui no mesmo dia. O médico diagnosticou uma trombose e mandou que eu ficasse de cama. Expliquei que era impossí-

vel, que tinha uma estréia dali a quinze dias e mais quatro teleteatros às segundas-feiras. Sugeriu-me que achasse uma substituta e fosse para casa descansar. Contou-me que sua mulher também tivera uma trombose e nunca mais andara direito. Enfim, assustou-me o que pôde. Imaginem o bem que isso me fez!

Continuei trabalhando. Fiz as peças na TV e estreei no teatro, mas logo percebi que não poderia manter aquele ritmo de trabalho por muito tempo. Além da dor, cada vez mais forte, havia um peso nas pernas que dificultava a movimentação. Voltei ao médico. Ele mandou que eu fosse três vezes por semana ao Hospital Matarazzo para tomar uma injeção de vinte centímetros de novocaína nas pernas.

Foi um pesadelo. Eu via aquela agulha enorme me espetar e sabia que, após a injeção, precisava sair o mais depressa possível do hospital, pegar o táxi que me esperava na porta e correr para casa, tremendo, batendo o queixo, chorando, tendo a sensação de suar frio debaixo da pele, dentro dos ossos. Chegando em casa, tomava um café bem quente e, enrolada em cobertores, me encolhia na cama até parar de tremer e de sentir náusea. Uma sensação pavorosa!

Desisti do tratamento. Continuei com a peça em cartaz por três meses.

Chá e Simpatia me proporcionou todos os prêmios do ano: o "Governador do Estado", a "Medalha de Ouro da APCT", o "Tupiniquim", dos *Diários Associados* (uma raridade: só havia sido outorgado uma vez para Maria Della Costa, quando da inauguração de seu teatro), medalha de "Honra ao Mérito", do jornal *Shopping News*, troféus de "Melhor da Semana" e "Melhor do Mês" e, por último, o "Saci" do jornal *O Estado de S. Paulo*.

Sérgio, que não entrara em *Chá e Simpatia* como ator, queria montar em seguida um texto que tivesse um grande papel para ele. Escolheu *Henrique IV*, de Pirandello, texto hermético, com referências históricas medievais européias que nada têm a ver com nossa cultura. Fiquei assustada. Pela primeira vez estávamos tendo uma certa folga financeira, mas nada que nos permitisse grandes vôos. Em todo caso, achei que Sérgio tinha todo o direito de procurar um grande papel para ele. A

direção ficou a cargo de Ruggero. Participei das primeiras leituras, mas meu pai desaconselhou energicamente que eu tomasse parte no espetáculo. E estava certo. Na ocasião, eu não agüentaria representar e ensaiar ao mesmo tempo. Mais tarde, já restabelecida, assumi o papel nas apresentações em Santos e pelo interior do Estado.

Tão logo *Henrique IV* ficou pronto, tiramos o *Chá* de cartaz, embora com casas superlotadas, e eu fiquei de cama e mudei de médico. A primeira frase que o Dr. Colonnese me disse foi:

— Coragem. Você vai ficar boa.

Além de iniciar um tratamento novo, infundiu-me coragem. Eu estava totalmente traumatizada com os prognósticos anteriores, apavorada com a idéia de nunca mais poder andar direito. Lutei com todas as forças e com muita fé. Três meses mais tarde, *Chá e Simpatia* estava de volta ao palco do Teatro Bela Vista. Foram ao todo, seis meses de lotações quase sempre esgotadas. Se compararmos com um dos espetáculos que mais tempo ficaram em cartaz em São Paulo, *Arena conta Zumbi*, que lotou diariamente por quase um ano os 165 lugares do Teatro de Arena, teremos uma idéia do sucesso do *Chá*, uma vez que a lotação do Bela Vista era de 632 lugares. Três vezes mais.

Só que, para que o *Chá* pudesse voltar a ser exibido, foi preciso brigar com a Sociedade Brasileira de Autores Teatrais (SBAT) que resolvera proibir a remontagem da peça, usando como argumento a Lei 2 por 1, de "proteção ao autor nacional".

Por se tratar de uma reprise, a distância de poucos meses da primeira montagem (interrompida por motivo de doença), solicitamos que não fosse considerada como peça nova. A Comissão Estadual de Teatro, a Comissão Municipal de Teatro, o Serviço Nacional de Teatro, a Federação Paulista de Teatro Amador e o Teatro Popular de Arte se manifestaram a nosso favor. Com isso ficou estabelecido que as reprises não contariam, o que favoreceu todas as companhias teatrais que precisassem remontar espetáculos.

Henrique IV teve críticas boas, mas os elogios eram dirigidos mais à coragem de ter escolhido uma peça tão hermética, do que ao texto, con-

siderado pouco teatral e não a melhor obra de Pirandello. Era uma peça difícil demais para ser apreciada por um grande público, apesar da interpretação de Sérgio, com momentos de grande sensibilidade. A cena em que o imperador louco segura na mão um isqueiro moderno e atravessa toda a boca de cena acendendo e apagando a chama, sem dizer uma palavra, no mais completo silêncio, mantinha o público hipnotizado.

O cenário era imponente, e os figurinos belíssimos. Aldo Calvo quis telões pintados pelos técnicos do Teatro Municipal. Chegaram atrasados e – ninguém sabe por que – fora de medida. Lembro-me de Calvo, com uma tesoura na mão, cortando metros e metros de tela pintada, para que coubessem no palco – nada pequeno, por sinal – do TBV.

O elenco saiu-se bastante bem, principalmente Berta Zemel, Raymundo Duprat, Emanuele Corinaldi e Carlos Zara, mas a peça saiu de cartaz em pouco tempo.

Sérgio receberia os prêmios "Saci" e "Governador do Estado" de melhor ator do ano, mas aquele imperador pirandeliano, em alguns momentos louco, em outros lúcido e frio, mexeu demais com sua cabeça. Refugiou-se na casa onde Nieta Junqueira morava e tomava conta do guarda-roupa do teatro. Nieta adorava Sérgio e tinha uma paciência imensa com as maluquices dele. Para ela, o fato dele achar que estava sendo perseguido e que queriam matá-lo, como na peça, não tinha nada de estranho.

Já falei antes que, para Sérgio, a fronteira entre realidade e fantasia era muito frágil. Ele trazia seus personagens para casa, convivia com eles noite e dia. E o clima em casa mudava a cada apresentação. Convivi com os mais variados seres durante o meu casamento, mas *Henrique IV* foi um pouco demais, até para mim.

No entanto, essa mesma peça foi escolhida por Cassiano Gabus Mendes, diretor da TV Tupi, para comemorar, na noite de 30 de dezembro, o encerramento dos teleteatros do ano.

Para torná-la acessível aos telespectadores, foi resolvido que haveria uma explicação antes de cada ato e que teria que ser feita por mim... Essa simpática decisão estragou os meus planos; obrigou-me a voltar de

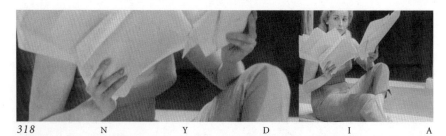

Curitiba, onde estava participando do Festival de Cinema a convite do prefeito Ney Braga. Estavam presentes artistas e diretores de todo o Brasil. Do grupo paulista, o mais animado, faziam parte Alberto Ruschel, Lola Brah, Vera Nunes, Ilka Soares, Liana Duval e os diretores Flavio Tambellini e Rubens Biáfora.

Lola, a maior batalhadora do cinema nacional, havia conseguido que Ney Braga criasse uma lei que beneficiaria, a curto prazo, os nossos cineastas: uma pequena porcentagem da bilheteria dos filmes estrangeiros reverteria em prol da realização de filmes brasileiros.

Ney Braga mais tarde se tornaria governador do Estado do Paraná e até Ministro da Educação e Cultura.

Quando comuniquei ao grupo que deveria voltar a São Paulo, todos insistiram para que eu ficasse. Estava sendo organizado um grande Réveillon. Como fiquei tentada! O ambiente estava animadíssimo. Voltar a mergulhar no clima do *Henrique IV* não era o que eu mais queria, mas... a obrigação em primeiro lugar.

Houve um bota-fora no aeroporto. Tambellini, que também tinha que voltar e tinha pavor de voar, aproveitou para tomar várias doses de *whisky*. Entrou no avião trôpego, mas corajoso.

Cheguei aos estúdios do Sumaré, em São Paulo, a tempo de me desencumbir do papel de apresentadora.

O relacionamento entre Sérgio e eu estava começando a ficar tenso. Embora compartilhássemos a mesma paixão pelo teatro, divergíamos em muitos pontos no que dizia respeito à Companhia. Sérgio era, acima de tudo, ator. Apaixonava-se pelos papéis que lhe proporcionariam a oportunidade de uma grande criação, sem se preocupar com os riscos que a peça poderia acarretar à empresa. Nele, o ator sempre falou mais alto que o empresário. E, algumas vezes, as conseqüências foram graves. Eu fazia o papel de advogado do diabo: discutia com ele e criticava suas decisões com muita severidade e... pouco tato. Discutíamos. Ele saía porta afora e eu ia pra cama com enxaqueca.

A essa altura o elenco se dividiu, começou a tomar partido. Alguns colegas ficaram do lado de Sérgio, achando que eu era uma chata insu-

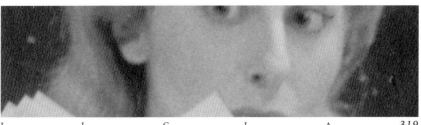

portável – com o que, hoje em dia, concordo plenamente –, enquanto outros se solidarizavam comigo, não agüentando mais o humor instável dele.

Aos setenta e cinco anos de idade, compreendi que muitos mal-entendidos poderiam ter sido superados se tivéssemos permitido que nosso senso de humor, que nunca antes nos fizera falta, tomasse as rédeas da situação. Em vez disso, afundamos em nossos próprios rancores, alargando cada vez mais a rachadura do nosso relacionamento.

1957 foi um ano rico de acontecimentos. Cacilda desligou-se do TBC para fundar, com Ziembinski, Walmor Chagas, Cleyde Yáconis, Stênio Garcia e Fredi Kleeman um novo conjunto: o Teatro Cacilda Becker. Era mais um grupo – e de altíssima categoria – a levantar vôo e tinha todos os elementos necessários para vencer. Sua estréia no início do ano seguinte foi a confirmação.

Foi criada em São Paulo a Primeira Bienal de Teatro. Para colaborar com o empreendimento, interrompemos nossa programação durante uma semana para que o grupo teatral de Minnesota, The University of Minnesota Theatre Players, ocupasse o Bela Vista. Foi o primeiro conjunto norte-americano a se apresentar em São Paulo. Trouxeram duas montagens: *Nossa Cidade*, de Thornton Wilder, e *Sonho de uma Noite de Verão*, de Shakespeare. Viajavam sem cenários, só com alguns elementos. Usando quadrados de grama artificial, que ainda não existia no Brasil, transformavam o palco nu em um sítio encantado, moradia de fadas e espíritos da floresta. Foi um contato muito proveitoso para nossos atores que nunca antes haviam se relacionado com estudantes de outro país.

Foi também nesse ano que encenamos a primeira peça infantil: *A Menina sem Nome*, de Guilherme de Figueiredo. Estreou numa segunda-feira à noite, com tratamento de teatro adulto: críticos, convidados e o autor, vindo especialmente do Rio de Janeiro. Dirigida por nosso colega Raymundo Duprat, com cenário de Carmélio Cruz, a peça contava com quase todos os atores da companhia: Berta, Rita, Guilherme, Gustavo Pinheiro e Alceu Nunes, e resultou num espetáculo muito agradável.

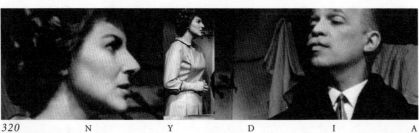

Alceu era um aluno de mamãe e foi ela que o encaminhou a Sérgio. Formado pela Escola de Arte Dramática, onde conquistou o prêmio de melhor ator em *O Médico Volante*, de Molière, começou conosco em um pequeno papel em *Henrique IV*. Em seguida, participou de *Três Anjos sem Asas* e não saiu mais da companhia. Grande admirador de Sérgio, engrossava o coro dos que não simpatizavam comigo. No entanto, em 1960, quando a companhia se desmembrou e Sérgio foi para o Rio com metade do elenco, Alceu optou por ficar em São Paulo e lutar ao meu lado. Foi sempre um grande amigo. Continuamos trabalhando juntos, mesmo depois que o Teatro Bela Vista acabou e tivemos de procurar um auditório que pudesse ser transformado em sede fixa para o Teatro Infantil.

Hoje em dia, ele é quase um irmão.

O acontecimento mais triste do ano, para mim, foi a notícia da morte de Beniamino Gigli, o maior tenor da Itália, tão reverenciado pelos amantes da ópera. A última imagem que guardei dele foi a daquela manhã no Teatro Municipal, quando me ouviu cantar e me aconselhou com tão boa vontade.

O acontecimento mais alegre foi o do casamento de dois atores da companhia: Guilherme Corrêa e Rita Cleós. Mais tarde se casariam também Emanuele Corinaldi e Zina e, dois anos depois, Raymundo Duprat e Marika Gidali, bailarina e coreógrafa, futura criadora do Ballet Stagium.

No último dia do *Chá*, um grupo de jornalistas e admiradores afixou uma placa de prata no saguão do teatro, com o meu nome, numa homenagem extremamente carinhosa.

A sala de ensaios recebeu o nome de "Sala Procópio Ferreira".

Para janeiro de 1958, tínhamos programado uma excursão a Poços de Caldas, atendendo a convite da Prefeitura. Enquanto isso, Jorge Fischer ficaria no Bela Vista encabeçando o elenco que estrearia com *O Casamento Suspeitoso*, de Ariano Suassuna. Aguardávamos essa temporada-descanso com muita ansiedade. Até então, Sérgio e eu jamais tínhamos tirado férias. No máximo uma ida ao Rio para passar o Natal com a família dele, mas não mais do que poucos dias.

Hoje me pergunto como foi que agüentamos tantos anos seguidos sem um descanso e chego à conclusão que foi um grande erro. A saúde e a cabeça teriam lucrado bem mais com um merecido repouso. Mas Sérgio e eu éramos maníacos por trabalho. Embora gostássemos de festas e de ir ao cinema, nossos pensamentos estavam sempre voltados para o teatro. Era uma espécie de doença da qual não conseguíamos nos livrar.

Pois nem aquela temporada em Poços de Caldas se concretizou. Na última apresentação de *Chá e Simpatia,* Fischer informou Sérgio que abandonava em definitivo o teatro. Nada o demoveu, saiu da companhia e nunca mais pisou num palco.

Diante desse imprevisto, tivemos que alterar a programação. Sérgio assumiu o papel principal da peça de Suassuna e não se falou mais em Poços de Caldas.

Um ano mais tarde, uma segunda tentativa de excursionar – dessa vez para o Nordeste – também não chegou a se realizar. O convite era para participarmos da temporada inaugural do Teatro Castro Alves com *Chá e Simpatia, Henrique IV* e *Vestido de Noiva.* Além disso, encenaríamos, lá mesmo, *Gonzaga e a Revolução de Minas,* de Castro Alves. Só que fomos surpreendidos com a notícia do incêndio que destruíra completamente o teatro uma semana antes da inauguração. Decididamente, temporadas fora de São Paulo pareciam fadadas a não acontecer.

O Casamento Suspeitoso estreou num espetáculo de gala, no dia 6 de janeiro, data em que Sérgio comemorava dez anos de teatro. Para a ocasião, veio do Rio Paschoal Carlos Magno, que proferiu um discurso relembrando a carreira de Sérgio, no *Hamlet* do Teatro do Estudante. Com muito charme, relatou um acontecimento engraçado ocorrido naquela noite no palco carioca. A costureira, responsável pela confecção das roupas dos atores, não chegara. Já eram quase 22 horas e a cortina precisava ser aberta. Paschoal então mandou que os rapazes vestissem qualquer traje de época que encontrassem no guarda-roupa do Teatro do Estudante, sem ligar para estilo, peça ou personagem, e deu início ao primeiro ato. Só depois de começado o espetáculo, chegou, afobada, a costureira, que morava num subúrbio distante e não tinha encontrado

condução. Para corrigir aquela miscelânea, os atores, um a um, iam saindo de cena, se trocando, para voltar ao palco, dessa vez vestidos com os trajes apropriados. Parece que o público recebeu muito bem aquela estranha mudança de roupa – ou por não atinar com o motivo ou, simplesmente, por não ter percebido nada de anormal.

Fora um pequeno início de incêndio no palco do Bela Vista – um ator jogara o cigarro aceso numa tapadeira –, a estréia de *O Casamento Suspeitoso* correu bem. Suassuna foi muito cumprimentado e Hermilo Borba Filho, o diretor, também.

Uma peça com a qual Sérgio sonhava desde o tempo do TBC era *Calúnia*, de Lilian Hellman. Feita a consulta à SBAT de São Paulo, que nos garantiu não existir nenhum outro pedido para a peça e que, portanto, ela era nossa, estávamos começando os ensaios quando chegou do Rio a notícia que o texto acabava de ser adquirido pela Companhia Tônia-Celi-Autran. Um contato direto Rio-Nova York nos precedeu. Sérgio ficou desesperado; tinha a peça toda na cabeça, era um sonho acalentado havia anos. Tentou um acordo com Celi: eles levariam *Calúnia* no Rio e nós em São Paulo, mas Celi recusou. Eles mesmos trariam a peça para cá. O que realmente fizeram em 1960, no próprio Teatro Bela Vista, graças a um acordo pelo qual ocupariam o TBV durante seis meses e nós o Teatro Mesbla, no Rio, sua sede carioca.

Diante da impossibilidade de encenar a peça que Sérgio tanto desejava, foi preciso pensar em outra montagem. Entre os planos da companhia estava a única peça de Nelson Rodrigues que a censura paulista liberava sem discutir: *Vestido de Noiva*, um marco na história do teatro brasileiro.

As outras eram sistematicamente proibidas. Havia uma prevenção contra ele que fazia gorar qualquer tentativa de encenar um texto seu por aqui. Havia marchas e contra-marchas, que um dia liberavam as peças e no outro as proibiam; eram constituídas comissões especiais para emitir um parecer definitivo, mas o resultado era um só: proibição.

Sérgio pretendia convidar Ziembinski e Santa Rosa, diretor e cenógrafo da montagem original, mas Santa Rosa veio a falecer e Zimba esta-

va no Teatro Cacilda Becker como ator e diretor, não lhe sobrando tempo livre para participar de uma encenação tão complexa em outra companhia. Sérgio então assumiu a direção e partiu para uma linha totalmente divorciada daquela que Ziembinski adotara quinze anos antes com Os Comediantes.

Ele mesmo desenhou o cenário. Despiu o palco ao máximo para que somente o texto sobressaísse. Uma rampa com piso de plástico amarelo, iluminada de baixo para cima, com maior ou menor intensidade, marcava a diferença entre alucinação e realidade. Os momentos de alucinação eram iluminados de baixo para cima, criando um efeito fantasmagórico, ao passo que, nas cenas da realidade, a iluminação vinha de cima, normalmente. Poucos acessórios, apenas os indispensáveis, eram mudados à vista do público.

A peça conta a história de um delírio. Seu ritmo é alucinante. Uma mulher, atropelada por um carro, é removida, em estado de choque, para um hospital. Pela sua mente passam lembranças, sonhos, reminiscências, cenas imaginárias, tudo num contínuo mudar de cenas, de épocas, de verdades e de mentiras. Não há um minuto de relaxamento, nem para os atores, nem para a platéia, que assiste, hipnotizada, a esse carrossel de emoções. A peça carregava consigo um clima angustiante do qual ninguém de nós conseguiu escapar. Não me lembro de um ambiente tão pesado em nenhum outro espetáculo. Todo mundo vivia angustiado, mal humorado. Houve quem começasse a beber; namoros foram desmanchados, o ambiente estava tenso demais.

Culminou com Sérgio, num domingo de manhã, indo à casa de uma das atrizes da peça para contar-lhe que havia encontrado uma mulher morta. A moça chegou na matinê apavorada, achando que ia encontrar viaturas policiais à porta do teatro, quando – pasma – viu Sérgio chegar com Sylvinha, muito alegre. Ela não entendeu mais nada.

Nelson Rodrigues veio para a estréia e assistiu ao espetáculo em companhia de Miroel Silveira; não poupou elogios à direção, ao espetáculo e, felizmente, também a mim. Miroel, que chegou a ser o empresário dos Comediantes em uma de suas fases, vira o papel de "Alaíde" ser interpre-

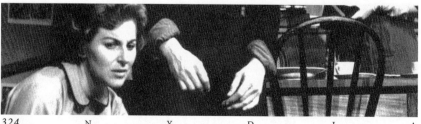

tado por grandes atrizes; por isso sua crítica publicada no *Diário de Notícias* foi muito importante para mim:

> [...] um fato que me parece incontestável é que Nydia Licia foi, até agora, a mais completa Alaíde. Tanto plasticamente quanto psicologicamente, sua integração no papel é absoluta. Uma interpretação que se equivale à da sua "Laura Reynolds" de *Chá e Simpatia*.

Wanda Kosmo, no papel de Mme. Clessy e Ana Maria Nabuco – a "Irmã" – foram muito elogiadas. Uma curiosidade: as roupas usadas por Ruth de Souza, Nieta e Wanda foram criadas e confeccionadas pelo pintor Aldo Bonadei.

Foi, sem dúvida alguma, uma das maiores direções de Sérgio. Venceu, lá onde grande diretores tinham falhado: em remontar um texto, que parecia estar indissoluvelmente ligado à criação inesquecível de Ziembinski, e transformá-lo num espetáculo novo, original, de impacto, que nada perdeu da sua força inicial.

Apresentamos uma récita à meia-noite, em homenagem ao décimo aniversário da fundação do TBC. Foi a primeira vez que Franco Zampari e a esposa, Deborah, entraram no Bela Vista. Ele ficou emocionado com a demonstração de carinho e agradeceu com lágrimas nos olhos. Embora jamais o confessasse, tenho certeza de que ficou orgulhoso ao conferir a realização de atores oriundos do TBC.

Nas últimas semanas de *Vestido de Noiva*, o ambiente ficou mais desanuviado. Estávamos em plena Copa do Mundo e o Brasil ganhava partidas emocionantes na Suécia. Pela primeira vez eu ouvia falar em Pelé, que fazia furor na Europa, e em Garrincha, cujas pernas arqueadas tonteavam os adversários. O assunto era só esse: futebol! Naturalmente a torcida feminina era toda de Bellini, o "tão bonito" capitão do time.

Ao sair de cena todos corriam para o camarim onde o rádio estava ligado baixinho e, no intervalo entre as sessões, era ao redor do aparelho de TV que nos agrupávamos.

O clima era de euforia. Quando o Brasil se sagrou campeão, foi uma loucura! Os atores pintaram nos carros os nomes dos jogadores e foram

juntar-se ao corso que congestionava o centro da cidade, engrossando o coro das buzinas que, naquela noite, não deixaram ninguém dormir. E alguém queria?

Marina Freire, Ana Maria Nabuco e eu fomos comemorar a vitória no Nick Bar, com os amigos do TBC e também de outros teatros, que não paravam de aparecer. Havia muita música e muita alegria.

Ana Maria era fã ardorosa da Bossa Nova, que estava se impondo, empurrando para um segundo plano os sucessos de Francisco Alves, Carlos Galhardo e tantos outros, cujas vozes possantes haviam embalado uma geração inteira. Ela vivia cantando canções de Tom Jobim e João Gilberto e estava tentando me catequizar, mas eu demorei um pouco para me acostumar com os novos ritmos. É um defeito meu; até hoje nutro certa desconfiança com relação a novidades. Quando mocinha, era fã de Bing Crosby. Adorava sua voz quente e a naturalidade com que cantava. Por isso, quando apareceu aquele mocinho magricela – Frank Sinatra – me recusei a aceitá-lo, de início. Era como se, acolhendo um novo amor, eu estivesse renegando um amor antigo.

Já minha mãe, sempre aberta a novidades, entusiasmou-se com a Bossa Nova desde a primeira música que escutou. Comprou as partituras de todas as canções já publicadas e empenhou-se em divulgá-las entre os alunos. Ela e meu pai não perdiam um programa de rádio ou televisão em que se apresentassem os novos músicos.

Quem hoje em dia acompanha o surgimento e a trajetória de tantas companhias teatrais no Brasil, talvez nunca tenha parado para pensar em quem deu o primeiro passo para tornar possível essa caminhada. O nome de Paschoal Carlos Magno aparece como um grande batalhador que nunca abdicou de seu sonho: fazer os estudantes de todo o país se interessarem por teatro. Para seu entusiasmo não havia obstáculos. Não recuava diante de nenhuma dificuldade. Ia buscar auxílio onde fosse possível: entre empresários, autoridades, e até mesmo o Presidente da República.

Getúlio Vargas, a quem fora pedir 25 contos para cobrir o déficit da primeira montagem de Shakespeare no Brasil, em 1937, deu-lhe o seguinte conselho:

— Vá lá fora e me escreva um memorandum. Peça o dobro do que necessita porque até o papel chegar às minhas mãos levará tantos cortes que no final você receberá exatamente a quantia de que precisa.

Em 1958, Paschoal havia conseguido uma façanha inédita: reunir mais de 500 estudantes, de quase todos os estados, para o I Festival de Teatro Amador, com sede em Recife. Foi uma revolução de mocidade.

Mais uma vez um Presidente da República forneceu-lhe ajuda. Juscelino Kubitschek acreditou em Paschoal e pagou as passagens aéreas de todos os participantes. A Universidade de Recife arcou com as despesas de alimentação e estadia. Ele conseguira mobilizar um exército de abnegados só com a força de seu idealismo e a credibilidade que sua figura inspirava. E foi mais longe: pela primeira vez no Brasil, haveria o julgamento político de uma figura lendária: Hamlet, príncipe da Dinamarca, réu de vários crimes. Instalou-se no Teatro Santa Isabel, em Recife, o tribunal do júri, com juiz e advogados de verdade.

Sérgio, ao receber o convite para participar desse evento único, aceitou, emocionado. Paschoal, anos mais tarde, segredou-me que, ao se preparar para enfrentar o promotor público e os jurados, Sérgio ficara nervosíssimo, como se o réu fosse ele mesmo: Sérgio-Hamlet, Príncipe dos Atores.

O próprio promotor, Dr. Carlos de Araujo Lima, escreveria no jornal *O Dia*:

Começa o julgamento. O príncipe Hamlet, na figura espectral de Sérgio Cardoso, é apregoado e entra no tribunal. É impressionante a sua entrada. Carrega com ele, na sua fisionomia de angústia, a perplexidade de vários séculos a seu respeito.

O promotor não pediu a condenação de Hamlet, alegando que, antes de vingar a morte do pai, Hamlet havia realizado um verdadeiro inqué-

rito policial, a fim de somente punir após a existência de provas. Coube ao advogado de defesa, Dr. Evandro Lins e Silva, justificar todos os crimes cometidos, o que fez à luz do Direito Medieval.

No final, absolvido pelo corpo de jurados, Hamlet-Sérgio voltou para São Paulo, entusiasmado com a amplitude do evento de que participara.

Em 1964, novamente colaboraria com uma das tantas "loucuras" de Paschoal: a Caravana da Cultura, na qual mais de 250 jovens saíram do Rio de Janeiro, em carros, kombis e caminhões. Atravessaram Minas, Bahia, Sergipe, chegando até Alagoas, levando teatro, ballet, música, literatura, folclore, esporte e exposições. Houve distribuição de livros, discos, revistas de arte. Foram ao todo 274 espetáculos de uma hora cada, apresentados em praças públicas, adros de igrejas, asilos e orfanatos.

A última vez que eu encontrei Paschoal foi em São Carlos, na abertura do Festival de Teatro Amador do Estado de São Paulo, em 1969. Estava adoentado, mas sempre pronto a ajudar jovens artistas. Deu-me de presente seu último livro: *Não me acuso nem me perdôo*, com uma dedicatória extremamente carinhosa.

Entre as peças ditas "sem compromisso" que montamos, destacou-se um texto de Daphne Du Maurier, que Lúcia Benedetti, autora teatral amiga nossa, havia traduzido. O título era *September Tide*, batizado em português como *Amor sem Despedida*. Ela achava que seria uma peça ideal para nós, com "dois ótimos papéis centrais, duas personagens delicadamente desenhadas pela autora". Afinal, tratava-se da romancista que *Rebeca, a mulher inesquecível* tornara famosa no mundo inteiro! Essa peça, romântica e sentimental, era sua primeira incursão pelo teatro. Por isso, talvez não se arriscasse a voar mais alto. Relendo-a hoje, parece-me uma cartilha de bom comportamento. Tudo no lugar certo, sem grandes ousadias.

A direção de Sérgio não conseguiu atenuar o contraste existente em nossas duas interpretações. Sérgio, ator clássico por excelência, brilhava em papéis onde pudesse expandir seu temperamento dramático. Os personagens de paletó e gravata não eram para ele, assim como os papéis altamente dramáticos e violentos não eram para mim. Os textos moder-

nos, humanos, eram meu grande trunfo. Tornava-se, pois, cada vez mais difícil encontrar textos para contracenarmos.

Sérgio acabou odiando a personagem que estava representando, a ponto de colocar Carlos Zara substituindo-o nas últimas semanas. Contribuiu para essa irritação um fato ocorrido durante um espetáculo. Ele interpretava um pianista, portanto precisava aparentar que estava mesmo tocando. O que fazia brilhantemente. Havia um piano falso em cena e, enquanto ele fingia dedilhar, um pianista de verdade executava a música nos bastidores... Para que houvesse perfeita sincronização, bastava que Sérgio apertasse um botão e uma luz piscava atrás do cenário, dando o sinal para o início da música. O resultado era perfeito, parecia que Sérgio estava mesmo tocando.

O pianista contratado portava-se muito bem de terça a sexta, mas no sábado era um perigo! Era o dia em que ele costumava tomar umas pingas depois da matinê. Uma noite aconteceu a tragédia. Sérgio sentou-se ao piano, apertou o botão, começou a tocar... só que não saiu nenhum som!

O pianista estava dormindo a sono solto atrás do cenário.

Houve um murmúrio na platéia. Sérgio levantou-se irritado e se afastou do piano... Aí... o piano começou a tocar. Sozinho! Alguém tinha acordado o adormecido pianista.

A platéia caiu na risada. Não havia como consertar a cena!

Finalmente, depois das duas tentativas goradas, o terceiro projeto de excursão deu certo. Iríamos para o Rio de Janeiro levar ao Teatro Copacabana nossa montagem de *A Raposa e as Uvas*, que tanta saudade deixara entre os cariocas. Em seguida, remontaríamos o *Chá*. Durante esse período, os Artistas Unidos, com Madame Morineau à frente, viriam para o Bela Vista com *Gigi*, de Colette.

Reensaiar o *Chá* significava encontrar um ator jovem para o papel de Jorge Fischer. Não tínhamos ninguém no elenco com o físico e o temperamento para o personagem. Mais uma vez, foi minha mãe quem indicou o ator certo. Era um jovem universitário, aluno dela, extremamente talentoso, mas com pouca experiência de palco: Renato Borghi. Fez um teste para o papel e foi aprovado.

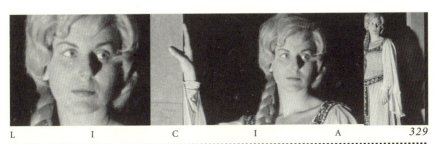

Ficaríamos três meses no Teatro Copacabana; por isso, alugamos um apartamento no Leme, a poucas quadras do teatro, e nos mudamos para lá com Sylvinha, babá e empregada.

O prédio era de tal maneira infestado de baratas que, ao voltarmos para casa à noite, precisávamos tomar cuidado para não pisar nelas... Nunca entendi por que as baratas do Rio de Janeiro têm um comportamento tão diferente das paulistas. Enquanto aqui elas fogem à aproximação de qualquer pessoa, chegando a subir em paredes e cortinas, no Rio continuam pachorrentas o seu caminho, pouco se incomodando com quem aparece. E são muito maiores; e VOAM!

Não há biografia de ator que não cite uma passagem, cômica ou trágica, protagonizada por esse bicho nojento. A pior que conheço aconteceu com Mme. Morineau em *Elizabeth da Inglaterra*. Ela estava em cena, sentada no trono, quando sentiu, por baixo da saia ampla e comprida até o chão, uma barata subindo-lhe pela perna. Com autocontrole admirável, continuou a representar. Tão logo percebeu que o bicho alcançara a coxa, abaixou com força o braço e prendeu a barata, mantendo-a prisioneira entre a perna e o tecido, até terminar a cena. Em seguida, saiu do palco, correu para o camarim e teve uma crise de choro.

Para a temporada carioca, *A Raposa e as Uvas* foi remontada mais uma vez. No papel de Xantós, o filósofo grego criado por Leonardo Vilar, estava Luiz Tito, ator que havia participado da fase inicial de Os Comediantes. Trabalhou no Teatro de Arte, de Dulcina, em *César e Cleópatra*; foi o Conde de Essex em *Elisabeth da Inglaterra*, com Mme. Morineau – interpretação que lhe valeu a Medalha de Ouro de Melhor Ator de 1947. Era um excelente companheiro, sempre bem humorado. Gabava-se de ser o ator que melhor sabia usar um manto em cena, o que era a pura verdade. Aliás, levava cinco minutos ajeitando-o antes de entrar, o que provocava as maiores piadas por parte do elenco; e ele as rebatia com humor. Para o papel da escrava, foi escolhida Wanda Kosmo, mulher de Zeluiz Pinho, secretário da companhia no Rio de Janeiro.

A peça foi novamente um sucesso; lotava todas as noites. Guilherme Figueiredo, o autor, não se cansava de assisti-la. Havia, porém, o com-

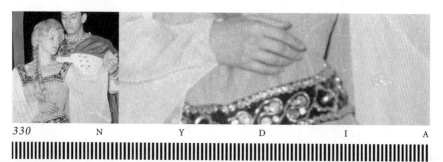

promisso de levarmos também o segundo espetáculo, o *Chá*, e os ingressos para a *avant-première* beneficente, organizada pelo cronista social Ibrahim Sued, estavam sendo vendidos. Era preciso, pois, tirar *A Raposa e as Uvas* de cartaz, apesar do sucesso de bilheteria, o que provocou uma briga muito feia com Guilherme através dos jornais e indispôs a crítica contra nós. O autor nos retirou os direitos de representação da peça. Foi uma fofoca generalizada; era conversa certa em todos os bares e restaurantes freqüentados pela classe teatral. Some-se a isso o nosso programa ter, na primeira página, uma mensagem de Jânio Quadros dirigida a Sérgio, em que dizia entre outras coisas:

> Minha satisfação, Sérgio, é porque o público do Rio de Janeiro, estou convencido, aplaudirá o seu teatro (como em outras oportunidades) com o mesmo entusiasmo com que o faz a platéia de São Paulo [...]

O texto foi considerado altamente ofensivo. Afinal, Sérgio começou sua carreira no Rio de Janeiro; não necessitava do aval do governador paulista. A lista de prêmios que a companhia recebeu, enumerados no programa, foi considerada esnobismo.

Além disso, ao saber que Jorge Fischer não iria representar, vários críticos se apressaram em sugerir o nome de algum ator amigo que, a seu ver, estaria perfeito no papel. Não perdoaram não termos aceito as sugestões. Vingaram-se, sendo excessivamente severos com Renato Borghi, em suas críticas. Na premiação do final do ano fizeram questão de nos ignorar completamente.

Apesar das confusões, eu gostei muito de voltar a atuar no Copacabana, onde reencontrei Oscar Ornstein, o gerente mais amável do Rio. Anos mais tarde, ele se tornaria empresário de sucesso, lançando dois estouros de bilheteria, *My Fair Lady*, com Bibi Ferreira e *Boeing-Boeing*, que, em 1964, apresentaríamos em co-produção no Teatro Bela Vista.

Os passeios pela praia, esperando o sol nascer, já faziam parte do passado. Eu mal andava as poucas quadras do apartamento até o teatro. As pernas ainda doíam demais.

O desentendimento entre Sérgio e Guilherme foi contornado graças a Paschoal Carlos Magno e Roberto Marinho, que promoveram um encontro "casual" entre os dois, num restaurante cheio de jornalistas e membros da classe teatral. O abraço que selou a paz foi saudado com palmas e parabéns e foi publicado em todos os jornais.

Com isso, pudemos cumprir o compromisso assumido anteriormente com a Comissão Estadual de Teatro e encerrar a primeira Quinzena Teatral paulista com a apresentação de *A Raposa e as Uvas*, numa segunda-feira no Bela Vista.

Foi graças ao sucesso carioca que, finalmente, compramos um carro. Era um Hillmann de segunda mão, azul-escuro, que bebia água como um esquimó perdido no deserto. Lembro que uma noite, voltando de Santos após um espetáculo, o radiador ficou tão seco que tive de despejar nele a única garrafa de água de que dispunha. Só que era água mineral com gás e ele começou a tossir, espirrar e soltar bolhas, para gáudio dos motoristas que nos ultrapassavam.

Numa segunda-feira houve a entrega do Prêmio Saci, do jornal *O Estado de S. Paulo*, aos melhores do teatro e do cinema em 1957.

O prêmio havia sido instituído em 1952, e o primeiro espetáculo a ser agraciado com a estatueta criada por Brecheret fora *Antígone*, do TBC.

Naquela época, a cerimônia era muito simples, realizada no salão nobre do jornal, à rua Major Quedinho onde, em seguida, era oferecido pequeno coquetel.

Com o passar dos anos, o Saci foi crescendo em importância e atingiu projeção nacional. Transformou-se numa festa de gala, em traje a rigor, à qual compareciam – além da classe artística – autoridades e a sociedade paulista. Para a entrega dos prêmios de 1957, foi preciso alugar o Cine Marrocos, um dos maiores da cidade, para que coubessem todos os convidados. Após a cerimônia foi oferecida uma ceia. Sérgio e eu viemos do Rio de Janeiro especialmente para a premiação.

O mestre de cerimônia foi Silveira Sampaio, que deu o maior brilho à noite.

Abolidos os discursos, os prêmios foram entregues por pessoas que tinham se destacado em categorias que não concorriam à premiação. Recebi o meu das mãos de Bellini, capitão da Seleção Brasileira de Futebol, campeã do mundo. Muito bonito e elegante de smoking, foi um dos homens mais admirados da festa.

Ao todo, a companhia ganhou quatro Sacis: melhor atriz, melhor espetáculo e melhor diretor, por *Chá e Simpatia*. Melhor ator, por *Henrique IV*. No dia seguinte, *O Estado* publicou uma charge em que Sérgio aparecia empurrando um carrinho de feira cheio de estatuetas.

A entrega dos Sacis sempre era um acontecimento artístico e social ansiosamente aguardado por todos. No entanto, em 1968, devido a um editorial de *O Estado* que alguns atores consideraram ofensivo à classe teatral, Bráulio Pedroso e Walmor Chagas propuseram a devolução dos prêmios.

Houve uma reunião tumultuada no Teatro Ruth Escobar, com a presença de estudantes e representantes de sindicatos. Os argumentos sensatos das verdadeiras lideranças da classe teatral sequer foram levados em consideração. Não adiantou Cacilda, Flávio Rangel e Paulo Autran tentarem pôr um pouco de juízo nas cabeças exaltadas. Segundo um depoimento de Paulo, José Dirceu ameaçou os que não devolvessem os prêmios, com um boicote por parte dos estudantes paulistas. A pressão foi imensa. Ficou decidido que todos os Sacis seriam levados ao Teatro de Arena e, mais tarde, devolvidos ao jornal.

No dia determinado, debaixo de uma chuva fina e persistente, os artistas seguiram em passeata até a sede de *O Estado*, à rua Major Quedinho, onde encontraram os portões fechados. Fernanda Montenegro leu uma mensagem em nome de todos e entregou uma estatueta-símbolo ao porteiro do jornal que entreabriu a porta para recebê-la. Os diretores permaneceram na redação. Ninguém desceu.

Algum tempo mais tarde, numa festa no Teatro 13 de Maio, depois da apresentação de *O Cemitério de Automóveis*, de Arrabal, foram utilizadas várias estatuetas em um boliche improvisado. Vi atores que jamais ganharam um prêmio na vida, saírem do teatro carregando um Saci de-

baixo do braço. Que fim levaram os outros, depositados no Teatro de Arena, eu não sei.

Não devolvi o meu, ele era importante demais para mim. Alguns colegas, tanto de teatro como de cinema, fizeram o mesmo. A maioria, porém, obedeceu à determinação da classe; mesmo os que discordaram dela. Os ânimos estavam muito exaltados na época. Fatalmente, os que não obedecessem sofreriam retaliações por parte dos colegas favoráveis à devolução, que representavam a maioria esmagadora.

Cacilda, então presidente da Comissão Estadual de Teatro, desgostosa com a decisão que considerava prejudicial ao teatro, foi pessoalmente procurar o Dr. Júlio de Mesquita Filho para explicar que – embora contrária ao movimento – como representante dos atores, ficaria do lado deles e devolveria a estatueta.

Foi um episódio que a desgastou muito emocionalmente.

O teatro brasileiro perdeu um prêmio importante, uma festa maravilhosa e um crítico dos mais respeitados. Décio de Almeida Prado, um dos mentores do prêmio Saci, considerando-se pessoalmente atingido pela atitude dos artistas, abandonou a crítica teatral. Em definitivo.

Em 1959, nós continuávamos morando no apartamento da rua Major Diogo, o que era muito prático por estarmos a poucas quadras do teatro, mas estava sendo um problema para Sylvinha. É que não havia nenhum parque nas redondezas onde ela pudesse brincar. Enquanto ela era um bebezinho, eu tinha conseguido permissão para que ficasse algum tempo, de manhã, no jardim de uma casa, em frente ao prédio na rua Major Diogo, onde morava uma velha senhora que ninguém via. Diziam que era louca e a família a mantinha trancada. Agora, porém, Sylvinha crescera e queria correr e brincar.

Estava na hora de nos mudarmos para uma casa em uma região melhor, onde houvesse outras crianças e um jardim; longe das ruas esburacadas e sujas do Bixiga. Martha, minha amiga, após o nascimento de sua primeira filha, havia se mudado do nosso prédio para a casa de uma vila, no

Jardim Paulista, pertencente à sua sogra. Tão logo soube que ia vagar uma casa vizinha, ela me avisou.

Fui correndo procurar Dona Cecília Alves para pedir que nos alugasse o imóvel. Levei um ramo de flores e um ás na manga: o nome do fiador. Sabia ser ela muito amiga de Alfredo Mesquita e o fato de ser ele o fiador a predispôs a nosso favor. A casa, depois de uma reforma que levaria alguns meses, seria nossa e Sylvinha poderia brincar em segurança, numa vila cheia de crianças da sua idade.

Mais sossegada, dediquei-me completamente ao trabalho no teatro. Para comemorar o terceiro aniversário da companhia, pensou-se em algo diferente de tudo o que havíamos apresentado até então: uma comédia musicada. Mais precisamente, o primeiro musical paulista, gênero que fizera furor no século XIX, mas que depois parecia ter caído em desuso no Brasil.

O que nos animava era o sucesso que as comédias musicais estavam conseguindo na Broadway e em Londres: *West Side Story* e *My Fair Lady* lotavam teatros. Atores do nível de Lawrence Olivier, Jean Louis Barrault e Vittorio Gassman aderiam ao gênero. Estava na hora de tentarmos o mesmo caminho no Brasil.

A peça chamava-se *Sexy* e tinha sido escrita por um médico, o Dr. Vicente Catalano. Quem ia dirigi-la era Silveira Sampaio – por sinal também médico, embora tivesse trocado a profissão pela de teatrólogo e ator – mas os seus compromissos no Teatro da Praça, em Ipanema, não lhe permitiram aceitar o convite. Veio a São Paulo só para fazer uma leitura com todo o elenco e dar as coordenadas gerais.

O desafio era imenso. Os atores teriam que aprender a cantar e dançar. Os ensaios de canto não apresentavam dificuldade, minha mãe cuidaria das aulas. A parte da dança foi entregue ao coreógrafo Ismael Guiser que, não dispondo de tempo para exercícios diários com o elenco, encarregou desse trabalho uma jovem que havia se apresentado no Ballet do IV Centenário: Marika Gidali. Foi nos ensaios que ela conheceu Raymundo Duprat, com quem viria a se casar.

O maestro Enrico Simonetti mais uma vez se dispôs a compor as músicas para um espetáculo nosso. Gravou-as com a Orquestra Sinfônica Municipal no próprio palco do Bela Vista, cuja acústica foi unanimemente considerada superior à do Teatro Municipal. Irênio Maia criou um cenário com uma imensa escada que ocupava o meio do palco e por onde subiriam e desceriam os atores cantando e dançando.

A realização dessa super-montagem demandaria tempo; muito mais do que normalmente precisávamos para o preparo de uma peça. A solução seria montar um espetáculo tampão – embora Sérgio detestasse esse termo – algo que pudesse ser ensaiado rapidamente e não exigisse cenários fixos, para o palco estar livre para os ensaios de *Sexy*. Sérgio reuniu três peças em um ato, de três grandes autores: O'Neill: *Antes do Café*, Pirandello: *O Homem da Flor na Boca* e Tennessee Williams: *Lembranças de Berta*. Deu ao espetáculo o nome *Trio*. Nenhum dos textos era inédito; *Antes do Café* foi uma criação de Magdalena Nicol no TBC e as outras duas peças tinham sido apresentadas por nós no Teatro das Segundas-Feiras, mas poucas pessoas as tinham assistido e, certamente, não o público ao qual nos dirigíamos com essa campanha de preços populares. Além disso, a direção de Sérgio deu-lhes nova roupagem. Ele mesmo se encarregou dos cenários: tapadeiras pintadas, facilmente removíveis e pouquíssimos objetos de cena.

Wanda Kosmo representou O'Neill; Sérgio, com Alceu Nunes, reviveu o desesperado moribundo pirandelliano, enquanto eu, com Suzy Arruda e Rita Cleós, mergulhava nos sonhos desfeitos da prostituta moribunda de Williams.

Deixando de lado o que havia feito no TBC sob a direção de Ziembinski, construí uma personagem completamente nova... Acho que foi meu melhor trabalho em teatro e essa foi também a opinião da crítica. Principalmente por se tratar de um papel fortemente dramático.

O espetáculo ficou em cartaz durante um mês, sempre a preços populares. Nós tomamos essa iniciativa a partir do espetáculo anterior, *Nu com Violino*, de Noel Coward. Foi uma experiência inédita em São Paulo e que beneficiou o grande público: uma temporada permanente de preços baixos.

Mantivemos essa diretriz em todos os espetáculos, durante um ano inteiro.

Em seguida deixamos o palco livre para quinze dias de ensaios corridos de *Sexy*, com cenário, música, e guarda-roupa completo. Eu achei melhor não participar da peça; alguém tinha que assumir a produção, a mais complexa que já tivéramos que enfrentar. Todos os dias, à hora do almoço, eu ia até o apartamento de Simonetti, buscar as músicas que havia composto. Na maioria das vezes, ele ainda estava dormindo e eu tinha de aguardar sua mulher acordá-lo, ele tomar banho, se vestir, para depois ir comigo até o teatro. Se não fosse buscá-lo, jamais estrearíamos. Além disso, acompanhava as atrizes até o ateliê de Mme. Castillo, na rua Augusta, para as provas de roupa, servia de ponte entre Irênio Maia e os maquinistas, contatava o autor, cuidava da publicidade, assistia aos ensaios e às aulas de dança.

Um dos motivos de eu ter recusado participar da peça era justamente a parte dançada. Tinha plena consciência de minhas limitações físicas na época. Como subir e descer aquela escadaria com um sapato de salto altíssimo e depois dançar rodopiando pelo palco quando ainda não havia me restabelecido completamente? E pensar que meu sonho sempre foi participar de um musical!

Sexy era uma sátira à publicidade; ironizava os métodos de propaganda capazes de criar ou destruir mitos da noite para o dia. Tudo isso apresentado com sofisticação, muita música, muita alegria... e a preços populares.

Os donos da agência eram Sérgio, Guilherme e Rita, e os três conseguiram cantar e dançar muito bem.

Ana Maria Nabuco e Raymundo Duprat formavam o casalzinho pobre que o mago da publicidade (Sérgio) transformava em sucesso. Mas... "o amor venceria" e eles acabavam preferindo voltar à sua vidinha pobre, porém cheia de carinho. Enfim, havia todos os ingredientes para agradar ao grande público, e o sucesso não se fez esperar. Rendeu mais do que as peças anteriores, mesmo com ingressos a preço reduzido.

Porém, apesar das lotações esgotadas, o dinheiro arrecadado era inferior ao que seria de se esperar. Quem logo desconfiou disso foi meu pai.

Nas longas horas, deitado na cama, sem poder se mexer, fazia contas de cabeça, comparava o número de espectadores com a renda obtida, calculava as despesas diárias... e as contas não batiam.

Ele conversava todas as noites por telefone com Emílio Amorós, gerente da Empresa Bela Vista, velho conhecido. Tratava-se de um senhor de uma certa idade, artista, que havia trabalhado em companhias de operetas, e que anos atrás fora procurá-lo por causa de uma doença que o fazia sofrer e nenhum médico conseguia diagnosticar.

Papai não só fez o diagnóstico, mas também o curou.

A gratidão que o homem sentiu foi imensa; passou a tratar meu pai quase com veneração.

Ao saber que nós iríamos inaugurar um teatro, ofereceu-se para trabalhar, em qualquer cargo. Havia a vaga de gerente que lhe oferecemos, a conselho de papai, preocupado com a nossa inexperiência em administração teatral.

Foi através dessas conversas telefônicas que meu pai chegou à conclusão que algo estava errado. Chamou nossa atenção, mas nós tínhamos total confiança nos dois administradores: o da companhia e o da Empresa Bela Vista. Tanto assim que, por mais de uma vez, Sérgio *assinou papéis em branco*, a pedido de um deles, para algum documento urgente.

Após as observações de meu pai, comecei a prestar atenção em coisas que eu não tinha reparado antes. Pedi a Zeluiz Pinho, que nos secretariou no Rio de Janeiro, que ficasse de olho na bilheteria e contasse, discretamente, os espectadores sentados na platéia. Os números não coincidiam.

Não querendo indispor Zeluiz com os dois administradores, ambos de idade, pedimos a colaboração de um amigo, Renato Romeiro, que trabalhava na Associação Comercial de São Paulo e que aceitou dedicar algumas horas para nos ajudar a desvendar o mistério. Não lhe foi preciso muito tempo para descobrir todas as falhas e nos sugerir medidas saneadoras.

Um dos administradores pediu demissão. O outro, infelizmente, ficou.

Um ano mais tarde, quando Sérgio e eu nos separamos, houve naturalmente uma partilha de bens, para que as duas novas companhias pudessem prosseguir com seus trabalhos.

Como Sérgio não quisesse mais ficar em São Paulo, passou a parte dele do contrato de aluguel do prédio para mim (a outra metade já era minha; éramos casados com comunhão de bens). Ficando com o teatro, abri mão de qualquer pensão. O Dr. Otto Meinberg, diretor presidente da Empresa Bela Vista, concordou com a cessão e mandou redigir novo contrato em meu nome.

Pouco depois, uma daquelas folhas que Sérgio costumava assinar em branco, apareceu, preenchida por alguém que não tinha sido ele – como ficou provado mais tarde – supostamente cedendo essa mesma parte do contrato do prédio para a própria Empresa Bela Vista.

Esse documento se transformou no principal argumento da briga judicial que durou dez anos e quase me custou a posse do teatro, não fosse a solidariedade da classe teatral e principalmente a dedicação de meus advogados, Dr. Roberto Carvalho e Silva e Dr. Mário Angelo Capocchi.

Certo dia, um amigo nosso, que trabalhava na Mercedes Benz, me procurou, porque sabia que a firma tencionava patrocinar um programa de prestígio na televisão. Mais que depressa tracei as diretrizes básicas para um teleteatro semanal e procurei a diretoria. Sabendo que ia discutir o assunto com altos funcionários europeus, expus os planos da maneira mais simples e concisa. O nome da companhia dispensava maiores apresentações. Os alemães, entusiasmados, combinaram um almoço no Baiuca, na Praça Roosevelt, e selamos o acordo. Foi mais fácil convencer os sisudos cavalheiros do que convencer Sérgio, que odiava fazer televisão.

Estreamos na TV Record com *Amor de Outono,* ex-*Amor sem Despedida,* de Daphne Du Maurier, texto muito mais apropriado para televisão do que fora para teatro. As transmissões – ao vivo, naturalmente – aconteciam às quartas-feiras; por isso, os espetáculos do TBV, nesse dia, eram apresentados às 18 horas.

A repercussão do programa foi excelente. Na semana seguinte, foi ao ar *Sinfonia Inacabada,* vida romanceada de Franz Schubert; em seguida, *Ciclone,* de Somerset Maugham... Aí, a paciência de Sérgio se esgotou. Prudentemente, eu já contava com a colaboração de Wanda Kosmo, ex-

celente para adaptar e dirigir textos televisivos, e de Alceu Nunes, fonte inesgotável de sugestões.

Sérgio deixou de ser presença obrigatória, aparecendo apenas de vez em quando, como na apresentação de *Sexy*, da qual eu também participei no principal papel feminino, aparecendo de maiô, com faixa de miss e tudo o mais.

Gozado foi o que aconteceu com o macacão de helanca, justíssimo, que eu precisava vestir às pressas nos bastidores do cenário. O ziper que o fechava nas costas abriu de alto a baixo. Ninguém sabia o que fazer. Foi Eduardo Moreira, produtor da TV, quem salvou a situação. Pegou um grampeador e me grampeou inteira. Era só eu não virar de costas para a câmera que tudo daria certo.

O Grande Teatro Mercedes Benz alcançou um excelente 3º lugar na programação geral da emissora e um 1º lugar no dia em que era transmitido.

O contrato foi renovado por duas vezes nas mesmas condições que, por sinal, eram excelentes. Tanto assim que um contato da agência de publicidade, que nada havia feito e apenas estava encarregado de efetuar o pagamento, decidiu que também tinha direito a faturar algum lucro e exigiu 10% da verba. Mais tarde, ele se tornou vereador!

A terceira renovação do contrato aconteceu quando Sérgio e eu já estávamos separados. Só que a Mercedes Benz mudara de agência e o novo diretor, Paulo Nascimento, achou que teatro não vendia caminhões e que, portanto, devia acabar com o programa. Respondi que eu não vendia caminhões, e sim prestígio. Mas ele convenceu a diretoria da Mercedes Benz a diminuir o horário para meia hora semanal. O caso então mudou de figura. Não havia mais espaço para grandes peças.

Um jovem publicitário passou a ser o contato da nova agência: Carlos Queiroz Telles. Autor incipiente, um dos fundadores do Grupo Oficina, contou-me que havia escrito alguns textos para televisão. Pedi para ler. Eram bons. Passou a escrever semanalmente. Participaram dessas apresentações vários atores convidados. Entre eles, Cleyde Yáconis, Gianfrancesco Guarnieri, Sadi Cabral, Tarcísio Meira. Foram seis meses de

originais seus. Queiroz e eu tivemos convivência sem problemas e com muita camaradagem. Nos anos seguintes, continuamos amigos. Em 1970, compartilhamos as agruras de uma Comissão Estadual de Teatro, em que ele foi presidente e eu, vice, até que uma ameaça de enfarte o obrigou a se retirar e ele me passou a presidência.

Novamente trabalhamos juntos na década de 1980, enfrentando as peripécias da TV Cultura, numa época nada fácil e de muitas brigas políticas. Mas foi também a época em que a emissora produziu o maior número de programas de toda sua história.

O tempo em que o *Grande Teatro Mercedes Benz* ficou no ar me serviu como aula de bom relacionamento. Naquela época, existia uma certa animosidade por parte dos atores de televisão com relação aos de teatro. Eles se sentiam invadidos por nós, como se o território lhes pertencesse com exclusividade. Para contornar possíveis choques, convidei alguns deles para participar dos nossos programas. Randal Juliano, Hélio Ansaldo, Arlete Montenegro, Carmen Silvia aceitaram. Saíram-se muito bem e a paz foi selada.

Nesse período, o jornal *A Gazeta* lançou um concurso para descobrir quem eram os atores mais populares do teatro e da televisão. A votação era feita utilizando-se uma cédula destacada das páginas do jornal e preenchida com os nomes escolhidos pelos leitores e pelo público em geral.

Os dois nomes que maior número de votos receberam no setor teatro, fomos Sérgio e eu. Lima Duarte, Laura Cardoso, Angela Maria e Golias foram os mais votados em televisão.

Recebi a medalha "Símbolo da Preferência Popular" no auditório da Rádio Gazeta, numa cerimônia que foi transmitida pela "emissora de elite", *slogan* usado na época. Sérgio, que estava representando *Sexy*, não pôde comparecer à solenidade; por isso Regina Helena, crítica teatral do jornal, fez a entrega no palco do Bela Vista, no intervalo do espetáculo de domingo.

Após a temporada de *Sexy*, Sérgio iria descansar. A peça seguinte seria protagonizada por mim. O cansaço dele tornou-se evidente quando foi convidado a participar da Segunda Bienal de Teatro, parte integrante da

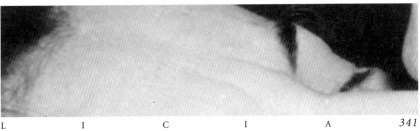

V Bienal de Artes Plásticas. Além de expor, no setor de cenografia, uma maquete do cenário de *Vestido de Noiva*, complementada por fotos do espetáculo, apresentaria também *Hughie*, um ato póstumo do dramaturgo norte-americano Eugene O'Neill. Seria a segunda apresentação mundial da peça.

Sérgio, que sempre teve uma memória privilegiada, não conseguia decorar o texto, tal o estado de exaustão em que se encontrava. E quanto mais ficava nervoso e preocupado, menos apreendia.

Mas os deuses do teatro não abandonam os seus protegidos. Na hora do espetáculo, alguma força misteriosa despertou dentro dele e se saiu bem.

Diante disso tudo, ficou patenteado que não havia a menor possibilidade de pensar nele para direção da nova peça.

Eu havia escolhido *Oração para uma Negra*, uma adaptação teatral da atriz Ruth Ford para o romance dialogado de William Faulkner, *Requiem for a Nun*.

A mensagem da peça me tocou profundamente. Existia uma outra adaptação teatral, de autoria de Albert Camus, muito levada à Europa, mas Ruth Ford havia mergulhado no universo faulkneriano num salto sem pára-quedas: o Bem e o Mal, o Pecado e a Redenção; seu texto me dava a impressão de que ela havia sentido na própria pele que "era preciso atingir o fundo para depois, dolorosamente, tentar emergir do meio dos escombros".

O problema maior era: quem dirigiria o espetáculo? Eu queria muito que fosse uma mulher. Achava que uma direção feminina me ajudaria mais a atingir a profundidade da alma complexa de Temple Drake, a grã-fina sulista cuja criança acaba de ser assassinada pela babá negra. Essa mesma babá tinha sido companheira de bordel de Temple, e nesse passado estava o cerne da tragédia. Papel dificílimo para mim.

Procurei Cacilda em primeiro lugar e lhe ofereci a direção da peça. Ela ficou interessada, mas havia uma excursão a Portugal, já programada, e eu não podia aguardar sua volta da Europa.

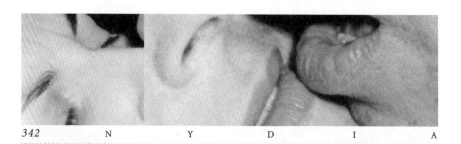

Meu outro sonho era voltar a ser dirigida por Bibi. Telefonei para o Rio: ela também estava ocupada. Pensei então em Wanda Kosmo. Suas direções de atores, na televisão, eram excelentes. Por que não tentar o teatro? Wanda aceitou, desde que eu co-dirigisse o espetáculo.

E assim, juntas, aceitamos o desafio.

Tínhamos a atriz certa para o papel da babá: Ruth de Souza, a melhor atriz negra da época. Mais difícil foi encontrar quem interpretasse os papéis do marido e do amante. Após inúmeros testes, até com atores de cinema, foram escolhidos Carlos Zara e Fúlvio Stefanini. Alceu ficou com o papel do Tio.

Ensaiamos com muita seriedade, procurando nos cercar do que havia de melhor: Irênio Maia fez os cenários. Dener, o costureiro mais famoso da época, fez questão de criar o guarda-roupa. Houve uma pesquisa em profundidade sobre o universo de Faulkner, para podermos dar veracidade aos personagens.

Chegamos às vésperas da estréia. Primeiro susto: a peça não havia sido liberada pela censura. Motivo? No meu texto havia a palavra "puta", um tabu na época. O censor estava chocadíssimo. Como era que eu – uma "atriz séria"— usava aquele termo?

Expliquei que era imprescindível usá-lo, devido ao passado da personagem Temple Drake . Ela não poderia falar de outra maneira com uma companheira de bordel. Mas frisei que o importante era a mensagem da peça, e não um palavrão.

Na noite do ensaio geral, apareceram três censores. Um só não era suficiente para tamanho escândalo!

No fim, a contragosto, liberaram o espetáculo para maiores de 18 anos.

— Porque se trata da senhora! – fizeram questão de frisar.

Pois sim!

Para aumentar nosso nervosismo, o ensaio coincidiu com um espetáculo beneficente que Sérgio estava dirigindo para o Hospital do Câncer, no Clube Paulistano, e ele levou os técnicos para lá. Por causa disso, o nosso ensaio foi incompleto. A luz certa só fomos ver na estréia. Isso pode parecer um problema menor para alguém que não trabalhe em

teatro, mas acontece que não é. Qualquer coisa que não esteja programada perturba uma estréia.

O espetáculo teve início. Havia um nervosismo muito grande no ar. Embora todos se esforçassem, naquela noite o rendimento de todos ficou abaixo do nível conseguido nos ensaios. Estava sendo muito difícil nos concentrarmos.

A direção só foi elogiada por sua discrição; por não haver tentado, com efeitos pirotécnicos, tornar mais teatral um texto tão literário.

Oração para uma Negra foi o meu começo. A primeira tentativa de percorrer sozinha os caminhos do teatro e da vida. Minha opção estava feita. Abdiquei de muita coisa em troca de uma vida de lutas, mas com um sentido mais profundo.

Poucos foram os que ficaram do meu lado. Apenas um punhado de amigos... quase irmãos.

A minha família me profetizou um futuro negro. Temiam por mim e, ao mesmo tempo, não acreditavam que eu tivesse forças o bastante para ir até o fim. Não entendiam como era que eu abria mão de uma situação que parecia tão estável, ao lado de uma personalidade nacional como Sérgio, para me arriscar a lutar sozinha.

Fiquei magoada. Que o público não soubesse o quanto eu havia lutado, ombro a ombro com Sérgio, naqueles anos todos, para conseguirmos o teatro e mantermos a companhia, era compreensível. Mas supunha que pelo menos os meus tivessem percebido! Tempos depois, passado o susto inicial, a família deu todo o apoio.

Foi durante o meu desquite que reencontrei meu irmão. Estivemos muito afastados um do outro, mas na hora em que pedi sua ajuda, ele ficou do meu lado incondicionalmente.

A última montagem complicadíssima de Sérgio foi *O Soldado Tanaka*, de Georg Kaiser, autor expressionista alemão. Eram três cenários, 34 figurinos, 27 atores. Uma peça complicada, um gasto imenso sem possibilidade de retorno. Sérgio teimou em montá-la porque lhe daria a chance de fazer o papel de um japonês. Mais uma criação exótica em sua carreira.

Foi um pesadelo. Um dos maiores prejuízos da companhia. Teve algumas interpretações excelentes: Alceu, no papel do eunuco que tomava conta do bordel, Sônia Oiticica como gueixa, e Tarcísio Meira, estreando no teatro profissional, no papel de um juiz. O espetáculo era plasticamente bonito, mas chato. Não agüentaria em cartaz até o mês de março, quando deveríamos estrear no Teatro Mesbla do Rio de Janeiro, permutando com a Companhia Tônia-Celi-Autran, que ocuparia o Bela Vista.

Foi preciso remontar, correndo, *Quando as Paredes Falam*, com elenco inteiramente novo. Foi aí que percebi que Tarcísio daria um excelente ator cômico.

Representei a peça durante duas semanas. Não pude ir mais longe. Passei o papel para Rita Cleós e saí. Da peça. Da companhia. Do casamento.

Apesar do fracasso total de *O Soldado Tanaka*, o monólogo de Sérgio no terceiro ato me fazia chorar. Sérgio sempre me emocionou, mesmo quando sua interpretação estava equivocada. Continuei acompanhando seus desempenhos pela televisão, torcendo para que aquele grande ator que coexistia nele não soçobrasse na mediocridade que grassava nas TVs.

Sem ser bonito, musculoso ou alto, ele se transformou num galã. Um ídolo, para as fãs.

No dia de sua morte, 15.000 pessoas invadiram o Cemitério São João Batista, no Rio de Janeiro, para um adeus emocionado. Não a Hamlet ou a Henrique IV, mas ao Dr. Valcour, da novela *O Preço de uma Vida*, ou ao motorista português de *Antônio Maria*!

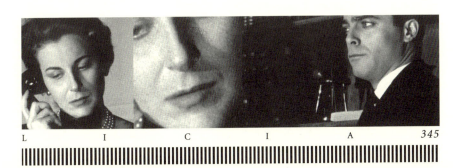

Hamlet, *inaugurando o Teatro Bela Vista*.

Com Sérgio em Hamlet.

Com Emanuele Corinaldi, Sérgio e Carlos Zara em Quando as Paredes Falam.

A Raposa e as Uvas.

Sérgio e Jaime Costa na centésima apresentação de O Comício.

Festival de Teatro do Estudante.

O Casamento Suspeitoso. *Na foto, Vaclaw Welchek, Dercy Gonçalves, Paschoal C. Magno e Ritinha.*

Com Jorge Fischer Jr. em Chá e Simpatia.

Prêmio Governador do Estado, entregue por Jânio Quadros.

Com Ruth de Souza, Wanda Kosmo e Nieta Junqueira em Vestido de Noiva, *de Nelson Rodrigues.*

Récita em homenagem ao 10º aniversário de fundação do TBC.

Com Renato Borghi em Chá e Simpatia.

Durante o Prêmio Saci *de 1957.*

Caricatura de J. J. Morales. Luciano Gregori, eu, Sérgio, Odete Lara, Sandro Polonio e Silveira Sampaio.

Com Rita Cléos em Lembranças de Berta, *de Tennessee Williams.*

Cenário do musical Sexy.

Com Suzy Arruda, Sérgio e Renato Romeiro.

Com Ruth de Souza em Oração para uma Negra.

Tarcísio Meira e Sérgio em O Soldado Tanaka, *de Georg Kaiser.*

Parte 7

L OGO QUE SE espalhou a notícia de nossa separação, começou o assédio dos jornais e das televisões. Todos queriam uma entrevista – de preferência, exclusiva – mas nem Sérgio nem eu queríamos falar.

Uma noite, um jovem repórter apareceu em minha casa e pediu, muito gentilmente, para falar só um pouquinho comigo. Entrou, tomou um café, fez perguntas sobre teatro. Queria saber os planos de minha futura companhia. Senti que podia confiar nele. No final, indagou se eu desejava dizer algumas palavras sobre a separação.

Publicou a entrevista sem modificar uma palavra das minhas declarações. Não inventou nada, nem fez sensacionalismo em torno do desquite. Foi um gesto bonito, num momento em que eu estava fragilizada e vivia fugindo de pessoas interessadas apenas em manchetes escandalosas, pouco se importando com o que eu pudesse sentir.

Nos anos que se seguiram, esse moço sempre manteve a mesma postura honesta e correta. Seu nome é Ignácio de Loyola, um dos escritores mais respeitados e admirados no Brasil e no exterior.

A permuta entre a Companhia Nydia Licia-Sérgio Cardoso e a Companhia Tônia-Celi-Autran foi tratada diretamente entre Sérgio e Geraldo Matheus, secretário da companhia carioca. Eu só vi os termos do contrato pouco antes da estréia. As condições eram absurdamente prejudiciais para nós. O que estava escrito era que cada companhia se responsabilizaria pelo aluguel do seu teatro e não daquele no qual estaria atuando. Em outras palavras: eles pagariam a porcentagem referente ao Teatro Mesbla, que tinha 300 e poucos lugares, e Sérgio – atuando no Mesbla – pagaria o equivalente à lotação do Bela Vista, que tinha 680. Seria a falência!

Telefonei para Celi e disse-lhe que naqueles termos não haveria temporada deles aqui. Ele pediu para conversarmos, para eu levar o contrato. Nos encontramos no Bela Vista e ficou decidido o óbvio: cada um pagaria de acordo com o tamanho do teatro em que estava atuando.

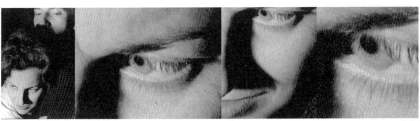

Então aconteceu um fato que não consegui entender na ocasião. O gerente da Empresa Bela Vista, ao bater o novo contrato, começou a se atrapalhar, e não conseguia escrever. Celi, então, propôs mandar redigir o novo documento por seu advogado e pediu-me que deixasse com ele o contrato, pois sua cópia ficara no Rio de Janeiro.

Nunca mais vi meu contrato. Anos depois, no julgamento da ação, chegaram a negar que ele houvesse existido.

Após a primeira audiência do nosso desquite, Sérgio seguiu para o Rio com o novo elenco do *Sexy*. Foram com ele Guilherme Correa, Rita Cleós e também Tarcísio Meira. Para o papel de Ana Maria Nabuco, ele convidou Carmen Verônica, uma das vedetes mais populares da época e que agradou muito. Além de *Sexy* apresentou também *Uma Cama para Três*. Em seguida, excursionou pelo sul do país. Fúlvio Stefanini substituiu Tarcísio, que voltou para São Paulo e entrou na minha companhia.

A Companhia Tônia-Celi-Autran estreou no Bela Vista.

Logo após a estréia, o ator Jardel Filho me procurou com uma peça muito interessante que seria dirigida por Celi: *Geração em Revolta*, de John Osborne, um dos expoentes do movimento inglês, conhecido como dos "Angry Young Men". Do elenco participariam também Maria Fernanda, Oswaldo Loureiro e Sadi Cabral.

Li o texto. Os papéis eram excelentes. Seria uma co-produção com Jardel. Aceitei.

Os ensaios – estranhamente – não aconteceram no Bela Vista, onde havia uma sala à disposição para isso, que não interferia em nada com o espetáculo em cena. Mas Celi não queria misturar as coisas. Elisabeth Henreid, nossa antiga colega do TBC, gentilmente pôs a casa à disposição para os ensaios de mesa. Mais tarde, na hora das marcações, alugamos um espaço no Teatro de Cultura Artística, onde a peça seria apresentada.

Jardel, premiadíssimo ator de teatro e cinema, morreu muito moço e, como brasileiro tem memória curta, poucos se lembram quem ele realmente foi. Surgiu com Os Comediantes no Rio de Janeiro e, em seguida,

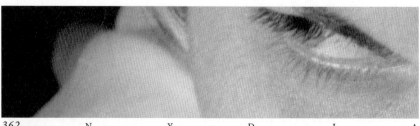

trabalhou com Dulcina, Bibi Ferreira, Mme. Morineau, Eva Todor, Maria Della Costa e no TBC. Fez cursos de teatro no exterior, trabalhou em cinema e televisão.

Era um grande ator. Generoso em cena. Eu me sentia apoiada por ele, como raras vezes me acontecera antes.

Ele costumava chegar ao teatro três horas antes do espetáculo; vestia a roupa de cena e ficava andando pelo palco, se concentrando. Quando o pano abria no primeiro ato, ele estava sentado numa poltrona com uma porção de jornais espalhados à sua frente. Pois Jardel levava perto de 15 minutos ajeitando-os. Perfeccionista, não começava a peça enquanto as folhas não estivessem colocadas, todos os dias, na mesmíssima posição.

Maria Fernanda, filha da poetisa Cecília Meireles, excelente atriz, fora parceira de Sérgio no *Hamlet* do Teatro do Estudante. Não gostava muito de dividir espaços. Havia um monólogo meu em que eu contava, muito triste, a vida com Jimmy, meu marido, enquanto ela preparava o jantar. Os ruídos que conseguia criar com a faca cortando cenouras em um prato eram de uma criatividade extraordinária. Alceu Nunes, que tinha assumido a contra-regra do espetáculo, substituiu a faca por uma de plástico. Não adiantou. Ela começou a tamborilar com o garfo no prato... Saiu o prato, entrou uma tábua, e daí em diante. O que eu sei é que ela se divertiu muito.

Quando a companhia resolveu aproveitar o sucesso e prolongar a temporada no Rio, eu me afastei. Já estávamos no mês de outubro, mês do final do contrato da Companhia Tônia-Celi-Autran no Bela Vista, e eu tencionava retornar ao meu teatro.

Então o panorama mudou. A Companhia Tônia-Celi-Autran viajou para o Sul e deixou o Grupo Oficina ocupando o teatro em seu lugar. Eu fui uma tarde ao Bela Vista para ver como estava meu material de cena. Foram comigo Zeluiz Pinho, Renato Romeiro e Jarbas Lotto, o maquinista. Encontrei meu camarim trancado, ainda com o nome da Tônia na porta. O escritório, situado embaixo do palco, também trancado. Empurrei a porta e entrei. Nunca existiu maçaneta, havia apenas um cadea-

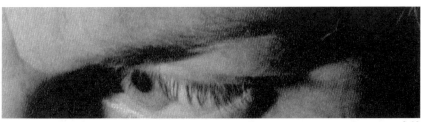

dozinho, desses que a gente compra na feira e que abre à toa. Olhei: os documentos da Companhia Nydia Licia-Sérgio Cardoso estavam jogados num canto. Móveis nossos haviam sido usados em cena.

Bastante chateada, fui para casa. Logo em seguida, Martha me chamou: havia um telefonema urgente para mim. (Eu ainda não tinha telefone.) O bilheteiro do teatro, o mesmo que estava conosco desde a inauguração, havia chamado a polícia – a mando do gerente – e meus três colaboradores haviam sido detidos.

Fui imediatamente à delegacia da Praça da Sé, onde, ao me apresentar, fui detida também, acusada de invasão e arrombamento do MEU teatro. Foi uma loucura!

Meu advogado, Dr. Roberto Carvalho e Silva, apareceu ao mesmo tempo que Emílio Amorós, o gerente da Empresa Bela Vista, acompanhado pelo novo advogado da empresa: Fábio Villaboim de Carvalho.

Meu espanto não poderia ter sido maior. Eu conhecia Fábio havia anos, por ser muito amigo de Paulo Autran e freqüentar o TBC. Pois ele, friamente, me disse:

— Você não tem mais nada a ver com o Teatro Bela Vista. O novo proprietário tem outros planos para o teatro.

O Dr. Otto Meinberg e o Dr. Ricardo Capote Valente haviam vendido suas cotas e saído da empresa. Mas, se eu tinha sido lograda, o novo advogado também o fora, pois não estava a par de um fato muito importante, que Roberto fez questão de enfatizar: meu contrato com a Empresa Bela Vista fora renovado até 31 de janeiro de 1964, prazo remanescente do contrato de locação do prédio que Sérgio e eu havíamos assinado com os proprietários. Espantado diante dessa evidência, Villaboim declarou que a nova empresa não reconheceria a validade desse documento. A resposta do meu advogado foi que isso seria decidido em juízo.

Quando o delegado de plantão soube quem eu era e o que tinha acontecido, declarou que o assunto não era da alçada da polícia e liberou todo mundo.

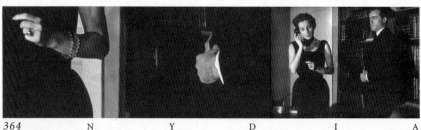

A essa altura, havia jornalistas e fotógrafos lotando a entrada do prédio. A notícia saiu em destaque nas primeiras páginas dos jornais e também no rádio e na televisão.

Ao sair da delegacia, aproximei-me do gerente – aquele que eu mesma tinha colocado no teatro – e lhe perguntei:

— Você vai conseguir dormir esta noite?

Fui para casa, ainda abalada com o que acontecera. Não estava preparada para esse tipo de guerra. À meia-noite, a campainha tocou insistente. Fui atender; era Cacilda, com Walmor, Fredi e Cleyde. Já corria pela cidade a notícia que eu tinha sido presa e eles queriam saber o que realmente tinha acontecido e como poderiam me ajudar. Indignados ao descobrir que queriam me alijar do meu teatro, propuseram um encontro com os representantes de todas as companhias paulistas. No dia seguinte, no Teatro Natal, à avenida São João, onde o Teatro Cacilda Becker estava se apresentando, houve uma primeira reunião, em que todos se declararam solidários comigo, e dispostos a lutar em minha defesa.

Foi redigido um *Manifesto da Classe Teatral*, fixando posições:

1. Solidariedade irrestrita e repulsa à violência e arbitrariedade praticadas contra a atriz que sempre se caracterizou por seu esforço e dedicação em prol do teatro brasileiro.

2. A partir do presente momento a classe teatral de São Paulo estará atenta aos acontecimentos para poder agir coesa e oportunamente em defesa dos interesses gerais da classe e, em particular, daquela nossa companheira.

Assinavam o manifesto todos os presentes: Alfredo Mesquita, pela Escola de Arte Dramática; Armando Paschoal, pelo Teatro Brasileiro de Comédia; José Renato, pelo Teatro de Arena; Cacilda, pelo Teatro Cacilda Becker; Antunes Filho, pelo Pequeno Teatro de Comédia; Zilco, pela Companhia Zilco Ribeiro; Rubens de Falco, pela Companhia Brasileira de Comédia; Marcos Plonka, pelo Teatro Moderno.

Houve uma segunda reunião com os representantes dos órgãos de classe e a presença maciça dos atores e técnicos. A essa altura já corriam

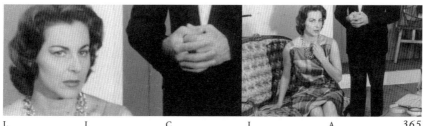

as vozes mais contraditórias: que havia um complô de outra companhia, ambicionando ficar com o meu teatro, ou então que era vingança, ou inveja. Enfim, todas as hipóteses foram amplamente debatidas.

Entre as inúmeras manifestações de solidariedade que recebi, uma foi dos funcionários do Palácio de Justiça: "[...] solidarizamo-nos com ela na questão existente entre si e elementos que querem arrebatar-lhe o fruto do melhor de seus esforços: o Teatro Bela Vista". Tarcísio Meira, que trabalhava no Fórum, foi o portador do abaixo-assinado, com mais de cem assinaturas.

Quem me ajudou muito nessa época de lutas foi Sábato Magaldi através de *O Estado de S. Paulo*. Aliás, os jornais desse período são testemunhas fiéis do movimento ímpar que congregou tantos artistas. Todos compareceram, mesmo os que não gostavam de mim. Todos solidários contra uma violência cometida em prejuízo de uma colega. Eu acompanhava o desenrolar dos acontecimentos, profundamente grata pela solidariedade de todos, mas, ao mesmo tempo, apavorada com a dimensão que o fato assumira, e sem imaginar o que me aguardaria num futuro próximo.

No dia em que a petição de meu advogado estava sendo julgada no Fórum, foi realizada a Grande Passeata da Classe Teatral que, silenciosamente, atravessou as ruas da cidade, até chegar à Praça João Mendes, em frente ao prédio da Justiça, numa demonstração clara da posição da categoria.

O Juiz de Direito da 3ª Vara Cível expediu uma liminar a meu favor e a Empresa viu-se obrigada a permitir minha entrada e permanência no teatro.

O oficial de justiça dirigiu-se à rua Conselheiro Ramalho para fazer a entrega do documento ao representante da Empresa Bela Vista e encontrou tudo fechado. Tocou repetidas vezes a campainha.

Timidamente, alguém entreabriu a porta. Era o bilheteiro, apavorado. Ele tinha recebido ordens de dormir no teatro, armado, para defendê-lo em caso de invasão. Coitado! Foi uma cena patética...

A essa altura, já havia se formado uma roda de moradores da rua, algum fotógrafo e atores do Grupo Oficina, que iam se apresentar à noite.

O novo presidente da Empresa Bela Vista morava no prédio em frente. Subi com meu advogado para falar com ele. Disse-me que acatava a ordem do juiz, autorizando minha volta, mas que a luta judicial continuaria. Quanto ao Grupo Oficina, ele exigiu que saíssem do teatro imediatamente. Já que o juiz mandou que eu voltasse, então era eu quem tinha de voltar.

Tentei argumentar que os rapazes estavam com uma peça em cartaz, e que parar de repente traria problemas sérios para o grupo. Não adiantou: ele foi inflexível.

Quem ajudou a resolver o impasse foi Hélio Quaresma, empresário do Teatro Novos Comediantes, que pôs à disposição seu teatro, à rua Jaceguai, para poderem dar continuidade à temporada. Nós oferecemos refletores e os objetos de cena de que precisassem.

Mais tarde, o Teatro Novos Comediantes passou a ser o Teatro Oficina.

Durante a temporada de *Geração em Revolta*, eu estivera ensaiando uma comédia musicada com Zilco Ribeiro, produtor de musicais de sucesso, principalmente no Rio de Janeiro. Os papéis principais estavam entregues a Tarcísio Meira, Marina Freire, Berta Zemel, Alceu Nunes, Luciano Gregori, além de mim. Colhidos de surpresa com tudo o que aconteceu, vimos a impossibilidade de continuar com um plano tão ambicioso e que demandaria um tempo para ensaios de que já não dispúnhamos. Uma vez de volta ao Teatro Bela Vista, era imperioso estrear o mais rápido possível. O fato da nova diretoria da Empresa não permitir que o Oficina continuasse se apresentando, criou um problema muito sério também para nós.

Diante dessa situação, concordamos em montar uma comédia ligeira, *Apartamento Indiscreto,* de Claude Magnier, o mesmo autor de *Uma Cama para Três.*

A direção foi entregue a um jovem diretor, já com alguns sucessos: Amir Haddad. No elenco, além dos que já estavam comigo, Célia Biar,

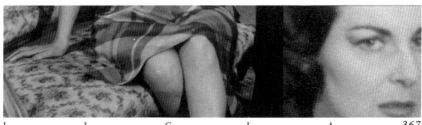

Wanda Kosmo e Ada Hell. Reservei para mim o menor papel da peça, deixando a Berta o encargo de protagonizá-la. Hoje em dia, Amir é um dos grandes diretores do teatro carioca, mas, na época, não sei o que ele achava que fosse um "vaudeville". Carregou demais no absurdo. Basta lembrar que Ada entrava em cena com o dedo enfiado no gargalo de uma garrafa e desse jeito atravessava os três atos, sem que o público entendesse o porquê. Mas o pior foi o final da peça. Todos os atores entravam em cena, cada um com uma vassoura. Começávamos a dar vassouradas uns nos outros e terminávamos cumprimentando a platéia de costas, com uma reverência, o que fez várias pessoas se levantarem indignadas.

Justiça seja feita, Marina reclamou muito da marcação, que considerou desrespeitosa, mas o diretor foi inflexível.

Esse desastre inicial convenceu-me da necessidade urgente de encontrar mais diretores que se revezassem e tivessem tempo suficiente para produzir espetáculos de alto nível. Uma das metas da companhia era justamente oferecer um espaço para novos valores. Após uma reunião das quatro cabeças que dirigiam a companhia: eu, na direção artística, Renato Romeiro, na administração, Alceu Nunes, na secretaria e Zeluis Pinho, na direção técnica, decidimos pela contratação de mais dois diretores.

O primeiro foi Egydio Eccio, inteligente e sensível, que dirigiu *Um Elefante no Caos*, de Millôr Fernandes – peça que, poucos anos mais tarde, seria proibida pela censura:

> Escrita em 1955, quando nervosamente estávamos às vésperas de um golpe militar e conseqüente mudança de regime, *Um Elefante no Caos* satiriza os processos revolucionários, a gorada revolução, o regime em vigor e todos os outros regimes – foi o que escreveu Egydio no programa.

Foram protagonistas da peça, Célia Biar e Sebastião Campos, da mesma maneira como Berta e Tarcísio haviam sido em *Apartamento Indiscreto*. Assim íamos formando um teatro de equipe, com atores talentosos, oferecendo a todos a oportunidade de se destacarem em papéis principais.

Durante a temporada de *Apartamento Indiscreto*, recebi um convite para apresentar *Oração para uma Negra*, no Teatro Maison de France, no Rio de Janeiro. Fui para uma curta temporada, com um novo elenco: Sebastião Campos, Egydio Eccio, Francisca Lopes.

Alceu Nunes e Zeluis Pinho assumiriam a administração da companhia, enquanto Renato Romeiro permaneceria à frente do Teatro Bela Vista. Era tamanha a autoridade que emanava dele, que ninguém se atreveria a armar uma falseta, aproveitando a minha ausência.

Durante os anos que se seguiram, foi sempre ele a enfrentar as maiores dificuldades. Lutava de peito aberto, sem medo de nada. E foi sua orientação que nos permitiu superar os obstáculos que surgiam diariamente, e continuar nossa luta com coragem e honestidade.

Ao chegar ao Rio de Janeiro, descobri que Sérgio também estava na cidade e que estrearia na mesma época. Era uma situação delicada. Nunca mais tínhamos nos encontrado. Desde a separação, Sérgio estivera viajando pelo sul do país com sua companhia. Agora ia estrear em um teatro na Tijuca, com *A Raposa e as Uvas*.

Quando nos desquitamos, repartimos entre nós o material do teatro. Sérgio levou a rotunda preta para usar em *Sexy* no Teatro Mesbla e eu ficara com a azul. Agora, para *Oração*, eu necessitava da preta, enquanto para *A Raposa*, ele precisava da azul.

O mais sensato seria trocarmos as duas. Afinal, uma rotunda para um teatro de tamanho médio requer mais de uma centena de metros de fazenda de boa qualidade, que não encolha nem enrugue. Era uma despesa considerável com a qual nenhuma das duas companhias podia arcar naquele momento.

Zeluis conversou com Sérgio e combinaram a troca.

À noite, no Teatro Maison de France, enfrentei novo ensaio para a censura carioca. Mais uma vez compareceram três censores, tudo por causa do célebre palavrão.

Estava no meio do ensaio quando entrou Sérgio. Foi um choque. A frase que eu estava falando parou no meio... e entalou na garganta. A partir

daí, a voz foi sumindo... sumindo... e sumiu de vez. Na manhã seguinte, fui correndo procurar Pedro Bloch, o maior especialista em voz, não só do Rio, mas de todo o Brasil. Chorando, balbuciei que tinha de estrear naquela noite e que não conseguia falar.

Com todo o carinho, ele tratou de me acalmar: me examinou e garantiu que eu não tinha nada nas cordas vocais. Conversou longamente comigo com aquela maneira doce e compreensiva, que o tornava querido por todos os seus pacientes. Prometeu estar no teatro na hora do espetáculo para me dar força.

Estreei com uma voz estranha, metálica, quase monocórdia. No dia seguinte, passado o nervosismo da estréia e o choque do reencontro com Sérgio, a voz foi voltando aos poucos, só que tarde demais para qualquer chance de sucesso.

Voltei a São Paulo pronta a encarar minha primeira loucura: preparar três espetáculos, dirigidos por três diretores diferentes, ensaiados quase que ao mesmo tempo, e atuar em todos os três. Teriam de ser textos de peso, para apagar da memória aquela primeira comédia malograda.

A Castro, de Antônio Ferreira, dirigida por Miltom Baccarelli, recém-formado pela Escola de Arte Dramática, deu início ao nosso Teatro Experimental. Era uma tentativa minha de reviver os clássicos, tão pouco apresentados no Brasil, em espetáculos dedicados aos estudantes. Sempre achei que quem precisava de peças dirigidas à sua faixa etária, eram os adolescentes, dos catorze aos dezoito anos, que ainda não podiam freqüentar o teatro adulto e já não se interessavam pelo Teatro Infantil.

Tratava-se da dramatização do infeliz amor do Infante Dom Pedro e de Dona Inês de Castro, "aquela que depois de morta foi rainha". O espetáculo, quase sem cenários – só arcos e um grande disco, em cima do qual se movimentavam os atores – foi sucesso junto às escolas, algumas das quais adotaram o texto como matéria de exame. O que vinha ao encontro dos meus planos.

Foi a única vez em que os dois galãs da companhia, Tarcísio Meira e Sebastião Campos, se apresentaram num mesmo espetáculo.

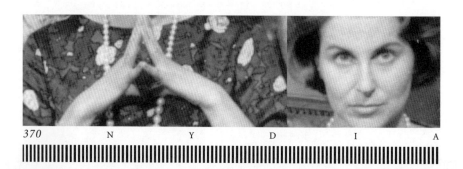

Curioso relembrar que os cartazes, especialmente confeccionados para divulgação, foram recusados por algumas lojas, por acharem que o título *A Castro,* sugeria uma homenagem a Fidel Castro.

Miltom repetiria o sucesso no ano seguinte, ao dirigir *As Guerras do Alecrim,* de Antônio José, o Judeu, ópera joco-séria, que retratava os costumes do século XVIII.

A segunda direção de Egydio Eccio foi *De Repente no Verão Passado,* de Tennessee Williams, já levada ao cinema com Katherine Hepburn, Montgomery Cliff e Elisabeth Taylor. Peça de neuroses, foi assim resumida pelo diretor: "Uma criatura sai em busca de Deus; encontra-o, mas em ato de crueldade. E, em ato de crueldade, é destruído".

O espetáculo deixava o público sem fôlego. O cenário fantasmagórico, criado por Paulo Bandeira, atendia à sugestão do autor que, pedira, fosse tão irreal quanto o *décor* de um balé clássico. Parte de uma construção gótico-vitoriana fundia-se com um jardim fantástico. Campello Neto, em sua estréia no teatro paulista, assinava os figurinos. Nos anos que se seguiram, ele se tornaria presença cada vez mais freqüente e sempre elogiada.

Tivemos uma interpretação excelente de Miriam Mehler, secundada por Tarcísio Meira. Eu, na noite da estréia, empolguei-me demais com o papel da velha senhora despótica e cruel, e acabei quebrando a bengala nas costas do ator Wolney de Assis.

No dia seguinte recebi, em substituição, uma bengala bem fininha, acompanhada das piadas de todo o elenco.

A terceira grande montagem ficou a cargo do mestre Alberto D'Aversa. Inteligente, bonacheirão, curtia uma platéia para a qual pudesse falar de teatro. Os jovens atores o adoravam. Ele lecionava na EAD e havia dirigido um dos grandes sucessos do TBC, *O Panorama Visto da Ponte,* de Arthur Miller, com Leonardo Vilar e Egydio Eccio nos papéis principais.

Propôs um texto de Pirandello, *Esta Noite Improvisamos,* que eu traduzi. Trabalhar com ele foi extremamente agradável. Explicava o texto com clareza e sempre com bom humor. Só não tinha muita paciência

para ensaiar. Na primeira dificuldade já ia cortando o texto. Costumava dizer:

— Tudo o que é cortado não é vaiado!

Transmitiu-nos as intenções do autor – que conhecia em profundidade – permitindo que realizássemos um dos melhores espetáculos da companhia. Foi também uma das minhas melhores interpretações. Alceu, no papel do Diretor, e Sebastião Campos, no do marido ciumento, foram muito felizes em suas criações, e Marina Freire recebeu, pelo papel da Mãe, o prêmio de Melhor Atriz Coadjuvante.

A ação da peça não se desenrolava apenas no palco, mas também na platéia e no saguão do teatro, no meio do público, que se divertiu imensamente. Alguns espectadores desavisados queriam puxar conversa conosco.

A peça me proporcionou uma das raras oportunidades de cantar árias de ópera em cena. Foram trechos de *Il Trovatore*, de Giuseppe Verdi.

Um dia, Tarcísio, que estava conosco desde o início, veio me dizer que havia recebido um convite de Cassiano Gabus Mendes, para integrar o elenco da TV Tupi. Pediu-me que o liberasse do contrato. Além de ser uma oportunidade para sua carreira, havia também uma atriz talentosa, saída da EAD e contratada pela emissora, de nome Glória Menezes, por quem se interessava muito.

Rasguei o contrato, e até hoje continuo amiga do casal.

Nessa época, inesperadamente, um diário escrito por uma negra catadora de papéis, moradora da favela do Canindé, tinha se transformado em um *best-seller*. Pela primeira vez, alguém escancarava as portas da "sucursal do inferno" e punha à mostra a fome e a miséria sem panos quentes. E sem samba.

Carolina Maria de Jesus, da noite para o dia, se tornou uma celebridade. Seu livro, *Quarto de Despejo,* correu mundo. Foi traduzido em dez idiomas.

Não era surpresa, portanto, que alguém quisesse transpô-lo para o teatro. Para encenar o texto, adaptado por Edy Lima, chegou a ser funda-

da uma companhia: O Teatro da Cidade. Seus diretores nos procuraram com a proposta de montarmos o espetáculo em co-produção.

A direção foi de Amir Haddad e o cenário de Ciro del Nero, que construiu uma favela realista ao máximo, no palco do Bela Vista. Do elenco, participaram mais de quarenta atores. Dentre eles, Ruth de Souza, Célia Biar, Francisca Lopes e Maurício Nabuco.

Uma noite, um jovem ator, desconhecido, desmaiou no camarim. Chamei meu irmão com urgência para atendê-lo. Lívio, após examiná-lo, disse:

— O problema deste moço é fome!

O ator era Ary Toledo. Recém chegado a São Paulo, estava sem dinheiro, passando dificuldades. Anos mais tarde, já um *show-man* de sucesso, ele relembraria esse fato em suas apresentações na TV.

Para prestigiar Carolina, Jorge Amado e Zélia Gattai vieram especialmente da Bahia. Acompanhados por Audálio Dantas, o jornalista que descobriu e lançou a escritora, elogiaram muito o espetáculo.

Infelizmente, o sucesso de Carolina foi de curta duração. O segundo livro já não teve a mesma força. Nem sei se chegou a ser publicado. As poesias que escrevia e tanto gostava de declamar – a ponto de me acompanhar nas minhas apresentações em Santos só pelo prazer de subir no palco do Teatro Independência – não tiveram repercussão. Lembro-me dela, num vestido de tafetá vermelho, colar e brincos dourados, crente que a vida luxuosa que levava seria eterna. Como deve ter sido dolorosa a volta à favela após ter conhecido sucesso e dinheiro!

Morreu alguns anos mais tarde. Novamente pobre.

Muitas coisas aconteceram nesse primeiro ano de minha vida de empresária. Fatos alegres e fatos tristes.

Tentei retribuir, embora numa parcela mínima, a solidariedade dos que tanto me ajudaram. Cacilda, que comemorava vinte anos de carreira, estava procurando um teatro para sua sede em São Paulo. Pleiteou o Leopoldo Fróes, que era da Prefeitura, mas não conseguia uma definição por parte das autoridades. Pediu-me para ir com ela à Câmara dos Verea-

dores. Fui. Ela falava, explicando a importância de mais uma companhia estável na cidade. Falava e eu tinha a impressão de que ela estava se dirigindo a uma parede de falsidades. Ninguém dizia nada de positivo; eram sorrisos, amabilidades e... nada.

Finalmente, um vereador chamou-me de lado e disse:

— Não há a menor possibilidade de sua amiga conseguir o teatro. O veto é do próprio prefeito Adhemar de Barros. E é definitivo.

Pensei em como ajudar Cacilda a resolver esse problema que era seríssimo. Lembrei-me de Rubens de Falco, que havia montado uma companhia com a atriz Dália Palma, e tinha alugado o teatro pertencente à Federação Paulista de Futebol, na avenida Brigadeiro Luis Antônio. Sabia que a companhia estava em dificuldades financeiras. Telefonei-lhe e perguntei se estaria interessado em passar o contrato. Respondeu que sim. Marquei um encontro entre os dois para dali a uma hora. À noite, Cacilda me telefonou, eufórica. O Teatro Federação já era dela e se tornaria sua sede permanente, chegando a mudar o nome para Teatro Cacilda Becker.

Outra crise foi a do TBC. Sem dinheiro para pagar os atores, que havia três meses não recebiam, Zampari decidiu fechar o teatro. O elenco, que estava ensaiando *A Semente*, de Gianfrancesco Guarnieri, com Flávio Rangel na direção, resolveu ocupar o teatro e aí permanecer instalado até que o governo tomasse uma providência. Todas as companhias se posicionaram ao lado dos artistas, não aceitando o fechamento do TBC. Fui ver Flávio, solidária com sua luta, e, em nome de nossa companhia, ofereci todo o apoio técnico de que precisasse para continuar seu trabalho.

Em matéria de crises, estávamos bem servidos. A que deixou os empresários teatrais em pé de guerra, foi da UPCT – União Paulista da Classe Teatral.

Fundada após o movimento que congraçou a classe teatral no incidente do Teatro Bela Vista, tinha como finalidade precípua "preservar e consolidar a união da classe teatral paulista em geral, e das categorias profissionais por ela representadas em particular".

A comissão de elaboração dos estatutos era composta por Nagib Elchmer, Emílio Fontana e Nelson Xavier.

Em assembléia geral no Teatro de Arena, que se prolongou até às 4 horas da manhã, Cacilda Becker, por aclamação, foi eleita presidente.

Sua atuação foi brevíssima. Tão logo descobriu as intenções ditatoriais da entidade, tão democraticamente criada, demitiu-se do cargo.

O plano, chamado "Nagib Elchmer", simplesmente pretendia acabar com a independência das companhias teatrais. Todas passariam a funcionar de acordo com as diretrizes da UPCT, que assumiria o comando dos teatros de São Paulo. Ninguém mais seria dono do espaço que construíra, ou alugara, a duras penas. A UPCT determinaria quem deveria utilizar tal ou qual teatro e por quanto tempo. Aos proprietários caberia ceder sua casa de espetáculos, totalmente aparelhada, e ocupar o local determinado pela entidade, fosse ou não compatível com suas exigências.

Houve uma gritaria geral.

Em reunião no Teatro Cacilda Becker, com a participação da maioria dos empresários, elaboramos uma declaração à imprensa. Cacilda redigiu a carta de próprio punho:

> [...] vêm a público lançar o seu mais violento protesto contra a diretoria da recém-fundada UPCT, que num ato anti-constitucional, votando uma proposta de extinção das companhias de teatro, vem desvirtuar os estatutos daquela entidade que preconiza harmonia e, acima de tudo, em todos os seus aspectos, desmente o memorial composto por uma comissão especial, endossado pela CET e pela própria UPCT, e que lido perante o Sr. Governador, solicitava meios que garantíssem a *sobrevivência* dessas mesmas companhias.[...]

Artigos assinados pelos críticos mais conceituados, classificando o projeto de nazista, acabaram de uma vez com as pretensões de tomar conta de todos os teatros da capital.

Uma noite, recebi um telefonema de Cacilda:

— Nydia, amanhã cedo você tem de ir comigo ao Palácio, falar com o Governador.

Quando Cacilda dava ordens, com aquele tom de general que vai à guerra, a única solução era obedecer.

— Muito bem – concordei.

Se tivesse remotamente imaginado a confusão que essa nossa ida provocaria, e o quanto dela iria sobrar para mim, teria arranjado uma desculpa e ficado em casa. Mas, como não tinha bola de cristal para adivinhar o futuro, às dez horas da manhã cheguei ao Palácio dos Campos Elysios, onde encontrei Cacilda e a deputada Conceição da Costa Neves, que nos levaria ao governador Carvalho Pinto.

A finalidade da entrevista era pedir ao governador que apressasse a liberação da verba de 20 milhões de cruzeiros, pleiteada pelo teatro paulista. Estavam presentes também os deputados Ruy de Mello Junqueira e Roberto de Abreu Sodré.

O professor Carvalho Pinto foi muito gentil – o máximo que sua sobriedade permitia – e ouviu com interesse a explanação de Cacilda a respeito das dificuldades da classe teatral. A deputada Conceição comprometeu-se a apressar os trâmites do processo, tão logo chegasse à Assembléia.

Cacilda aproveitou a reunião para pedir ao governador que nomeasse um representante dos empresários para fazer parte da Comissão Estadual de Teatro, composta, em sua maioria, por críticos e jornalistas. Após ouvir do governador que ele pensaria no assunto, nos retiramos.

Passado algum tempo, recebi um telefonema de Miroel Silveira, me comunicando que eu havia sido nomeada para o cargo.

Tão logo correu a notícia de que Carvalho Pinto havia liberado a verba de 20 milhões e enviado mensagem à Assembléia, um grupo de empresários, representando a maioria das companhias paulistas, apareceu na minha casa (como sempre, à meia-noite!). Já haviam planejado toda a divisão do dinheiro por conta própria, sem consultar a CET, que era o órgão responsável pela distribuição das verbas oficiais. O argumento no qual baseavam essa decisão era que a CET iria destinar 4 milhões para pagar dívidas do TBC, que já recebera 1 milhão, o que redundaria em um quarto da verba total.

Sentindo-se prejudicados, queriam que fosse apresentado à Assembléia um critério diferente, pautado numa divisão por importância das companhias. Havia grandes, médias e pequenas.

Não lembro quanto caberia a cada uma; sei que era levado em consideração o trabalho de cada uma e o fato de serem, ou não, permanentes. Vinte por cento do que cada uma recebesse, seria destinado a atores e técnicos.

Essa distribuição foi enviada à deputada Conceição, para que a apresentasse à Assembléia.

Eu sabia que, tão logo isso se tornasse público, haveria a maior briga já vista na classe teatral e na CET, mas todos estavam irredutíveis.

Na reunião da Comissão naturalmente o assunto veio à baila. Confirmei a veracidade da notícia, o que provocou uma discussão pra lá de desagradável. Delmiro Gonçalves, um dos membros, chegou a exigir que eu pedisse demissão. Alfredo Mesquita, mais ponderado, argumentou que a minha posição era muito delicada pois, sendo representante dos empresários, não podia agir contra a categoria, e que, além disso, havia relatado a situação com honestidade.

Quando os ânimos ficaram menos exaltados, ficou decidido que eu promoveria uma reunião com os representantes de todas as companhias para que fosse formulada uma outra proposta, dirigida à CET e não à Assembléia.

Uma reunião não foi suficiente. Foram necessárias muitas! E não foi nada fácil. A classe estava cindida. Os atores, em pé de guerra. Alguém havia espalhado a informação que os empresários não iriam repassar "nem um centavo" aos atores e técnicos. Foi tudo muito difícil e todos saíram arranhados.

No fim, terminou como devia terminar. Cada lado cedeu um pouco e a autoridade da CET não foi abalada. Foi ela que fez a distribuição das verbas, aceitando a nova sugestão dos empresários, mas mantendo os 4 milhões para o TBC.

Os atores e técnicos constituíram uma comissão para cuidar da distribuição dos vinte por cento e eles também cometeram algumas injustiças deixando de fora umas poucas pessoas. Entre elas, o meu administrador.

Curioso foi o que aconteceu no ano seguinte. Na primeira reunião realizada na CET para discutir critérios de distribuição de verba, dois atores, dos mais inflamados, que haviam se tornado empresários recentemente, foram categóricos em suas posições:

— Nada de vinte por cento para atores!!!

Fazia um ano que eu estava de volta ao Teatro Bela Vista e a Empresa, inconformada, tentava de todas as maneiras me tirar de lá. Trabalhávamos sob pressão. Não podíamos parar mais do que um dia para a montagem de um novo espetáculo; estávamos proibidos de entrar no teatro antes das 14 horas, ou permanecer após a meia-noite. Se quiséssemos ensaiar às segundas-feiras, teríamos de pagar um aluguel exorbitante. As dependências do teatro estavam em péssimo estado de conservação, havia goteiras que ameaçavam a integridade do material cênico e até das poltronas da platéia. Nós estávamos proibidos de realizar qualquer conserto.

Culminou com o fechamento do Bela Vista, da noite para o dia, com a presença da polícia civil, impedindo-nos de entrar e até mesmo de retirar nossos cenários e roupas da peça em cartaz.

Eu nunca fui de briga. Pelo contrário, sempre evitei grandes discussões. Não sei odiar. Normalmente, esqueço o que as pessoas me fazem de ruim, mas me encontrava numa situação limite, em que, ou lutava, ou morria.

Aceitei a luta. Decidimos não parar o espetáculo que estávamos apresentando, *O Grande Segredo,* de Édouard Bourdet, dirigido por Alberto D'Aversa.

Foi o próprio D'Aversa quem propôs o texto. O nome original era *A Prisioneira*.

Ao pedirmos autorização para montar o espetáculo, descobrimos que o original – escrito em 1926 – havia sido proibido há muitos anos, por se tratar de um tema "escabroso", o lesbianismo. Escandalizou de tal maneira o público da época que, para evitar que assuntos chocantes como aquele ferissem a sensibilidade do público, foi criada a Censura.

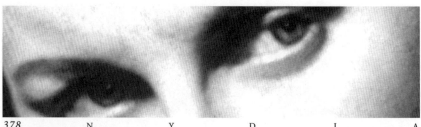

Diante do fato só havia uma solução possível: mudar o título e confiar na falta de informação dos censores. O texto – até ingênuo para os anos de 1960 – foi liberado sem um corte sequer.

Para não interromper a temporada, era preciso encontrar um teatro disponível.

Renato e Zeluis, alguns anos antes, haviam trabalhado no Teatro de Alumínio, na Praça das Bandeiras, onde se apresentavam as grandes companhias de Revistas vindas do Rio de Janeiro. Fechado há algum tempo, estava em plena decadência, quase abandonado, reduzido a dormitório de mendigos e maconheiros. Eles procuraram o proprietário e propuseram alugá-lo. Em poucos dias, o reformamos por completo. Todo mundo trabalhou. O elenco foi solidário ao extremo: Rubens de Falco, João José Pompeo, Solange França, Nieta, lado a lado com os técnicos do Bela Vista. Todos juntos pintamos, lavamos, consertamos. Estreamos com uma platéia pintada de novo, refletores alugados e roupas emprestadas. A imprensa nos deu cobertura total.

Lembro-me de minha mãe, na noite da reestréia, sentada no escuro, no fundo do palco, para estar perto de mim naquela hora difícil.

Mais uma vez a justiça me deu ganho de causa e concedeu Reintegração de Posse. Deixamos o Teatro de Alumínio, para onde o público tinha acorrido em massa – talvez atraído pelo escândalo – e lotado o teatro de 1.000 lugares todas as noites, e voltamos para o Bela Vista. Desta vez, ninguém mais nos tiraria de lá arbitrariamente. Havia uma ordem judicial para que eu não fosse mais molestada até o fim do litígio.

Não quero me estender muito nesse assunto, mas ele forçosamente reaparecerá, pois norteou toda a existência da Companhia Nydia Licia até o ano de 1971, quando o meu contrato com os proprietários, várias vezes renovado, expirou, e o prédio voltou para eles. Não sabendo o que fazer com o imóvel, ficaram felizes com a desapropriação proposta pelo Governo.

O contínuo pipocar de problemas no teatro – e, por reflexo, em minha vida – preocupava muito meus pais. Eu, como todos os filhos deste

mundo, queria poupá-los e evitava mencionar minhas dificuldades. Com isso, só o que eu conseguia era preocupá-los muito mais.

Um dia, meu pai me disse:

— É um erro dos jovens achar que os velhos devam sempre ser poupados. Os velhos enfrentam as notícias ruins com muito mais serenidade. O que os magoa é serem postos de lado e não poderem ajudar os filhos com conselhos ou uma palavra amiga.

Como isso é verdadeiro! Hoje eu sei disso, mas naquela época eu achava que devia enfrentar os meus monstros sozinha. Que minha lança e meu escudo seriam suficientes para me proteger. E hoje lambo minhas cicatrizes e penso em como teria sido mais fácil me aconchegar junto a eles e chorar como uma menina. Chorar todas as lágrimas que meu orgulho bobo se recusou a verter naqueles anos tão duros.

1961 foi o ano em que se comemorou o cinqüentenário do Teatro Municipal. Participei das comemorações mediante um acordo com o produtor do New York Repertory Theatre. Apresentei o grupo, oriundo do Actors' Studio de Nova York – talvez o núcleo de teatro mais importante das últimas décadas –, o que proporcionou ao público um contato com o Método Stanislawsky, método tão discutido pelos nossos atores e tão pouco conhecido por eles. Faziam parte do grupo Viveca Lindfors, Ben Piazza, Betty Field, Rita Gam, atores de renome internacional, ao lado de outros menos conhecidos, mas igualmente talentosos.

O repertório apresentado incluía *I am a Camera*, de Van Druten; *The Zoo Story*, de Edward Albee; *Miss Júlia*, de Strindberg, e uma maravilhosa *Noite com Tennessee Williams*, que incluía *De Repente no Verão Passado* e trechos de *Doce Pássaro da Juventude*.

A estréia coincidiu com a renúncia do presidente Jânio Quadros. As conseqüências foram imediatas: o teatro ficou quase vazio. Na hora do espetáculo, procuramos por toda parte o diretor do grupo, um polonês radicado nos Estados Unidos, que havia sido preso pelos alemães durante a guerra e passara um ano em campo de concentração.

Ao ver soldados armados transitando pela cidade, o homem foi tomado de pânico e correu para o hotel. Foi encontrado em seu quarto,

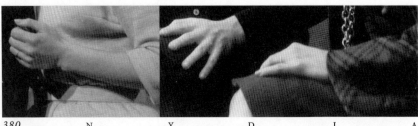

escondido dentro do armário, de onde se recusava a sair, por medo de ser preso novamente.

Não foi fácil convencê-lo de que no Brasil as crises ainda se resolviam pacificamente, e que podia, sem susto, voltar para o teatro.

Além de um encontro com atores e críticos no Bela Vista, o elenco participou de uma entrevista na TV Excelsior, num programa de Antunes Filho, gravado em videoteipe – uma novidade na época.

Ao assistir à gravação, o produtor americano pediu a Antunes que cortasse um trecho em que Viveca Lindfors aparecia fazendo caretas. Antunes concordou, para tranquilizá-lo. Acontece que na época podia-se gravar em videoteipe, mas não cortar ou editar cenas, pois a máquina de que a TV Excelsior dispunha, só reproduzia. Se algo não funcionasse, seria preciso refazer o programa desde o início. O programa foi ao ar como havia sido gravado. À essa altura, a companhia já estava no Rio de Janeiro.

Diante de tudo o que eu relembrei aqui, cabe logicamente uma pergunta: como foi que a Nydia, pessoa, reagiu a tudo isso? Como esse clima tenso, nervoso, influía em sua vida no lar, com sua filha? E só posso responder: foi um pavor!

Se não tivesse contado com a ajuda de Renato, Alceu e Zeluis, com quem dividia responsabilidades, não teria resistido.

Sylvinha, sentida com a ausência de Sérgio, não perguntava nada, não tocava no nome dele comigo. Aos oito anos, já tinha sensibilidade suficiente para entender muita coisa, mas não podia entender tudo e ninguém poderia obrigá-la a aceitar tudo.

Martha foi de grande ajuda, na época. Era ela quem levava e buscava Sylvinha na escola, junto com suas duas filhas. Eu não podia levá-la; estava sempre no teatro. De uma coisa, porém, fazia questão absoluta: almoçar e jantar com minha filha. Controlava os ensaios para poder estar em casa quando a menina chegasse da escola, às 18h30.

Sabia que minha ausência, involuntária, em alguns momentos importantes de sua vida, a machucava muito. Ela sofria e eu sofria também; não sabia o que fazer. Minha vida estava cada vez mais complicada. Du-

rante anos, nem pude mais guiar. Alceu e Renato tinham de me levar a todos os lugares e o faziam com uma paciência infinita.

Lívio e Lia foram tios muito presentes. Ficavam com Sylvinha aos domingos, quando minha empregada estava de folga e eu trabalhava. A amizade entre a menina e os primos foi crescendo e continua até hoje. Estão todos casados, com filhos já grandes, que se dão muito bem, e passaram a infância juntos, principalmente graças ao ambiente acolhedor da casa de Lívio e Lia em Cotia, onde todos nos reuníamos aos sábados ao redor da piscina ou da lareira, dependendo do clima.

A primeira participação de Sylvinha num espetáculo da Escola de Balé Alina Biernacka precipitou a crise. Eu a tinha levado até o Municipal, mas não podia ficar para vê-la dançar porque tinha matinê no Bela Vista e ficava em cena do início do primeiro ato até o final do terceiro.

Sylvia declarou que se eu não ficasse, não dançaria. Precisei mentir-lhe. Afirmei que estaria na platéia; que só iria até o teatro para o começo da peça, e voltaria logo. Pedi que não ficasse nervosa, afinal não estava sozinha. Martinha e Ana Maria, filhas de Martha, dançavam no mesmo número.

Corri até o Bela Vista e pedi aos colegas que me ajudassem. Teríamos que apressar a peça. Intervalo, só de alguns minutos. Nunca representei tão angustiada. Saí de cena no final, correndo, sem nem trocar de roupa, e consegui chegar ao Municipal no momento exato dos aplausos finais. Martha me aguardava aflita porque a menina havia me procurado e ficado nervosa. Corri ao palco e a abracei.

Houve outras ocasiões em que não pude comparecer e nem Sérgio pôde. Ambos estávamos trabalhando. Sei que deve ter sido muito duro para ela ter sido a única menina cujos pais não estavam presentes em alguma solenidade da escola. Eu sentia que ela não me perdoava, e sofria com ela.

Muitos anos mais tarde, quando Pedro, seu filho mais velho, se formou no pré-primário, Sylvia e o marido estavam fora do país, mas ela prometera ao menino que chegariam a tempo para a cerimônia. Só que o avião ficou retido em Manaus e eles não puderam chegar.

Telefonou-me de lá, chorando, desesperada. Procurei acalmá-la. Disse-lhe que, afinal, havia duas avós de plantão. Que nós levaríamos o menino e estaríamos presentes na cerimônia.

Naquele dia, talvez, ela tenha compreendido o que eu sofri, sozinha, tantos anos antes.

Mas não era possível que esse urubu continuasse por muito tempo. Até então, minha vida parecia a confirmação do ditado que preconizava que "atrás de uma nuvem negra, vem sempre uma outra, muito mais negra...".

Isso não podia continuar. Ventos mais calmos começaram a soprar para o meu lado. Num inesperado telefonema, meu amigo de escola, Enrico Camerini, me convidava a fazer um teste para a Willys Overland do Brasil, companhia americana que fabricava automóveis e jipes na Grande São Paulo.

Eles estavam à procura de uma figura feminina que apresentasse todos os filmes, spots e programas de televisão patrocinados por eles. Queriam que, do mesmo modo como acontecera nos Estados Unidos com Rosalind Russel, essa atriz brasileira se identificasse de tal maneira com a marca Willys que, ao vê-la numa transmissão televisiva, imediatamente o público a associasse ao produto.

Fizeram vários testes, mas ainda não tinham encontrado a pessoa certa. A firma de propaganda onde Enrico trabalhava já estava começando a ficar preocupada com os resultados negativos. Eu fui, sem muitas ilusões, me submeter ao teste solicitado. No entanto, o teste agradou à direção da Willys e eu fui a escolhida.

O contrato era excelente, e o tratamento que me dispensaram nos três anos em que trabalhei para eles não poderia ter sido mais cavalheiresco. Além de um ordenado mensal, recebia um carro, modelo do ano, cuja manutenção ficava a cargo da fábrica. A cada renovação do contrato, o carro era substituído por outro, último tipo, e o velho passava para o meu nome. Um ano depois, eu estava com dois carros em excelentes condições, muito úteis para as nossas excursões semanais. Havíamos assinado um contrato com o Teatro Independência, em Santos, e a compa-

nhia se apresentava lá todas as segundas-feiras. Além disso, havia também apresentações esporádicas em outras cidades do interior.

Todo o dinheiro ganho nos três anos em que fui apresentadora exclusiva da Willys serviu para fazer frente às despesas com a ação judicial, que era um verdadeiro sorvedouro, apesar de os advogados não cobrarem nenhum honorário.

Uma coisa maravilhosa foi poder convidar Dulcina de Moraes, uma das grandes figuras da cena brasileira, para dirigir e interpretar um espetáculo no Bela Vista.

Ela estava ausente dos palcos paulistas havia mais de sete anos. Criara no Rio de Janeiro a Fundação Brasileira de Teatro, e dedicava-se a ela com enorme entusiasmo (aliás, como tudo o que fazia), chegando a doar o Teatro Dulcina para sediar a Escola. Sua finalidade não era apenas formar atores e técnicos, mas principalmente criar uma mentalidade de teatro.

Aceitou meu convite, feliz por voltar a São Paulo com um sucesso da Broadway, a divertidíssima comédia *Tia Mame*, uma superprodução com 43 atores, 12 técnicos, 25 mudanças de cenário e 100 figurinos. Enfim, a estrutura de um grande musical... sem música!

Para os testes, acorreram atores de todo lugar: teatro, televisão, rádio, grupos amadores... todos ambicionando uma oportunidade de atuar ao seu lado.

Com pouquíssimo tempo de ensaio, Dulcina montou um espetáculo complexo, que estreou sem uma falha. Perdão! Uma falha houve. A Empresa Bela Vista tentou impedir a estréia, alegando que eu não participava do espetáculo. Pode?

No ensaio geral, um advogado, representante do Juizado de Menores, também criou um caso. Queria proibir a peça por julgá-la licenciosa demais para o menino de dez anos que atuava nela. Só que Ivan José já atuava havia tempo na televisão, e vinha ao teatro sempre acompanhado pelo pai ou pela mãe. O advogado chegou para mim de dedo em riste, vociferando que eu seria a culpada pela futura perversão do rapazinho. Isso tudo numa peça que havia sido levada ao Rio de Janeiro com censura livre.

Muitas noites, antes do início do espetáculo, eu ficava num canto da coxia, na penumbra, assistindo, fascinada, Dulcina se preparar para entrar em cena.

Era como ver um carro aquecendo o motor, ou um balão estratosférico, pronto para o vôo, sendo enchido de ar. Ela ia tomando pressão. A energia vinha subindo progressivamente dos dedos do pé até alcançar a cabeça. Estava a mil por hora e transmitia essa animação aos outros atores.

Jamais conheci alguém com tamanha alegria de representar. Fosse drama ou comédia, ela se entregava ao papel com o mesmo entusiasmo.

Havia uma fala da peça que ela gostava de citar.

— Este mundo é um banquete e é uma pena que alguns pobres cretinos estejam morrendo de fome!

E o banquete de Dulcina era o teatro!

Um verdadeiro presente para o público paulista foi Dulcina ter trazido com ela sua mãe, Conchita de Moraes, uma das atrizes mais poderosas que eu conheci. De presença impressionante, dominava todos os atores. Ao entrar em cena, era saudada sempre com uma salva de palmas do público, que a adorava.

Um crítico, muito maldoso, publicou uma notinha no jornal, insinuando que eu havia contratado uma claque. Coitado, não entendeu que era um sinal de carinho e respeito por uma atriz de mais de oitenta anos, que pisava no palco desde o início do século.

Sua participação na peça limitava-se a uma cena em que ela, sentada numa poltrona de bambu, assistia a uma caça à raposa e ia descrevendo os lances mais engraçados. A cena, que normalmente duraria dez minutos, chegava a quinze por causa das gargalhadas do público e dos *cacos* que ela inventava.

Foi sua última apresentação em público. Muito cansada, não atuou mais. Iria falecer algum tempo mais tarde, deixando muita saudade.

Despediu-se de todo o elenco com uma carta muito carinhosa, repleta de saudade. Dirigiu-se principalmente ao "bondoso senhor Renato, que horas roubava do seu repouso, para conduzir-me, sempre alegre e com cativante boa vontade".

Até o fim do Teatro Bela Vista, essa carta, emoldurada, permaneceu no escritório da companhia.

Um sábado, numa vesperal de *Tia Mame*, a mulher do ator João José Pompeo, a atriz Rutinéia de Moraes, que esperava uma criança para dali a quinze dias, falou que precisava passar no hospital para um exame de rotina. Achei perigoso ela andar sozinha, com uma barriga daquele tamanho, e me ofereci para acompanhá-la.

Mal o ginecologista a examinou, mandou interná-la. Uma hora mais tarde, entrei com ela na sala de parto e fiquei ao seu lado até o nascimento de uma meninona linda. Eu nunca tinha assistido ao nascimento de uma criança. Foi uma emoção indescritível.

De volta ao teatro, no fim do espetáculo da noite, comuniquei ao público e ao pai, atônito, o nascimento de sua primeira filha. Era um hábito nosso: todas as notícias importantes – fossem boas ou más – eram compartilhadas com os espectadores presentes na platéia.

O sucesso de Dulcina em *Tia Mame* animou-me a pedir-lhe que levasse em seguida *Chuva*, de Somerset Maugham, talvez o maior sucesso de sua carreira. A peça estava sendo pedida com insistência pelo público.

Foi uma das últimas vezes em que ela se apresentou em São Paulo. Em 1972, se mudaria para Brasília, em definitivo. Dulcina e Odilon haviam adquirido um terreno na Capital Federal, para construir uma Faculdade de Artes; uma faculdade de nível superior.

Dulcina conseguiu realizar o seu sonho. Até o fim da vida, lutou para "criar a mentalidade de dignidade de nossa arte."

Nessa mesma época, outro monstro sagrado, Mme. Morineau, aceitou trabalhar no Teatro Oficina, ao lado dos jovens do elenco. Atores novos e atores antigos, trabalhando juntos, sempre deram ótimos resultados. Convencida disso, por mais de uma vez convidei artistas velhos – alguns até aposentados – para voltarem à cena, revivendo antigos sucessos.

Achei que peças de Oduvaldo Vianna ou Correa Varela, autores de prestígio no começo do século, mereciam ser montadas novamente. Poderiam, inclusive, ser uma opção agradável para um determinado públi-

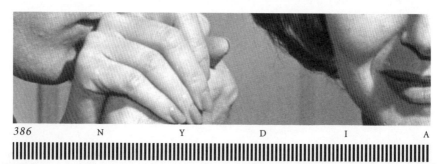

co que estava se retraindo devido aos textos agressivos montados na maioria dos teatros.

A reação da platéia foi das mais favoráveis. Tanto *Feitiço*, de Vianna, como *O Outro André*, de Varela, agradaram por sua singeleza, quase ingenuidade, e a presença em cena dos veteranos Ferreira Leite, Linda Fernandes e Osmano Cardoso conferiu autenticidade às montagens.

Outras comédias ligeiras como *Tem Alguma Coisa a Declarar?*, de Veber e Hennequim, ou *Meu Marido e Você*, de Roger Ferdinand, igualmente foram recebidas com simpatia pelo público. Afinal, Pirandello já dizia em uma de suas peças: "quando os espectadores, depois de um dia de preocupações graves, angústias e fadigas de todos os gêneros, vão ao teatro à noite, é porque querem se divertir..."

Há datas que ficam para sempre gravadas em nossa memória. No dia 22 de novembro de 1963 eu estava em casa, quando minha mãe me telefonou, muito agitada.

— Atiraram em John Kennedy!

Levei um choque. Liguei o rádio e a televisão ao mesmo tempo, para captar todas as informações.

Na meia hora seguinte, parecia que o mundo inteiro havia parado, aguardando notícias. Exatamente 30 minutos depois do atentado, o presidente foi declarado morto.

Lembro-me de tudo, como se tivesse acontecido há poucos dias: o choque da notícia, os telefonemas nervosos, a troca de informações, a ansiedade...

Kennedy, para todos nós, era um símbolo. Era a imagem do homem moço, corajoso, forte, lutador. Os Estados Unidos ainda não haviam dado início ao processo de antropofagia que os levaria a destruir seus filhos mais importantes. Método que, anos mais tarde, se espalharia pelo mundo, destruindo todos os mitos e heróis do passado, deixando a humanidade mais pobre e as gerações futuras sem paradigmas.

Silveira Sampaio escreveu um artigo emocionado, "A Vida e a Morte Mais Perfeitas da História", em que descrevia a trajetória desse jovem americano, filho de irlandeses, herói de guerra, ganhador do prêmio

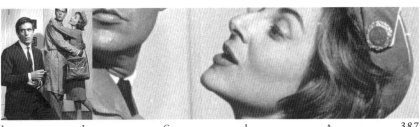

Pullitzer, Cidadão do Mundo, que chegou a propor aos russos irem juntos à Lua.

E, para completar o quadro de perfeição, o corpo teve, ao baixar ao túmulo, a continência do imponente De Gaulle representando todo o passado glorioso do mundo, e a continência espontânea de um menino de três anos, o próprio filho de John, representando o respeito de todo o futuro.

A Revista *Times* realizou uma pesquisa curiosa e muito detalhada, a respeito dos pontos em comum apresentados pelos assassinatos de Kennedy e de Abraham Lincoln.

Achei o resultado tão interessante que anos mais tarde utilizei o texto em minha peça *Esta Noite Falamos de Medo*. Reproduzo aqui alguns trechos:

> Ambos foram assassinados numa sexta-feira e em presença das esposas.
>
> Ambos foram alvejados por trás e na cabeça.
>
> Seus sucessores, ambos chamados Johnson, nasceram no Sul, eram democratas e Senadores. Andrew Johnson nasceu em 1808 e Lindon Johnson, em 1908.
>
> John Wilkes Booth (assassino de Lincoln) e Lee Oswald Harvey (assassino de Kennedy) eram do Sul e foram assassinados antes de serem julgados.
>
> Booth atirou em Lincoln no teatro e fugiu para um armazém. Oswald atirou em Kennedy de um armazém e correu para um teatro.
>
> Lincoln foi eleito em 1860. Kennedy foi eleito em 1960.

Enfim, coincidência ou não, dá o que pensar!

Nos anos mais difíceis, o que ajudou muito foram as co-produções com outras companhias. Oscar Ornstein propôs apresentarmos juntos *Boeing-Boeing*, de Marc Camoletti, a comédia de maior sucesso da temporada carioca.

Sucesso em grande parte alcançado graças à visão empresarial de Oscar, sempre atento a tudo o que estava sendo encenado nos maiores centros culturais do mundo. Adquiriu os direitos da peça antes que qualquer outro empresário brasileiro tomasse conhecimento do êxito que havia alcançado. Mandou o diretor, Adolfo Celi, assistir aos espetáculos em Nova York e Paris. Nunca economizou nas produções, pagava regia-

mente atores e técnicos (o que, naturalmente, provocou grandes queixas aos empresários que pagavam mal).

Boeing-Boeing estreou no Bela Vista, com parte do elenco original: Eva Wilma, Johnny Herbert, Francisco Cuoco, Carminha Brandão. Aqui entramos Elisabeth Hartmann e eu. O diretor Carlos Kroeber remontou o espetáculo.

Elisabeth acabava de participar do maior equívoco já apresentado no palco do Teatro Bela Vista: uma peça uruguaia intitulada *M.M.Q.H. – Muito Mais Que Hidrogênio*. A trama girava em torno da bomba de hidrogênio e das conseqüências geradas por seu hipotético lançamento em nosso planeta.

Só que o autor esqueceu de dizer que a "bomba" era a própria peça. No ensaio geral, já convencida da inutilidade de qualquer tentativa de salvar o texto, cortei fora o terceiro ato inteiro.

No dia seguinte, Sábato Magaldi comentou que fora a melhor coisa que eu poderia ter feito; pena que não tivesse cortado a peça toda.

O resultado obtido com *Boeing-Boeing* foi tão animador que provocou uma enxurrada de pedidos de outras companhias, tanto paulistas como cariocas, querendo ocupar o teatro. Mas, devido à ação judicial, eu não podia simplesmente alugá-lo a terceiros. A solução encontrada pelos advogados foi colocar nos programas e em toda forma de publicidade, uma frase inicial: "Nydia Licia apresenta". Com isso, juridicamente não haveria empecilho, já que todos os técnicos que trabalhavam no palco eram meus, da mesma forma que os refletores, a aparelhagem de som, materiais de cena etc. Às vezes, até alguns atores da minha companhia participavam do espetáculo. Dessa maneira, pudemos apresentar no Bela Vista alguns dos espetáculos mais importantes da década de 1960, como *Oh! Que Delícia de Guerra*, *Marat Sade* e o tão aguardado e tão proibido *Hair*.

A censura queria impedir a estréia da peça por causa de uma cena de nu no final do primeiro ato. Após dias de discussões, finalmente os censores concordaram em assistir a um ensaio. Raras vezes admirei num palco brasileiro uma cena mais pura e mais delicada. Um grupo de rapazes e moças era subitamente coberto por um enorme pano branco que

caía do alto. Em poucos segundos, como num passe de mágica, ressurgiam completamente nus, e ficavam imóveis na boca de cena, de mãos dadas, enquanto a música, num crescendo, encerrava o primeiro ato. O efeito era comovente. Foi uma grande direção de Ademar Guerra.

Além dos atores principais: Armando Bogus, Aracy Balabanian, Altair Lima, Laerte Morrone, havia vários estreantes. Gente jovem com talento para cantar e dançar. Sobressaíram-se Neusa Borges, Rosa Maria, Ariclê Perez, Ricardo Petraglia e... Sônia Braga.

Quem também ocupou o Bela Vista foi Dercy Gonçalves com *Cocó my Darling*. As matinês de quinta-feira lotavam o teatro. Eram mulheres de todas as idades; todas riam até não poder mais. Cada palavrão pronunciado em cena era recebido com gritos e risos histéricos. Era uma catarse. Saíam do espetáculo mais aliviadas do que se tivessem ido a uma sessão de análise.

O trabalho era muito grande. Representar de terça a domingo e excursionar às segundas-feiras exigia um esforço contínuo, mas eu sempre gostei de ocupar a cabeça com vários assuntos ao mesmo tempo. Além do teatro e da Willys, dividia o tempo que sobrava em reuniões na Comissão Estadual de Teatro, como representante dos empresários. Era também vice-presidente da Associação Paulista de Empresários Teatrais e representante dos Empresários no Serviço Nacional de Teatro – o que me obrigava a viajar para o Rio de Janeiro a cada dois meses.

Mas nada disso chegou aos pés do que me aguardaria quando, na década de 1970, assumi a presidência da CET e da Câmara de Artes da Secretaria de Estado da Cultura. As vinte e quatro horas do dia passaram a ser insuficientes para resolver todos os problemas do teatro profissional, do teatro amador, do circo e da dança.

Felizmente, surgiam também situações muito engraçadas. Ruth Escobar resolveu montar uma adaptação dos *Lusíadas*, de Camões, de autoria de Carlos Queiroz Telles. A peça se intitulava *A Viagem*.

A estréia ia ser o maior acontecimento político e social da temporada. Estariam presentes altas autoridades civis e eclesiásticas de Portugal. Ruth não mediu esforços ou dinheiro. Pôs abaixo o teatro. O cenário de

Hélio Eichbauer ocupava todo o prédio, desde o porão até o teto. Não havia poltronas para os espectadores, apenas almofadas no chão.

Ruth me convocou para – como presidente da CET – receber, em sua chegada ao teatro, o presidente do Conselho de Ministros de Portugal, Doutor Marcelo Caetano e sua comitiva, inclusive o Núncio Apostólico.

Mal Sua Excelência desceu do carro, Ruth agarrou-o por um braço e nós três começamos a descer rapidamente as escadas que levavam ao porão, deixando os seguranças do ministro em pânico, pois uma multidão desceu atrás de nós e acabou cercando o homem de tal jeito que eles não conseguiram se aproximar.

A peça teve início no porão, transformado no porto do qual zarparam as caravelas portuguesas. Havia uma movimentação enorme de atores e ouviam-se gritos de mulheres misturados com cantos litúrgicos e sons estridentes. Uma loucura! E isso tudo regado a criolina, por causa da fossa do teatro, problema nunca resolvido.

De repente, Ruth deu a ordem:

— Vamos subir!

E, novamente agarrando o atônito ministro, o carregou por outra escada que desembocava no que restou do palco (e eu junto!) e dali até o fundo da platéia, onde estavam colocadas algumas cadeiras, recém pintadas de branco, para que os hóspedes ilustres não sentassem no chão.

Depois disso, Ruth sumiu e me deixou sozinha com os convidados. Aí apareceu Queiroz. Quando ele se virou para cumprimentar alguém, vi que as costas do seu paletó azul-marinho exibiam largas faixas de tinta branca. Gelei. Comecei a olhar discretamente para os lados e percebi que os convidados nem se mexiam. Pareciam ter grudado nas cadeiras. Literalmente.

Quando as luzes se apagaram, ouvia-se aquele barulhinho típico de quando se arranca uma fazenda que colou na tinta. O ministro puxou discretamente um lenço e sentou em cima dele.

No começo de 1960, arranjei tempo para trabalhar em duas novelas na TV Paulista. A primeira foi *Eu amo esse Homem*, na qual contracenei com um jovem que estava sendo lançado como novo galã: Emiliano de

Queiroz. Mais tarde, já na TV Globo, ele seria famoso como "Dirceu Borboleta" em *O Bem Amado*. A segunda foi *O Ébrio*, adaptação de um romance de Gilda de Abreu e o maior sucesso da carreira de Vicente Celestino. O velho cantor participou apenas de dois capítulos, o primeiro e o último, mas o breve contato com ele foi suficiente para apreciar sua gentileza e ouvir-lhe a voz ainda possante.

Devido a todas essas ocupações extras, nem sempre eu participava das peças como atriz, mas cada vez mais dirigia espetáculos, principalmente comédias. Lancei um dos mais polêmicos autores italianos: Dário Fó. Sua comédia irreverente, amalucada, cheia de quiproquós: *Quem Rouba um Pé tem Sorte no Amor*, encontrou um público espantado diante do absurdo do tema e totalmente despreparado para entendê-lo.

Ainda não se pensava em metrô, em São Paulo; nem se conhecia a lei do Governo italiano que obriga a suspender qualquer escavação caso se encontre alguma relíquia histórica. Por isso, o público não se divertiu com o roubo do pé de uma estátua de Apolo que, misteriosamente, reaparecia no canteiro de obras de uma estação subterrânea, possibilitando aos ladrões extorquir dinheiro dos engenheiros em troca da continuação dos trabalhos.

Vinte anos mais tarde, na década de oitenta, Dário Fó veio a São Paulo e ficou surpreso quando lhe mostrei o programa do espetáculo. Nem sabia que seu texto havia sido representado no Brasil!

Outra comédia maluca foi *O Pobre Piero*, de Achille Campanile, o mesmo autor de *O Inventor do Cavalo*, que levamos ao TBC, em 1950.

Desta vez, as vítimas da gozação eram os parentes do defunto e seu comportamento durante o velório. A peça, absolutamente irreverente, provocou uma reação das mais inesperadas. Tinha gente se levantando e saindo do teatro indignada. Até minha mãe ficou chocada. Achou que esse era um tema com o qual "não se brinca".

O doutor Piero Gittardi, que tanto colaborou conosco no tempo da Companhia Nydia Licia-Sérgio Cardoso, nunca mais falou comigo. Achou que era uma ofensa pessoal.

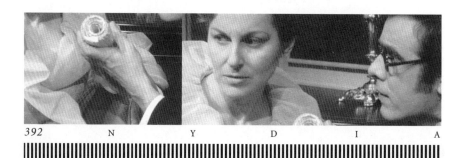

O público mais jovem se divertiu muito e os atores mais ainda. O ambiente no teatro era tão agradável que criamos o hábito do chá aos sábados, entre as duas sessões. Cada semana, dois atores diferentes se encarregavam do lanche. A competição era tão acirrada que acabamos degustando verdadeiros banquetes.

Quem sempre comparecia a essas reuniões semanais era Fredi Kleeman, meu grande amigo do TBC. Com seu eterno bom humor, transformava o chá numa festa.

Ele tinha o hábito de me visitar aos domingos. Como sofria de insônia, chegava às 8 horas da manhã, me obrigando a levantar e descer para lhe preparar um café. Fumando seu indefectível charuto, empestava a sala, mas conversávamos e ríamos até às 10 horas quando, olhando o relógio, ele me dizia:

— Já estou ficando com sono. Vou para casa dormir...

Só conseguia pegar no sono de manhã.

A década de 1960 foi rica em momentos em que a classe teatral teve de somar forças para ajudar companheiros em dificuldades. Um dos mais absurdos atos da Censura foi cometido contra Maria Fernanda e Eva Tudor.

Maria Fernanda estava representando em Brasília *Um Bonde chamado Desejo*, de Tennessee Williams – já aplaudida em São Paulo e no Rio de Janeiro – quando foi surpreendida pela atitude arbitrária do censor local, que exigiu tantos cortes do texto que a peça se tornaria incompreensível. Tendo se recusado a obedecer, havia sido suspensa por trinta dias.

Eva Tudor ia estrear *Senhora da Boca do Lixo*, de Jorge Andrade, quando a censura proibiu o texto para todo o território nacional. E olhe que já havia sido encenado em Portugal, onde reinava a censura mais rigorosa da época!

Nenhum dos textos era político ou "atentatório à moral e aos bons costumes" – pretexto muito usado na época. Dessa vez não era mais possível ficarmos quietos. Levantaram-se os atores de todo o país. Em São Paulo, reunimo-nos no Teatro Galpão, sob a presidência de Procópio

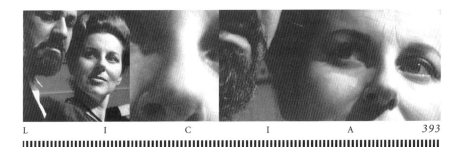

Ferreira, servindo de relatores Juca de Oliveira, Plínio Marcos e eu, e com a presença de todos os empresários e mais de 200 atores.

Ao abrir a sessão, Procópio pediu que fizéssemos uma exposição completa dos fatos, declarando que era preciso ouvir com detalhes as razões de ambas as partes, embora quase nunca a censura tivesse razão. "Quando não era injusta, era imbecil."

Por unanimidade, foi resolvido que todos os teatros entrariam em greve a partir do dia seguinte. Foi assinado um manifesto e no dia seguinte, todos os "tijolinhos" que anunciam diariamente nos jornais os espetáculos de teatro apareceram com os mesmos dizeres: Teatro tal, companhia tal GREVE DO TEATRO CONTRA A CENSURA PELA CULTURA.

Fernando Torres – que estava representando no Bela Vista *O Homem do Princípio ao Fim*, de Millôr Fernandes –, foi encarregado de comunicar a decisão de São Paulo aos colegas cariocas, que já se encontravam em greve. Plínio Marcos e eu fomos à TV Excelsior para explicar ao público, através do programa de Bibi Ferreira – o maior em audiência – o porquê dessa atitude e pedir a presença de todos na concentração em frente ao Teatro Municipal.

Às duas horas da tarde seguinte, estávamos reunidos na Praça Ramos de Azevedo e a vigília durou 24 horas, quando veio do Rio a notícia que uma comissão de artistas, entre os quais Chico Buarque, Vinicius de Moraes, Cacilda, Glauber Rocha, Walmor Chagas, Fernando Torres (representando São Paulo), Domingos de Oliveira e outros, havia sido recebida pelo ministro Gama e Silva, interessado em resolver o impasse. O manifesto encaminhado pela comissão contava com as assinaturas do Sindicato dos Artistas, da Associação Brasileira de Produtores de Filmes, da Associação Brasileira de Autores, Associação Paulista de Críticos Teatrais, União Brasileira de Escritores, Academia Brasileira de Letras, Instituto de Arquitetura do Brasil, Ordem dos Músicos do Brasil, Associação Paulista de Empresas de Teatro e Diversões.

Mais uma vez fomos à televisão para informar ao público que os teatros reabririam as portas. De lá, rumamos para a assembléia da classe no

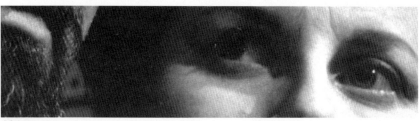

Teatro Brasileiro de Comédia. Foi uma reunião tumultuada por alguns atores que gritavam que "não iam dar sopa ao governo", enquanto outros tentavam argumentar que era interesse da classe dar um voto de confiança. Saí de lá com a amarga sensação de que havia algo mais em jogo, além dos interesses da classe teatral.

Outro acontecimento muito mais grave foi a invasão do Teatro Ruth Escobar por um grupo de homens pertencentes ao CCC— Comando de Caça aos Comunistas – que, alegando estarem escandalizados com a peça *Roda Viva*, de Chico Buarque, espancaram atores e técnicos e submeteram a vexames as atrizes.

Cacilda me telefonou às quatro da manhã me contando o fato e pedindo que comparecesse às oito horas à sede do DOPS onde todos estariam reunidos com o Secretário da Segurança. Liguei para Alceu e pedi que fosse comigo. Às sete e meia estávamos na frente do DOPS, onde não encontramos nenhum conhecido. Só uns guardas, que olhando bastante desconfiados para nós, perguntaram o que queríamos. Explicamos que haveria uma reunião de atores e perguntamos se alguém já tinha entrado. Não responderam. Perguntei, então, se podíamos entrar. A resposta não se fez esperar:

— Se quiser entrar, entra. Mas não sai mais.

Tratei de me afastar rápido. Lembrei que Cacilda havia dito que o Secretário da Segurança estaria presente. Achei então que ela devia ter-se enganado de lugar e rumamos para a Secretaria. A reunião estava sendo realizada lá.

Ruth expôs a situação, Cacilda argumentou, mas não achei o Secretário muito receptivo.

Saímos de lá com a sensação nítida de que não seria tomada nenhuma providência.

Folheando os programas da Companhia Nydia Licia percebo, com certo espanto, que foram mais de quarenta espetáculos, catorze dos quais eram textos nacionais. De 23 eu participei como atriz, catorze eu dirigi. Os outros tiveram diretores em sua maioria jovens, em início de carreira, que encontraram no Bela Vista uma oportunidade de trabalho.

Os resultados nem sempre foram bons. Pelo contrário, muitas experiências não deram certo, apesar dos esforços despendidos por ambas as partes. Uma, então, foi catastrófica: a estréia de José Felipe, jovem diretor português que aportara no Brasil por estar em idade de serviço militar, o que fatalmente o levaria à guerra em Angola.

Dirigiu *As Visões de Simone Machard*, de Bertolt Brecht, espetáculo difícil, mas para o qual contava com um elenco de excelentes atores: Miriam Mehler, Lélia Abramo, Filipe Carone, Rubens de Falco, Laercio Laurelli.

No meio dos ensaios, a confusão era tamanha que Carone, meio de brincadeira e meio a sério, falou:

— "Patroa", se você não tomar a frente disso, não estréia!

Foi a partir de então que me tornei diretora. Era uma questão de sobrevivência.

Entre os bons resultados, coloco a direção de Carlos Murtinho em *Biedermann e os Incendiários*, de Max Frisch. Tema tão atual em época de Guerra Fria, como o tinha sido no tempo do nazismo, focaliza o burguês avestruz, aquele que, por covardia ou comodismo, se recusa a enxergar o perigo que se aproxima. Pensa que, se tratar bem o inimigo, ele o poupará; e, no final da peça, ele mesmo entrega aos incendiários a caixa de fósforos com a qual tocarão fogo à cidade. Murtinho nos dirigiu com firmeza e bom gosto, conseguindo um espetáculo equilibrado e maduro.

Outra boa direção sua foi *Cada Um de Nós*, de Denis Bernard, um judeu alemão que morava no Uruguai. A peça se passa num *kibbutz*, em Israel, onde vivem vários supérstites de campos de concentração alemães. Um deles foi encontrado, ainda bebê, sem nome, apenas com um número tatuado no braço.

Subitamente, a tempestade desaba: pelo rádio é transmitida a notícia da prisão de um carrasco nazista. Entrevistado por jornalistas do mundo inteiro, faz uma confissão. Ao fugir, no fim da guerra, sua preocupação fora salvar o filhinho recém-nascido. Por isso, escondeu-o num campo de concentração, no meio de centenas de crianças judias, certo de que

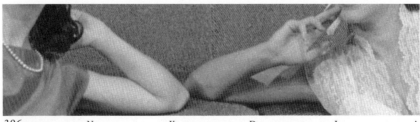

seria salvo pelas tropas libertadoras. Querendo rever o filho, já homem, torna público o número que ele mesmo lhe tatuou no braço.

Horrorizado, o rapaz confere o próprio número e descobre ser o filho do carrasco.

A partir desse momento, tudo se modifica ao seu redor. Os relacionamentos não podem mais ser os mesmos. A noiva pensa, com pavor, na possibilidade de pôr no mundo um herdeiro daquele monstro. No final, o rapaz, desesperado, foge em direção à linha de fogo e morre, atingido pelos tiros das sentinelas.

Rodrigo Santiago transmitiu toda a emoção do rapaz sofrido. Francisco Cuoco, Jairo Arco e Flexa, Lineu Dias e Ana Mauri tiveram interpretações excelentes.

Para o elenco poder entender a fundo o problema do Holocausto, pedi a colaboração dos professores Anatol Rosenfeld e Jacó Guinsburg, que deram verdadeiras aulas de história judaica aos atores e se dispuseram a responder a todas as perguntas e esclarecer dúvidas.

A peça teve uma *avant-première* só para convidados, organizada por José Tavares de Miranda, cronista social da *Folha de S. Paulo*. O teatro estava lotado. A presença do prefeito Faria Lima e do príncipe Dom João de Orleans e Bragança inspirou o título da reportagem, cheia de fotos, que ocupou duas páginas inteiras no dia seguinte: "Do Império à República na primeira exclusiva".

Constrangedor foi um dos convidados, no intervalo do primeiro ato, me perguntar:

— Mas por que foi que o rapaz ficou tão zangado ao descobrir que era alemão?

Tavares de Miranda ficou tão entusiasmado com o sucesso da primeira de *Cada Um de Nós*, que fez questão de organizar uma estréia de gala para *Hedda Gabler*, de Henrik Ibsen.

O texto, traduzido por Clarice Lispector e Tati de Moraes (primeira esposa do poeta Vinicius), constava do repertório do Teatro Cacilda Becker, mas Cacilda – mais interessada em *Casa de Bonecas*, do mesmo autor – desistiu de montá-lo e o ofereceu a mim. Sugeriu que a direção

fosse entregue a Walmor Chagas – então seu marido – e participou da escolha do elenco: Francisco Cuoco, Jairo Arco e Flexa, Fredi Kleeman, Léa Surian, Noemia Marcondes, eu e uma jovem estreante, muito talentosa, recém formada pela EAD: Yara Amaral.

Yara se tornou uma das grandes atrizes do teatro e da televisão. Infelizmente, numa noite de Réveillon, desejando assistir à queima dos fogos de artifício nas praias do Rio de Janeiro, participou de um passeio em alto mar. O *Bateau Mouche*, no qual se encontrava, superlotado, afundou nas águas da baía, acabando, de uma maneira trágica, com sua vida.

Na noite da estréia, foi prestada uma homenagem, em cena aberta, a Alfredo Mesquita, com a presença de todo o elenco e mais Cacilda e Walmor. Tavares de Miranda ofereceu a Alfredo uma cópia do texto, com dedicatória assinada por todos os atores e, no intervalo, pelos convidados.

O clima, durante os ensaios e os espetáculos, não poderia ter sido melhor. Parecia um encontro de velhos amigos, felizes por representarem juntos.

Fredi conseguiu a melhor interpretação. Sóbrio, irônico, me estimulava; era um prazer contracenar com ele. Merecidamente recebeu, por esse papel, o prêmio de Melhor Ator Coadjuvante.

Também foram premiados o cenógrafo Tullio Costa (em sua volta a São Paulo, após ter montado um espetáculo no Palácio de Verão do Papa) e – em seu primeiro trabalho no Brasil – Ninette Van Vuchelin, sua esposa, criadora dos belíssimos figurinos. O quarto prêmio coube a Clarice Lispector e Tati de Moraes, pela tradução.

O espetáculo era plasticamente perfeito, mas as interpretações e a direção receberam várias críticas. Por isso foi confortador o cônsul da Suécia e senhora terem enviado uma carta elogiosa, acompanhada por um retrato de Ibsen.

De qualquer maneira, foi o último espetáculo no qual eu gostei de atuar e o fiz com alegria e plenitude.

O interesse da companhia em montar espetáculos voltados para um público juvenil não havia diminuído com o passar dos anos. Pelo contrário. Chegamos a organizar um grupo com a participação de estudan-

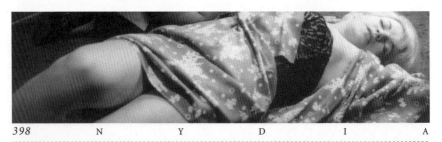

tes de várias faculdades, que se apresentava aos sábados à tarde, com textos especialmente selecionados.

Todas as vezes em que eu estreava uma peça de teatro, era entrevistada por Hebe Camargo, em seu programa diário na rádio. A entrevista ia ao ar diretamente de um pequeno estúdio de gravação, em sua casa no Sumaré. Foi ali que eu conheci Tuca.

Ela havia tirado o primeiro lugar no 2º Festival da Música Popular Brasileira, interpretando a marcha-rancho *Porta-Estandarte*, de Fernando Lona e Geraldo Vandré. Era uma meninona gorda, cheia de vida, com um talento imenso e queria trabalhar em teatro. Eu estava lançando *Tempos Incertos*, uma coletânea de textos, poesias e canções, dentro do Teatro para a Juventude. Tuca se encaixou perfeitamente no espetáculo, cantando músicas de Vinicius de Moraes, em dupla com Alceu, que declamava versos do poeta. Eu também participava da peça, costurando as várias cenas.

Ela gostou tanto da experiência que, uma noite, apareceu em minha casa acompanhada por Fernando Lona, que tinha chegado da Bahia, trazido pelo compositor Luís Vieira, seu padrinho e amigo. Não se tratava de nenhum estreante, já havia ganho prêmios no Nordeste, como compositor, cantor e ator.

O texto que me apresentou, *Terra de Ninguém*, era de autoria dele e de Orlando Sena. Fora o precursor de *Opinião* e de todos os espetáculos que focalizavam o Nordeste e sua miséria. Acompanhando-se ao violão, cantou algumas das canções que havia composto. Gostei da voz e gostei ainda mais das músicas. Decidi montar a peça.

Tivemos que reescrever algumas cenas que haviam sido aproveitadas pelo Grupo Opinião e que o público já conhecia. O elenco foi enriquecido por duas cantoras: Silvinha Góes e Elza Ribeiro. Silvinha, que também havia se classificado no Festival, era excelente violonista e compositora. Continuou trabalhando conosco por muitos anos, assumindo a direção musical de vários espetáculos.

O elenco de nove atores jovens – entre os quais Carlos Augusto Strasser e Ivete Bonfá – também cantava, além de representar. Os ensaios progre-

diam bem, a não ser quando aparecia Geraldo Vandré. Aí, parava tudo. Ele vivia agoniado. Interrompia os ensaios para falar com Tuca, se queixar da vida. Não tomava conhecimento dos outros. Um dia perdi a paciência. Mandei que ficasse quieto, sentado no fundo da platéia, até terminarmos de ensaiar. E, por incrível que pareça, ele ficou.

No ensaio geral, Plínio Marcos, que era nosso relações públicas junto às escolas, nos avisou que o final do espetáculo – por sinal de grande efeito – já tinha sido utilizado por outra companhia, que também falava da Bahia. Fernando ficou furioso. Como usavam parte de um espetáculo de sua autoria, sem pedir licença? Mas, fazer o quê? Tivemos de modificar, às pressas, todo o final.

Alguns meses mais tarde, remontamos a peça para participar da temporada popular da CET. Só que o Bela Vista, na ocasião, estava ocupado com o musical *Oh! Que Delícia de Guerra!* e então alugamos o Teatro Cacilda Becker por quatro semanas.

Como Tuca e Fernando tinham outros compromissos, em seu lugar entraram Cesar Roldão Vieira, cantor e compositor já premiado, e um jovem, vindo de Minas, que havia se classificado em quarto lugar no Festival da Música Popular Brasileira da TV Excelsior e já bastante elogiado: Milton Nascimento.

Cantou *Disparada,* numa interpretação muito discreta e contida, totalmente diferente da de Jair Rodrigues. Era magro, tímido, pouco falava.

Foi durante essa temporada que perdi meu pai.

No último dia, que por sorte pude passar com ele, pediu-me que tomasse conta de minha mãe. Preocupava-se demais com ela e não queria que ficasse sozinha. Na ocasião em que morrera um amigo, de quem gostava muito, disse a mamãe:

— Que pena. Tinha esperança de que, quando eu morresse, você se casaria com ele.

Ela tinha mais de sessenta anos mas, para ele, ainda era a moça bonita que sempre amou.

Naquele domingo, 30 de outubro de 1966, fui cedo para substituir minha mãe, que mal dormia à noite, para cuidar dele. Sylvinha foi comi-

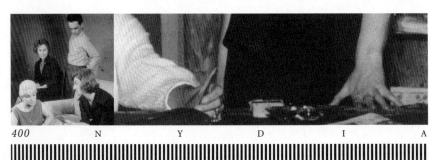

go. Avô e neta entendiam-se muito bem. Ele recitou para ela trechos da *Odisséia*, em grego, e da *Eneida*, em latim. Por último, uma poesia satírica famosa nos ambientes universitários italianos: *Il Prode Anselmo*, que sempre a fazia rir. Foi sua despedida da neta.

Mais tarde, sozinha com ele, ouvi-o perguntar:

— Quem é que está falando em dialeto triestino aqui perto?

Senti um aperto no coração: compreendi que ele estava próximo do fim. Eram os avós que tinham vindo buscá-lo.

Às quatro horas tive de sair pois tinha matinê no teatro. No fim do espetáculo, recebi um telefonema me avisando que ele tinha tido um enfarte.

Deus permitiu que eu não assistisse à sua agonia final, mas guardasse dele a imagem do que foi em vida: bom, corajoso e sereno.

Ao longo de minha carreira eu fiz quase tudo em teatro: representei, dirigi, fiz cenários, figurinos, traduções... só faltava escrever uma peça. E, em 1967, escrevi *Esta Noite Falamos de Medo*.

O texto enfatizava os medos da humanidade. Iniciava com trechos do Velho Testamento, mostrando Adão e Eva no Paraíso e, logo em seguida, sua expulsão do Éden. Selecionei trechos de peças, poesias – principalmente de Carlos Drummond de Andrade e do poeta e crítico português Adolfo Casais Monteiro –, discursos, profecias, crônicas de jornal, tudo o que enfocasse os medos do mundo. Desde o medo do parto, o medo da morte, de assombração, das perseguições raciais. Enfoquei a Ku Klux Klan, o nazismo, Marx, o *paredón*, as lutas entre Israel e o Mundo Árabe (durante os ensaios estourou a Guerra dos 6 dias), a morte de Kennedy, o Vietnã... e terminei com as profecias de Nostradamus sobre o fim do mundo.

Adolfo Casais havia se casado com Rachel Moacyr e, quando Sérgio e eu representamos no Teatro Copacabana em 1959, nos encontrávamos muito. Assim, pude conhecer de perto sua poesia, forte, máscula, cheia de coragem. Ao escrever a peça inseri vários trechos de sua autoria.

A peça prendia o público pela emoção, mas não era um espetáculo triste. Pelo contrário, havia música, dança, humor e ironia. E terminava com uma mensagem de esperança.

As músicas foram compostas por Sylvinha Goes e Cesar Roldão Vieira. A música da abertura se transformaria em *Pra Quem quiser ouvir meu Canto*, com a qual Cesar tirou o primeiro lugar no III Festival Internacional da Canção Popular. O cenário, idealizado para viajar, era de autoria de Wladimir Cardoso, marido de Ruth Escobar.

A coreografia era de Victor Aukstin, em seu primeiro trabalho para a companhia. Ele continuaria comigo por mais quinze anos, realizando verdadeiros milagres com jovens estreantes, que mal sabiam andar, e transformando-os em atores elegantes capazes de dançar os mais variados ritmos.

Eu ia levar o espetáculo pelo interior do estado, numa promoção do Plano de Amparo Social, dirigido por Maria Sodré, esposa do Governador e velha amiga do tempo de estudantes.

Dois dias antes da estréia, fui chamada pela Censura Federal. Primeiro problema: queriam saber em que trajes se apresentariam Adão e Eva. Tive vontade de dizer que usariam uma folha de parreira, mas lembrei-me, em tempo, que os censores não brilhavam pelo senso de humor e dei uma resposta comportada. Em seguida, queriam saber por que eu ia falar sobre Marx e Fidel Castro. Meia hora de explicações!

Decidiram não liberar o texto, mas não tiveram coragem de proibir a estréia que era em benefício das Obras Assistenciais do Palácio do Governo. Iriam assistir ao espetáculo para depois opinar em definitivo.

Para cúmulo da falta de sorte, na noite da apresentação, uma senhora na platéia fez um verdadeiro comício, declarando que o espetáculo era subversivo. Os censores, felizes da vida, proibiram a peça.

Com isso, colocaram o Palácio numa "saia justa" (como se diria hoje em dia) das maiores. Como a esposa do Governador estaria patrocinando uma peça subversiva?

Decidimos fazer uma apresentação a portas fechadas, só com a presença do Governador, do Secretário da Segurança e de personalidades do mundo cultural paulista, além, naturalmente, dos representantes da censura.

No final, derrotados pela unanimidade das opiniões a meu favor, os censores não tiveram outra saída a não ser liberar a peça. Mas não sem

exigir que eu "suavizasse" as cenas da Ku Klux Klan, consideradas por eles como anti-americanas, e que mudasse a cena sobre Marx.

— Pois não. Sim senhores, não há dúvida...

Não mudei coisa alguma e fomos viajar pelo interior, alcançando enorme sucesso nas cidades onde nos exibimos.

A primeira apresentação foi em Campos do Jordão, no palco da boate do Grande Hotel, em benefício das obras do Frei que, há anos cuidava de crianças carentes e necessitava imensamente de ajuda. Ofereceu-nos um almoço no Educandário, ao qual compareceram o governador, o secretário Oscar Klabin Segall, Delmiro Gonçalves, diretor da Pinacoteca de São Paulo e outros políticos que se encontravam em Campos para prestigiar a apresentação das obras da Pinacoteca expostas num salão, no centro de Capivari. O churrasco tinha tanta pimenta, que quase morremos! Eu passei tão mal que o médico do hotel queria que suspendêssemos a apresentação. Quando disse que representaria de qualquer maneira, ele resmungou alguma coisa a respeito dos atores serem todos loucos.

Logo que cheguei em Campos do Jordão, fui visitar o local da apresentação. Espantada, vi que o chão estava coberto de cacos de vidro. Perguntei o que tinha acontecido e me responderam que os clientes do hotel não tinham gostado do cantor que se apresentara na noite anterior. Que perspectiva animadora!

Felizmente, os filhinhos de papai que costumavam freqüentar o hotel gostaram de nós e saímos incólumes da prova.

Viajamos bastante pelo interior do estado, sempre recebidos com entusiasmo pelos diretores das obras assistenciais, às quais se destinava a receita do espetáculo.

Em seguida, levamos a peça nos teatros de bairro da Prefeitura de São Paulo. Sem incidentes!

No ano seguinte, o Governador do Estado iria recepcionar nada menos que a Rainha da Inglaterra, Elisabeth II vinha ao Brasil para inaugurar a nova sede do Museu de Arte.

Quando eu trabalhei no museu, em 1947, ele estava instalado em um andar do prédio dos *Diários Associados*, à rua 7 de Abril. Com o passar

dos anos e pelo crescimento de seu acervo, passou a ocupar mais um andar do mesmo prédio e, em seguida, mais outro. Mas não era suficiente. Tornou-se imperativo buscar um espaço novo, mais amplo, especialmente planejado e construído com os recursos mais modernos.

Surgiu a idéia de ocupar o terreno do antigo Trianon, na avenida Paulista, o mesmo espaço onde, em um barracão provisório, fôra apresentada ao público a I Bienal.

Porém, os donos do terreno só o venderiam se a nova construção mantivesse um *belvedere*, aberto ao público. Nenhum projeto satisfazia as exigências, até que a arquiteta Lina Bo Bardi apresentou um em que o *belvedere* seria valorizado ao máximo.

Projetou um vão livre de oitenta metros de comprimento, apoiado em quatro pilastras de oito metros de altura, que permitia a circulação do público e conservava a vista para o Anhangabaú.

O prefeito Adhemar de Barros, entusiasmado com o projeto – e, também, com a garantia de que os *Diários Associados* dariam total cobertura à sua candidatura nas próximas eleições – prometeu que o Município construiria o edifício.

As obras tiveram início em 1960 e atravessaram as administrações de Prestes Maia e Faria Lima. Finalmente, em 1968, o MASP foi inaugurado pela Rainha Elisabeth II da Inglaterra.

É dessa visita da rainha que eu quero falar. Chateaubriand havia sido, durante um período, Embaixador do Brasil em Londres (faz parte do folclore, ele ter condecorado Winston Churchill com a "Ordem do Jagunço") e convidou oficialmente Sua Majestade para inaugurar o futuro museu.

Chatô não viveu para ver seu sonho realizado. Quem fez as honras da casa foram o governador Abreu Sodré, o prefeito Faria Lima e o cardeal Agnelo Rossi. Além do prof. Bardi, naturalmente.

Na noite anterior à inauguração, Maria e Roberto Sodré ofereceram uma recepção de gala no Palácio dos Bandeirantes.

Eu tinha sido convidada e resolvi levar Sylvinha, que já tinha quinze anos e estava animadíssima com a perspectiva de participar da festa.

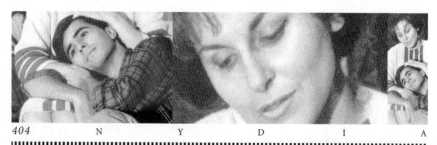

Havia um problema, porém: não poderíamos ir sozinhas a uma cerimônia daquele porte. Mas quem poderia nos acompanhar?

Pensei bastante e cheguei à conclusão que somente uma pessoa tinha o direito de acompanhar a menina em sua estréia na sociedade paulista. O pai dela.

Sérgio aceitou prontamente. Veio nos buscar, e fomos até o Morumbi.

A TV Record estava transmitindo a cerimônia ao vivo, diretamente do Palácio. Nossa entrada foi uma festa para os fofoqueiros presentes. O locutor, agitadíssimo anunciou:

— Acaba de chegar o grande ator Sérgio Cardoso com sua esposa e filha! Por favor, por favor, quais são as novidades?

Pensei: – Pronto, o circo está armado. Vamos ver os comentários amanhã!

Eu sempre me perguntei por que os ingleses afirmavam que a rainha era uma mulher bonita. Nos retratos e nos filmes, o que se via era uma mulher ainda jovem, simpática, distinta, mas, certamente, não um tipo de beleza.

Naquela noite eu a vi a um metro de distância. E então compreendi. Desprendia-se dela um halo de majestade (não encontro outra palavra) que a fazia sobressair-se entre todas as mulheres presentes. A cútis era transparente; os olhos possuíam uma firmeza que nada tinha a ver com autoritarismo. Enfim, era uma mulher especial.

Deu uma volta pelos salões: recebeu os cumprimentos de todos e se retirou cedo em companhia do marido, príncipe Phillip. Logo em seguida, saíram os anfitriões, Maria e Roberto Sodré. Os convidados, sentindo-se meio órfãos, começaram a debandar.

Sérgio, Sylvinha e eu terminamos a noite no balcão de um bar, na rua Pamplona, devorando um sanduíche. Solenemente, em traje a rigor.

Para a inauguração do museu, na manhã seguinte, a Prefeitura enfeitou todas as ruas por onde o cortejo real iria passar em carros abertos. As guias foram pintadas de branco e os lugares onde faltava grama, foram generosamente pintados com tinta verde!

Sylvinha havia terminado o ginásio no Dante Alighieri e estava se preparando para o Científico. A dúvida era se de Engenharia ou Medici-

na. Mudou várias vezes de opinião e acabou se firmando provisoriamente no de Medicina . Queria formar-se em Bioquímica. Mais tarde, mudaria para Engenharia, pensando em cursar Arquitetura. No vestibular do Mackenzie, passou em terceiro lugar. Após um ano de curso, trancou matrícula e prestou exame na Faculdade de Medicina da USP, onde estava sua verdadeira vocação.

Sempre achei um absurdo exigir que meninos de quatorze ou quinze anos já fossem obrigados a fazer sua escolha definitiva. Nessa idade, o que pesa são outros fatores: a pressão da família, as amizades, os namoros. É muito cedo para saberem com absoluta certeza qual o caminho a seguir

Sylvinha, sempre muito ligada a mim no teatro, assistia às peças e colaborava com idéias, desenhos para publicidade. Chegou a estrear como cenógrafa na peça infantil *Contos Alegres da Carochinha*.

Eu sentia que ela desejava muito tentar uma experiência no palco. Não para seguir a carreira de atriz, já que, na ocasião, seu interesse declarado era pela Bioquímica.

A oportunidade surgiu com *Um Dia na Morte de Joe Egg*, de Peter Nichols. A peça enfoca a tragédia de um casal que tem uma criança espástica. Resultado da mãe ter tomado Talidomida durante a gravidez. A menina é surda-muda, cega e paralítica. Além disso, tem convulsões. Os pais se recusam a encarar a realidade, e brincam com a filha como se ela pudesse ouvi-los e entender o que dizem. É uma comédia de humor negro, na qual o público ri sem parar, nervosamente, mas sai do teatro abalado.

Sylvinha se apaixonou pelo papel. Passou tardes inteiras na enfermaria das Casas André Luiz, para conhecer de perto os problemas das crianças defeituosas. Marika Gidali a preparou fisicamente, com trabalhos de concentração profunda.

Para mim, foi muito importante contracenar com ela. Tornava tudo mais real, mais sofrido. Até mais do que eu podia suportar.

A direção era de Antônio Ghigonetto. Foi ele que trouxe o texto, brilhantemente traduzido por Bárbara Heliodora. Mas Ghigoneto não ti-

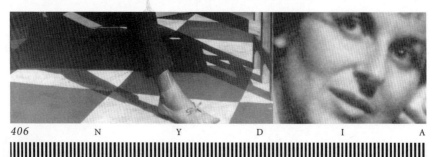

nha muita experiência, e dirigir peças inglesas nunca foi fácil para diretores jovens.

O elenco era excelente: Lima Duarte, Célia Helena, Maria Célia Camargo, Rildo Gonçalves. Cenário de Campello Neto. Todos nos esforçamos ao máximo, mas o tom da peça não estava certo. Principalmente no segundo ato. Eu sentia isso claramente mas não conseguia transmitir minha impressão ao diretor. Reinava um clima de total insegurança. Somava-se a isso, eu estar em um estado de fraqueza terrível, tendo saído havia pouco de uma intoxicação grave.

Preocupada com a estréia de Sylvinha, telefonei para Sérgio e pedi que desse uma olhada na interpretação dela.

A tragédia foi total. Eu doente. Sylvia estreando. Sérgio no teatro. Não deu, não... Foi a estréia mais angustiada da minha vida. Terminado o espetáculo, adoeci novamente e precisei suspender as apresentações por dois dias.

Foi então que eu percebi que não conseguiria continuar trabalhando como atriz por muito tempo. Em todo caso, representei, com coragem, até o fim da temporada no Bela Vista e também nos teatros de bairro e em Santos, no Teatro Coliseu. (Lá o perigo era a cadeira de rodas escorregar no palco inclinado. Era preciso que sempre alguém a segurasse, para não cair no poço da orquestra.)

O que muito me ajudou foi contar com pessoas extraordinárias como eram todos os colegas com quem estava trabalhando.

Sylvinha gostou da experiência, mas não quis repeti-la. A um jornalista que a entrevistou, declarou não querer enfrentar os obstáculos pelos quais Sérgio e eu passamos na profissão. Apesar de seu amor pela arte, preferia lidar com materiais concretos da vida.

Eu nunca sonhei com uma carreira artística para ela. Não que lhe faltasse sensibilidade ou talento, mas sempre achei que sua verdadeira vocação era científica

Um Dia na Morte de Joe Egg foi a última peça que eu representei no Bela Vista. Continuei levando espetáculos pelo interior, mas eram apresentações esporádicas, que até me distraiam. Nem dava tempo de eu

ficar nervosa. Além disso, a maneira como éramos recebidos nas pequenas cidades era reconfortante.

O problema eram os fartíssimos jantares que sempre nos ofereciam. Não se podia recusar, para não ofender os anfitriões. Difícil era convencê-los que um ator não pode comer muito antes de representar!

Perdi a conta das fábricas de sapatos, fazendas, queijos, que visitei em cada cidade e das peças escritas pelos jovens talentos locais que me foram entregues, todas com "um papel maravilhoso" para mim.

Mas quanto carinho! Que recepções calorosas! Não sei mais em quantas cidades representamos, mas o que sei é que não tenho uma única lembrança ruim. Sempre foi agradável e gratificante.

O fato de a Empresa Bela Vista não poder mais interferir no meu trabalho – por ordem do juiz – permitiu que eu apresentasse algumas outras companhias no meu teatro.

Fernanda Montenegro, Sérgio Britto e Fernando Torres levaram *O Homem do Princípio ao Fim*, de Millôr Fernandes. Paulo Autran representou *O Burguês Fidalgo*, de Molière. Moacyr Franco, *Os Fantastikos*. Tônia Carrero, *Falando de Rosas*, com Jardel Filho e Cesar Thiré. Yolanda Cardoso, Leina Crespi e Norma Blum: *As Inocentes do Leblon*. Fauzi Arap dirigiu Francisco Cuoco e Paulo César Pereio em *O Assalto*, de José Vicente. Os *Jograis de São Paulo*: Ruy Affonso, Rubens de Falco, Armando Bogus e Carlos Vergueiro trouxeram o canto de Inesita Barroso

Mas nada fazia tanto sucesso quanto os espetáculos musicais e os shows. *Chico Anísio Só* lotou o teatro durante semanas, acontecendo o mesmo com *De Cabral a Simonal* e com *O Mundo Musical de Baden Powell*, no qual se apresentavam também Márcia e Os Originais do Samba.

Uma tarde, Fauzi Arap chegou no teatro transtornado. Haviam seqüestrado Norma Benguell. Ela havia sido interceptada na rua Xavier de Toledo, em frente ao hotel onde residia, e levada de carro para o Rio de Janeiro.

A brutalidade do fato me chocou. Fauzi disse que haveria uma reunião dos expoentes da classe logo mais e pediu para eu participar.

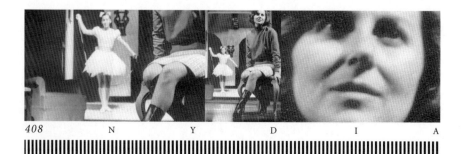

Prontifiquei-me a aparecer. Embora não conhecesse Norma, não poderia ficar insensível diante do acontecido.

Horas mais tarde, na reunião, recebemos a notícia que gestões no Rio de Janeiro haviam sido bem sucedidas e Norma chegaria, ainda naquela noite, de volta a São Paulo, acompanhada por Walmor Chagas e Gilda Grillo.

1969 foi um ano amargo sob vários aspectos. Eu sabia que uma fase de minha vida estava prestes a terminar. O Teatro Bela Vista, a partir do ano seguinte voltaria em definitivo às mãos dos proprietários. Meu contrato – renovado por três vezes – estava expirando.

Eu estava procurando um terreno em comodato para construir um pequeno teatro. Durante meses, aguardei a resposta do prefeito Faria Lima a respeito de uma área ao lado da avenida Rubem Berta, que me parecia perfeita. Já era hora de se construir próximo aos Jardins, onde residia grande parte do público e não continuar insistindo no Bixiga, já saturado de casas de espetáculos. Mas o prefeito, no fim do mandato, cedeu "minha" área a um clube próximo, para servir de estacionamento.

Aguardei a posse do novo prefeito, Paulo Maluf, que eu não conhecia. Maria Sodré pediu-lhe que me recebesse e ele marcou uma audiência.

Descartou qualquer cessão de terreno, mesmo em comodato, mas perguntou se eu me interessaria pelo Leopoldo Fróes. Respondi que sim e me ofereci para reformá-lo, às minhas custas, comprometendo-me a cedê-lo, para uso da Prefeitura, aos sábados à tarde, domingos de manhã e às segundas feiras. Assim, a reforma beneficiaria também a outras companhias e à Biblioteca Infantil Monteiro Lobato.

Cheia de entusiasmo, comecei a pensar no espetáculo que estrearia o teatro reformado: *The King and I*, musical há anos em cartaz na Broadway e em Londres, sem falar nos dois filmes já produzidos: o primeiro com Rex Harrison e Irene Dunne e o segundo – o mais célebre – com Yul Brinner e Deborah Kerr. Os primeiros contatos com os produtores de lá já estavam sendo concatenados por Laerte Morrone, que se encontrava em Nova York.

A Prefeitura publicou o edital da concorrência, mas nenhuma Empresa Teatral se candidatou.

O projeto que apresentei, de autoria do arquiteto Abelardo de Souza, era moderno e funcional. A sala poderia ser utilizada de várias maneiras, pois o palco, querendo, avançaria sobre a platéia, transformando-a em anfiteatro.

Após a aprovação do projeto e a autorização do prefeito, teve início a *via crucis*. Eu ia de um departamento técnico a outro. Os diversos chefes esmeraram-se em criar dificuldades, com exigências descabidas e pedidos de explicações incompreensíveis. Era evidente que alguma coisa estava emperrando.

Com a demora, o custo da obra já tinha aumentado em 40% e as previsões eram que não pararia por aí, já que surgiriam sempre novas exigências.

Desisti, penalizada, certa de que o Leopoldo Fróes seguiria o destino de todos os outros teatros de São Paulo, que tinham sido demolidos nos últimos anos: Colombo, São Paulo, Cassino Antártica, Boa Vista, Treze de Maio, Santana. Sem falar no Federação, que estava fechado, e no Cultura Artística, transformado em estúdio da TV Excelsior.

O prefeito seguinte, Dr. Figueiredo Ferraz, mandou demolir o Leopoldo Fróes e jamais foi reconstruído.

No dia 6 de maio, eu estava escutando um programa de rádio, quando a voz do locutor interrompeu a música para anunciar que Cacilda Becker havia sofrido um derrame em cena e estava sendo levada para o Hospital São Luiz.

Fiquei paralizada. Ouvira a notícia, mas meu cérebro se recusava a assimilá-la. Não podia ter acontecido. Eu estivera com ela no domingo à tarde, antes da apresentação de *Esperando Godot*. Conversamos longamente no camarim. Ela tomando café com duas aspirinas – um hábito que me horrorizava. Por que tanta aspirina?

— Me dá força. Me levanta.

Pediu-me que voltasse na semana seguinte, pois tínhamos muito que conversar... e fui revê-la na maca do hospital, a cabeça enfaixada, saindo da sala de operação.

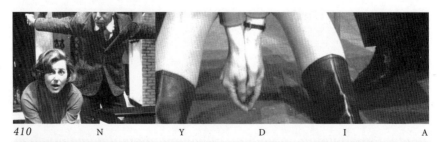

Era grande a agitação:

— Vai ter seqüelas?

— Ficará cega?

— Será que volta a andar?

Amigos e inimigos, todos estavam reunidos no saguão do hospital trocando informações – as mais desbaratadas –, dando entrevistas aos jornalistas que acorreram, dispostos a ficar de vigília até o desenlace final, que a maioria achava próximo.

No andar de cima, ao lado do quarto, nós, os mais íntimos, nos organizávamos. Ela não deveria ficar sozinha um minuto sequer. Walmor distribuiu os turnos: ele ficaria ao seu lado até as duas da manhã. Fredi, o eterno insone, o substituiria e permaneceria até as seis. Em seguida entraria eu, que sempre acordava cedo e ficaria até o meio-dia, e assim por diante.

A família ocupou um quarto ao lado. A mãe, Dona Alzira, as irmãs Cleyde e Dirce, e Luís Carlos, o Cuca, filho de Cacilda, não arredaram pé do hospital.

Maria Teresa Vargas, amiga de longa data, também vinha todos os dias. Nós conversávamos com Cacilda, como se ela pudesse nos ouvir. Massageávamos suas pernas para evitar que tivesse câimbras.

Ela jazia deitada na cama sem um movimento, um gesto, uma expressão facial. Totalmente estática. Os médicos garantiam que estava em coma profundo e não sentia nada; mas nós não estávamos convencidas disso. Como avaliar até que ponto uma pessoa em coma não sinta e não ouça o que se passa ao seu redor?

Ela nunca deu mostras de ouvir ou entender o que falávamos, mas, quando Cuca se aproximava da cama, a impressão que tínhamos era que ela *sentia* a presença do filho. E lutava.

Lutou com todas as forças durante trinta e nove dias.

No quadragésimo, se entregou.

Das conversas mantidas durante as longas vigílias no hospital, surgiu uma sugestão interessante. Walmor, que estava preparando com Glauce Rocha uma série de programas sobre teatro para a nova Televisão Cultura,

a ser inaugurada no dia 15 de junho, insistiu que eu fosse conversar com os diretores artísticos da emissora para propor algum trabalho.

Achei a idéia boa. Armei-me de coragem e fui até a sede do Canal 2, na Água Branca. Fui recebida com entusiasmo por Carlos Vergueiro e Sérgio Viotti, que, na mesma hora, propuseram que eu assumisse o papel de apresentadora de um novo programa: *Quem é Quem.*

Além do entrevistado, participariam também dois convidados, amigos dele, que enfocariam fatos relevantes de sua vida e obra.

O primeiro programa, gravado no dia 16 de junho (exatamente um dia depois da inauguração da emissora) focalizava o teatrólogo Abílio Pereira de Almeida, e os dois convidados eram Décio de Almeida Prado e Sérgio Buarque de Hollanda.

Engraçada foi a recomendação que recebi quanto à roupa que devia usar: saia e blusa. Nada de vestidos, enfeites, colares. Me senti bem britânica.

E assim teve início minha carreira na TV Cultura.

Mas o cordão umbilical que me unia ao teatro ainda não havia sido cortado definitivamente. Seria preciso mais um espetáculo para eu dar o meu adeus ao palco em definitivo. E a ocasião surgiu, nesse mesmo ano, numa conversa com Renata Pallottini, poetisa e autora de *O Crime da Cabra*, que havíamos levado no Teatro Bela Vista. Falei-lhe da minha paixão pela obra de Guimarães Rosa e da vontade de levá-la ao palco, para que os estudantes pudessem conhecê-la. Entusiasmada, respondeu-me que já havia adaptado *Sarapalha* e perguntou quais os contos que eu gostaria de encenar. Conversamos bastante e, desse nosso entendimento surgiu *João Guimarães: Veredas*

Maria Alice Vergueiro, que era orientadora pedagógica junto a escolas, interessada no projeto, trouxe o Grupo Rotunda para se associar a nós. Teresinha Aguiar seria a diretora, Sylvia Naves, fotógrafa e assistente de produção. Convidei Maureen Bisilliat para assinar o cenário. Ela utilizou as fotos que ilustram seu livro *A João Guimarães Rosa*, ampliadas, cobrindo as tapadeiras do palco. Tudo só em branco e preto.

O elenco tinha dez atores. Entre eles Jofre Soares, grande intérprete de "Joca Ramiro" e Emanuel Cavalcanti – responsável pela orientação musical.

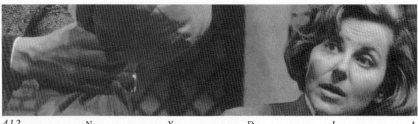

No dia do teste, apareceram mais de cinqüenta candidatos. Um me chamou a atenção. Tinha um vasto bigode, uma figura excelente, voz bonita e conhecia a obra de Rosa. Quando estendeu o braço para pegar o texto, vi as marcas em seus pulsos: dois vergões vermelhos. Pau de arara. Seu nome era Afonso Cláudio de Figueiredo. Foi o "Riobaldo", personagem do *Grande Sertão*.

Um dia, no meio da temporada, ele apareceu de cara raspada. Ao se apresentar no Exército – o que fazia semanalmente – o oficial de plantão exigiu que ele tirasse o bigode.

Eu queria projetar no espaço branco das fotografias, trechos de um dos filmes mais lindos realizados sobre o sertão: *A Hora e a Vez de Augusto Matraga*, de Roberto Santos. Sabia exatamente quais eram as cenas que iria utilizar. O que eu não sabia era se Roberto daria a permissão. Felizmente, ele achou a idéia ótima e me autorizou a usar o que eu quisesse.

Quando a cópia ficou pronta e o cenário montado, projetamos o filme. Ou porque a distância não era suficiente, ou porque a lente do projetor não era adequada, o filme ocupou não só o fundo do palco, mas todas as tapadeiras laterais, provocando um efeito estranho, as imagens fragmentadas. Pensei:

— Pronto. Agora é que Roberto proíbe o filme!

No entanto, ele achou excelente. Original. E o filme ficou.

O espetáculo estava sendo levado no Teatro Anchieta, à rua Doutor Vila Nova. A proximidade de vários colégios tornou mais fácil nosso contato com os estudantes. Vinham em grupos assistir à peça; muitas vezes acompanhados pelos professores de Português ou Literatura.

Nesse ano, pela primeira vez, meu tio Dino Seppilli voltou ao Brasil com a família. Assim, puderam me ver representar. Justamente, na minha despedida.

Meu adeus ao palco foi através das palavras de Guimarães Rosa:

— Liberdade ainda é só alegria de um pobre caminhozinho, no dentro do ferro de grandes prisões. Tem uma verdade que se carece de aprender, de encoberto, e que ninguém nos ensina: o beco para a liberdade se fazer.

Com Jardel Filho e Maria Fernanda em Geração em Revolta, *de John Osborne.*

Solidariedade a Nidia Licia — Quase duas centenas de representantes de todos os setores da classe teatral de São Paulo reuniram-se em frente ao Teatro Bela Vista, empunharam dezenas de cartazes com dísticos e fizeram passeata, na tarde de ontem, pelas ruas da cidade até à frente do Forum, na praça João Mendes. A manifestação foi de solidariedade à atriz Nidia Licia, na sua pendencia com a empresa proprietaria do Teatro Bela Vista, cujo novo dono — segundo afirmam — desprezando direitos da atriz, pretende alijá-la da casa de espetaculos mediante imposição de um contrato que estipula aluguel de 300 mil cruzeiros mensais e mais um deposito de um milhão de cruzeiros. No clichê, um aspecto da passeata.

Passeata de artistas em solidariedade a Nydia Licia.

Duzentos Atores e Tecnicos Teatrais na Passeata Contra Esbulho de Nidia

CACILDA BECKER formou na primeira fila dos manifestantes, onde tambem se encontravam Ruth de Sousa, Natalia Timberg, Valmor Chagas, Cleide Yaconis e outros astros do palco.

As 16.30 horas de ontem, partindo da frente do Teatro Bela Vista, na rua Conselheiro Ramalho, 200 atores e diretores teatrais fizeram, pelas ruas centrais de São Paulo, uma passeata de protesto contra as arbitrariedades sofridas por Nidia Licia. Dezenas de cartazes eram carregados pelos maiores nomes da cena paulista e uma faixa abria a passeata, precedida de lambretas, uma vez que a policia se recusou a cooperar, fornecendo batedores. Esta faixa dizia: "A classe teatral unida, está com Nidia".

TODOS TEATROS

Todas as companhias de São Paulo estiveram presentes com um seu elemento levando o respectivo cartaz de solidariedade: TBC, Pequeno Teatro de Comedia, Oficina, Teatro Moderno, Teatro Cacilda Becker, Cia. Gilda Mattia, Teatro da Casa do Povo, Cia. Silva Filho, Cia. Dercy Gonçalves, Companhia Brasileira de Comedias, Teatro de Arena, Escola de Arte Dramatica, Companhia Zilco Ribeiro, Teatro Popular de Arte, Teatro Novos Comediantes.

TRAJETO

Deixando a Conselheiro Ramalho, a passeata entrou pela rua Jaceguay, Brigadeiro Luis Antonio, Viadutos, rua São Luis, Ipiranga, Barão de Itapetininga, Viaduto do Chá, Libero Badaró, Benjamim Constant, Praça da Sé, Praça João Mendes, Palacio da Justiça.

PACIFICA

A passeata foi pacifica, sem discursos. Os cartazes diziam: "Nidia Licia não está só", "Abaixo os usurpadores do teatro", "Artistas contra o esbulho", "Manobra suja contra Nidia", "Teatro pede ao povo a sua solidariedade" E o povo, em alguns pontos centrais da cidade e em frente do Teatro Municipal, aplaudiu a passeata, confirmando a solidariedade popular.

JUSTIÇA

A passeata terminou às portas do Palacio da Justiça, com os artistas se dispersando depois de deixar erguida a faixa que encerrava o desfile: "Confiamos na justiça dos nossos magistrados".

Passeata de artistas em solidariedade a Nydia Licia.

Com Tarcísio Meira em A Castro, de Antônio Ferreira.

Carolina Maria de Jesus, Edi Lima, Jorge Amado e Zélia Gattai na estréia de Quarto de Despejo, *adaptado do livro de Carolina.*

Com Rubens de Falco em O Grande Segredo.

Minha Família.

Com Sylvinha e Ana Maria.

Com Mr. Pierce, presidente da Willys.

Com Dulcina.

Elisabeth Hartmann, Francisco Cuoco, eu, Eva Wilma, Johnny Herbert e Carminha Brandão em Boeing-Boeing.

Com Francisco Cuoco em Biedermann e os Incendiários, *de Max Frisch.*

Com Francisco Cuoco, Fredi Kleeman, Iara Amaral e Jairo Arco e Flexa em Hedda Gabler, *de Ibsen.*

Elza Ribeiro, Milton Nascimento, Silvinha Góes, César Roldão Vieira e Edu em Terra de Ninguém.

Com Júlia Miranda e Claude Simes em Esta Noite Falamos de Medo.

Lima Duarte e Sylvinha em Um Dia na Morte de Joe Egg, *de Peter Nichols.*

Em João Guimarães: Veredas.

O palco do Teatro Bela Vista, demolido.

N<small>O ANO SEGUINTE</small>, no mês de agosto, aconteceu a última estréia do Teatro Bela Vista: *O Arquiteto e o Imperador da Assíria*, de Fernando Arrabal. O espetáculo, interpretado por Rubens Corrêa e José Wilker, magistralmente dirigido por Ivan de Albuquerque, fechou com chave de ouro a carreira do meu teatro.

Do príncipe Hamlet ao imperador da Assíria, haviam se passado quatorze anos. Quantas coisas aconteceram nesse período! Acontecimentos alegres, momentos tristes, brigas, amores, invejas. Todos os sentimentos se expressaram naquele palco no qual pisaram grandes atores, jovens estreantes e futuras promessas. Muitos deles, começando naquela época, hoje são famosos. Alguns lembram-se com orgulho de ter se apresentado lá. Outros esqueceram e, em suas entrevistas, citam apenas os teatros mais na moda.

Depois de *O Arquiteto e o Imperador da Assíria*, o teatro ficou vazio. Eu perambulava pela platéia escura e silenciosa e, um a um, meus fantasmas amigos vinham conversar baixinho. Todas as personagens a quem dei vida naquele palco continuavam presentes. Talvez quisessem reviver; apresentar-se mais uma vez diante do público. Mas seriam invisíveis aos olhos humanos. Só poderiam ser ouvidas e percebidas através do coração.

No último dia subi ao palco, sozinha, e relembrei trechos de minhas peças favoritas. Representei para eles, meus fantasmas amigos. Em prantos. Chorei como se chora a perda de uma criatura humana. O teatro, sem poltronas, sem pano de boca, sem refletores, lembrava o velho Cineteatro Esperia que, dezesseis anos antes, encontramos abandonado.

Mas, aos meus olhos, ele continuava lindo!

No dia em que saí definitivamente do Teatro Bela Vista, pensei que minha vida teatral havia chegado ao fim. Que nunca mais pisaria num palco, nem mesmo para dirigir, e que me dedicaria exclusivamente à televisão.

Eu não sabia que o que terminara fôra o meu envolvimento com o teatro adulto. O teatro infantil, ao qual até então havia dedicado poucos cuidados, assoberbada como estava com outros trabalhos, passou a ser o centro das atenções da Companhia Nydia Licia.

Índice Onomástico

A

Abramo, Lélia 396
Abreu, Gilda de 392
Academia de Arte Dramática de Roma   172, 234
Academia de Música de Graz 68
Actor's Studio de Nova York 235, 380
Affonso, Ruy 168, 169, 175, 194, 197, 207, 228, 408
Aguiar, Teresinha... 412
Aida (de Giuseppe Verdi) 30, 210
Albeniz, Manuel Francisco Isaac 129
Albuquerque, Ivan de 427
Alfieri, Vittorio 226, 271
Alienista, O (de Machado de Assis) 270
Aliguieri, Dante 63
Almeida, Abílio Ferreira de 10, 161, 165, 166, 167, 170, 178, 194, 309, 311, 323, 412
Almeida, Aracy de 156
Almeida, Guilherme de 217
Almeida, Lúcia Pereira de 161
Alpes Dolomíticos 79
Alves, Castro 322
Alves, Cecília 335
Alves, Francisco 326
Alves, Moussia Pinto 300
Alzira (mãe de Cacilda Becker) 411
Amado, Jorge 373
Amaral , Yara... 398
Amaral, Tarsila do 153, 155
Amor de Outono .... ver Amor sem Despedida
Amor sem Despedida
    (de Daphne De Mauniers) 328, 339

Amorós, Emílio 338, 364, 367
Ana Maria
    (filha de Martha de Souza Queirós) 382
Andrade, Carlos Drummond de 401
Andrade, Heitor de (pseudônimo de
    Ettore Fecarotta) .... ver Ettore Fecarotta
Andrade, Jorge de 311, 393
Andrade, Oswald de 150, 153
Andrea Chémier (de Giordano Umberto) ... 47
Anel do Nibelungo (de Richard Wagner) ... 30-32
Anfitrião e a filha de Yorio, O 125
Ângela (filme)... 233
Angry Young Men (movimento teatral) 362
Anísio, Chico 408
Anita Garibaldi (de Heinz Geyer) 215
Anjo de Pedra (de Tennessee Williams) 211, 212, 213, 220, 221,
Annie Christie (de Eugene O'Neill) 271
Anouilh, Jean 166, 168, 225, 235, 243
Ansaldo, Hélio 341
Anschluss 74
Antes do Café (de Eugene O'Neill) 336
Antígona (de Sófocles e de
    Jean Anouilh) 243,245, 332
Antônio Maria (novela) 345
Antunes Filho 272, 365, 381
Apartamento Indiscreto
    (de Claude Magnier) 367, 368, 369
Appassionata (filme) 237
Arap, Fauzi 408
Araújo, Otávio 150
Arco e Flexa, Jairo 397, 398
Arlequim Servidor de Dois Amos

431

(de Carlo Goldoni) 179
Arno (família) 111
Arquiteto e o Imperador da Assíria, O
(de Fernando Arrabal) 427
Arrabal, Fernando 333, 427
Arruda, Suzy 336
Arsênico e Alfazena (de Kessebring) 176, 208
Artistas Amadores (grupo de tetro) 157
Artistas Unidos (grupo de teatro) 329
Ascarelli, Franca 108
Ascarelli, Gianni 108
Ascarelli, Marcella
(prima de Nydia Licia) 98, 108, 166
Ascarelli, Piero 108
Ascarelli, Tullio
(familiar de Nydia Licia) 65, 208, 115
Assim é se lhe Parece (de Pirandello) 251
Assis, Machado de 270
Assis, Wolney de 371
Associação Atlética Matarazzo 297
Associação Legislativa do Estado
de São Paulo 303
Associação Paulista de Críticos
Teatrais (APCT) 305, 306
Assumpção, Paulo 154, 158
Atcheson, Mr 244
Athayde, Anita de 267
Audrá, Marinho 274
Aukstin, Victor 402
Automóvel Club de São Paulo 104, 161, 168
Autran, Paulo 170, 226, 242, 247, 311, 333, 408
Ave Maria no Morro 123
Azevedo, Ramos de 169

B

Baccarelli, Miltom 370, 371
Baile dos Ladrões, O
(de Jean Annailh) 166, 168, 169, 171
Baiúca (restaurante paulista) 339
Balabanian, Aracy 390
Ballet do IV Centenário 335
Ballet Stagium 321
Balzac, Honoré de 270
Bandeira, Paulo 371
Banquete, O (de Lúcio Benedetti) 219
Barbieri, Fedora 141
Bardi, Lia Bo 149, 404
Bardi, Pietro Maria 148, 149, 150, 165, 174
Barrault, Jean Louis 11, 215, 216, 335
Barreto, Lima 264
Barros (conhecido como Mulato) 155
Barros, Adhemar de .. 225, 309, 312, 314, 374, 404
Barros, Fernando de 178, 237
Barroso, Inesita 157, 408
Barroso, Maurício 156, 172, 194,

231, 238, 247, 249
Barrymore, Lionel 222
Bassini, Ciro 109
Bassio, Mauro 68
Bateau Mouche 398
Batista, Xandó 159
Becker, Cacilda 12, 161, 166, 167, 168,
169, 170, 172, 173, 174, 175, 193, 194, 198,
199, 200, 203, 208, 211, 213, 222, 223, 226,
238, 239, 240, 241, 242, 243, 244, 245, 247,
249, 254, 259, 261, 269, 270, 320, 333, 334,
365, 373, 374, 375, 394, 397, 398, 410, 411
Beggar's Opera .... ver *Ronda dos Malandros, A*
Bellini (capitão da seleção de 1958) 325, 333
Bem Amado, O (novela) 392
Benco, Silvio 66
Benedette, Lúcia 328
Benguell, Norma 408, 409
Bergman, Ingrid 314
Bernard, Denis 396
Biáfora, Rubens 319
Bianca (filha da costureira) 39
Biancofiore 109
Biar, Célia .. 163, 169, 194, 219, 236, 367, 368, 373
Biblioteca Infantil Monteiro Lobato ... 257, 409
Biedermann e os Incendiários
(de Max Fish) 396
Bienal de Artes Plásticas 155
V Bienal 342
Bienal de Teatro
Primeira Bienal 320
Segunda Bienal 342
Biernacka, Alina 212
Bilu .... ver Valente, Antônio José Capote
Bing Crosby 113, 326
Bisiliat, Maureen 412
Bloch, Pedro 178, 250, 252, 370
Blum, Norma 408
Bochard, Gabriela 148
Bodenheim, Kitty 169
Boeing-Boeing (de Marc Camolitti) 331, 388
Bogus, Armando 390, 408
Bohème 26, 141, 146
Bonadei, Aldo 265, 300, 301, 325
Bonde Chamado Desejo, O
(de Tennessee Williams) 393
Bonetti, Umberto (professor) 110, 111
Bonfá, Ivete 399
Boni, Franca 125
Booth, John Wilkes 388
Borda Filho, Hermilio 304, 323
Borges, Neusa 390
Borghi, Renato 329, 331
Bourrov, José Celestino 121
Bracque, Georges 155
Braga, Nelly 113

Braga, Ney 319
Braga, Rubem 178
Braga, Sônia 390
Brah, Lola 161, 310, 319
Brancusi, Constantin 155
Brandão, Carminha 389
Brasseur, Pierre 232
Brazão (ator português) 250, 251
Brecheret 300, 332
Brentani (família) 111
Brentani, Gerda 155
Brentani, Ginny Renzo 77
Brentani, Ricardo Renzo 77
Brill, Alice 146
Brinner, Yul 409
Britto, Nabor Cayres de 156
Britto, Sérgio 151, 168, 272, 408
Bruno Pincherle
    (tio paterno de Nydia Licia) 27, 65
Buarque, Chico 394, 395
Burck, Lotte 31
Burguês Fidalgo, O (de Molière) 408
Butterfly (de Puccini) 152

C

Cabala 84
Cabral, Sadi 349, 362
Cada um de Nós (de Denis Bernard) .. 396, 397
Caetano, João 150
Caetano, Marcelo 391
Caiçara (filme de Adolfo Celi) 207, 234
Caiuby, Caio 10, 114, 160, 161, 163
Calabi (família) 111
Caldas, Sílvio 178
Callas, Maria Meneghini 210
Calúnia (de Lilian Hellman) 323
Calvo, Aldo 158, 172, 193, 208, 239,
    259, 260, 318
Cama para Três, uma 362, 367
Câmara Municipal de São Paulo 104, 303,
    373-374
Camargo, Hebe 399
Camargo, Joracy 250
Camargo, Maria Célia 297, 407
Camerini (família) 111
Camerini, Enrico 112, 129, 148, 383
Camerini, Ugo 112, 129, 130
Camões, Luis de 390
Camolitti, Marc 388
Campanile, Achille 223, 392
Campbell, Patrick 232
Campbell, Stella 232
Campos de Carso 71
Campos, Sebastião 368, 369, 370, 372
Camus, Albert 342

Canção dentro do Pão (de Raymundo
    Magalhães Júnior) 248, 252, 253
Candido, Antonio 168
Cangaceiro, O (filme) 264
Canzone di Biancastela, La 152
Capocchi, Mário Angelo 339
Capra, Frank 222
Cara de Fogo (filme) 276
Cardoso, Cândida d Itapema 110
Cardoso, Esther 207, 252, 256
Cardoso, Francisco Mattos 207, 252, 256
Cardoso, Laura 341
Cardoso, Osmano 387
Cardoso, Sérgio 9, 10, 11, 12, 17, 18, 64,
    80, 81, 101, 151, 160, 167, 168, 179, 193, 194,
    195, 197, 198, 199, 200, 201, 202, 204, 205,
    206, 207, 208, 209, 213, 215, 219, 222, 224,
    225, 230, 231, 232, 234, 238, 239, 240, 241,
    242, 243, 245, 246, 247, 248, 249, 250, 251,
    252, 253, 254, 255, 256, 258, 260, 261, 262, 264,
    265, 266, 267, 268, 270, 275, 298, 299, 300,
    301, 302, 303, 304, 305, 306, 307, 308, 309,
    310, 312, 313, 316, 318, 319, 321, 322, 323,
    324, 327, 328, 329, 331, 332, 336, 338, 340,
    341, 342, 343, 344, 345, 361, 362, 363, 364,
    369, 370, 381, 382, 405, 407
Cardoso, Wladimir 402
Cardoso, Yolanda 408
Carducci 63
Caribdis (monstro mitológico) 98
Carnera, Primo 29
Carone, Felipe 396
Carrero, Tônia 179, 180, 237, 242, 363, 408
Carrossello Napolitano 229
Carso 86
Carta, A (de Somerset Maugham) 271
Carvalho e Silva, Roberto 339, 364, 367
Carvalho, A C 194, 207
Carvalho, Conceição Vicente de 117
Carvalho, Fábio Villaboim de 364
Carvalho, Flávio de 150
Carvalho, Luciano Vasconcellos de 152,
    153, 164
Casa André Luiz 406
Casa de bonecas (De Henrik Ibsen) 397
Casa dos Artistas 273
Casa dos Modernistas 210
Casa Manon (editora) 145
Casamento Suspeitoso, O
    (de Ariano Suassuna) 321, 322, 323
Casaris, Marie 232
Cassino Antártica 125
Castelo de Miramare 17, 86
Castelo de San Giusto 18
Castro, A (de Antônio Ferreira) 370, 371
Castro, Fidel 371, 402

L   I   C   I   A   *433*

Catalano, Vicente 335
Cattani, Renato 75
Cavalcanti, Alberto 233, 234
Cavalcanti, Emanuel 411
Caymmi, Dorival 150, 153, 156
Ceia dos Cardeais, A 309, 310
Celestino, Vicente 392
Celi, Adolfo 172, 174, 175,
179, 194, 199, 200, 207, 209, 212, 222, 227,
229, 233, 234, 235, 242, 243, 247, 251, 361,
362, 388
Cemitério de Automóveis
(de Fernando Arrabal) 333
Centenário da Fundação de
São Paulo; IV 155, 259
Centola, Miguel 104
Central do Brasil 131
Centro Acadêmico XI de Agosto 118
Centro Democrático Garibaldi 144
Cerri, Flamínio Bollini 234, 235, 236, 242
César e Cleópatra (de William Shakespeare) .. 125
Chá e Simpatia 9, 313, 314, 315, 316, 317,
321, 322, 325, 331, 333
Chagas, Carlos 113
Chagas, Evandro 113
Chagas, Tatiana 101
Chagas, Walmor 161, 270, 320, 333, 365,
394, 398, 409, 411
Chaia, Jorge 264
Chamberlain (pastor presbiteriano) 116
Charoux , Lothar 150
Chase, Mary 238
Chateaubriand, Assis (Chatô) 148, 153,
154, 233, 404
Chopin 105, 315
Christian Dior (modelo de) 153
Christian, Linda 263
Churchill, Winston 404
Chuva (de Somerset Maugham) 386
Ciclone (de Somerset Maugham) 339
Cine Ipiranga 314
Cine Marrocos 332
Cine Odeon 123
Cine-Teatro Espéria 9, 11, 263, 269, 297,
300, 425
Civelli, Carla 204, 205, 206, 270
Cléos, Rita 297, 305, 320, 321, 336,
337, 345, 362
Cleyde (irmã de Cacilda Becker) 411
Cliff, Montgomery 371
Clipper (loja de departamento) 164, 165,
166, 169, 173, 174
Club Inglês 118
Clube dos Arquitetos 157
Clube dos Artistas 231, 265
Clube dos Artistas e Amigos da Arte 153,
155, 156, 157
Clube dos Orquidófilos 127
Clube Harmonia 118, 127
Clube Paulistano 118,343
Cocómy Darling 390
Cocteau, Jean 232
Coelho, Luís 263
Colégio Panamericano 130
Colette (escritora francesa) 329
Colonese, Dr 317
Colunas de Hércules 100
Comando de Caça aos Comunistas (CCC) . 395
Comediantes, Os (grupo teatral) 195, 218,
297, 324, 330, 362
Comício, O (de Abílio Pereira de
Almeida) 309, 310, 311, 312
Comissão Estadual de Teatro (CET) .. 305, 317,
332, 334, 341, 380
Comissão Municipal de Teatro 317
Compagnia del Teatro Italiano 226
Companhia Brasileira de Comédia 365
Companhia Cinematográfica
Maristela 272, 274
Companhia Cinematográfica Vera Cruz 205,
207, 217, 233, 234, 237, 272, 311
Companhia Dramática Nacional 247, 249,
252, 258, 268, 308
Companhia Líricas Italianas 141
Companhia Louis Jouvet 124
Companhia Madeleine Renaud-Jean Louis
Barrault 215
Companhia Nydia Licia 13, 309, 379,
383-384, 395, 429
Companhia Nydia Licia-Sérgio Cardoso ... 247,
264, 302, 312, 313, 330, 331, 339, 345, 361,
364, 392
Companhia Tônia-Céli-Autran .. 323, 345, 361,
362, 363
Companhia Zilco Ribeiro 365
Condephaat 210
Confeitaria Vienense 124
Consciência de Zero, A (de Italo Svevo) 111
Conservatório de Trieste 68
Constantino, Manuel 300
Contos Alegres da Carochinha
(peça de teatro) 406
Contrim, Carlos 273
Convento Debra Libanos 73
Convite ao Baile (de Jean Anouilh) 225, 235
Copacabana Palace 131, 176
Coral Paulistano 259
Corimaldi, Emanuele 299, 318, 321
Cornibert, Lea 108
Corrêa, Guilherme .. 298, 299, 320, 321, 337, 362
Côrrea, Rubens 425
Corsário Negro (de Emilio Salgari) 47

Cortez, Raul 310
Costa, Jaime 125, 195, 209, 273, 274,
   309, 310, 311, 312, 315
Costa, Maria Della 237, 316, 363
Costa, Tullio 398
Cravo, Mario 300
Crepúsculo dos Deuses (de Richard Wagner) .. 32
Crespi, Leinar 408
Crime da Cobra, O (filme) 412
Cruz e Souza 204
Cruz Vermelha 118
Cruz, Carmélio 265, 300, 320
Cruzeiro, O (revista) 203
Cugat, Xaiver 275
Cuoco, Francisco 389, 397, 398, 408
Cyrano de Bergerac
   (de Edmond Ronstand) 250

D

D'Amico, Silvio 151, 152
D'Annunzio, Gabriele 259, 261
D'Aosta, Amedeo 73, 86
D'Aversa, Alberto 371, 378
Dama das Camélias, A (de Alexandre
   Dumas) 12, 238, 239, 240, 241, 271
Dama de Espadas, A (de Puchkin) 270
Dancing White Horses of Viena, The 32
Dantas, Audálio 373
Dantas, Júlio 309
Dante Alighieri (Colégio de São Paulo) 105,
   106, 107, 109, 110, 112, 405
Dante Alighieri (colégio de Trieste)
Dante Alighieri, Sociedade 109
Daphne Du Maurier 328, 339
De Divitiis, Glauco 168, 169
De Falla 129
De Fiore, Baronesa 154, 244
De Fuccio 263
De Repente no Verão Passado
   (de Tennessee Williams) 371
Dear Liar (de George Kilty) 232
Delacy, Monah 207
Dener 343
Deschmann 79, 88
Desejo (de Eugene O´Neill) 273
Desmarets, Sophie 275
Detchko, tio .... *ver* Gaddo Glass
Deus lhe Pague (de Joracy Camargo) .. 250, 308
Di Cavalcanti 150, 153, 156, 300, 301
Di Pietro, Eduardo 165
Di Segni (família) 111
Dia na Morte de Joe Egg, Um
   (de Peter Nichols) 406, 407
Dia, O (jornal) 327
Diálogo de Surdos (de Clô Prado) 242, 243

Diário da Noite 173
Diário de São Paulo 199
Diários Associados 148, 153, 173, 314,
   316, 325, 403, 404
Dias, Lineu 397
Dibuk (de Lodovico Rocca) 84
Dickens, Charles 227
Dietrich, Marlene 179
Dino (ver AlessandroSeppilli)
Dirce (irmã de Cacilda Becker) 411
Dirceu, José 333
Divina Comédia, A (de Dante Alighieri) 63
Do Mundo Nada se Leva (de George Kaufman
   e Moss Hart) 221, 225
Dollfuss, Engelbert 74
Domênico 144
Dorsey, Tommy 119
Dostoiévsky 270
Doutoras, As (filme de França Júnior) 234
Dr Cabral a Simonal (musical) 408
Duarte, Anselmo 203
Duarte, Lima 341
Dumas, Alexandre 48, 238
Dunne, Irene 409
Duprat, Raymundo 264, 298, 299, 318,
   320, 321, 335
Dura, Testolina 46
Duval, Liana 319

E

Eaglin, E H 171
Ébrio, O (novela) 392
Ecchio, Egydio 368, 369, 371
Edifício Martinelli 297
Edifício Matarazzo 104
Eisenhower, Dwight 132
Ekstein, Martha Moacyr 116, 123, 127,
   128, 129, 130, 131, 152, 155, 202, 231, 245,
   248, 334, 364, 381, 382
Ekstein, Max 116
Ekstein, Raquel 116
Elchmer, Narid 375
Elefante no Caos, Um
   (de Millôr Fernandes) 368
Elena (rainha da Itália) 73
Elisabeth da Inglaterra 330
Elisabeth II (rainha da Inglaterra) . 403, 404, 405
Empresa Bela Vista 269, 299, 300, 304, 307,
   338, 339, 362, 364, 366, 367, 378, 384, 408
Eneida (de Virgílio) 401
English Players (grupo musical) 157, 223
Entre Quatro Paredes (de Jean-Paul
   Sartre) 193, 197, 198, 200, 202, 208
Épulo (rei) 62
Erna (babá de Nydia Licia) 102

Escobar, Ruth 390, 391, 395, 402

Escola de Arte Dramática (EAD) 153, 158, 159, 163, 205, 207, 249, 265, 297, 321, 365, 370, 371, 372, 398

Escola de Balé Alina Biernacka 382

Escola Espanhola de Equitação 32

Escola Paulista de Medicina 141

Escola Politécnica 299

Escola Primária Regina Helena 40

Escola Via del Monte 82

Escravo da Noite 234

Esmeralda, Ana 273

Esperando Godot (de Samuel Beckett) .. 201, 410

Esporte Clube Pinheiros 309

Ésquilo 240

Esta Noite Choveu Prata (de Pedro Bloch) . 250

Esta Noite Falamos de Medo
(de Nydia Licia) 382, 401

Esta Noite Improvisamos (de Pirandello) 371

Estação da Luz 103

Estação Dom Pedro II 131

Estação Domingos Villela 113, 115

Estado de S Paulo, O 126, 159, 163, 169, 245, 306, 316, 333, 366

Eu Amo esse Homem (novela) 391

Eurípides 241

Externato Elvira Brandão 158

F

Fabrizzi, Aldo 172

Faculdade de Filosofia da USP 157

Faculdade de Medicina da Universidade
de Viena 68-69

Faculdade de Medicina da USP 406

Faculdade de Medicina de Milão 77, 105

Faculdade do Largo São Francisco 115, 118

Falando de Rosas 408

Falco, Rubens de 231, 238, 245, 246, 264, 365, 374, 379, 396, 408

Falecida, A (de Nelson Rodrigues) 251, 253

Falzoni, Luciano 123, 297

Fantasma de Canterville, O
(de Oscar Wilde) 270

Fantastikos, Os 408

Faro della Vittoria 17

Fattori 263

Faulkner, William 342, 343

Fausta, Itália 273

Fazenda Santa Clara 113

Fecarotta, Ettore 106

Federação Paulista de Futebol 374

Federação Paulista de Teatro Amador 317

Feffer, Max 123

Feira de São Nicolau de Bari 37, 53

Feitiço (de Oduvaldo Viana) 387

Felipe, José 396

Felpudo, João 25

Fernandel (ator) 29

Fernandes, Jorge 124

Fernandes, Linda 387

Fernandes, Millôr 178, 368, 394, 408

Ferrari, Wolf 30

Ferras, Darli Lopes 113

Ferraz, Geraldo 150

Ferreira, Antonio 271

Ferreira, Bibi 251, 308, 309, 331, 343, 363, 394

Festa da Uva de Trieste 44

Festival de Salsburg 34

Festival de Teatro Amador do Estado de
São Paulo 328

Fichbauer, Hélio 391

Fied, Betty 380

Figueiredo, Afonso Cláudio de 413

Figueiredo, Guilherme 248, 252, 253, 254, 320, 330, 331, 332

Filha de Yorio, A
(de Gabriele D'Annunzio) 259, 264

Filhos de Eduardo, OS (de Sauvajon) ... 10, 203, 204, 208

Filodrammatica (sociedade) 109

Finzi (família) 111

Fiore, Barões de 104, 244

Fiore, Ottaviano 104

Fischer Júnior, Jorge 299, 321, 322, 331

Fish, Max 396

Fleming, Rhonda 275

Fleury, Tito 173

Floradas da Serra (filme de Luciano Salce) .. 200

Flynn, Errol 276

Fó, Dário 392

Foá (família) 111

Folha de S Paulo 311, 397

Folini, Antonio Duílio 109

Fontana, Emílio 375

Força Expedicionária Brasileira (FEB) ..118, 132

Ford, Ruth 342

Fornani, Ernani 247, 267

Foscari (antiga família veneziana) 33

Föster Craupaud (piano) 30

Frabritiis, Oliviero de 142

França, Solange 379

Francesca, Donna 109

Franco, General Francisco 75, 155

Franco, Moacyr 408

Frankestein (filme) 22

Freire, Mariana 161, 170, 175, 178, 176, 194, 204, 219, 228, 326, 367, 368, 372

Frieda (enfermeira) 40

Frisoni, Rosa 146

Frizoni, Eugene 107

G

Gabinete de Investigações da
   Secretaria de Segurança 198
Galeria Colonna 62
Galhardo, Carlos 326
Galvão, João Cândido 310
Gam, Rita 380
Gama e Silva, Antônio da 394
Gante, Luciano 29
Garcez, Lucas Nogueira 220, 261, 267,
   268, 269
Garcia, Clóvis 170, 304, 306
Garcia, Galileu 276
Garcia, Stênio 320
Garganta do Diabo, A
   (filme de Walter Hugo Khouri) 276
Garibaldi, Giuseppe 63-64
Garrido, Alda 125, 195, 209
Garrincha, Mané 325
Gassman, Vittorio 226, 227, 229, 235
Gatai, Zélia 373
Gay, John 204
Gaynor, Janet 275
Gazeta, A (jornal paulistano) 209, 341
Gentry, Miss 164
Geração em Revolta
   (de John Osborne) 362, 367
Germa, Renato Cirrel 148
Gerswin 162
Ghizonetto, Antônio 406
Gibson 121, 128
Gidali, Marika 321, 335
Gidali, Marika 406
Gigetto (Restaurante) 227, 244
Gigi (de Colette) 329
Gilberto, João 326
Ginásio do Pacaembu 118
Gino (tio de Nydia Licia) 26
Giobbi, Domingos 123
Giogli, Beniamino 141, 321
Giorgi, Bruno 300
Giorgimarramo, Dr 142
Glass Menagerie, the ..... ver *A Margem da Vida*
Glass, Gaddo (primo de Nydia Licia) .. 29, 97-98
Góes, Silvinha 399, 407
Goldoni, Carlo 11, 30, 179, 193, 222
Golf Club Anastácio 172
Golias, Ronald 341
Gomes, Estela 273
Gomide, Georgia 310
Gonçalves, Delmiro 168
Gonçalves, Rildo 407
Gonçaves, Delmiro 304, 390, 403
Gonzaga e a Revolução de Minas
   (de Castro Alves) 322

Górki, Máximo 235
Gouveia, Júlio 171
Graciano, Clovis 155, 156, 161, 165, 300
Grande Hotel (Campos de Jordão) 403
Grande Segredo, O (de Édovard Bourdet) ... 378
Grande Sertão: Veredas
   (de João Guimarães Rosa) 13
Grande Teatro Mercedes Benz
   (programa televisivo) 340, 341
Grande Teatro Royal 270
Grassi, Anita (professora) 87
Grassilli, Raul 227
Grassman, Marcelo 150
Greco, Juliette 203
Greco, Norina 210
Gregori, Luciano 367
Grilo da Lareira, O (de Charles Dickens) .. 227,
   228
Grilo, Gilda 409
Grimani (antiga família veneziana) 33
Gruber, Mário 150
Grupo de Teatro Experimental 10, 157,
   163, 179, 193, 311
Grupo Oficina 340, 363, 367
Grupo Opinião 399
Grupo Rotunda 412
Grupo Teatral de Minnesota *ver* The University
   of Minnesota Theater Players 320
Grupo Universitário de Teatro
   (FFLCH-USP) 157, 166, 194
Guarnieri, Edoardo 128, 142
Guarnieri, Gianfrancesco 340
Guernica (quadro de Pablo Picasso) 155
Guerra, Ademar 390
Guerras de Alecrim, As (de Antônio José) .. 371
Guinsburg, Jacó 397
Guiser, Ismael 335
Gutlich 300
Guy, Orlando 223

H

Habsburgo, Arquiduque Maximiliano de 86
Haddad, Amir 367, 373
Hair (musical) 389
Hamlet (de William Shakespeare) .. 10, 11, 150,
   167, 168, 179, 196, 197, 215, 232, 250, 297, 299,
   300, 302, 305, 306, 307, 322, 345, 363, 427
   processo de 327
Hanza, Akos David 272
Harrison, Rex 409
Hart, Moss 221, 222
Hartmann, Elisabeth 389
Harvey (de Mary Chase) 238
Harvey, Lee Oswald 388
Hassidismo 84

Hebert, Johnny 389
Hécuba (de Eurípides) 211
Hedda Gabler (de Henrik Ibsen) 397
Helena, Célia 407
Helena, Regina 341
Hell, Amir 368
Hennequim (escritor) 387
Henreid, Elisabeth 194, 207, 208, 209, 219, 242, 362
Henrique IV (de Pirandello) 12, 316, 317, 318, 319, 321, 322, 333, 345
Hepburn, Katherine 371
Hesse, Paulo 310
Hilst, Hilda 121
Hitchcock, Alfred 271
Hitler, Adolf 10, 42, 74, 76, 99, 218, 237
Holanda, Sérgio Buarque de 412
Holle, Frau 19
Homem da Flor na Boca (de Pirandello) ... 219, 336
Homem do Princípio ao Fim, O (de Millôr Fernandes) 394, 408
Hora e a Vez de Augusto Matraga, A (filme) 413
Horizonte Perdido (peça de teatro) 271
Hospital das Clínicas 214
Hospital do Câncer 343
Hospital Matarazzo 123, 316
Hospital Militar de Graz 68
Hospital Municipal de Trieste 103, 210
Hospital Osvaldo Cruz 123
Hospital Psiquiátrico de Trieste 69
Hospital Santa Catarina 123, 127
Hospital São Luis 410
Hotel Copacabana 263
Hotel de la Ville 17-18
Hotel Esplanada 103, 105, 210
Hotel Excelsior (São Paulo) 148
Hotel Quintandinha (Rio de Janeiro) . 132, 133
Hotel Stella D'Oro 77
Hotel Toriba (Campos de Jordão) 222
Hugh (de Eugene O' Neill) 342
Hugo, Victor 80
Huis Clos (de Jean-Paul Satre) .... *ver* Entre Quatro Paredes

I

I Quatro Pustegui 30
Ibsen, Henrik 397, 398
Il Feroce Saladino (de Giovanni Visconti Venosta) 48, 49, 50
Il Popolo di Trieste (jornal) 78, 84
Il Prode Anselmo (de Giovanni Visconti Venosta) 401
Il Trovatore (de Giuseppe Verdi) 152, 372
Importância de Ser Prudente, A

(de Oscar Wilde) 208
Improviso, O do GTE (do Grupo de Teatro Experimental) 157
Inama, Carla 108
Incêndio, O (filme) 261
Inconveniência de Ser Esposa, A (de Silveira Sampaio) 170
Indústrias Matarazzo 149
Inês de Castro (de Antônio Ferreira) 271
Ingenuidade (de Van Druten) 172
Inimigos Íntimos (de Barrilet e Gredy) 25
Inocentes do Leblon, As (filme) 408
Instituto Paulista 123
Instituto Radiológico 71
Internato Chamberlain 116, 120
Inventor do Cavalo, O (de Achille Campanile) 223, 225, 392

J

Jaccobi, Ruggero 11, 179, 194, 198, 203, 204, 205, 206, 212, 218, 227, 243, 259, 270, 307, 317
James, Harry 119
Janela Indiscreta (de Alfred Hitchcock) 271
Jardel Filho 362, 363, 408
Jardim dos Finzi Contini, O (de Vittorio de Sica) 80
Jerusalém Libertada, A (de Torquato Tasso) 49, 53
Jesi (família) 111
Jesus, Carolina Maria de 372, 373
Joana D'Arc 235
João (neto de Nydia Licia) 19, 382
João Guimarães Rosa, A (de Maureen Bisilliat) 412, 413
João Guimarães: Veredas (de Renata Pallottini) 13, 412
Jobin, Tom 326
Jockey Club de São Paulo 165
Jogador, O (de Dostoiésvsky) 270
Jograis de São Paulo, Os 408
Johnson, Andrew 388
Johnson, Lindon 388
Jolles, Henry 129
José, Antônio 371
José, Francisco (imperador da Áustria) 64
José, Ismael 384
Juliano, Randal 341
Junqueira, Nieta 297, 313, 318, 325, 379
Junqueira, Ruy de Mello 376

K

Kahn, Herta 129
Kaiser, George 344
Kantor, Joe 230

Kaufman, George 221, 222
Kennedy, John 387, 388, 401
Kerr, Deborah 314, 409
Khouri, Walter Hugo 272, 276
Kilty, Jerome 232
King and I, the 409
Klee, Paul 155
Kleeman, Fredi 197, 245, 246, 249, 270,
320 ,365, 393, 398
Kosmo, Wanda 325, 330, 336, 339, 343, 368
Ku Klux Khan 401, 403
Kubitschek, Juscelino 327
Kusnet, Eugênio 225

L

La Bagneuse (obra de Jean Renoir) 154
Lacerda, Carlos 156, 232,
Lampião (de Rachel de Queiroz) ... 247, 264, 268
Lana, Zita 44
Lara, Odette 311
Laurelli, Laércio 396
Le Campane de San Giusto
(canção de trieste) 145
Leão, Francisco Dubeaw 147
Lega Nazionale 57
Lèger, Ferdinand 155
Lehar, Franz 33
Lehmann, Lotte 34
Lehnart, Ghita 129
Leite, Dudu Barreto 309
Leite, Ferreira 387
Lella ... *ver* Leopoldina Pisani di Massamormile
Lembranças de Berta
(de Tennessee Williams) .. 219, 220, 221, 336
Lener, Júlio 212
Leopardi (escritor) 63
Lessa, Orígenes 178, 272
Levi (amigo dos pais de Nydia Lidia) 111
Levi, Primo 231, 269
Levi, Rino 155
Liceu de Artes e Ofícios 159
Lima, Aldo Augusto de Souza 122
Lima, Altair 390
Lima, Carlos de Araújo 327
Lima, Edy 372
Lima, Faria 313, 397, 404, 409
Lincoln, Abraham 388
Lindors, Viveca 380, 381
Linspector, Clarice 397, 398
Lisboa, Diana 259, 261
Litania dos Pobres, A
(poema de Cruz e Souza) 204
Lívio, Tito 62
Livraria Jaraguá 159, 160, 161, 172
Lona, Fernando 399

Lopes, Francisco 369, 373
Lotte (enfermeira) 40
Lotto, Jarbas 363, 364
Loureiro, Oswaldo 362
Luís Carlos (Cuca, filho de Cacilda Becker) . 411
Lusíadas, Os (de Luis de Camões) 390
Luzzato, Emma (avó paterna de
Nydia Licia) 27, 36, 38, 65, 98, 102, 222
Tota Eppa (apelido) 28, 47, 48, 129, 207
Luzzato, Ermínio (avô paterno de
Nydia Licia) .. 27, 28, 38, 47, 89, 113, 114, 127
Luzzi (professor de Nydia Licia) 107

M

Machado Lourival Gomes 223
Machado, Aníbal 177
Machado, Cecília 207
Machado, Maria do Carmo Marcondes 214,
221, 246, 382
Machado, Rachel de Lourival Gomes 223
Mackenzie (instituto de ensino paulistano) . 74,
76, 112, 116, 119, 120, 121, 127, 130, 152, 207,
208, 252, 297, 406
dia do 122
Mac-Med 120, 121
Madame Castillo 337
Madame Morimeau 297, 329, 330, 363, 386
Madi, Labidi 313
Magaldi, Sábato 302, 304, 366, 389
Magalhães Júnior, Raymundo 211, 248, 253
Magnier, Claude 367
Magno, Paschoal Carlos ... 10, 12, 150, 167, 168,
195, 232, 240, 241, 252, 322, 326, 327, 328, 332
Maia, Irênio 308, 336, 337, 343
Maia, Prestes (prefeito) 404
Maluf, Paulo 409
Manlio (primo de Nydia Licia) 28
Mansão dos Matarazzo 63
Mansão dos Warchawchik .... *ver* Casa dos
Modernistas
Mãos de Eurídice, As (de Pedro Bloch) 308
Mappin, restaurante do 120
Márcio, Rogério 310
Marcondes, Noemia 398
Marcos, Plínio 394, 400
Margaritta (foi esposa de Ruggero Jacobi) . 244
Margem da Vida, À (de Tennesse Williams) 160,
162, 163, 167, 168, 169, 178, 180, 211, 221
Maria Clara (autora tetral) 177
Maria Fernanda (atriz) 151, 362, 363, 393
Maria, Angela 341
Maria, Antônio 178
Maria, Zinah 207, 321
Marinho, Roberto 240, 332
Mariutti, Germano 148

Marivaux, Pierre Carlet de Chamblain de .. 254

Martinha (filha de Martha de Souza
Queirós) 382

Martins, Aldemir 150, 264, 265, 300

Martins, José de Barros 269

Marx, Burle 300

Marx, Groucho 260

Marx, Karl 401, 402, 403

Massamormile, Leopoldina Pisani di (Lella) 147, 207

Matarazzo, Ciccillo 111, 153, 154, 155, 158, 206, 216, 233, 275

Matarazzo, Mariazinha 100

Maternidade de São Paulo 246

Mattei, Armin (tio de Nydia Licia) 77

Mattei, Mila (tia de Nydia Licia) 77

Mattos, Odilon Nogueira de 117, 124, 386

Maugham, Somerset 271, 339, 386

Mauri, Ana (atriz) 397

Maximiliano, Carlota 86

Mayer, Raphael 269

Mayer, Rodolfo 308, 310

Médico e o Monstro, O (novela) 253

Médico Volante, O (de Molière) 321

Mehler, Miriam 371, 396

Meinberg, Otto 269, 302, 339, 364

Meira, Tarcísio 340, 345, 362, 366, 367, 368, 370, 371, 372

Meirelles, Cecília 196, 363

Melato, Maria 105

Mello e Souza, Gilda de 239

Mendes, Cassiano Gabus 237, 272, 318, 322

Mendes, Edith Gabus 165

Mendonça, Bárbara Heliodora
Carvalho de 167, 406

Mendonça, Paulo 161

Menezes, Glória 372

Menina Sem Nome (de Guilherme
de Figueiredo) 320

Mentiroso, O (de Carlo Goldoni) 11, 179, 183, 243

Mesquita Filho, Júlio de 159, 334

Mesquita, Alfredo ... 10, 157, 158, 159, 161, 162, 163, 172, 223, 265, 269, 302, 335, 337, 398

Mesquita, Dona Esther 125, 126, 159, 160

Mesquita, Francisco 159

Mesquita, Lia 162

Mestres Cantores, Os (de Richard Wagner) .. 34

Método Stanislawsky 380

Meu Marido e você (de Roger Fernand) 387

Miller, Arthur 274, 371

Miller, Glenn 113, 119

Milliet, Sérgio 153, 155

Miracle of the White Sttallions, The
(de Arthur Miller) 53

Miranda, José Tavares de 397, 398

Miseráveis, Os (de Victor Hugo) 80

Moacyr, Rachel 130, 131, 132, 156, 202, 211, 222, 224, 226, 401

Mocenigo (antiga família veneziana) 33

Moisés (personagem bíblico) 80

Molière 240, 254, 321, 408

Molnar, Férene 307

Monaco, Mario del 142

Monteiro, Adolfo Casais 401

Montenegro, Arlete 341

Montenegro, Fernanda 333, 408

Montes, Homem de 126

Montoro, Franco 303

Moraes, Conchita de 195, 209, 385,

Moraes, Dulcina de 124, 178, 195, 297, 330, 363, 384, 385, 386

Moraes, Tati de 397, 398

Moraes, Vinícius de 394, 399

Moratória, A (de Jorge Andrade) 311-312

Moreira, Eduardo 340

Morro dos Ventos Uivantes, O
(de Emyle Brontë) 271

Morrone, Laerte 390, 409

Morte do Caixeiro Viajante
(de Arthur Miller) 274

Motta, Dom Carmelo 165

Motta, Flávio 148

Muito mais que Hidrogênio (MMQH) 389

Mulher do Próximo, A (de Abílio
Pereira de Almeida) 165, 166, 176, 178

Mulher Sem Pecado (de Nelson Rodrigues) . 159

Munky 128

Murray, Fred Mac 275

Murtinho, Carlos 396

Museu de Arte de Nova York 155

Museu de Arte de São Paulo (MASP) 148, 149, 150, 151, 152, 154, 160, 173, 233,

Museu de Arte Moderna 153, 154, 155, 167, 198

Museu Paulista 150

Mussolini, Benedito 10, 42, 72, 75, 78, 106, 107, 111, 120, 146, 237

Mussolini, Vittório 106

My Fair Lady 331, 335

N

Nabuco, Ana Maria 325, 326, 337, 362

Nabuco, Maurício 373

Naim (professor de Nydia Licia) 122

Nâo me Acuso nem me Perdôo
(livro de Paschoal Carlos Magno) 328

Nascimento, Milton 400

Nascimento, Paulo 340

Navarro, Olga 273

Naves, Sylvia 412

Neri, Giulio 141

Nerina (babá) 44, 45
Nero 49
Nero, Ciro Del 373
Neto, Campello 371,407
Netto, Coelho 170
New York Repertory Theater, The 380
New York Times, The 171
Nichols, Peter 406
Nick Bar (bar) 171, 197, 201, 203, 230, 326
Nick Bar (de Williiam Soroyan) 174, 176
Nicol, Madelena 157, 170, 172, 175, 336
Ninguém se Livra de seus Fantasmas 9
Nizza e Morbelli (escritor italiano) 48
Noé (personagem bíblico) 62
Noite de 16 de Janeiro, A (de Ayn Rand) 170
Noite na Ópera, uma (filme) 260
Noni, Alda 141, 252
Nonna Luísa (avó materna de
    Nydia Licia) .... ver Luísa Schwarzkopf
Nonnenberg, Gustavo 174
Nossa Cidade (de Thornton Wilder) 320
Nostradamus 401
Nu com Violino (de Noel Gward) 336
Nunes, Alceu 320, 321, 336, 339, 343, 345,
    363, 367, 368, 369, 372, 381, 382, 395, 399
Nunes, Vera 319

O

O'Neill, Eugene 271, 273, 336, 342
Oberdan, Guglielmo 64
Odisséia (de Homero) 403
Oest, capitão (marido de Paula Oest) 132
Oest, Paula 132
Oh! Que Delícia de Guerra
    (de Marat Sade) 398, 400
Oiticica, Léo 256
Oiticica, Sônia 253, 256, 345
Olimpíadas de Berlim 44
Olímpio, José 269
Oliveira, Araçari de 264, 266
Oliveira, Domingos de 394
Oliveira, Juca de 394
Oliveira, Pernambuco 167
Olivier, Lawrence 335
Ópera dos Três Vinténs, A
    (de Bertold Bretch) 11, 204
Oração para uma Negra
    (adaptação de Ruth Ford) 342, 344, 368
Orchis, Oreste 100, 104
Oreste (de Vittorio Alfieri) 226, 227, 271
Originais do Samba, Os (grupo musical) ... 408
Orleans e Bragança, D João de 397
Órleans e Bragança, Fátima de 178
Ornstein, Oscar 176, 331, 388
Orquestra Sinfônica de São Paulo 300, 336

Os Últimos dias de Pompéia 98
Osborne, John 362
Oscarito 231
Osir, Paolo Rossi 146, 155
Outro, O (de Correla Vilela) 386

P

Pacheco, Matos 304, 314
Pagu .... *ver* Patrícia Galvão
País dos Sorrisos, O (de Franz Lehar) 33
Palácio da Justiça 366
Palácio do Catete 238
Palácio dos Bandeirantes 404, 405
Palácio dos Campos Elysios 376
Palácio Vendramin (antiga família veneziana) 33
Pallottini, Renata 13, 412
Palma, Dália 374
Palmer, Lilly 32
Panorama Visto da Ponte (de Artur Miller) . 371
Pão-de-Açúcar 131
Papai Noel 37, 200
Papi, Gennaro 126
Para Onde a Terra Cresce
    (de Edgar da Rocha) 242
Para quem Quiser Ouvir meu Canto
    (de Cesar Roldão Vieira) 400, 402
Parisi, José 310
Parmiggiani, Ettore 31
Parque do Ibirapura 155
Partido Comunista 199
Paschoal, Armando 365
Patrícia Galvão (Pagu) 150
Pavilhão das Indústrias 155
Paz, Porfírio da 302
Pedro (neto de Nydia Lidia) 19, 382
Pedroso, Bráulio 332
Pega-Fogo (de Jules Renaud) 222, 223, 238
Pekelman, Riveke 113
Pelé 325
Peña, Pastora 314
Penna, Nilso 254
Penteado, Darcy 164, 245
Penteado, Olívia Guedes 153
Penteado, Yolanda 153, 154, 206, 216,
    233, 234, 275, 276
Pequeno Teatro de Comédia 365
Perdida pela Paixão ... *ver Quando a Noite Acaba*
Pereio, Paulo César 408
Perez, Ariclê 390
Personagem no Ar, Um 258
Pesaro, Cá 33
Petraglia, Ricardo 390
Petrus, Abuna 73
Philippe, Gérard 274
Piacentini (arquiteto) 63

Piazza, Ben 380
Picasso, Pablo 155
Picchia, Menotti del 153, 269
Pidgeon, Walter 275
Pietro Gittardi 392
Pif Paf (de Abílio Ferreira de
   Almeida) 175, 178
Pignatari, Baby 263
Pilon, Jacques 146
Pimpinela Escarlete
   (romance da Baronesa de Orczy) 47
Pinacoteca de São Paulo 403
Pinacoteca do Estado 150
Pincherle, Alice Schwarkopf
   (mãe de Nydia Licia) 26, 30,
   31, 33, 34, 35, 37, 38, 40, 41, 42, 44, 45, 46, 47,
   63, 65, 66, 68, 69, 70, 77, 79, 84, 88, 100, 101,
   102, 103, 125, 126, 127, 129, 130, 145, 178, 193,
   202, 213, 214, 230, 246, 249, 379, 387, 392
Pincherle, Giuseppe
   (pai de Nydia Licia) 23, 29,
   34, 35, 38, 44, 45, 46, 65, 68, 69, 70, 77, 85, 88,
   99, 101, 102, 104, 105, 114, 124, 125, 130, 142,
   171, 193, 202, 207, 213, 214, 221, 337, 338, 401
   nomes que foi chamado pelo mundo 23
Pincherle, Lívio Tullio
   (irmão de Nydia Licia) 20, 22, 23,
   25, 34, 35, 37, 38, 40, 43, 44, 45, 46, 64, 69, 70,
   72, 81, 84, 85, 97, 112, 125, 127, 129, 130, 141,
   143, 178, 207, 214, 215, 221, 266, 344, 373, 382
Pinheiro, Gustavo 308, 320
Pinho, Zeluis 298, 305, 330, 338, 363, 364,
   368, 369, 379, 381
Pino (tio paterno de Nydia Licia) 27
Pinto, Carvalho 304, 376
Pinza, Enzio 34
Pirandello 12, 219, 226, 231, 238, 240,
   251, 274, 316, 336, 371, 387
Pirani, Paolo 146, 147, 207
Piza, Waldemir de Toledo 303
Planalto de Carso 62
Plonka, Marcos 365
Pobre Pino, O (de Achille Campanile) 392
Podhjasky, Alois 32
Pólera (pianista) 156
Pompeu, João José 375, 386
Ponguetti, Henrique 252
Ponte de Rialto 33
Popea (esposa de Nero) 49, 53
Porta, Gianfrederico 109
Prado, Clô 242, 243
Prado, Décio de Almeida ... 61, 157, 163, 168, 169,
   179, 302, 334, 412
Prado, Marjorie 244
Preço de uma Vida, O (novela) 253, 345
Prêmio "Governador do Estado" . 306, 308, 316

Prêmio de Honra ao Mérito 316
Prêmio Medalha de Ouro da APCT 316
Prêmio Saci 245, 306, 312, 316, 332
   controvérsia do 332-334
Prete, Danilo 300
Prima, Carlos 145
Primo, Wanda 207
Prisioneira, A .... ver *O Grande Segredo*
Procópio Ferreira . 125, 209, 231, 244, 248, 250,
   251, 253, 254, 272, 273, 274, 308, 393-394
Puccini 125, 152
Púchkin 270
Pulga na Balança, uma (filme) 234

Q

Quadros, Jânio 256, 303, 304, 331, 380
Quando a Noite Acaba (filme) 179
Quando as Paredes Falam
   (de Férene Molnar) 307, 345
Quaresma, Hélio 367
Quarto de Despejo
   (de Carolina Maria de Jesus) 372
Quatro Mosqueteiros, Os
   (de Nizza e Morbelli) 48, 49
Queirolo, Marisa 107-108
Queirós, Martha de
   Souza .... *ver* Martha Moacyr Ekstein
Queiroz, Rachel de 247, 264
Queiroz, Emílio de 391-392
Queiroz, Frederico de Souza 202, 231, 245
Quem Matou Anabela? (filme) 272, 274
Quem Rouba um Pé Tem Sorte no Amor 392

R

Rádio e Televisão Cultura (RTC) . *ver* TV Cultura
Rádio Gazeta 341
Raia (proprietário do terreno do
   Teatro Bela Vista) 263
Ralé (de Máximo Górki) 235, 236, 237, 242
Rand, Ayn 170
Rangel, Flávio 161, 272, 315, 333, 374,
Raposa e as Uvas, A
   (de Guilherme Figueiredo) 248, 252,
   253, 254, 257, 308, 309, 329, 330, 331, 332, 369
Ravenna, Elsa 29
Rebecca (peça teatral) 271
Relações Internacionais
   (de Noel Coward) 243
Renato, José 365
Renaud, Madeleine 11, 215, 216
Requiem for a Num
   (romance de William Faulkner) 342
Revista Anhembi 240
Revista do Arquivo Municipal 130

Rezende, Pola 169
Rezzonico (antiga família veneziana) 33
Rhapsody in Blue (de Gershwin) 162
Rheingantz, Majô 169
Ribeiro, Agildo 258
Ribeiro, Elza 399
Ribeiro, Zilco 365, 367
Ricordi (editora) 145
Rimini, Francesca da .. *ver* Gabriele D'Annunzio
Rinaud, Jules 222, 223, 238
Rípoli, Libero 299
Robson, Edward G 275
Rocca, Lodovico 84
Rocha, Edgar da 242
Rocha, Glauber 394
Rocha, Glauce 411
Roda Viva (de Chico Buarque) 395
Rodrigues, Jair 400
Rodrigues, Karin 310
Rodrigues, Nelson 195, 219, 323, 324
Romeiro, Renato 338, 363, 364, 368, 369, 379, 381, 382
Ronda dos Malandros, A (de John Gay) 204
Ronoir, Jean 154
Rosa (irmã de Paschoal Carlos Magno) 241
Rosa Maria (atriz) 390
Rosa, João Guimarães 13, 412, 413
Rosa, Noel 234
Rosa, Santa 323
Rosemberg, Anatol 397
Rossi, Dom Agnelo 404
Ruschel, Alberto 319
Russel, Rosafind 387

S

Sade, Marat 389
Salce, Luciano 12, 208, 209, 212, 215, 217, 223, 224, 225, 227, 229, 234, 240, 241
Salgari, Emílio 47
Sampaio, Silveira ... 170, 177, 243, 332, 335, 387
Sanatório "Pineta del Carso" 70
Sansão e Dalila (teleteatro) 272
Santiago, Rodrigo 397
Santoro, Cláudio 259
Santos, Roberto 413
Sarapalha (de Guimarães Rosa) 412
Saroyan, William 174
Sartre, Jean-Paul 173, 174, 193, 198, 200, 203, 204
Sauvajon 10, 203
Scatena, José 168
Schalom-An-Ski (lenda) 84
Schawarkopf, Emílio
    (avô materno de Nydia Licia) 24, 25, 38, 40, 66, 67, 80, 82, 85, 97, 102, 103, 104, 124

Schellander, Britta 44
Schubert, Franz 339
Schumann 129, 315
Schwarzkopg, Lola (tia-avó de Nydia Licia) . 82
Schwarzkopg, Luísa (avó materna de
    Nydia Licia) 24, 25, 26, 27, 38, 40, 46, 68, 80, 85, 87, 88, 97, 98, 104, 108, 123, 124, 129, 222, 241
Scila (monstro mitólogico) 98
Seabra, Nelson 269
Sears & Roebuck (loja de departamento) ... 164
Segall, Lasar 153, 210, 300
Segall, Oscar Klabin 403
Seis Personagens à Procura de um Personagem
    (de Pirandello) 12, 228, 231, 238, 240
Semana de Arte Moderna de 1922 153
Semente, A (de Gianfrancesco Guarnieri) .. 374
Sena, Orlando 399
Senelidade (de Italo Svevo) 111
Senhora da Boca de Lixo, A
    (de Jorge Andrade) 393
Seppilli, Alessandro (tio de Nydia Licia) 24, 76, 77, 80, 108, 111, 125, 143, 144, 146, 413
Seppilli, Anita (tia de Nydia Licia) 24, 26, 28, 76, 77, 108, 120, 125, 129, 146
Seppilli, Tullio (familiar de Nydia Licia) 28, 76, 108, 146, 166
September Tide .... *ver Amor sem Despedida*
Sérgio Cardoso em Prosa e Verso
    (de Sérgio Cardoso) 195
Servadio, Aldo (tio de Nydia Licia) 76
Servadio, Bruno (primo de Nydia Licia) 77
Servadio, Lídia (tia de Nydia Licia) 76
Servardio, Rachel (prima de Nydia Licia) 77
Serviço de Diversões Públicas 198
Serviço Nacional de Teatro .. 249, 303, 317, 390
Sevardio, Ciro (primo Nydia Licia) 77
Sexy (de Vicente Catalano) 335, 336, 337, 340, 341, 362, 369
Shakespeare, William 150, 196, 222, 240, 297, 300, 320
Shopping News 316
Shore, Dinah 113
Shurig, Miss Clary 121
Sica, Vittoria de 80, 172
Siegfried (de Richard Wagner) 31
Silva, Carmen 362
Silva, Edson 264
Silva, Evandro Lins e 328
Silva, Quirino da 150
Silveira, Miroel 272, 302, 304, 324, 376
Simões Filho 249
Simon, Michel 275
Simonetti, Enrico 203, 227, 300, 336, 337
Simonsen, Victor 269
Sinatra, Frank 326

Sinhá Moça Chorou (de Ernani Fornari) ... 247, 267, 268
Sinos de São Giusto, Os .. *ver* Le Campane di San Giusto
Soares, Ilka 319
Soares, Jofre 412
Sociedade Brasileira de Autores
   Teatrais (SBAT) 314, 317, 323
Sociedade Brasileira de Comédia ... 158, 198, 205
Sociedade Cultura Artística 125, 126
Sodré, Maria 402, 405, 409
Sodré, Roberto de Abreu 376,402, 403, 404, 405
Sófocles 243
Soldado Tanaka, O (de George Kaiser) .. 344, 345
Sonho (poesia de Nydia Licia) 51
Sonho de uma Noite de Verão
   (de William Shakespeare) 320
Souza, Abelardo de 410
Souza, Ruth 273, 325, 343, 373
Squarzina, Luigi 226, 227, 229
Stabile, Mariano 34
Stefanini, Fúlvio 269, 313, 343, 362
Stevanoni (professor) 119
Stewart, James 222
Stignani, Ebe... 141
Stock (amigo dos pais de Nydia Licia) 111
Stokowsky, Leopold 125
Storia di Trieste (de Silvio Benco) 66
Strasser, Carlos Augusto 399
Stroheim, Erich von 275
Suassuna, Ariano 321, 322, 323
Suhr, Eduardo 298
Suplicy, Filomena Matarazzo 165
Surian, Léa 398
Svevo, Italo 111
Svevo, Mario 111
Svevo, Wanda 111
Sylvia (filha de Nydia Licia)17, 18, 19, 20, 80, 147, 206, 229, 243, 245, 248, 256, 272, 323, 330, 334, 335, 381, 382, 400, 401, 404, 405, 406, 407
Sylvinha .... *ver* Sylvia

T

Tabou (bar parisiense) 203
Tambellini, Flávio 319
Tarso, Paulo de 303, 312
Tasso, Torquato 49
Tauber, Richard 33
Taylor, Elisabeth 371
Taylor, Robert 32
Teatro 13 de Maio 333, 410
Teatro Alumínio 257, 379
Teatro Anchieta 13, 413
Teatro Bela Vista 9, 11, 12, 160, 164, 221, 297, 298, 300, 301, 302, 306, 312, 318,

320, 321, 322, 323, 325, 329, 331, 336, 339, 361, 362, 373, 374, 378, 379, 382, 384, 389, 390, 395, 400, 407, 409, 412, 427, 429
Teatro Boa Vista 125, 157, 410
Teatro Brasileiro de Comédia (TBC) 10, 11, 12, 130, 149, 153, 157, 158, 159, 162, 167, 169, 170, 172, 173, 174, 175, 176, 179, 193, 194, 198, 205, 206, 207, 208, 209, 217, 219, 221, 225, 226, 227, 228, 229, 231, 233, 234, 236, 239, 241, 242, 247, 248, 249, 250, 251, 252, 254, 262, 263, 264, 270, 300, 301, 304, 308, 312, 313, 316, 320, 323, 325, 326, 332, 336, 341, 345, 362, 363, 364, 365, 366, 369, 371, 374, 376, 377, 392, 393, 395
Teatro Cacilda Becker 320, 324, 365, 374, 397, 400
Teatro Carlos Gomes 255
Teatro Cassino Antártica 410
Teatro Castro Alves 322
Teatro Coliseu (Santos) 305, 306, 308, 407
Teatro Colombo 410
Teatro Copacabana . 176, 179, 252, 329, 330, 401
Teatro Cultura Artística 260, 274, 362, 410
Teatro da Cidade (companhia teatral) 373
Teatro da Praça (Rio de Janeiro) 335
Teatro das Segundas-feiras 217, 218, 219, 223, 336
Teatro de Arena 312, 334, 365, 375
Teatro de Arte 330
Teatro de Santana 124, 157, 241, 410
Teatro do Estudante do Brasil 10, 12, 150, 167, 196, 241, 253, 300, 306, 322, 363
Teatro dos Doze 168, 179, 201
Teatro Fenice 33
Teatro Fênix (Rio de Janeiro) 150
Teatro Galpão 393
Teatro Giuseppe Verdi 30, 36, 83
Teatro Independência (Santos) 373, 383
Teatro Ita 9 (São José dos Campos) 308
Teatro Leopoldo Fróes 256, 257, 264, 269, 373, 409, 410
Teatro Maison de France
   (Rio de Janeiro) 307, 369
Teatro Maria Della Costa 312
Teatro Mesbla 323, 361, 369
Teatro Moderno 365
Teatro Municipal de São Paulo 75, 105, 109, 114, 115, 116, 124, 125, 127, 141, 151, 157, 162, 210, 215, 216, 232, 238, 239, 312, 318, 321, 336, 380, 382, 394
Teatro Municipal do Rio de
   Janeiro 253, 255, 307, 309
Teatro Novos Comediantes 367
Teatro Oficina 367, 386
Teatro Popular de Arte 317
Teatro Ruth Escobar 333, 395

444   N   Y   D   I   A

Teatro Santa Isabel 327
Teatro São Paulo 410
Teatro Sérgio Cardoso 11, 12, 151
Tebaldi, Renata 211
Telles, Carlos Queiroz 340, 341, 390, 391
Telles, Luiz Antônio da Silva 118
Tem Alguma Coisa a Declarar?
  (de Veber e Hennequim) 387
Temple, Shirley 22
Tempos da Juventude 399
Terra de Ninguém
  (de Luís Vieira e Orlando Sena) 399
Thiré, Cesar 408
Tia Mame (peça teatral) 384, 386
Tico-Tico no Fubá (filme de Adolfo Celi) ... 228
Timberg, Nathália 161, 258
Tintoretto 33
Tinziano 33
Tio Dino .... *ver* Alessandro Seppilli
Tiradentes 64
Tito, Luiz 330
Toccafondi, Bianca 229
Tofano, Sérgio 226
Toledo, Ary 373
Torloni, Geraldo Matheus 207, 265, 361
Torrieri, Diana 226, 227
Toscanini, Arturo 125
Tota Eppa .... *ver* Emma Luzzato
Traversa, Helena 113
Traviata (de Giuseppe Verdi) 152
Três Anjos sem Asa 313, 321
Três Mosqueteiros, Os (de Alexandre Dumas) 48
Treves (Família) 26
Treves, Elvira 67
Tribuna da Imprensa, A (Jornal) 232
Trieste, Trio de 44
Tristeza (poema de Nydia Licia) 52
Trompowsky, Brigadeiro 130
Tuca (cantora e atriz) 399, 400
Tudo em Cor-de-Rosa
  (livro de Yolanda Penteado) 233
Tudor, Eva 125, 194, 363, 393
Turandot (de Bertold Brecht) 125, 141, 202
TV Cultura 13, 212, 269, 310, 341, 411-412
TV Educativa 114
TV Excelsior 381, 394, 410
TV Globo 253, 392
TV Paulista 271, 391
TV Record 109, 258, 270, 339, 405
TV Tupi 106, 237, 253, 271, 307, 315, 318

U

Ullman, Chimita 205
Umberto I (Imperador da Itália) 64
Umberto, Giordano 47

União Paulista da Classe Teatral (UPCT) .. 374, 375
Universidade de Florença 129
Universidade de Módena 146
Universidade de Recife 327
Universidade Federal de Porto Alegre 206
University of Minnesota Theater
  Players, The 320

V

Vá com Deus (de John Murray e
  Allen Boretz) 247
Vaccarini, Bassano 300
Valente, Antônio José Capote (Bilu) 123
Valente, Ricardo Capote 269, 302, 364
Van Druten 172
Vandré, Geraldo 399, 400
Varela, Correa 386, 387
Vargas Getúlio 237, 238, 249, 252, 260
  governo de 117
  ditador 118
Vargas, Maria Teresa 411
Veber (escritor) 387
Velho Babá (personagem de conto infantil) ... 37, 38, 39, 40
Vendetta (de Honoré deBalzac) 270
Ventura, Jacqueline 275
Venturi (professor de Nydia Licia) 106
Vera Cruz ...... *ver* Companhia Cinematográfica
  Vera Cruz
Verdi, Giuseppe 27, 30, 152, 210, 372
Vergueiro, Carlos . 174, 175, 194, 199, 207, 224, 244, 408, 412
Vestido de Noiva (de Nelson Rodrigues) .... 195, 210, 322, 323; maquete de 342
Viagem, A (novela) 390
Viana Filho, Oduvaldo 161, 386, 387
Viana, Hilton 310
Vicenta, Claude 232
Vicente, João 408
Vieira, Cesar Roldão 400, 402
Vieira, Luís 399
Viggiano, Roque (Chanceler Arcebispo) 198
Vilar, Leonardo 249, 253, 255, 257, 259, 269, 330
Villaret, João 309
Viotti, Sérgio 151, 310, 408, 412
Visões de Simone Marchard, As
  (de Bertold Brecht) 396
Vuchelin, Nimette van 398

W

Wagner,Richard 30
Walt Disney Studios 54

Warchawchik, Gregory 210, 231, 269
Weber, Hilde 150, 169
Weber, Noemia 150
Weiss, Clara 125
Weissmüller, Johnny 47
Wellington, Alec 223
West Side Story 335
Wey, Waldemar 168, 169, 194, 207, 209, 224, 228, 304
Wilde, Oscar 208, 270
Wilder, Thornton 320
Wilheim (família de amigos de Nydia Licia) 111
Wilheim, Ewy 44
Wilker, José 427
Williams, Tennessee 160, 211, 219, 336, 371, 393
Willys Overland 383, 384, 390
Wilma, Eva 389
Wingfield, Laura 160

X

Xavier, Nelson 375

Y

Yácomis, Cleyde 161, 213, 242, 246, 249, 270, 320, 340, 365
Yolanda (esposa do prefeito Faria Lima) ... 313

Z

Zampari, Carlo 233
Zampari, Deborah 217, 325
Zampari, Franco . 10, 11, 12, 149, 157, 158, 162, 166, 167, 170, 172, 179, 200, 205, 207, 208, 209, 217, 222, 227, 229, 230, 231, 233, 234, 238, 239, 242, 243, 247, 249, 325
Zara, Carlos 264, 273, 298, 299, 305, 318, 329, 343
Zarechi, Elena 226-227
Zeller, Lívio 88, 99
Zemel, Berta . 297, 305, 308, 318, 320, 367, 368
Ziembinski, Zbigniew 11, 218, 219, 220, 223, 225, 227, 228, 229, 234, 236, 238, 242, 247, 265, 270, 320, 323, 324, 325, 336
Ziffer, Ina 98
Ziffer, Marcella 65
Zolli (Rabino) 83
Zoológico de Vidro .... *ver A Margem da Vida*
Zoraide (camareira do Teatro Bela Vista) ... 209